Kirsten Scheiwe · Johanna Krawietz (Hrsg.)

Transnationale Sorgearbeit

Kirsten Scheiwe
Johanna Krawietz (Hrsg.)

Transnationale Sorgearbeit

Rechtliche Rahmenbedingungen
und gesellschaftliche Praxis

VS VERLAG

Bibliografische Information der Deutschen Nationalbibliothek
Die Deutsche Nationalbibliothek verzeichnet diese Publikation in der
Deutschen Nationalbibliografie; detaillierte bibliografische Daten sind im Internet über
<http://dnb.d-nb.de> abrufbar.

1. Auflage 2010

Alle Rechte vorbehalten
© VS Verlag für Sozialwissenschaften | Springer Fachmedien Wiesbaden GmbH 2010

Lektorat: Dorothee Koch / Tanja Köhler

VS Verlag für Sozialwissenschaften ist eine Marke von Springer Fachmedien.
Springer Fachmedien ist Teil der Fachverlagsgruppe Springer Science+Business Media.
www.vs-verlag.de

Das Werk einschließlich aller seiner Teile ist urheberrechtlich geschützt. Jede Verwertung außerhalb der engen Grenzen des Urheberrechtsgesetzes ist ohne Zustimmung des Verlags unzulässig und strafbar. Das gilt insbesondere für Vervielfältigungen, Übersetzungen, Mikroverfilmungen und die Einspeicherung und Verarbeitung in elektronischen Systemen.

Die Wiedergabe von Gebrauchsnamen, Handelsnamen, Warenbezeichnungen usw. in diesem Werk berechtigt auch ohne besondere Kennzeichnung nicht zu der Annahme, dass solche Namen im Sinne der Warenzeichen- und Markenschutz-Gesetzgebung als frei zu betrachten wären und daher von jedermann benutzt werden dürften.

Umschlaggestaltung: KünkelLopka Medienentwicklung, Heidelberg

Printed in Germany

ISBN 978-3-531-17265-1

Inhalt

Kirsten Scheiwe und Johanna Krawietz
Transnationale Sorgearbeit, ihre Regulierung und die Praxis
der Akteure – eine Einleitung 7

Grenzüberschreitende Haushalts- und Pflegearbeit und die soziale Absicherung von Pflege- und Unterstützungsbedarfen in Deutschland – Recht und rechtspolitische Fragen

Manfred Husmann
Rechtliche Rahmenbedingungen bei grenzüberschreitender
Haushalts- und Pflegearbeit 29

Dorothee Frings
Die Entwicklung haushaltsnaher Dienstleistungen im Kontext
der begrenzten Arbeitnehmerfreizügigkeit für Neu-Unionsbürgerinnen 57

Rose Langer
Mindestlöhne für in Deutschland beschäftigte Pflegekräfte –
neue Verfahren zur Feststellung von Mindestlöhnen und ihre Bedeutung
für Beschäftigte im Pflegebereich 81

Heike Hoffer
Irreguläre Arbeitsmigration in der Pflege: Rechtliche und politische
Argumente für das notwendige Ende einer politischen Grauzone 95

Reguläre und irreguläre Beschäftigung in der häuslichen Pflege – (un-)gedeckte soziale Sicherungsbedarfe, Legalisierungsstrategien und ihre Folgen

Kirsten Scheiwe
Die soziale Absicherung häuslicher Pflege über Grenzen hinweg
– Rechtliche Grauzonen, (Ir-)Regularität und Legitimität 123

Juliane Karakayalı
Die Regeln des Irregulären –
Häusliche Pflege in Zeiten der Globalisierung 151

Tom Schmid
Hausbetreuung in Österreich – zwischen Legalisierung und Lösung? 171

Andrea Kretschmann
Mit Recht regieren? Zur Verrechtlichung transmigrantischer
24-Stunden-Carearbeit in österreichischen Privathaushalten 199

Politiken, Akteure und Diskurse grenzüberschreitender Sorgearbeit national und international

Hans-Joachim von Kondratowitz
Auf dem Weg zur Anerkennung? Hakenschläge im Verhalten
der öffentlichen Instanzen gegenüber der Beschäftigung
osteuropäischer Pflegekräfte in Privathaushalten 229

Johanna Krawietz
Pflegearbeit unter Legitimationsdruck – Vermittlungsagenturen
im transnationalen Organisationsfeld 249

Liat Ayalon
Foreign Home Care Workers in Israel
– The Role of Human Rights Organisations 277

Jean Encinas-Franco
The State and the Globalisation of Care:
The Philippines and the Export of Nurses 289

Frank Wang
The Globalization of Care in Taiwan: From Undutiful Daughter-in-law
to Cold-blooded Migrant Killer 309

Autorinnen und Autoren 329

Transnationale Sorgearbeit, ihre Regulierung und die Praxis der Akteure – eine Einleitung

Kirsten Scheiwe und Johanna Krawietz

Weltweit lässt sich eine zunehmende Transnationalisierung von personalen Dienstleistungen sowohl im Gesundheitsbereich wie auch bei der Unterstützung von Privathaushalten bei Sorgearbeit und Haushaltstätigkeiten feststellen, die traditionell als private und familiale Verantwortung von Frauen definiert wurden. Vor allem in reichen Ländern hat sich infolge des Wandels familialer Strukturen und der Geschlechterordnungen, steigender Frauenerwerbstätigkeit und aufgrund der wachsenden Anzahl pflegebedürftiger älterer Menschen der Versorgungs- und Pflegebedarf privater Haushalte verändert. Weil die Bedarfsdeckung im öffentlichen Pflegesystem unzureichend ist, nutzen Familien zunehmend außerfamiliale Unterstützungsformen (vgl. Anderson 2000; Lutz 2008). Dabei kommt der Beschäftigung von Frauen mit Migrationshintergrund in Privathaushalten eine bedeutende Rolle zu. Die häusliche Pflege und haushaltsnahe Dienstleistungen sind inzwischen ein grenzüberschreitender Markt und Teil der ‚globalisierten Betreuungsketten' (Hochschild 2000: 131). In Europa sind im Bereich der sogenannten 24-Stunden-Pflege vor allem Frauen aus den neuen EU-Beitrittsländern Mittel- und Osteuropas als ‚live in' in Privathaushalten tätig. Ihre Beschäftigungsverhältnisse sind häufig irregulär, und Entgelte und Arbeitsbedingungen sind sowohl für regulär wie für irregulär Beschäftigte meist prekär.

Von wesentlicher Bedeutung für die Ausgestaltung dieser transnationalen Betreuungsarrangements sind die ihnen zugrunde liegenden rechtlichen Rahmungen sowie der Umgang mit diesen Regulierungen in der Praxis. Recht und die gesellschaftliche Praxis transnationaler Fürsorgearbeit stehen in engem Zusammenhang miteinander. Recht kann transnationale Care-Konstellationen erleichtern, wie der Blick auf die Arbeitsmigration von Gesundheitspersonal innerhalb der Europäischen Union zeigt, die durch Regelungen der Arbeitnehmerfreizügigkeit gefördert wird (vgl. Gerlinger/Schmucker 2007). Andererseits können rechtliche Regelungen die Ausgestaltung der Lebens- und Arbeitssituation von Migrantinnen in Privathaushalten erschweren, indem Migrantinnen aus ärmeren Ländern zwar auf dem irregulären Pflegemarkt wohlhabender Gesellschaften bedeutende Reproduktionsarbeit leisten, ihnen jedoch gleichzeitig Teilhaberechte verweigert werden. Gleichzeitig können transnationale soziale Unterstützungsphänomene den Wandel von Recht vorantreiben, wenn gesellschaftlicher Druck politische Institutionen zu rechtlichen Veränderungen herausfordert. Sowohl im staatlichen als auch im ‚gelebten Recht' (Eugen Ehrlich 1989 [1913]) bilden sich normative Dimensionen sozialer, wirtschaftlicher und politischer Institutionen ab, welche die gesellschaftliche Verteilung von Pflege- und Haushaltsarbeit beeinflussen. Widersprüche zwischen formalisierten und informellen Institutionen, zwischen Recht und Praxis, zwischen ‚regulär' und ‚irregulär' können als Irritationen wirken und Rechtsreformen auslösen.

Rechtliche Regeln sind also umkämpft und veränderbar, nicht hermetisch abgeschlossen, obwohl sie nicht beliebig, sondern aufgrund der internen Logik des Rechts nur begrenzt interpretierbar sind. Veränderungen vollziehen sich oft inkrementell, anknüpfend an bisherigen Konzepten (sog. Pfadabhängigkeit; vgl. North 1990; Pierson 2000). Diese Eigenschaften von Recht müssen bei der Untersuchung von Phänomenen grenzüberschreitender Sorgearbeit stets (mit-)reflektiert werden. Typisch für die Tätigkeit von Migrantinnen in Pflegehaushalten ist ihr irregulärer Charakter, da in diesem Bereich Rechtsanspruch und Wirklichkeit enorm auseinanderklaffen: Die beteiligten Personen – Pflegebedürftige und ihre Angehörigen als Beschäftigungshaushalte und die beschäftigten Migrantinnen – nehmen zahlreiche Rechtsverstöße in Kauf, um ihre Interessen zu verwirklichen und ihre ganz unterschiedlichen Bedarfe zu decken. Es geht einerseits um abweichendes Verhalten der ‚Rechtsunterworfenen', andererseits aber auch um ineffiziente Sanktionspraktiken durch den ‚Rechtsstab'; beides führt zu Legitimationsproblemen. Eine Norm, die häufig ignoriert wird, ist fragwürdig. Wenn die rechtliche Bewertung einer Handlung als ‚Unrecht' und die moralische Bewertung durch die Normadressaten divergieren, so herrscht offensichtliche Uneinigkeit darüber, welche Normen in der Praxis gelten, wessen Interessen sich durchsetzen und wie Sozialpolitik und Recht auf veränderte Bedarfe und Interessenkonflikte reagieren sollen.

1 Akteure und Aushandlungsprozesse auf nationaler und transnationaler Ebene

Damit sind wir bei den Akteuren der transnationalen Pflege- und Haushaltsarbeit und der Frage, wie sich Aushandlungsprozesse gestalten und mit welchen Strategien Akteure auf nationaler und transnationaler Ebene versuchen, Einfluss zu nehmen. Im Anschluss an Marie-Laure Djelic und Sigrid Quack (2003) lassen sich die Akteure auf nationaler und transnationaler Ebene in ‚dominant players' und ‚fringe players' mit unterschiedlichem Einfluss und Handlungsarenen unterteilen. Bei den dominanten Akteuren sind es zunächst die *politischen Akteure*, welche die Normbildung und Rechtsetzung auf nationaler Ebene und auf internationaler Ebene gestalten (nationale Gesetzgeber, EU-Ministerrat, Europäisches Parlament u.a.). Auf der internationalen Bühne sind wichtige politische Akteure auch die internationalen Organisationen, die Normbildung einleiten und organisieren und internationale Übereinkommen zur Unterzeichnung durch Nationalstaaten vorbereiten (UNO, Europarat, Internationale Arbeitsorganisation IAO, Welthandelsorganisation WTO, aber auch die formal zur Exekutive gehörende EU-Kommission). Der Europäische Gerichtshof ist bei der Auslegung und Schaffung ‚europäischer Rechtsbegriffe' ebenfalls eine wichtige Instanz.[1]

Zum ‚*Rechtsstab*' (Weber 1972 [1922]: 17) gehören weitere Akteure, die mit der Implementation von Rechtsnormen und deren Sanktionierung betraut sind (Gerichte, Polizei, Ausländerbehörden, Verwaltung, Sozialverwaltung, ‚Finanzkontrolle Schwarzarbeit' des Zolls etc.). Pflegebeziehungen werden auf der Ebene der *Sozialleistungsbeziehungen* durch öffentliche Sozialleistungsträger, Leistungserbringer und die Leistungsberechtigten als Akteure gestaltet und auf der Ebene des *Pflegemarkts* durch die Marktteilnehmenden, zu denen auch die Migrantinnen als Selbstständige oder Arbeitnehmerinnen sowie die Pflegehaushalte als Arbeitgeber zählen. Pflegebedürftige befinden sich hier in einer Doppelrolle: Sie sind einerseits selbst sozialleistungsbedürftig und LeistungsempfängerIn, andererseits sind sie Arbeitgeber oder Auftraggeber auf dem Pflegemarkt – dies führt zu Ambivalenzen und Rollenkonflikten. *Vermittlungsagenturen* bearbeiten das ‚Matching' von Arbeitskräften für Pflegehaushalte transnational und sind eine Organisationsform, die eine wichtige Rolle für die Migration von Haushaltsbeschäftigten spielt (vgl. *Krawietz* in diesem Band).

Innerhalb der Forschung über die Transnationalisierung von Pflegearbeit wurden immer wieder Nationalstaaten und ihre Institutionen als wesentliche Produzenten von Recht in den Blick genommen, die durch Verrechtlichung wesentliche Rahmenbedingungen für Care-Work gestalten (vgl. Mundlak/Shamir 2008). Das Europarecht als Teil der europäischen Institutionenbildung ist umfassend erforscht (vgl. Stone Sweet 2004). Auch die Global-Governance-Forschung hat auf die zunehmende Bedeutung von supranationalem Recht auf europäischer und auf internationaler Ebene aufmerksam gemacht (vgl. Quack 2009; Kötter 2009). Akteure und Institutionen ‚beyond the state' generieren zunehmend transnationales Recht (vgl. Calliess 2004; Hanschmann 2009; Teubner 1996).

In Europa ist die Europäische Union ein ‚dominanter Spieler' der Regulierung des Binnenmarkts, der Dienstleistungsfreiheit und Arbeitnehmerfreizügigkeit und zunehmend auch in der Migrations- und Asylpolitik. Dadurch wird auch die natio-

---

[1] Vgl. anstelle vieler anderer die Beiträge in Slaughter (1998).

nale Regulierung transnationaler Haushalts- und Pflegearbeit beeinflusst. Die Tätigkeit von Migrantinnen als ein Problem- und Bearbeitungsfeld anzusehen, scheint auf der Ebene politischer Institutionen wohl eher eine Ausnahme zu sein. Ein solcher Einzelfall ist der Bericht ‚Regulating Domestic Help in the Informal Sector' des Europäischen Parlaments (European Parliament 2000), der hervorhebt, dass Arbeitsmigrantinnen als eine Gruppe, die des besonderen Schutzes bedarf, in den Fokus zu nehmen sind. Der Bericht enthält auch Empfehlungen zur Unterstützung der Lebens- und Arbeitssituation der Migrantinnen (vgl. auch Cyrus 2008: 182ff.)

Daneben spielen nationale und internationale Interessenorganisationen und Lobbies wie Selbsthilfeorganisationen, Nichtregierungsorganisationen (NGOs),[2] Menschenrechtsvereinigungen (vgl. *Ayalon* in diesem Band zu Menschenrechtsorganisationen in Israel) und Gewerkschaften eine Rolle, die Einfluss auf Veränderungsprozesse und Reformen der Institutionen nehmen. Die Initiativen verschiedener Gruppen (gewerkschaftliche und nicht-gewerkschaftliche Organisationen von domestic workers)[3] haben dazu geführt, dass das Thema ‚Decent Work for Domestic Workers' 2008 in den Leitungsgremien der IAO aufgegriffen wurde. So wurde die Frage des ‚Standard Setting' sozialer Rechte auf die Tagesordnung der 99. International Labour Conference im Juni 2010 gesetzt. Voraussichtlich 2011 wird zudem ein Übereinkommen zu ‚Domestic/Household Workers' Rights' zur Beschlussfassung durch die IAO vorliegen.

2 Perspektiven auf grenzüberschreitende Sorgearbeit und Recht

Viele der in Privathaushalten tätigen Migrantinnen befinden sich in irregulären unsicheren Beschäftigungsverhältnissen, die immer wieder in Studien thematisiert werden (vgl. Larsen u.a. 2009). In diesen Studien werden die rechtlichen Rahmenbedingung zwar berücksichtigt; das Recht läuft jedoch als „artefact" bzw. „background variable" (Mundlak/Shamir 2008: 161) und damit nur als ‚Hintergrund' für Untersuchungen und theoretische Überlegungen zu grenzüberschreitender Sorgearbeit mit. Wir wollen Institutionen aus dem Hintergrund in den Vordergrund holen, denn aus unserer Sicht handelt es sich bei der Gestaltung von Institutionen, der Auslegung und Implementation von Recht sowie dessen

---

[2] Siehe dazu die Website http://www.domesticworkerrights.org und die Website des ‚Irene'-Netzwerks (http://www.irene-network.nl), dort insbesondere den Bericht zu der internationalen Konferenz ‚Protection for Domestic Workers' vom 8. bis 10. November 2006 in Amsterdam (Zugriff jeweils am 07.04.2010).
[3] Vgl. dazu die Berichte der IAO (ILO 2010) sowie die von der IAO herausgegebenen wissenschaftlichen Untersuchungen über die rechtliche Lage von Haushaltsbeschäftigten weltweit (Ramirez-Machado 2003) und die Situation von Haushaltsbeschäftigten in Westeuropa (Gallotti 2009).

Veränderung um aktive und oft kontroverse Prozesse, in dem die verschiedenen Beteiligten über Handlungsspielräume verfügen. Auch ‚abweichendes Verhalten' ist Teil dieser Prozesse und trägt zur Bildung von informellen Institutionen, von ‚Subkulturen' und von alternativen Normorientierungen bei. Deshalb kann es aus unserer Sicht fruchtbar sein, die theoretischen Perspektiven auf den Prozess der Transnationalisierung von Sorgearbeit und Recht mit Perspektiven auf Institutionen und ihren Wandel zu verknüpfen (vgl. auch Djelic/Quack 2003 zu Globalisierung und Institutionen allgemein).

In der wissenschaftlichen Diskussion ist die Globalisierung von Pflege- und Haushaltsarbeit vor allem von der vergleichenden Wohlfahrtsstaatsforschung sowie von der Migrations- und Genderforschung aufgegriffen worden. In der vergleichenden Wohlfahrtsstaatsforschung haben Autorinnen schon früh die Erwerbszentriertheit der Mainstream-Forschung kritisiert und auf die Vernachlässigung der Organisation von Familien-, Gender- und Care-Beziehungen hingewiesen (vgl. Daly 2000), die integrativer Teil der sozialstaatlichen Absicherung ist. Untersuchungen widmeten sich den Besonderheiten der ‚Dienstleistungsorganisation' in unterschiedlichen Ländern (vgl. Alber 1995; Bahle 2007) und den Möglichkeiten einer Typisierung von Ländern nach ‚Dienstleistungsmodellen' (vgl. Anttonen/Sipilä 1996) oder diskutierten Care im internationalen Vergleich (vgl. Daly/Lewis 2000) und inwieweit Care-Regime transnationale Pflegemärkte fördern (vgl. Bettio/Plantenga 2004; Dallinger/Eichler 2008). Im Hinblick auf Pflege wurden unterschiedliche Typisierungen der ‚Pflegeregimes' vorgeschlagen (vgl. Theobald 2009). Gemeinsam ist den genannten vergleichenden Ansätzen die Frage, wie Dienstleistungen durch unterschiedliche institutionelle Arrangements als ‚Public-Private-Mix' organisiert sind; neben Kinderbetreuung ist die Versorgung pflegebedürftiger Menschen ein wesentlicher Gegenstand dieser Untersuchungen.

Die institutionellen Veränderungen wohlfahrtsstaatlicher Rahmenbedingungen für Sorgearbeit und Pflege innerhalb einzelner Länder sind stark beeinflusst von Globalisierungsprozessen und Migrationsbewegungen, die Staaten durch ihre nationalen ‚Migrationsregime' und das supranationale Migrationsregime der EU (vgl. Jahn u.a. 2006) zu beeinflussen versuchen. Der Begriff des ‚Migrationsregimes' wird verwendet für Normen, Regelungen und Prinzipien, die *Wanderungsbewegungen* regulieren, und bezeichnet ein Konglomerat aus behördlichen, rechtlichen und politischen Regelungen und Aktivitäten (vgl. Karakayalı 2008). Migration wird als soziales Verhältnis gefasst, in dem Migrantinnen nicht nur Objekt institutioneller Regulierung und Bearbeitung sind, sondern auf das sie durch ihre Praktiken aktiv einwirken (vgl. Karakayalı/Tsianos 2007: 13).

Die Migrations- und Genderforschung beschäftigte sich insbesondere mit den Gründen für die Tabuisierung irregulärer Beschäftigungsverhältnisse innerhalb der transnationalen Pflegearbeit und ihrer gleichzeitigen weitgehenden Verbreitung und Akzeptanz (vgl. Anderson 2000; Lutz 2008). Als Erklärungsansätze wurden hierfür die Konstruktion der ‚ethnisch Anderen' und weiblich konnotierter Kompetenzzuschreibungen bei der Delegation von Hausarbeit und Versorgungstätigkeiten in privaten Haushalten zwischen Frauen herangezogen, welche die mit Care-Tätigkeiten verknüpften Werte prägen und die Denkweisen der Beteiligten und Handlungslogiken der Arbeit in Privathaushalten beeinflussen.

Die genannten Forschungsergebnisse betrachten institutionelle Konfigurationen (Care-Regime, Pflegeregime, Migrationsregime), in denen sich unterschiedliche Abhängigkeitsbeziehungen überlagern. Wie das Zusammenwirken dieser ‚Regime' theoretisch konzipiert werden kann, ist noch wenig erforscht. Zu ergänzen wäre aus unserer Sicht als vierte Dimension das *„Arbeitsmarktregime'* des Marktes haushaltsnaher Dienstleistungen und des ‚Arbeitsplatzes Privathaushalt', die durch Dienstleistungsrecht, Arbeits-, Sozial- und Steuerrecht beeinflusst werden. Dieses Arbeitsmarktregime wirkt sich auf Arbeitsbedingungen, Einkommenschancen und soziale Rechte der Haushaltsbeschäftigten, aber auch auf Qualität und Kosten der häuslichen Pflege und Versorgung aus. In vielen Ländern sind Beschäftigungen im Haushaltsbereich nur eingeschränkt in den Geltungsbereich des Arbeitsrechts einbezogen (etwa hinsichtlich des Arbeitszeitrechts oder Kündigungsschutzrechts, vgl. Ramirez-Machado [2003] zum internationalen Vergleich sowie *Husmann* und *Schmid* in diesem Band zu Deutschland und Österreich) oder sogar vollständig davon ausgenommen (vgl. *Wang* zu Taiwan und *Ayalon* zu Israel in diesem Band). Dies weist darauf hin, dass Sorgearbeit stark vergeschlechtlicht ist und nicht als ‚eigentliche Arbeit' betrachtet wird (vgl. Scheiwe 1999; Lutz 2008). Als Teil der Analyse transnationaler Pflegearbeit sind auch der Rechtsvergleich und arbeitsmarkttheoretische Ansätze einzubeziehen (vgl. *Scheiwe* in diesem Band); dabei kann auf die vergleichende arbeits- und sozialrechtliche Forschung zurückgegriffen werden (vgl. Ramirez-Machado 2003; Bercusson/Estlund 2008; Ahlberg u.a. 2008; Traxler u.a. 2001), auch wenn diese (mit Ausnahme von Ramirez-Machado 2003) die spezifischen Bedingungen der Tätigkeit in Privathaushalten nicht berücksichtigt.

Grenzüberschreitende Pflegeversorgung lässt sich als institutionelle Konfiguration beschreiben, zu der neben den ‚formalisierten' Regeln auch die Akteure und sozialen Beziehungen in Institutionen gehören (vgl. Göhler 1997: 25). Transnationale Pflegeversorgung ist durch mehrere Regelsysteme und besondere Merkmale gekennzeichnet, welche die öffentliche und private Verantwortung für Sorgearbeit und die soziale Absicherung des Risikos der Pflegebedürftigkeit zwischen ‚Privaten', den Geschlechtern, Familie, Gesellschaft und Staat verteilen. Dies beeinflusst Geschlechterordnungen und soziale Ungleichheiten auf nationaler und transnationaler Ebene.

3 Formelle und informelle Institutionen – die Spielregeln

Eine Institution ist ein Regelsystem, das die ‚Regeln des Spiels' festlegt (vgl. Hall/Taylor 1996; Esser 2000). Dies sind einmal formalisierte Institutionen (geregelt durch Gesetze, Verordnungen, rechtliche Verfahrensregelungen u.Ä.), also Rechtsnormen und deren Implementation. Daneben wird der Begriff der Institutionen von einigen auch für informelle Institutionen verwendet, also für nicht kodifizierte Verhaltensregeln und Praktiken.

Hinsichtlich der transnationalen Pflege als typischer ‚Querschnittsmaterie' sind dies etwa Regeln im jeweiligen nationalen Sozialrecht, Steuerrecht, Arbeitsrecht, Aufenthaltsrecht, Familienrecht sowie im supranationalen Recht der EU die Regulierung der Arbeitnehmerfreizügigkeit und der Dienstleistungsfreiheit, koordinierendes Sozialrecht sowie Asyl- und Migrationsrecht. Im Gegensatz zu formalisierten Institutionen werden unter informellen Institutionen (‚kultureller Institutionenbegriff') Verhaltensregeln verstanden, die nicht kodifiziert sind, und die als Werte, als soziale Normen oder als Handlungsroutinen das Verhalten der Akteure als grenzüberschreitende und transnationale kulturelle oder symbolische Muster, als ‚wider cultural and symbolic patterns' (vgl. Scott/Meyer 1994) beeinflussen. Diese sozialen Normen oder Praktiken spielen auch für die Geltung der formellen Institutionen eine wichtige Rolle, weil sie als Werte zur Akzeptanz oder Legitimität von formalen Institutionen, also auch von Rechtsnormen, beitragen oder aber auch davon abweichen können. Normen über Geschlechterrollen, Generationenbeziehungen und die Übernahme der Verantwortung für Pflege und Versorgung bedürftiger Personen umfassen beides, formalisierte und informelle Institutionen, rechtliche und soziale Normen.

Wenn informelle Institutionen in Widerspruch zu den formellen Normen stehen und ‚irregulär' sind, können sie deren Geltung in Frage stellen und Rechtswandel auslösen, oder sie bestehen parallel dazu (informelle Normen als ‚Subkultur'). Unser Ziel ist es, den Prozess zu betrachten, in dem Institutionen gestaltet und verändert werden und in dem die Akteure über ganz unterschiedliche Machtpositionen und Ressourcen verfügen. Auch Recht wird der Wirklichkeit nicht einfach als fixe Rahmenbedingung von außen ‚übergestülpt', sondern es ist ein Prozess von Aushandlung, Konstruktion und Interpretation, es kann ganz unterschiedlich – etwa durch Verwaltungen, Gerichte, Zoll, Polizei etc. – implementiert und sanktioniert (oder ignoriert) werden. Die Autorinnen und Autoren dieses Bandes betrachten sowohl formelle wie auch informelle Institutionen.

Legitimität ist ein weiteres Thema, das von verschiedenen Beiträgen dieses Bandes angesprochen wird. Legitimität beruht darauf, dass Handlungsmaximen als Kern der institutionellen Ordnung das ‚Prestige der Vorbildlichkeit und Verbindlichkeit' (Weber 1972: 16) besitzen. Die Vorbildlichkeit einer Regel ergibt sich daraus, dass sie als richtig und gerecht betrachtet wird. Wenn praktisches Handeln und formelle Regelvorgaben auseinanderfallen, entstehen Legitimitätsprobleme. Sie äußern sich zum einen als moralisches Dilemma der handelnden Person und zum anderen auf der gesellschaftlichen Ebene (,Doppelmoral'). Solche Legitimitätsprobleme stellen sich im Zusammenhang mit der Akzeptanz von Schwarzarbeit als ,Kavaliersdelikt' (vgl. *Scheiwe* und *Frings*), im Hinblick auf die Konstruktion der transnationalen Legitimität der Tätigkeit von Vermittlungsagenturen in unterschiedlichen nationalen Kontexten in Deutschland, Polen und in der EU (vgl. *Krawietz*) sowie hinsichtlich der Legitimität der ,schambesetzen' Delegation von Hausarbeit an ,Fremde', wobei Ethnizität als Distinktionskategorie fungiert (vgl. *Karakayalı, Kretschmann* und *Wang*).

4 Institutionen in nationalen und transnationalen Kontexten – Unterschiede und Ähnlichkeiten

Die Inhalte und die Wirkung einer Rechtsinstitution sind in unterschiedlichen nationalen Kontexten nicht unbedingt gleich, auch wenn ihre Bezeichnung identisch ist. Dies soll an zwei Beispielen erläutert werden. Die soziale Absicherung von *Selbstständigen* unterscheidet sich im deutschen und österreichischen Sozialrecht nicht unerheblich, obwohl in beiden der Rechtsbegriff der Selbstständigkeit verwendet wird (noch dazu in derselben Sprache). In Österreich sind Selbstständige im allgemeinen System der Sozialversicherung pflichtversichert, zahlen Sozialversicherungsbeiträge für die Kranken-, Renten- und Invaliditätsversicherung und sind damit wie abhängig Beschäftigte gegen die entsprechenden Risiken (jedoch nicht gegen Arbeitslosigkeit) abgesichert. In Deutschland besteht keine allgemeine Sozialversicherungspflicht für Selbstständige; zwar müssen Selbstständige seit dem 1. Januar 2009 eine Krankenversicherung haben, sie sind aber nicht in der Renten- oder Unfallversicherung pflichtversichert.[4] Da in Deutschland der sozialrechtliche Schutz für Selbstständige geringer ist als in Österreich, hat (Schein-)Selbstständigkeit von migrantischen Haushalts- und Betreuungskräften in beiden Ländern eine jeweils andere Bedeutung. Die österreichische ,Legalisierung' des Status von ,Hausbetreuerinnen' (vgl. *Schmid* und *Kretschmann* in diesem Band) besteht wesentlich in einer staatlichen Subventio-

---

[4] Ausnahmsweise besteht in Deutschland für einzelne Berufsgruppen Selbstständiger eine Rentenversicherungspflicht in ständischen Versorgungswerken (etwa für Landwirte, Ärzte, Rechtsanwälte) oder im Rahmen der Künstlersozialversicherung. Damit sind in Deutschland Selbstständige im europäischen Vergleich relativ gering abgesichert (vgl. die Beiträge in Zacher 1991 sowie für Österreich Tálos 1998).

nierung der Sozialversicherungsbeiträge von selbstständigen Hausbetreuerinnen (die niedriger sind als die von abhängig Beschäftigten). Diese sozialpolitische Lösung ergibt in Deutschland wegen der fehlenden Sozialversicherungspflicht von Selbstständigen keinen Sinn, erklärt aber, warum die Debatte über ‚Scheinselbstständigkeit' und der Hinweis auf den Arbeitnehmerstatus der Beschäftigten als Argumente gegen eine Übernahme der ‚österreichischen Reformlösung' im deutschen Kontext eine bedeutende Rolle spielen. Auch gilt in Österreich für die Hausbetreuerin als Arbeitnehmerin (nicht aber für Selbstständige; vgl. *Schmid* und *Kretschmann* in diesem Band) das Arbeitszeitrecht,[5] während dies in Deutschland für Arbeitnehmerinnen in Privathaushalten nicht der Fall ist, wenn sie mit der betreuten Person in häuslicher Gemeinschaft leben (vgl. *Husmann* in diesem Band), so dass Arbeitnehmerinnen in Privathaushalten in Deutschland in dieser Hinsicht weniger geschützt sind als in Österreich.

Wie interessant eine genaue Analyse derselben Institution in verschiedenen nationalen und transnationalen Kontexten gerade im Bereich der transnationalen Pflege ist, zeigt als weiteres Beispiel die Institution der ‚Vermittlungsagentur' (‚broker'). Die Vermittlung von Pflege- und Haushaltsarbeiterinnen ist in Deutschland, Polen, Österreich, Taiwan oder Israel ganz unterschiedlich organisiert (vgl. *Krawietz, Schmid, Wang* und *Ayalon* in diesem Band). In Österreich weisen diese Agenturen häufig die Rechtsform eines Vereins auf, in Polen handelt es sich um private Unternehmen der Arbeitsvermittlung. Die Vermittlung von Migrantinnen aus MOE-Ländern als Haushaltshilfen ist bis zum Ende der EU-Übergangsregelungen 2011 von staatlicher Seite in Deutschland eine Aufgabe einer öffentlich-rechtlichen Agentur, der Zentralen Arbeitsvermittlung (ZAV) der Bundesagentur für Arbeit, die dafür keine Vermittlungsgebühren erhebt. In manchen Ländern werden private Unternehmen im staatlichen Auftrag als Vermittlungsagenturen zur Rekrutierung von Migrantinnen für Privathaushalte tätig, die Vermittlungsgebühren von Privathaushalten und den Migrantinnen einfordern (‚for-profit'). Die Akzeptanz der privaten Vermittlungsagenturen und ihre Legitimität ist in den einzelnen Staaten sehr unterschiedlich. Während in Deutschland von 1927 bis 1994 ein gesetzliches Vermittlungsmonopol des Arbeitsamtes bestand, wurden unter dem Einfluss des Europarechts im Rahmen der Dienstleistungsfreiheit private Arbeitsvermittlungsagenturen mit Gewinnerzielungsabsicht zugelassen. Die Tätigkeit von Agenturen in den Bereichen der Arbeitsvermittlung, der Personalvermittlung sowie der Zeit- und Leiharbeit ist durch Normen des Sozialgesetzbuches jedoch eng reglementiert. Nach wie vor

---

[5] Die maximale Arbeitszeit einer Hausbetreuerin beträgt 10 Stunden täglich und 50 Stunden wöchentlich; eine Wochenendruhe von mindestens 36 Stunden und eine Feiertagsruhe von 24 Stunden sind zu gewähren. – Zu den großen Unterschieden der Arbeitszeitregulierung von Haushaltsbeschäftigten im internationalen Vergleich vgl. Ramirez-Machado (2003).

ist die rechtliche Akzeptanz von grenzüberschreitend tätigen Dienstleistern in der EU kontrovers, wie unter anderem ein Urteil des Europäischen Gerichtshofs von 2007 gegen die Bundesrepublik Deutschland zeigt.[6] In Polen, Taiwan und Israel wird dagegen die Tätigkeit privater Vermittlungsagenturen durch den Staat unterstützt (vgl. *Krawietz*, *Wang* und *Ayalon* in diesem Band), die Philippinen fördern aktiv den ‚Export' ihrer Arbeitskräfte (vgl. *Encinas-Franco* in diesem Band). In Taiwan und Israel hat das ‚broker'-System in der Praxis dazu geführt, dass die Agenturen exzessive Vermittlungsgebühren verlangen. Die Folge davon ist eine Art ‚Schuldknechtschaft' der vermittelten Migrantinnen gegenüber den Vermittlungsagenturen. Bei transnational tätigen Agenturen, die ihre Dienste in zwei oder sogar mehr Ländern gleichzeitig anbieten, können sich zudem Konflikte ergeben, wenn diese Länder unterschiedliche Strategien der Regulierung dieser grenzüberschreitenden Unternehmen verfolgen (vgl. das Beispiel von Zeitarbeitsfirmen und unterschiedlichen nationalen Arbeitsmarktregimen in Ahlberg u.a. 2008).

Die genannten Beispiele zeigen, dass der Inhalt eines Rechtsbegriffs oder die Bedeutung einer Institution – auch bei gleicher Bezeichnung – in verschiedenen Rechtsordnungen unterschiedlich sein kann. Dieses Phänomen ist methodisch für den Rechtsvergleich aufgearbeitet worden, der in den untersuchten Rechtsordnungen nach funktionalen Äquivalenten sucht (vgl. Scheiwe 2000); in der Literatur zum Wohlfahrtsstaatsvergleich wird dies jedoch oft ungenügend berücksichtigt.

Transnationale Pflegebeziehungen bewegen sich in einem mehrdimensionalen institutionellen Feld. Eine Analyse der Veränderungsprozesse und der Widersprüche zwischen normativer Regulierung und den eigensinnigen Strategien der Akteure sollte diese Komplexität beachten. Institutionen greifen ineinander und Rechtsebenen überlagern sich. Soziale Sicherung stellt sich, wenn auch mit unterschiedlichen Bedarfen, als Problem aufseiten *beider* Parteien des Beschäftigungsverhältnisses im Pflege-Haushalt dar – im Unterschied zum klassischen Arbeitsverhältnis jenseits der Care-Beziehung, wo der soziale Schutzbedarf einseitig aufseiten der wirtschaftlich schwächeren Partei liegt. Die Regulierungs- und Aushandlungsprozesse im Bereich von transnationaler Pflege und Care eröffnen daher ein interessantes Forschungsfeld für weitere institutionentheoretische Untersuchungen.

---

[6] EuGH, Urteil vom 11.01.2007, Rs. C-208/05 ITC, EuZW 2007, 220. Zu den europarechtlichen Rahmenbedingungen der Arbeitsvermittlung vgl. Schüren (2010: Rn. 520–610) m.w.N. auch zur Regulierung in anderen EU-Ländern sowie Gagel (2010: Kap. X 2.).

5 Übersicht über die einzelnen Beiträge

Die Beiträge der Autorinnen und Autoren dieses Bandes knüpfen an diese konzeptionellen Überlegungen und Forschungsergebnisse an. Sie unterscheiden sich jedoch dadurch, dass die Frage nach der Regulierung der transnationalen Sorgearbeit durch Recht, durch formalisierte und informelle Institutionen, also die institutionellen Konfigurationen der Pflege[7] in das Zentrum der Diskussion rücken und deren Wirkungen und Reformbedürftigkeit untersucht werden. Wir leisten mit diesem Band einen Beitrag dazu, die Wechselwirkungen zwischen Regulierung, Recht und Verhalten auf nationaler, internationaler und transnationaler Ebene aus unterschiedlichen disziplinären und theoretischen Perspektiven zu thematisieren.

Im *ersten Teil* stehen die rechtlichen Rahmenbedingungen von grenzüberschreitender Haushalts- und Pflegearbeit sowie die soziale Absicherung von Pflege- und Unterstützungsbedarfen in Deutschland im Mittelpunkt, um daran anknüpfend rechtspolitische Fragen zu thematisieren.

Manfred Husmann beschreibt präzise und auch für Nicht-Juristinnen verständlich die rechtlichen Rahmenbedingungen des deutschen und europäischen Rechts für grenzüberschreitende Haushalts- und Pflegearbeit, insbesondere aus den neuen EU-Beitrittsstaaten Mittel- und Osteuropas. Er skizziert die drei Rechtsformen, in denen die Leistung erbracht werden kann: aufgrund eines Arbeitsvertrages, also eines Arbeitsverhältnisses zwischen der Hilfe und dem Pflegebedürftigen, oder aufgrund eines Vertrages des Pflegebedürftigen mit in Deutschland niedergelassenen Selbstständigen oder – als grenzüberschreitende Leistungserbringung – aufgrund eines Vertrages mit in den MOE-Staaten niedergelassenen Selbstständigen. Abschließend weist er auf diverse Missbrauchstatbestände (insbesondere die Scheinselbstständigkeit) und deren Rechtsfolgen und Sanktionen hin. Damit hat *Husmann* die rechtliche Ausgangssituation als Hintergrundfolie für weitere Diskussionen geklärt und in ihren Gestaltungsmöglichkeiten umrissen. Dabei wird auch deutlich, dass (rechtlich gut informierte) Akteure durchaus über Spielräume verfügen, um rechtskonforme Vertragsgestaltungen zu finden.

Dorothee Frings ordnet die Beschäftigung von Migrantinnen aus MOE-Staaten in deutschen Privathaushalten in den Kontext der bis 2011 begrenzten Arbeitnehmer-Freizügigkeit für Neu-Unionsbürgerinnen ein und stellt die rechtlichen Gestaltungsmöglichkeiten dar, die den Haushalten eine legale Beschäftigung erlauben. Sie geht der Frage nach, warum gerade Frauen aus den MOE-Staaten als Lückenfüller für ungedeckte Bedarfe an billigen haushaltsnahen

---

[7] Zur Unterscheidung von formalisierten und informellen Institutionen vgl. North (1990).

Dienstleistungen in den Alt-EU-Staaten fungieren. Die ‚Halblegalität' der Beschäftigung an den Schattenrändern der EU-Freizügigkeit (regulärer Aufenthaltstatus kombiniert mit irregulärem Beschäftigungsverhältnis) erhöht ihrer Meinung nach die Legitimität für die Arbeitgeberinnen und kanalisiert durch Arbeitsmarktrestriktionen die überwiegend qualifizierten Frauen mit Berufsabschluss in einen prekären Niedriglohnsektor.

Rose Langer beschäftigt sich mit Mindestlöhnen in der Pflege und den Verfahren zu ihrer Feststellung. In Deutschland gibt es im Gegensatz zu den meisten anderen EU-Staaten keine Tradition gesetzlicher Mindestlöhne. Mindestarbeitsbedingungen wurden von den Tarifvertragsparteien und Arbeitsrechtlichen Kommissionen im Bereich kirchlicher Arbeitgeber festgelegt. Die Festsetzung von Mindestlöhnen wurde seit dem EU-Beitritt Spaniens und Portugals 1986 vor allem mit der Verhinderung von Wettbewerbsvorteilen für ausländische Anbieter aufgrund unterschiedlicher Lohnstrukturen (mit der Baubranche als Vorreiter) begründet. Die Motive haben sich seit 2005 durch die ‚Hartz IV'-Reformen verändert, weil die Mindestlohnfrage seither auch unabhängig von einer Entsendeproblematik aus dem Ausland im Hinblick auf Armutsrisiken von Vollzeitbeschäftigten mit Niedrigeinkommen diskutiert wird. Vor diesem Hintergrund werden die Verfahren zur Mindestlohnfindung seit den Anfängen des Arbeitnehmer-Entsendegesetzes 1996 bis hin zur Einbeziehung der Pflegebranche durch die Einigung der Pflegekommission 2010 über Mindestlöhne für Hilfekräfte in der Pflegebranche dargestellt.

Ausgangspunkt von *Heike Hoffers* Plädoyer für die Beendigung der Grauzone irregulärer Arbeitsmigration im Bereich häuslicher Pflege ist das Argument, dass diese überfällige Regularisierung mit einer umfassenderen Lösung und Reform der Sozialleistungen bei häuslichem Pflegebedarf verbunden werden sollte. Warum die Regularisierung ohne eine solche grundsätzliche Reform zu kurz gedacht wäre, zeigt ihre detaillierte Darstellung der derzeitigen Konzeption des Pflege- und Betreuungsbedarfs im Sozialrecht. Demnach soll der Bedarf durch einen Mix von Pflege- und Unterstützungsangeboten verschiedener Träger abgedeckt werden. Das sozialrechtliche Pflegeregime weist jedoch erhebliche Mängel und Lücken auf, insbesondere bei höheren Betreuungsbedarfen wie etwa bei demenzkranken Personen in häuslicher Umgebung. *Hoffer* diskutiert mögliche Lösungsansätze einer Reform der Pflege wie die Einführung eines neuen Pflegebedürftigkeitsbegriffs, die Neuordnung der Aufgabenbereiche der Pflegeversicherung (etwa die Entkoppelung der hauswirtschaftlichen Versorgung von der Grundpflege) und die damit verbundenen Ausdifferenzierungen der Aufgaben- und Qualifikationsprofile mit Relevanz für eine Regularisierung der Arbeitsmigration im Bereich der häuslichen Pflege.

Damit bietet der Beitrag wichtige Anregungen für eine rechts- und sozialpolitische Reformdiskussion und leitet über zum *zweiten Teil* des Buches, in dem aus unterschiedlichen Perspektiven theoretische Erklärungen der Besonderheiten regulärer und irregulärer Beschäftigung in der häuslichen Pflege und der sozialen Sicherungsbedarfe der verschiedenen Beteiligten behandelt werden. Legalisierungsstrategien und deren Folgen werden am Beispiel der österreichischen Reformen sowie anhand der in Deutschland von der Zentralen Vermittlungsagentur der Bundesagentur für Arbeit vermittelten Haushaltshilfen diskutiert.

Kirsten Scheiwe untersucht die Praxis irregulärer Beschäftigung in Pflegehaushalten unter Verwendung unterschiedlicher Theorieansätze und plädiert für deren Verbindung. Sie argumentiert, dass ein weiter Begriff der sozialen Sicherung erforderlich ist, um diese Praxis als Ausdruck ungedeckter sozialer Sicherungsbedarfe der Beteiligten zu verstehen, die durch Kollusion ihre widersprüchlichen Interessen verfolgen. Die institutionelle Rahmung des Teilarbeitsmarktes haushaltsnaher Dienstleistungen durch Sozial- und Steuerrecht wird als Beitrag zur Abwertung und Marginalisierung von Care-Tätigkeiten analysiert. Daneben werden arbeitsmarkttheoretische ‚Insider/Outsider-Modelle' sowie Ergebnisse der rechtssoziologischen Sanktionsforschung herangezogen. Sie charakterisiert die dominante Pflegepolitik als Tabuisierung der Überlastung pflegender Angehöriger und der Entrechtung irregulär Beschäftigter, die soziale Sicherungsbedarfe ‚privatisiert' und dadurch Geschlechterhierarchien und soziale Ungleichheiten transnational verlängert.

Juliane Karakayalı kontrastiert in ihrem Beitrag die Arbeitssituation von regulär und irregulär tätigen Haushaltshilfen. Auf der Grundlage einer qualitativempirischen Studie untersucht sie die Auswirkungen der legalen Möglichkeit einer Vermittlung von Haushaltshilfen aus Osteuropa seit 2005. Anhand von konzeptionellen Überlegungen aus der Migrations- und Geschlechterforschung arbeitet sie heraus, dass Haushaltsarbeiterinnen als ‚Familienersatz' engagiert werden und von ihnen weniger Professionalität als vielmehr Beziehungsarbeit erwartet wird. Als Gründe für die Beschäftigung migrantischer Arbeitskräfte führt sie – jenseits der Kostenfrage – die Bedeutung der Konstruktion als ‚ethnisch Andere' für die schambesetzte Delegation von Hausarbeit an. Bei unakzeptablen Arbeitsbedingungen (geringes Entgelt, ungeregelte und überlange Arbeitszeiten, Übergriffe) sei Mobilität durch Stellenwechsel und Unterstützung durch informelle Netzwerke bisher die größte Ressource der regulär und irregulär Beschäftigten, während Rechtsdurchsetzung (etwa über die Zentrale Vermittlungsagentur der Bundesagentur für Arbeit oder Gerichte) aus unterschiedlichen Gründen scheitere. Daraus leitet sie die Notwendigkeit ab, Institutionen zu schaffen, die die Haushaltsarbeiterinnen bei der Durchsetzung ihrer Rechte unterstützen.

In Österreich wurden die zuvor überwiegend irregulären Beschäftigungsverhältnisse in der Pflege in Privathaushalten 2007 weitgehend reformiert und legalisiert. Der Beitrag von *Tom Schmid* zeigt die Hintergründe, die institutionellen Rahmenbedingungen der Pflege sowie die Politikentwicklung auf. Migrantinnen kommen überwiegend aus der Tschechei und aus der Slowakei und werden durch Agenturen vermittelt. Für sogenannte Hausbetreuerinnen schuf die ‚Legalisierung' 2007 zwei Beschäftigungsformen, als Selbstständige oder unselbstständig Angestellte, die staatlich durch Übernahme der Sozialversicherungsbeiträge subventioniert werden. *Schmid* charakterisiert diese österreichische Lösung als Kompromiss im Hinblick auf die vorhandenen Schwierigkeiten und Dilemmata der Pflegeversorgung: Auf der einen Seite wird die Rechtslage an die vorhandenen Realitäten der Pflegebeziehungen angepasst und so Rechtsfrieden hergestellt, auf der anderen Seite bleiben viele Probleme weiterhin ungelöst und neue Fragen werden aufgeworfen. Die Pflegehaushalte ziehen das für sie kostengünstigere Modell der selbstständigen Beschäftigung von Hausbetreuerinnen einer abhängigen Beschäftigung als Angestellte vor. Obwohl einige die Konstruktion der Selbstständigkeit für zweifelhaft halten, hat die Politik pragmatisch diese Möglichkeit geschaffen; ob dies von Gerichten angezweifelt wird und ob sich hier Kläger finden, bleibt abzuwarten. *Schmid* hält die Legalisierung für insofern erfolgreich, als ein erheblicher Anteil der zuvor irregulär Beschäftigten sich seither in regulären Beschäftigungsverhältnissen befindet, auch wenn von politischer Seite die Herstellung von ‚Rechtsfrieden' insbesondere für Pflegebedürftige und ihre Angehörigen und nicht die Sicherung qualitativ hochwertiger Arbeits- und Beschäftigungsbedingungen für die Hausbetreuerinnen im Vordergrund standen.

Auf der Basis einer empirischen Studie verweist *Andrea Kretschmann* am Länderbeispiel Österreichs auf die Folgen der Verrechtlichung von 24-Stunden-Pflegearbeit, die nicht ohne Weiteres mit einer Verbesserung der Arbeitssituation von Migrantinnen in Haushalten Pflegebedürftiger einherging. Ihrer Untersuchung zufolge geht dies im Wesentlichen darauf zurück, dass im geführten Diskurs über transnationale Sorgearbeit und ihrer darauf folgenden Verrechtlichung lediglich die Situation der Pflegehaushalte im Vordergrund stand, die Beschäftigungsverhältnisse der Migrantinnen jedoch außer Acht gelassen wurden. So wurden letztlich Differenzlinien aufgrund der Kategorien Staatsangehörigkeit und Gender reproduziert. Hinzu kommen die rechtliche Unkontrollierbarkeit des Arbeitsplatzes im Privathaushalt, die Besonderheiten der Dominanz kollektivfamilialer Normen und der affektiven Arbeit bei Tätigkeiten in der häuslichen Sphäre und der geringe arbeitsrechtliche Schutz. Anhand qualitativer Interviews zeigt sie, dass alltägliche Situationen im Privathaushalt von den rechtlichen Veränderungen weitgehend unberührt und dass ethnisierte und gender-spezifische Machtasymmetrien erhalten blieben.

Im *dritten Teil* richtet sich der Fokus auf Politiken, Akteure und Diskurse grenzüberschreitender Sorgearbeit, und zwar sowohl in der deutschen nationalen Diskussion wie auch aus der Perspektive anderer Länder. Dabei werden auch Migrationsbewegungen von ‚care workers' zwischen außereuropäischen Ländern und Debatten über transnationale Migration am Beispiel von migrationsfördernden Ländern (Philippinen und Polen) wie auch von Empfängerstaaten wie Taiwan und Israel diskutiert. Die Beiträge zeigen eindringlich die mit der Transnationalisierung von Sorgearbeit verbundenen Probleme in unterschiedlichen gesellschaftlichen Kontexten auf.

Hans-Joachim von Kondratowitz geht in seinem Beitrag der Frage nach, ob sich die Politiken öffentlicher Instanzen in Deutschland gegenüber osteuropäischen Beschäftigten in Privathaushalten verändert haben. Er beobachtet eine geringe Veränderung: von einer Politik des Wegduckens und Wegblendens durch staatliche Instanzen auf Bundes- und Landesebene hin zu einer vorsichtigen Politik der Anerkennung. Als Zeichen einer zumindest indirekten Problemanerkennung wertet er die Reform der Beschäftigungsverordnung, die den von der Bundesagentur für Arbeit vermittelten Haushaltshilfen aus Mittel- und Osteuropa auch die Ausführung von notwendigen pflegerischen Alltagshilfen erlaubt – eine sehr beschränkte Maßnahme als Angebot zu einer Entkrampfung der Lagerbildung. Er analysiert die widersprüchlichen Konturen dieser Politiken anhand von Materialien (Stellungnahmen und Veröffentlichungen) unterschiedlicher öffentlicher und privater Akteure der Pflegepolitik. Logiken einer Doppelmoral kennzeichnen das politische Feld der Beschäftigung von osteuropäischen Pflegekräften.

Johanna Krawietz thematisiert in ihrem Beitrag, in welche Umwelt Vermittlungsagenturen eingebunden sind, die polnische Betreuungskräfte in deutsche Pflegehaushalte vermitteln. Die Legitimationserfahrungen dieser transnationalen Organisationen belegen, dass die Einbindung der Agenturen nicht ausschließlich aus einer nationalen Perspektive betrachtet werden kann, sondern in einem transnationalen sozialen Feld zu suchen ist. Ihre Beschreibung, wie diese Vermittlungsorganisationen in den jeweiligen Nationalstaaten und auf europäischer Ebene Legitimität und Illegitimität erfahren, zeigt, in welcher Weise die Pflegevermittler in multiplen Feldern mit Akteuren im Austausch stehen.

Liat Ayalon greift in ihrem Artikel die rechtliche Situation der in der 24-Stunden-Versorgung in Privathaushalten tätigen Migrantinnen in Israel auf und berichtet über Aktivitäten von NGOs, die sich für die Rechte der Migrantinnen einsetzen. Als eines der großen Hemmnisse zur Verbesserung der Lebens- und Arbeitssituation dieser Frauen erweist sich ihr zufolge Israels Selbstverständnis, lediglich jüdischen Immigranten dauerhafte Zuwanderungsmöglichkeiten zuzusprechen. Die Tätigkeit von Migrantinnen in Privathaushalten gilt demgegenüber rechtlich als temporäre Arbeitsmigration und den Beschäftigten bleiben in der Folge grundlegende Aufenthalts- und Bürgerrechte verwehrt. Wenngleich die Organisationen den Zugang zu Gesundheitsversorgungsleistungen für die Migrantinnen und ihre Kinder durchsetzen und die Abhängigkeit des Aufenthaltsstatus vom Arbeitgeber lockern konnten, bleiben die zukünftigen Herausforderungen für die NGOs als ‚Anwälte' der Migrantinnen groß. Die Wahrnehmung vorhandener Rechte scheitert häufig an praktischen Problemen, wie z.B. an der zu geringen finanziellen Ausstattung der Unterstützungsorganisationen und den zu geringen Ressourcen der Migrantinnen selbst.

Jean Encinas-Franco widmet sich in ihrem Artikel dem ‚Prototyp' eines die Migration von Pflegekräften fördernden Landes schlechthin: den Philippinen. Dabei veranschaulicht sie ausgehend von einer historischen Perspektive, wie der philippinische Staat als ‚active player' die Migration von Frauen, die im Bereich der Sorgearbeit tätig sind, durch die Einbindung in Freihandelsabkommen und bilaterale Verträgt billigt und fördert. Der philippinische Staat als größter Arbeitgeber im Bereich der Pflege will, so ihre Annahme, durch die Umsetzung neoliberaler Prinzipien wie Flexibilisierung und Wettbewerbsintensivierung die Kosten im Gesundheitssektor senken. In den öffentlichen Einsparungen, die für das Pflegepersonal zu geringer Bezahlung und schlechten Qualifikationsmöglichkeiten führen, sieht sie einen wesentlichen ‚push'-Faktor, der die Migration von Pflegekräften in andere Länder begünstigt.

Im Zentrum des Beitrags von *Frank Wang* steht die Analyse gesellschaftlicher Diskurse der Alterspflegeversorgung in Taiwan. Er zeichnet nach, wie in einem von konfuzianischen Werten geprägten patriarchalischen Familiensystem Schwiegertöchtern die Rolle der Pflegeversorgung der Eltern des Mannes als Untergebene und Dienende zugeschrieben wird. Verstoßen die Eingeheirateten gegen diese Familiennormen, gelten sie als ‚ungehorsam'. Um einer Erwerbstätigkeit nachgehen zu können, haben viele Frauen – unterstützt durch ein ‚Gastarbeiterprogramm' – begonnen, familiäre Pflichtaufgaben an Migrantinnen zu delegieren. Der Staat hat dabei die Überwachung und Kontrolle der Dienstmädchen auf die Schwiegertöchter verlagert: Versuchen die Haushaltsarbeiterinnen zu fliehen und unterzutauchen, führt dies zu Sanktionen gegenüber der Schwiegertochter. Angeheizt durch mediale Diskurse über Konflikte zwischen Beschäftigten und ihren Auftraggebern, in denen die Migrantinnen als ‚verrückt' und ‚aggressiv' dargestellt werden, wird so in Taiwan die Ausbeutung und Diffamierung von Haushaltsarbeiterinnen legitimiert.

6 Danksagung

Die vorliegende Publikation geht auf einen im April 2009 an der Universität Hildesheim durchgeführten Forschungsworkshop unter dem Titel ‚Grenzüberschreitende Haushalts- und Pflegearbeit – Rechtliche Rahmenbedingungen und gesellschaftliche Praxis' zurück. Ziel des Workshops war die Diskussion der aktuellen rechtlichen Regulierung von grenzüberschreitender Pflege- und Haushaltsarbeit vor dem Hintergrund der Osterweiterung der Europäischen Union. Wir danken den Teilnehmerinnen und Teilnehmern für ihre anregenden Beiträge.

Unser Dank gilt zunächst den Autorinnen und Autoren, die bereit waren, sich auf diese interdisziplinäre Kooperation einzulassen. Dem von der Deutschen Forschungsgemeinschaft (DFG) geförderten Graduiertenkolleg ‚Transnationale Soziale Unterstützung' an den Universitäten Hildesheim und Mainz haben wir nicht nur für die finanzielle Unterstützung der Konferenz und bei der Veröffentlichung dieses Bandes zu danken. Der Forschungszusammenhang und die Forschungsförderung des Kollegs haben wesentlich zur Realisierung dieses Projekts beigetragen. Weiterhin gilt unser Dank Dr. Gretchen Wiesehan für das Lektorat der englischsprachigen Beiträge sowie Petra Schäfter für das Lektorat der deutschsprachigen Beiträge und die redaktionelle Betreuung des gesamten Bandes.

Literatur

Ahlberg, Kerstin/Bercusson, Brian/Bruun, Niklas/Kountouros, Haris/Vigneau, Christophe/ Zappala, Loredana (Hg.), 2008: *Transnational Labour Regulation. A Case Study of Temporary Agency Work*. Brussels u.a.

Alber, Jens, 1995: „A framework for the comparative study of social services", *Journal of European Social Policy* 5 (1995), S. 131–149.

Anderson, Bridget, 2000: *Doing the Dirty Work. The Global Politics of Domestic Labour*, London/New York.

Anttonen, Anneli/Sipilä, Jorma, 1996: „European Social Care Services: Is It Possible to Identify Models?", *Journal of European Social Policy* 6(2) (1996), S. 87–100.

Bahle, Thomas, 2007: *Wege zum Dienstleistungsstaat. Deutschland, Frankreich und Großbritannien im Vergleich*, Wiesbaden.

Bercusson, Brian/Estlund, Cynthia (Hg.), 2008: *Regulating Labour in the Wake of Globalisation: New Challenges, New Institutions*, Oxford/Portland.

Bettio, Francesca/Plantenga, Janneke, 2004: „Comparing Care Regimes in Europe", *Feminist Economics* 10(1) (2004), S. 1–29.

Calliess, Christian, 2004: „Transnationales Verbrauchervertragsrecht", *Rabels Zeitschrift* Bd. 64 (2004), S. 244–287.

Cyrus, Norbert, 2008: „Being Illegal in Europe: Strategies and Policies for Fairer Treatment of Migrant Domestic Workers", in: Lutz, Helma (Hg.): *Migration and Domestic Work. A European Perspective on a Global Theme*, Leverkusen/Opladen, S. 177–194.
Dallinger, Ursula/Eichler, Antje, 2008: *Der graue Markt für Altenpflege – institutionelle Voraussetzungen und Ambivalenzen transnationaler Pflege.* Unveröffentlichter Vortrag beim 34. Kongress der Deutschen Gesellschaft für Soziologie „Unsichere Zeiten" am 7. Oktober 2008 in Jena.
Daly, Mary, 2000: *The Gender Division of Welfare*, Cambridge.
Daly, Mary/Jane Lewis, 2000: „The Concept of Social Care and the Analysis of Contemporary Welfare States", *British Journal of Sociology* 51(2) (2000), S. 281–298.
Djelic, Marie-Laure/Quack, Sigrid, 2003: „Theoretical Buildung Blocks for a Research Agenda Linking Globalization and Institutions", in: dies. (Hg.): *Globalizations and Institutions. Redefining the Rules of the Economic Game*, Cheltenham, S. 15–34.
Ehrlich, Eugen, 1989 [1913]: *Grundlegung der Soziologie des Rechts,* hg. von Manfred Rehbinder. 4. Aufl., Berlin 1989 [1. Aufl. München 1913].
Esser, Hartmut, 2000: *Soziologie. Bd. 5: Institutionen.* Frankfurt a.M.
European Parliament, 2000: *Report on Regulating Domestic Help in the Informal Sector,* 17 October 2000, Committee on Women's Rights and Equal Opportunities (2000/2021(INI) PE 287.012/DEF / PE 287.012/DEF A5-0301/2000.
Gagel, Alexander, 2010: *SGB II/SGB III – Grundsicherung und Arbeitsförderung. Kommentar.* 37. Aufl., München.
Gallotti, Maria, 2009: *The Gender Dimension of Domestic Work in Western Europe*, Genf: ILO, International Migration Papers No. 96, im Internet verfügbar unter International Migration Papers No. 96 (Zugriff am 07.04.2010)
Gerlinger, Thomas/Schmucker, Rolf, 2007: „Transnational Migration of Health Professionals in the European Union", *Reports in Public Health* 23(Supplement 2) (2007), S. 184–192.
Göhler, Gerhard, 1997: „Wie verändern sich Institutionen? Revolutionärer und schleichender Institutionenwandel", in: ders. (Hg.): *Institutionenwandel,* Opladen, S. 21–56 [Leviathan-Sonderheft; 16].
Hall, Peter A./Taylor, Rosemary C.R., 1996: „Political Science and the Three New Institutionalisms", *Political Studies* XLIV (1996), S. 936–957.
Hanschmann, Felix, 2009: „Theorie transnationaler Rechtsprozesse", in: Buckel, Sonja/Christensen, Ralph/Fischer-Lescano, Andreas (Hg.): *Neue Theorien des Rechts,* 2. Aufl., Stuttgart, S. 375–399
Hochschild, Ariel Russell, 2000: „Global Care Chains and Emotional Surplus Value", in: Hutton, Will/Giddens, Anthony. (Hg.): *On the Edge: Living with Global Capitalism,* London.
ILO [International Labour Organization], 2010: *Decent Work for Domestic Workers*, Report IV(1) und IV (2), International Labour Conference, 99th Session, Geneva, im Internet verfügbar unter http://www.ilo.org/global/What_we_do/Officialmeetings/ilc/ILCSessions/98thSession/ReportssubmittedtotheConference/lang--en/docName--WCMS_123731/index.htm (Zugriff am 07.04.2010).

Jahn, Daniela/Andreas Maurer, Andreas/Verena Oetzmann, Verena/Riesch, Andrea, 2006: *Asyl- und Migrationspolitik der EU. Ein Kräftespiel zwischen Freiheit, Recht und Sicherheit.* Diskussionspapier Forschungsgruppe EU-Integration, Stiftung Wissenschaft und Politik, Juli 2006, im Internet verfügbar unter http://www.swp-berlin.org/common/get_document.php?asset_id=3136 (Zugriff am 07.04.2010).

Karakayalı, Serhat, 2008: *Gespenster der Migration. Zur Genealogie illegaler Einwanderung in der Bundesrepublik Deutschland,* Bielefeld.

Karakayalı, Serhat/Tsianos, Vassilis, 2007: „Movements that matter", in: Transit (Hg.): *Turbulente Ränder. Neue Perspektiven auf Migration an den Grenzen Europas,* Bielefeld, S. 7–22.

Kötter, Matthias, 2009: „Die Legitimation von Normen in Räumen begrenzter Staatlichkeit: ein Governanceprozess jenseits des Staates", in: Botzem, Sebastian/Hofmann, Jeanette/Quack, Sigrid/Schuppert, Gunnar Folke/Straßheim, Holger (Hg.): *Governance als Prozess. Koordinationsformen im Wandel,* Baden-Baden, S. 653–682

Larsen, Christa/Joost, Angela/Heid, Sabine (Hg.), 2009: *Illegale Beschäftigung in Europa – Die Situation in Privathaushalten älterer Personen,* München.

Lutz, Helma, 2008: *Vom Weltmarkt in den Privathaushalt. Die neuen Dienstmädchen im Zeitalter der Globalisierung.* 2. Aufl., Leverkusen/Opladen.

Mundlak, Guy/Shamir, Hila, 2008: „Between Intimacy and Alienage: The Legal Construction of Domestic Carework in the Welfare State", in: Lutz, Helma (Hg.): *Migration and Domestic Work. A European Perspective on a Global Theme,* Ashgate, S. 161–176.

North, Douglas, 1990: *Institutions, Institutional Change and Economic Performance,* Cambridge.

Pierson, Paul: 2000: „Increasing Returns, Path Dependence, and the Study of Politics", *American Political Science Review* 94 (2000), S. 251–267.

Quack, Sigrid, 2009: „Governance durch Praktiker: Vom privatrechtlichen Vertrag zur transnationalen Rechtsnorm", in: Botzem, Sebastian/Hofmann, Jeanette/Quack, Sigrid/Schuppert, Gunnar Folke/Straßheim, Holger (Hg.): *Governance als Prozess. Koordinationsformen im Wandel,* Baden-Baden, S. 575–605.

Ramirez-Machado, José Maria, 2003: *Domestic Work, Conditions of Work and Employment: A Legal Perspective,* Geneva 2003, im Internet abrufbar unter http://www.ilo.org/public/english/protection/condtrav/publ/7cwe.htm (Zugriff am 07.04.2010).

Scheiwe, Kirsten, 1999: *Kinderkosten und Sorgearbeit im Recht. Eine rechtsvergleichende Studie,* Frankfurt a.M.

Scheiwe, Kirsten, 2000: „Was ist ein funktionales Äquivalent in der Rechtsvergleichung? Eine Diskussion an Hand von Beispielen aus dem Zivil- und Sozialrecht", *Kritische Vierteljahresschrift für Gesetzgebung und Rechtswissenschaft* 83(1) (2000), S. 30–51.

Schüren, Peter, 2010: *Arbeitnehmerüberlassungsgesetz. Kommentar,* 4. Aufl., München.

Scott, Richard/Meyer, John, 1994: *Institutional Environments and Organizations: Structural Complexity and Individualism,* Thousand Oaks.

Slaughter, Anne-Marie (Hg.), 1998: *The European Court and National Courts – Doctrine and Jurisprudence: Legal Change in its Social Context,* Oxford.

Stone Sweet, Alec, 2004: *The Judicial Construction of Europe,* Oxford.

Tálos, Emmerich (Hg.), 1998: *Soziale Sicherung im Wandel, Österreich und seine Nachbarstaaten – Ein Vergleich*, Wien

Teubner, Gunther (Hg.), 1996: *Global Law without a State*, Aldershot.

Theobald, Hildegard, 2009: „Pflegepolitiken, Fürsorgearrangements und Migration in Europa", in: Larsen, Christa/Joost, Angela/Heid, Sabine (Hg.): *Illegale Beschäftigung in Europa. Die Situation in Privathaushalten älterer Personen*, München, S. 28–40.

Traxler, Franz/Blaschke, Sabine/Kittel, Bernhard, 2001: *National Labour Relations in Internationalized Marketes: A Comparative Study of Institutions, Change and Performance*, Oxford.

Weber, Max, 1972 [1922]: *Wirtschaft und Gesellschaft. Grundriß der verstehenden Soziologie. 5. Aufl.*, Tübingen 1972 [1. Aufl. Tübingen 1922].

Zacher, Hans F. (Hg.), 1991: *Alterssicherung im Rechtsvergleich*, Baden-Baden.

Grenzüberschreitende Haushalts- und Pflegearbeit
und die soziale Absicherung von Pflege- und
Unterstützungsbedarfen in Deutschland –
Recht und rechtspolitische Fragen

Rechtliche Rahmenbedingungen bei grenzüberschreitender Haushalts- und Pflegearbeit

Manfred Husmann

Die meisten Pflegebedürftigen in Deutschland möchten eine stationäre Versorgung in einem Pflegeheim so lange wie möglich vermeiden; sie wünschen eine Betreuung in den vertrauten ‚eigenen vier Wänden'. Hierfür geeignete Kräfte zu finden, stößt nicht selten auf Schwierigkeiten. Die Personalknappheit, aber auch finanzielle Erwägungen waren und sind für viele Pflegebedürftige und ihre Angehörigen Anlass, Hilfen aus den mittel- und osteuropäischen Staaten (MOE-Staaten) zu engagieren. Von den zugelassenen rund 11.5000 ambulanten Pflegediensten, welche die wesentliche Säule der häuslichen Versorgung bilden, werden sie teilweise als ‚unliebsame billige Konkurrenz' empfunden; Hinweise auf eine direkte Konkurrenz oder eine Verdrängung ambulanter Dienste sind aber nicht belegbar (vgl. Neuhaus u.a. 2009: 12).

1 Sozialer und rechtlicher Hintergrund

Laut Pflegestatistik waren im Jahre 2007 in Deutschland 2,25 Millionen Menschen pflegebedürftig im gesetzlichen Sinn[1]. 709.000 (32 Prozent) wurden stationär in Pflegeheimen versorgt. Die ambulante häusliche Pflege erfolgte in 504.000 Fällen zum Teil oder vollständig durch zugelassene Pflegedienste. In 1,033 Millionen Fällen übernahmen Privatpersonen (in erster Linie Angehörige) die Betreuung (vgl. Statistisches Bundesamt 2008: 4).

Der finanzielle Aufwand für die häusliche Versorgung wird nur teilweise durch die Leistungen der sozialen Pflegeversicherung gedeckt. Diese ist auf die Erbringung von Existenz sichernden Teilleistungen im Bereich der häuslichen Pflegehilfe[2] ausgelegt, die als Pflegesachleistung für die Bereiche Grundpflege

---

[1] § 14 Elftes Buch Sozialgesetzbuch – Soziale Pflegeversicherung (SGB XI) (BGBl I S. 1014), zuletzt geändert durch Art. 3 des Gesetzes vom 30.07.2009 (BGBl I S. 2495).
[2] Zum Begriff: § 36 Abs. 1 SGB XI.

und Hauswirtschaft erbracht wird.³ Gestaffelt nach den drei Pflegestufen,⁴ gelten ab 1. Januar 2010 folgende Sätze: Werden die Tätigkeiten durch einen zugelassenen inländischen ambulanten Pflegedienst oder eine gewerbliche Einzelfachkraft erbracht, übernimmt die Pflegekasse die Pflegesachleistungen bei Pflegestufe I bis zu 440 Euro, bei Pflegestufe II bis zu 1.040 Euro und bei Pflegestufe III bis zu 1.510 Euro im Monat.⁵ Im Internet finden sich Pauschalangebote der inländischen Pflegedienste für eine 24-Stunden-Versorgung (ohne Behandlungspflege), die sich je nach Pflegestufe oder Schwierigkeitsgrad auf 2.700 bis 3.200 Euro belaufen. Die Kosten können in Abhängigkeit vom Betreuungsaufwand und von der Qualifikation des Personals auch deutlich darüber liegen. Trotz der steuerlichen Absetzbarkeit ist die verbleibende Eigenbeteiligung erheblich.

Als Alternative bieten sich Hilfen aus MOE-Staaten an. Hierbei handelt es sich fast ausschließlich um Frauen. Ihre Gesamtzahl ist beachtlich, wobei die Schätzungen erheblich schwanken.⁶ Sie übernehmen – auch bei legaler Tätigkeit – zu günstigeren Konditionen als inländische Dienste die häusliche Pflegehilfe. Die Angebote unterscheiden sich je nachdem, ob und in welchem Umfang zusätzliche Betreuungen übernommen werden; auch die Qualität der Sprachkenntnisse wird teilweise berücksichtigt. Im Internet bieten MOE-Pflegedienste eine 24-Stunden-Versorgung für Beträge zwischen 1.500 Euro und 2.500 Euro an. Im Regelfall sind die Kosten der An- und Rückreise und die Aufwendungen für Kost und Logis im Angebot nicht mit enthalten. Arbeiten die Betreuerinnen allein auf selbstständiger Basis, differieren die Angebote zwischen 1.400 Euro und 1.900 Euro. Nicht angemeldete Arbeitskräfte (,Schwarzarbeit') bieten ihre Arbeitskraft für 800 Euro bis 1.400 Euro an.

Die Pflegedienste und auch die Einzelkräfte aus den MOE-Staaten haben keinen Zulassungsvertrag mit den inländischen Pflegekassen, sodass der Pflegebedürftige einen Teil der Kosten nur über das ihm zu zahlende Pflegegeld abdecken kann. Es beläuft sich ab 1. Januar 2010 in der Pflegestufe I auf 225 Euro, in der Pflegestufe II auf 430 Euro und in der Pflegestufe III auf 685 Euro.⁷

Ob und in welchem Umfang Hilfen aus MOE-Staaten zur Ausübung von Haushalts- und Pflegearbeiten berechtigt sind, bestimmt sich nach Vorschriften

---

[3] Die Aufwendungen für die (medizinische) Behandlungspflege sind nicht von der Pflege-, sondern von der gesetzlichen Krankenversicherung zu tragen.
[4] Siehe § 15 SGB XI.
[5] § 36 Abs. 3 SGB XI.
[6] Das Bundesgesundheitsministerium spricht von 60.000, der Bundesverband privater Anbieter sozialer Dienste und das Deutsche Institut für Pflegeforschung e.V. von 100.000 sowie der Bundesverband der Vermittlungsagenturen für Haushaltshilfen und Seniorenbetreuung in der 24-Stunden-Betreuung von 150.000 (vgl. BHSB 2008). Wegen des geschätzten Anteils der illegal Beschäftigten wird auf die späteren Ausführungen unter 6 verwiesen.
[7] Siehe § 37 Abs. 1 SGB XI.

des europäischen und des deutschen Rechts sowie des Rechts des Herkunfts- bzw. Heimatstaats. Die Leistungserbringung kann in drei Formen erfolgen, nämlich aufgrund eines Arbeitsvertrages, also eines Arbeitsverhältnisses zwischen der Hilfe und dem Pflegebedürftigen, oder aufgrund eines Vertrages des Pflegebedürftigen mit in Deutschland niedergelassenen Selbstständigen oder aufgrund eines Vertrages mit in den MOE-Staaten niedergelassenen Selbstständigen.

2 Erbringung von Haushalts- und Pflegearbeiten als Arbeitnehmer des Pflegebedürftigen

Grundsätzlich kann jeder Pflegebedürftige als Arbeitgeber eine Arbeitskraft aus einem MOE-Staat beschäftigen. Ihm obliegen dann alle Rechten und Pflichten, die mit der Begründung eines Arbeitsverhältnisses verbunden sind (Zahlung des Arbeitsentgelts, auch im Krankheitsfall, Gewährung eines bezahlten Urlaubs, Beachtung der Kündigungsfristen etc.). Die Beschäftigung unterliegt der Versicherungspflicht in der deutschen Kranken-, Pflege-, Renten-, Unfall- und Arbeitslosenversicherung. Die Begründung und Durchführung des Arbeitsverhältnisses setzt voraus, dass die Arbeitskraft ein Aufenthaltsrecht in Deutschland hat und zur Ausübung der Beschäftigung berechtigt ist. Im Folgenden werden die Besonderheiten für Staatsbürger aus den MOE-Staaten behandelt.

2.1 Keine Freizügigkeit für Arbeitnehmer aus MOE-Staaten während einer Übergangsphase

Nach dem Vertrag vom 16. April 2003 über den Beitritt von acht MOE-Staaten[8] werden die Aufnahmebedingungen und die erforderlichen Anpassungen der Gemeinschaftsverträge in der (Beitritts-)Akte festgelegt,[9] die dem Vertrag beigefügt ist. Die auf jeden einzelnen Beitrittsstaat zugeschnittenen Bedingungen werden in weiteren Anhängen geregelt.[10] Der Beitrittsvertrag mit Rumänien und Bulgarien vom 25. April 2005 ist nach dem gleichen Konzept gestaltet worden.

Während einer Übergangsphase von sieben Jahren können die Mitgliedstaaten den Zugang zu ihren nationalen Arbeitsmärkten im Rahmen eines ‚2+3+2-

---

[8] Estland, Lettland, Litauen, Polen, Slowakei, Slowenien, Tschechische Republik, Ungarn; die ebenfalls beigetretenen Länder Malta und Zypern sind hier sowohl thematisch als auch rechtlich ohne Bedeutung.
[9] Art. 1 Abs. 2 des Vertrages.
[10] Art. 24 der Beitrittsakte.

Modells' einschränken. Für die zum 1. Mai 2004 beigetretenen acht MOE-Staaten gelten folgende Übergangsregelungen:

- *1. Phase*: Während einer zweijährigen Übergangsfrist (1. Mai 2004 bis 30. April 2006) konnten die Mitgliedstaaten die bisherigen nationalen und bilateralen Regelungen beibehalten.
- *2. Phase*: Vor Ablauf der 1. Phase mussten die Mitgliedstaaten die EU-Kommission davon unterrichten, ob sie die einschränkenden nationalen Maßnahmen für weitere drei Jahre (bis 30. April 2009) fortführen wollten.
- *3. Phase*: Die Mitgliedstaaten können der EU-Kommission mitteilen, ob sie wegen der „schwierigen nationalen Arbeitsmarktlage" die Übergangsregelungen für weitere zwei Jahre (bis 30. April 2011) anwenden wollen.

Deutschland hat die Übergangsregelung in den ersten beiden Phasen ausgeschöpft. Es macht hiervon auch für die 3. Phase vom 1. Mai 2009 bis 30. April 2011 Gebrauch und ist damit neben Österreich der einzige Mitgliedstaat, der den Arbeitnehmern aus MOE-Staaten jetzt noch Freizügigkeit verwehrt. Auch bezüglich der Arbeitnehmer aus Rumänien und Bulgarien hat Deutschland die Einschränkungsmöglichkeiten in Anspruch genommen, und zwar sowohl während der 1. Phase ab 1. Januar 2007 als auch für die ab 1. Januar 2009 einsetzende und bis 31. Dezember 2011 dauernde 2. Phase. Arbeitnehmer aus den MOE-Staaten konnten und können sich in Deutschland daher nicht auf das im EG-Vertrag[11] bzw. im Vertrag über die Arbeitsweise der Europäischen Union (AEU-Vertrag)[12] verankerte Freizügigkeitsrecht der Arbeitnehmer[13] berufen. Das nationale Recht kann ihre Beschäftigung unter Erlaubnisvorbehalt stellen. Dabei haben die Mitgliedstaaten nach den Anhängen zur Beitrittsakte folgende Grundsätze zu beachten:

- *Verschlechterungsverbot*: Die bei Unterzeichnung des Beitrittsvertrages (16. April 2003) geltenden nationalen Rechte auf Zugang zum Arbeitsmarkt

---

[11] Vertrag zur Gründung der Europäischen Gemeinschaft in der Fassung der Verträge von Maastricht, Amsterdam und Nizza (siehe zur konsolidierten Fassung: ABl EU C 321 vom 29.12.2006).
[12] Der Vertrag von Lissabon zur Änderung des Vertrages über die Europäische Union und des Vertrages zur Gründung zur Gründung der Europäischen Gemeinschaft vom 13.12.2007, in Kraft getreten am 01.12.2009, ändert in seinem Art. 2 einzelne Artikel des EG-Vertrags ab, wobei dieser Vertrag einen neuen Namen erhält („Vertrag über die Arbeitsweise der Europäischen Union"); die hier einschlägigen Vorschriften bestehen inhaltlich unverändert fort, erhalten aber nach der notwendigen Konsolidierung des fast nicht lesbaren Vertragstextes neue Artikelnummern (zur konsolidierten Fassung: ABl/EU Nr. C 115 vom 09.05.2008).
[13] Art. 39 EG-Vertrag, Art. 45 AEU-Vertrag.

dürfen nicht zu Lasten der Arbeitnehmer aus MOE-Staaten verschlechtert werden.
- *Gemeinschaftspräferenz:* Arbeitnehmer aus MOE-Staaten haben bei der Vermittlung in freie Stellen Vorrang vor Arbeitnehmern aus Drittstaaten.
- *Bestandsschutz*: Arbeitnehmer aus MOE-Staaten, die am Tage des Beitritts (1. Mai 2004) oder danach in einem der Alt-Mitgliedstaaten rechtmäßig ununterbrochen zwölf Monate oder länger beschäftigt sind, haben nunmehr uneingeschränkten Zugang zum nationalen Arbeitsmarkt dieses Mitgliedstaats, nicht aber zu dem der anderen Mitgliedstaaten.

2.2 Erforderliche Arbeitsgenehmigung nach deutschem Recht

Seit 2005 entscheiden die Ausländerbehörden nicht nur über die Erteilung einer Aufenthalts-, sondern – unter Beteiligung der Bundesagentur für Arbeit (BA) – auch einer Arbeitsgenehmigung. Die Bedingungen des Aufenthaltsgesetzes (AufenthaltsG)[14] zu Einreise und Aufenthalt sowie für die Erteilung einer Arbeitsgenehmigung betreffen unmittelbar nur Angehörige sogenannter Drittstaaten, nicht aber Unionsbürger. Deren Aufenthaltsrecht bestimmt sich nach dem Freizügigkeitsgesetz/EU[15]. Bürgerinnen und Bürger der EU auch aus den neuen Mitgliedstaaten benötigen keinen Aufenthaltstitel. Ihnen wird eine kostenfreie Aufenthaltsbescheinigung ausgestellt, die nur deklaratorische Bedeutung hat.

Da Bürger aus den MOE-Staaten keine Arbeitnehmerfreizügigkeit genießen, benötigen sie für die Ausübung einer Beschäftigung eine Arbeitsgenehmigung. Deren Voraussetzungen sind eigenständig im SGB III[16] geregelt. Die Bundesagentur für Arbeit entscheidet ohne Beteiligung der Ausländerbehörden. Die Arbeitsgenehmigung wird in zwei Formen erteilt, als befristete Arbeitserlaubnis-EU und als unbefristete Arbeitsberechtigung-EU. Bei der Erteilung der Arbeitserlaubnis-EU ist danach zu unterscheiden, ob die Betroffenen einen Wohnsitz oder gewöhnlichen Aufenthalt im In- oder Ausland haben. Entsprechend diesem Unterscheidungskriterium kommen ergänzend unterschiedliche Rechtsverord-

---

[14] Gesetz über den Aufenthalt, die Erwerbstätigkeit und die Integration von Ausländern im Bundesgebiet (Aufenthaltsgesetz – AufenthG) = Art. 1 des Zuwanderungsgesetzes vom 30.07.2004 (BGBl I S. 1950, 1986), zuletzt geändert durch Art. 1a des Gesetzes vom 22.12.2008 (BGBl I S. 2965).
[15] Gesetz über die allgemeine Freizügigkeit von Unionsbürgern (Freizügigkeitsgesetz/EU – FreizügG/EU) = Art. 2 des Zuwanderungsgesetzes vom 30.07.2004 (BGBl I S. 1950, 1986), zuletzt geändert durch Art. 7 des Gesetzes vom 26.02.2008 (BGBl I S. 215).
[16] Vgl. § 284 Drittes Buch Sozialgesetzbuch – Arbeitsförderung (SGB III) (BGBl I S. 594), zuletzt geändert durch Art. 4 des Gesetzes vom 16.07.2009 (BGBl I S. 1959).

nungen zur Anwendung, nämlich die Beschäftigungsverfahrensverordnung[17] (bei Wohnsitz oder gewöhnlichem Aufenthalt im Inland) und die Beschäftigungsverordnung[18] (bei Wohnsitz oder gewöhnlichem Aufenthalt im Ausland). Falls es für die Betroffenen günstiger ist, gilt unter dem Gesichtspunkt des Verschlechterungsverbots das bis 2005 maßgebliche Verordnungsrecht weiter, und zwar die Arbeitsgenehmigungsverordnung[19] und die Anwerbestoppausnahmeverordnung[20].

2.2.1 Arbeitserlaubnis-EU bei Wohnsitz oder gewöhnlichem Aufenthalt im Inland

Bei einem Wohnsitz oder gewöhnlichen Aufenthalt im Inland wird nicht zwischen qualifizierten (mit entsprechender zwei- oder dreijähriger Ausbildung) und nicht qualifizierten Beschäftigungen differenziert.[21] Eine Arbeitserlaubnis-EU ist unter folgenden Voraussetzungen zu erteilen:[22]

- Keine nachteiligen Auswirkungen auf den Arbeitsmarkt

Die Beschäftigung der Arbeitnehmer aus den MOE-Staaten darf keine nachteiligen Auswirkungen auf den Arbeitsmarkt haben. Diese Voraussetzung dürfte wegen der personellen Engpässe im Pflege- und Hauswirtschaftsbereich keine Probleme aufwerfen.

- Keine Verfügbarkeit bevorrechtigter Arbeitnehmer

Die Arbeitserlaubnis-EU kann nicht erteilt werden, wenn bevorrechtigte Arbeitnehmer für die beabsichtigte Beschäftigung auf dem Arbeitsmarkt verfügbar

---

[17] Verordnung über das Verfahren und die Zulassung von im Inland lebenden Ausländern zur Ausübung einer Beschäftigung (Beschäftigungsverfahrensverordnung – BeschVerfV) vom 22.11.2004 (BGBl I S. 2934), zuletzt geändert durch Art. 7 Abs. 2 des Gesetzes vom 21.12.2008 (BGBl I S. 2917).
[18] Verordnung über die Zulassung von neueinreisenden Ausländern zur Ausübung einer Beschäftigung (Beschäftigungsverordnung – BeschV) vom 22.11.2004 (BGBl I S. 2937), zuletzt geändert durch Art. 1 der Verordnung vom 19.12.2008 (BGBl I S. 2972).
[19] Verordnung über die Arbeitsgenehmigung für ausländische Arbeitnehmer (Arbeitsgenehmigungsverordnung – ArGV) vom 17.09.1998 (BGBl I S. 2899), zuletzt geändert durch Art. 7 Abs. 3 des Gesetzes vom 21.12.2008 (BGBl I S. 2917).
[20] Verordnung über Ausnahmeregelungen für die Erteilung einer Arbeitserlaubnis an neueinreisende ausländische Arbeitnehmer (Anwerbestoppausnahmeverordnung – ASAV) vom 17.09.1998 (BGBl I S. 2893), zuletzt geändert durch Art. 7 Abs. 1 des Gesetzes vom 21.12.2008 (BGBl I S. 2917).
[21] § 284 Abs. 3 SGB III i.V.m. § 39 AufenthG und den Vorschriften der BeschVerfV.
[22] § 284 Abs. 3 SGB III i.V.m. Abs. 2 bis 4 und 6 AufenthG.

sind. Bevorrechtigt sind neben deutschen Arbeitnehmern Personen aus den anderen alten EU-Mitgliedstaaten, aus den neuen Mitgliedstaaten Zypern und Malta sowie aus Norwegen, Island und Liechtenstein als Staaten des Europäischen Wirtschaftsraums. Bevorrechtigt sind auch Arbeitnehmer aus der Schweiz aufgrund des mit der EG abgeschlossenen Freizügigkeitsabkommens. In Anbetracht der Personalprobleme im Pflegebereich dürfte die Erteilung einer Erlaubnis für solche Arbeiten nicht an dieser Voraussetzung scheitern. Das Gleiche gilt für hauswirtschaftliche Tätigkeiten.

- Gemeinschaftspräferenz

Arbeitsuchende aus den MOE-Staaten genießen bei der Vermittlung Vorrang vor Drittstaatsangehörigen.

- Keine ungünstigeren Bedingungen als für deutsche Arbeitnehmer

Arbeitnehmer aus den MOE-Staaten dürfen nicht zu ungünstigeren Arbeitsbedingungen als vergleichbare deutsche Arbeitnehmer beschäftigt werden. Maßstab sind einschlägige tarifvertragliche oder ortsübliche Arbeitsbedingungen. Bei hauswirtschaftlichen Tätigkeiten kann auf die Tarifverträge zwischen dem Deutschen Hausfrauenbund (DHB) und der Gewerkschaft Nahrung-Genuss-Gaststätten (NGG) zurückgegriffen werden. Für die einzelnen Tarifbezirke sind unterschiedliche Tariflöhne vereinbart worden; sie schwanken zwischen einem monatlichen Brutto-Mindestentgelt von 1.065 Euro in Bremen (gültig seit 1. Mai 2008) bis zu 1.307 Euro in Hamburg (gültig seit 1. April 2008) (vgl. auch Bundesagentur für Arbeit 2009). Trägt der Arbeitgeber die Kosten für Unterkunft und Verpflegung, können diese als Sachbezug auf den Bruttolohn angerechnet werden (Höchstbeträge 2010: freie Verpflegung 215 Euro zuzüglich freie Unterkunft 204 Euro = 419 Euro)[23]. Die wöchentliche Arbeitszeit beträgt 38,5 Stunden. Pro Jahr sind 26 Urlaubstage (bis zum 29. Lebensjahr) bzw. 30 Tage (ab dem 30. Lebensjahr) zu gewähren. Die Kündigungsfrist beträgt einen Monat zum Monatsende.

Im Pflegebereich ist es in Anbetracht der Zersplitterung auf der Arbeitgeberseite (kommunale Arbeitgeberverbände, der Bund, die Tarifgemeinschaft deutscher Länder, private Arbeitgeber mit eigenen Verbänden, kirchliche Arbeitgeber mit ihren ‚Arbeitsrechtlichen Kommissionen') schwierig, die vergleichbaren Arbeitsbedingungen festzustellen. Maßstab sind die kollektivrechtlichen Vereinbarungen, welche jeweils die niedrigsten Mindestbedingungen enthalten.

---

[23] Vgl. § 2 der Verordnung über die sozialversicherungsrechtliche Beurteilung von Zuwendungen des Arbeitgebers als Arbeitsentgelt (Sozialversicherungsentgeltverordnung – SvEV) vom 21.12.2006 (BGBl. I S. 3385), zuletzt geändert durch die Verordnung vom 19.10.2009 (BGBl. I S. 3667).

Dies wird voraussichtlich ab 1. August 2010 nicht mehr für den Arbeitsverdienst gelten (Stand: 25.05.2010). Ab 24. April 2009 ist das Arbeitnehmer-Entsendegesetz (AEntG) 2009[24] an die Stelle des AEntG 1996[25] getreten. Für bestimmte Branchen werden eine Reihe Mindestarbeitsbedingungen festgelegt. Das AEntG 2009 hat auch die Pflegebranche mit aufgenommen. Nach den Sonderregelungen für diese Branche können auf Vorschlag einer Kommission die Mindestbedingungen für das Arbeitsentgelt, die Dauer des Erholungsurlaubs, das Urlaubsentgelt und das zusätzliche Urlaubsgeld in einer Rechtsverordnung festgesetzt werden, die das Bundesministerium für Arbeit und Soziales (BMAS) erlässt.[26] Am 25. März 2010 hat sich die Kommission auf einen Mindeststundenlohn in Höhe von 8,50 Euro im Westen und 7,50 Euro im Osten geeinigt (vgl. BMAS 2010; zu Mindestlöhnen in der Pflege vgl. auch *Langer* in diesem Band). Mindestregelungen zum Erholungsurlaub und zum Urlaubsentgelt und -geld werden nicht vorgeschlagen. Ab 1. Januar 2012 und ab 1. Juli 2013 sollen die Löhne jeweils um 25 Cent steigen. Der Tariflohn würde für alle Betriebe oder selbständige Betriebseinheiten verbindlich sein, die überwiegend, d.h. zu mehr als 50 Prozent der Arbeitszeit, ambulante, teilstationäre oder stationäre Pflegeleistungen für Pflegebedürftige erbringen. Betroffen sind ArbeitnehmerInnen, die vornehmlich in der Grundpflege tätig sind. Der Mindestlohn gilt nicht für Auszubildende und Praktikanten, Hauswirtschaftskräfte und DemenzbetreuerInnen. Nachdem eine Einigung zwischen dem BMAS und dem Bundesministerium für Wirtschaft (BMWi) erzielt werden konnte, wird der Kommissionsvorschlag voraussichtlich ab 1. August 2010 und befristet bis Ende 2014 als Rechtsverordnung in Kraft treten.[27]

- Beschränkung auf eine bestimmte Beschäftigung

Im Regelfall wird die Erlaubnis nur für eine bestimmte Beschäftigung bei einem bestimmten Arbeitgeber erteilt.[28]

---

[24] Gesetz über zwingende Arbeitsbedingungen für grenzüberschreitend entsandte und für regelmäßig im Inland beschäftigte Arbeitnehmer und Arbeitnehmerinnen (Arbeitnehmer-Entsendegesetz – AEntG) vom 20.04.2009 (BGBl I S. 799).
[25] Gesetz über zwingende Arbeitsbedingungen bei grenzüberschreitenden Dienstleistungen (Arbeitnehmer-Entsendegesetz – AEntG) vom 26.02.1996 (BGBl I S. 227), zuletzt geändert durch Art. 1 des Gesetzes vom 21.12.2007 (BGBl I S. 3140).
[26] § 11 i.V.m. § 5 Nr. 1 und 2 AEntG.
[27] Vgl. „Von der Leyen kündigt Mindestlohn für Pflegeberufe an", *ZeitOnline* vom 20.05.2010, im Internet abrufbar unter http://www.zeit.de/wirtschaft/2010-05/pflege-mindestlohn-arbeit.
[28] § 13 Abs. 1 Nr. 1 und 2 BeschVerfV.

- Dauer

Eine Arbeitserlaubnis wird für die vereinbarte Dauer der Beschäftigung, längstens für drei Jahre erteilt.[29] Da EU-Bürger aus den MOE-Staaten nach einer zwölfmonatigen Beschäftigung im Inland Anspruch auf Erteilung einer Arbeitsberechtigung-EU haben (dazu sogleich), wird die Arbeitserlaubnis-EU auf längstens zwölf Monate befristet.

- Zuständige Arbeitsagentur (AA)

Den Antrag auf Erteilung der Arbeitserlaubnis hat der Betroffene bei der örtlich zuständigen AA zu stellen. Zuständig ist die AA, in deren Bezirk der Beschäftigungsbetrieb liegt.[30]

2.2.2 Arbeitserlaubnis-EU bei Wohnsitz oder gewöhnlichem Aufenthalt im Ausland

Bei einem Wohnsitz oder gewöhnlichem Aufenthalt im Ausland ist – anders als im Inland – zwischen qualifizierten Beschäftigungen und nicht qualifizierten Beschäftigungen zu differenzieren. Das Gesetz trifft eine einschränkende Sonderregelung für nicht qualifizierte Arbeitskräfte.[31] Sie können aus dem Ausland nur vermittelt werden, wenn dies durch zwischenstaatliche Vereinbarung bestimmt oder aufgrund einer Rechtsverordnung zulässig ist. Die Beschäftigungsverordnung (BeschV)[32] betrifft in ihrem unmittelbaren Anwendungsbereich nur erstmals einreisende („neueinreisende' in der Verordnungssprache) Ausländer aus Drittstaaten. Sie regelt die Fälle, in denen es einer ‚Zustimmung der Bundesagentur für Arbeit zu einem Aufenthaltstitel' bedarf oder nicht bedarf. Unionsbürgerinnen und Unionsbürger aus den beigetretenen MOE-Staaten benötigen keinen Aufenthaltstitel. Insoweit ist die BeschV für diesen Personenkreis gegenstandslos. Für nicht-qualifizierte Beschäftigungen ist sie nur wegen der ausdrücklichen gesetzlichen Anordnung[33] zu beachten. Für qualifizierte Beschäftigungen fehlt eine vergleichbare Bestimmung. Solche Arbeitnehmerinnen und

---

[29] § 13 Abs. 2 BeschVerfV.
[30] § 12 BeschVerfV.
[31] Vgl. § 284 Abs. 4 SGB III.
[32] Verordnung über die Zulassung von neueinreisenden Ausländern zur Ausübung einer Beschäftigung (Beschäftigungsverordnung – BeschV) vom 22.11.2004 (BGBl. I S. 2937), zuletzt geändert durch die Verordnung vom 18.12.2009 (BGBl. I S. 3937).
[33] § 284 Abs. 4 Satz 1 i.V.m. § 288 SGB III.

Arbeitnehmer aus den MOE-Staaten unterfallen nicht der BeschV; für sie gelten die allgemeinen Regelungen wie bei einer Inlandsvermittlung. Deshalb betrifft z.b. die Regelung zur Vermittlung von qualifizierten Pflegekräften[34] nur Arbeitnehmer aus Drittstaaten. Konsequenterweise wurde keine Vereinbarung über die Auswahl und Vermittlung solcher Kräfte mit den beigetretenen MOE-Staaten geschlossen.[35]

Die BeschV erlaubt nicht die Auslandsvermittlung für Tätigkeiten in der Grundpflege, sondern nur für hauswirtschaftliche Arbeiten.[36] Für sie kann eine Arbeitserlaubnis zur Ausübung einer versicherungspflichtigen Vollzeitbeschäftigung bis zu drei Jahren erteilt werden. Im Einzelnen müssen folgende Voraussetzungen erfüllt sein:

- Es muss eine Vermittlungsvereinbarung mit dem entsprechenden Staat bestehen. Mit den Arbeitsverwaltungen der Mitgliedstaaten Polen, Slowakei, Slowenien, Tschechien, Ungarn, Bulgarien und Rumänien wurden Vereinbarungen über die Vermittlung von Haushaltshilfen in Haushalte mit Pflegebedürftigen getroffen.
- In dem Privathaushalt muss eine pflegebedürftige Person (mindestens der Pflegestufe I) leben.
- Die ausländischen Haushaltshilfen dürfen nicht zu ungünstigeren Bedingungen als vergleichbare deutsche Arbeitnehmer beschäftigt werden. Maßstab sind die oben angesprochenen Tarifverträge zwischen dem DHB und der NGG.

Der Verfahrensablauf gestaltet sich wie folgt:

- Der Pflegebedürftige füllt ein Formular der BA zur Anforderung einer Haushaltshilfe aus einem MOE-Staat sowie den zweisprachigen Vordruck Einstellungszusage/Arbeitsvertrag aus. Ist die Person bekannt, die eingestellt werden soll, kann sie benannt werden. Das Stellengesuch wird bei der örtlichen zuständigen Agentur für Arbeit (AA) mit dem Nachweis der Pflegebedürftigkeit abgegeben.
- Die AA prüft, ob bevorrechtigte Arbeitnehmer auf dem deutschen Arbeitsmarkt zur Verfügung stehen (sog. Arbeitsmarktprüfung). Sollte dies nicht der Fall sein, leitet sie den Antrag mit einer Zusicherung der Arbeitserlaubnis-EU an die Zentralstelle für Arbeitsvermittlung (ZAV) weiter.
- Die ZAV sendet den Arbeitsvertrag an die ausländische Partnerverwaltung.

---

[34] § 30 BeschV.
[35] Bislang besteht eine solche Vereinbarung nur mit dem (Noch-)Drittstaat Kroatien.
[36] § 21 BeschV.

- Stimmt die benannte bzw. ausgewählte Person dem Vertrag zu, reist sie visumsfrei in die Bundesrepublik ein. Sie erhält hier eine den rechtmäßigen Aufenthalt bestätigende Freizügigkeitsbescheinigung-EU. Der Pflegebedürftige beantragt nunmehr eine Arbeitserlaubnis-EU für die zu beschäftigende Person, die innerhalb von drei Tagen erteilt werden soll.

2.2.3 Arbeitsberechtigung-EU

Die Berechtigung wird zeitlich unbegrenzt und nicht beschränkt auf eine bestimmte Beschäftigung bei einem bestimmten Arbeitgeber erteilt. Sie ist den Staatsangehörigen aus den acht zum 1. Mai 2004 beigetretenen MOE-Staaten zu gewähren, wenn sie zu diesem Zeitpunkt oder später für einen ununterbrochenen Zeitraum von zwölf Monaten zum deutschen Arbeitsmarkt zugelassen waren. Die Regelung gilt entsprechend für bulgarische und rumänische Staatsangehörige ab dem wirksamen Beitritt (1. Januar 2007). Sie übernimmt den Bestandsschutz aus den Beitrittsakten.

3 Erbringung von Haushalts- und Pflegearbeiten durch niedergelassene Selbstständige

Die Bindungen des Arbeitsgenehmigungsrechts sowie des Arbeits- und Sozialversicherungsrechts entfallen, wenn die Leistungserbringer aus den MOE-Staaten sich in Deutschland als Selbstständige niederlassen. Die jeweiligen Anhänge zu den Beitrittsakten schränken das Recht auf Niederlassungsfreiheit nicht ein. Dieses Recht steht nicht nur natürlichen Personen zu,[37] sondern auch allen nach den Rechtsvorschriften eines Mitgliedstaats gegründeten Gesellschaften.[38] Nach der Rechtsprechung des Europäischen Gerichtshofs (EuGH),[39] an die auch die Dienstleistungs-Richtlinie[40] anknüpft, sind folgende Kriterien für eine Niederlassung kennzeichnend:

---

[37] Art. 43 EG-Vertrag, Art. 49 AEU-Vertrag.
[38] Art. 48 EG-Vertrag, Art. 54 AEU-Vertrag.
[39] Urteil vom 25.07.1991, C-221/89, Slg. 1191, I3905, Rn. 20 – Factortame.
[40] Richtlinie 2006/123/EG des Europäischen Parlaments und des Rates vom 12. Dezember 2006 über Dienstleistungen im Binnenmarkt (ABl EU L 377 vom 27.12.2006 S. 36), siehe dort Art. 4 Nr. 5.

- tatsächliche Ausübung einer wirtschaftlichen Tätigkeit
- in einem anderen Mitgliedstaat
- mittels einer festen Einrichtung
- auf unbestimmte Zeit.

Die weiteren rechtlichen Voraussetzungen für die Niederlassung und Ausübung der selbstständigen Tätigkeit richten sich nach den Rechtsvorschriften des Aufnahmestaates (zu den rechtlichen Bedingungen in Deutschland: Husmann 2007a: 315f.; zu denen in Polen: Husmann 2007b: 457ff.). Da im Rahmen der Grundpflege und Hauswirtschaft von den Staatsangehörigen aus den MOE-Staaten keine qualifizierten und reglementierten Tätigkeiten ausgeübt werden, stellen sich Fragen der Zulassung einer erlaubnispflichtigen Tätigkeit und der Anerkennung von im Ausland erworbenen Qualifikationen nicht. Auch Eintragungen in Registern oder Anmeldungen zu Kammern werden nicht aktuell. Letztlich verbleibt die notwendige gewerberechtliche Anmeldung. Wie jeder Inländer müssen auch EU-Ausländer, die sich in Deutschland niederlassen wollen, ihr Gewerbe bei der örtlich zuständigen Behörde anmelden.[41] Vom Gewerbeamt werden automatisch weitere Behörden informiert.[42]

Ihr Gewerbe können die Staatsangehörigen aus den beigetretenen MOE-Staaten sowohl als Einzelunternehmen als auch in Form einer Gesellschaft anmelden. Es besteht eine Tendenz, dass sich mehrere Selbstständige zu einer Gesellschaft bürgerlichen Rechts (GbR) zusammenschließen, wobei natürlich auch andere Formen gesellschaftsrechtlich in Betracht kämen. Solche Personenzusammenschlüsse können als ambulante Pflegeeinrichtung betrieben werden, sofern die gesetzlichen Vorsetzungen erfüllt sind, sie also unter der ständigen Verantwortung einer ausgebildeten Pflegefachkraft Pflegebedürftige in ihrer Wohnung pflegen und hauswirtschaftlich versorgen.[43] Werden sie durch einen Versorgungsvertrag mit den Pflegekassen zur Pflege zugelassen, hätte dies den Vorteil, dass der Pflegebedürftige an Stelle des Pflegegeldes die höheren Sachleistungen in Anspruch nehmen, also seine Eigenbelastungen reduzieren könnte.

Rechtlich denkbar wäre auch, dass sich Pflegekräfte als Einzelunternehmen um den Abschluss eines Versorgungsvertrages mit den Pflegekassen bemühen. Allerdings können die Kassen solche Verträge mit Einzelpersonen nur schließen, soweit und solange eine Versorgung nicht durch einen zugelassenen Pflegedienst gewährleistet werden kann.[44]

---

[41] § 14 Gewerbeordnung (GewO).
[42] So z.B. Finanzamt, Gewerbeaufsichtsbehörden, Bundesagentur für Arbeit, Berufsgenossenschaften, Behörden der Zollverwaltung, die mit der Wahrnehmung der Aufgaben nach dem Schwarzarbeitsbekämpfungsgesetz beauftragt sind, Statistisches Landesamt.
[43] § 71 SGB XI.
[44] § 77 SGB XI.

Rechtliche Rahmenbedingungen grenzüberschreitender Pflegearbeit 41

4 Grenzüberschreitende Erbringung von Haushalts- und Pflegearbeiten

Im Internet finden sich zahlreiche Angebote für eine 24-Stunden-Betreuung aus dem ‚EU-Osten'. Sie werden von Agenturen unterbreitet, die insbesondere Verträge mit polnischen Pflegediensten vermitteln. Nimmt der Pflegebedürftige solche Agenturen in Anspruch, schließt er zwei Verträge. In dem Vertrag mit der Vermittlungsagentur verpflichtet sich diese, gegen eine entsprechende Gebühr den Kontakt zu dem ausländischen Pflegedienst zu vermitteln, eventuell auch weiterhin als Ansprechpartner zur Verfügung zu stehen und/oder während der Vertragsdurchführung zusätzliche Serviceleistungen zu erbringen. Ferner schließt der Pflegebedürftige einen Vertrag mit dem ausländischen Unternehmen über die zu erbringenden pflegerischen und hauswirtschaftlichen Leistungen sowie deren Vergütung.

4.1 Gemeinschaftsrechtliche Voraussetzungen

Rechtsgrundlage für grenzüberschreitende Leistungserbringungen sind die Vorschriften des EG-Vertrages bzw. des AEU-Vertrag über die Dienstleistungsfreiheit.[45] Für sie sind folgende Kriterien kennzeichnend:

- Grenzüberschreitende/transnationale Tätigkeit

Die Dienstleistungsfreiheit betrifft nur Fälle, in denen der Mitgliedstaat, in dem der Leistungserbringer ‚ansässig' ist (Herkunftsstaat/-land), und der Mitgliedstaat, in dem der Leistungsempfänger ‚ansässig' ist (Bestimmungsstaat/-land), nicht identisch sind. Erbringen Selbstständige, die in einem MOE-Staat niedergelassen sind, in Deutschland Dienstleistungen im Haushalt eines Pflegebedürftigen, ist der grenzüberschreitende Charakter offenkundig.

- Niederlassung im Herkunftsstaat

Zwar können sich grenzüberschreitend tätige Dienstleistende im Bestimmungsland mit einer ‚festen Einrichtung'(z.B. ein Büro) ausstatten, sodass insoweit eine Parallele zur Niederlassung besteht, jedoch müssen sie im Herkunftsstaat ordnungsgemäß niedergelassen sein. Das Unternehmen muss dort nicht nur Sitz und Verwaltung haben, sondern auch eine Geschäftstätigkeit entfalten. Ein Unternehmen, das ausschließlich zum Zwecke der Leistungserbringung in einem

---

[45] Artt. 49 und 50 EG-Vertrag, Artt. 56 und 57 AEU-Vertrag.

anderen Mitgliedstaat gegründet und betrieben wird (,Briefkastenfirma'), kann sich nicht auf die Dienstleistungsfreiheit berufen. Nach der rechtlich nicht verbindlichen Auffassung des Bundesministeriums der Finanzen ist es im Regelfall erforderlich, dass das Entsendeunternehmen im Herkunftsstaat seit mindestens vier Monaten wirtschaftlich tätig ist und 25 Prozent des Gesamtumsatzes dort erzielt (vgl. BMF 2006: 16).

- Vorübergehender Einsatz im Bestimmungsland

Schon der Wortlaut der einschlägigen Regelung[46] macht deutlich, dass jedenfalls in den Fällen der aktiven Dienstleistungsfreiheit die transnationale Leistungserbringung nur von vorübergehender Dauer sein darf (a.A. Randelzhofer/Forsthoff 2001: Art. 49/50 Rn. 28). Neben dem Erfordernis, im Herkunftsstaat ordnungsgemäß niedergelassen und dort in einem gewissen Umfang tätig zu sein, erlaubt auch das Kriterium des vorübergehenden Einsatzes, die Dienstleistungsfreiheit von der Niederlassungsfreiheit abzugrenzen. Die Abgrenzung ist erforderlich, weil sich Niederlassungs- und Dienstleistungsfreiheit gegenseitig ausschließen. Liegen die Elemente einer Niederlassung vor, kommen die Vorschriften über Dienstleistungsfreiheit nicht zur Anwendung.[47]

4.2 Dienstleistungsfreiheit für Selbstständige aus den MOE-Staaten

Die in den Beitrittsakten vorgesehene Möglichkeit, in bestimmten Wirtschaftsbranchen während einer Übergangsphase die Dienstleistungsfreiheit einzuschränken, betrifft nicht die Hauswirtschaft und den Pflegebereich. Selbstständige aus den MOE-Staaten, die im Haushalt eines Pflegebedürftigen in Deutschland tätig werden, können sich uneingeschränkt auf die Vorschriften über die Dienstleistungsfreiheit berufen, wenn sie die aufgezeigten Kriterien erfüllen. Sie müssen in ihrem Herkunftsstaat rechtmäßig niedergelassen und dort in dem umschriebenen Umfang wirtschaftlich in der ambulanten Versorgung von Pflegebedürftigen tätig sein. Für Einzelunternehmen aus den MOE-Staaten könnte es problematisch sein, dieses Kriterium zu erfüllen. Dem Erfordernis eines (nur) vorübergehenden Einsatzes wird ein Betreuungsvertrag gerecht, der befristet ist, und zwar auch für längere Zeiträume, soweit die vereinbarte Dauer sachlich geboten ist.

---

[46] Art. 50 Abs. 3 EG-Vertrag, Art. 57 Abs. 3 AEU-Vertrag.
[47] Vgl. EuGH, Urteil vom 30.11.1995, C-55/94, Slg. 1995, I-4165, Rn. 20, 22 – Gebhard.

Rechtliche Rahmenbedingungen grenzüberschreitender Pflegearbeit 43

4.3 Die anzuwendenden nationalen Rechtsordnungen

Die Pflegedienste aus den MOE-Staaten werden in zwei nationalen Rechtsordnungen aktiv. Um zu bestimmen, welches nationale Recht zur Anwendung kommt, ist zwischen den Regelungen zum Marktzugang und zum Marktverhalten einerseits und zum personalen Einsatz andererseits zu differenzieren.

4.3.1 Das für den Marktzugang und das Markverhalten maßgebliche nationale Recht

Die Thematik (näher hierzu: Husmann 2007a: 313ff.) betrifft nicht die Frage, welche nationale Rechtsordnung für die Gründung eines Unternehmens maßgeblich ist. Nach der Gründungstheorie, der auch der EuGH folgt,[48] ist hierauf das Recht des Staats anzuwenden, in dem sich formal der Verwaltungssitz befindet. Soweit in diesem Staat auch wirtschaftliche Tätigkeiten entfaltet werden, unterliegen auch diese seinem Recht. Problematisch ist, ob bei grenzüberschreitenden Dienstleistungen das Recht und die Kontrollen des Herkunfts- oder Bestimmungsstaats anzuwenden sind (vgl. hierzu den Streit um den Entwurf einer Dienstleistungs-Richtlinie, die sogenannte ‚Bolkestein-Richtlinie', die in den Jahren 2004 bis 2006 nicht nur in der Fachliteratur und der Tagespresse heftige Diskussionen, sondern auch europaweite Demonstrationen der Gewerkschaften ausgelöst hatte). Der 2006 in der Dienstleistungs-Richtlinie[49] gefundene Kompromiss installiert ein ‚modifiziertes Bestimmungslandprinzip'. Das bedeutet, dass für die Dienstleistungserbringung in Deutschland grundsätzlich deutsches Recht zu beachten ist; seine Einhaltung unterliegt inländischen Kontrollen.

Unionsbürgerinnen und Unionsbürger können zur Erbringung von grenzüberschreitenden Dienstleistungen in Deutschland frei einreisen und sich frei aufhalten, wenn sie zur Dienstleistung ‚berechtigt' sind.[50] Insoweit knüpft das deutsche Aufenthaltsrecht an die im EG-Vertrag verankerte Dienstleistungsfreiheit an. Sie gewährleistet den EU-Bürgern das Recht, zur Erbringung von Dienstleistungen mit ihrem gesamten Personal, einschließlich ihrer Arbeitnehmer, auch aus Drittländern, in einen anderen Mitgliedstaat frei einzureisen, um dort gewerbliche Dienstleistungen zu erbringen.[51] Die Dienstleistungserbringer

---

[48] Vgl. EuGH, Urteile vom 9.03.1999, Slg. 1999, I-1459 – Centros; vom 30.09.2003, Slg. 2003, I-10155 – Inspire Art; vom 5.01.2002, Slg. 2002, I-9919 – Überseering.
[49] Vgl. oben Fn. 40.
[50] § 2 Abs. 2 Nr. 3 FreizügG/EU.
[51] EuGH, Urteil v. 27.3.1990, Slg. 1990, I-1417, 1443 Rn. 12 – Rush Portuguesa; Urteil v. 09.08.1994, Slg. 1994, I-3803, 3824f. Rn. 15ff. –Vander Elst.

und ihr Personal benötigen kein Visum und keinen Aufenthaltstitel. Auch eine Arbeitsgenehmigung für die entsandten Arbeitnehmer ist nicht einzuholen. Diese müssen nicht zuvor eine bestimmte Zeit im Herkunftsstaat beschäftigt gewesen sein.[52]

Eine gewerbliche Anzeigepflicht besteht in den hier relevanten Fällen nicht. Unternehmer, die in einem anderen EU-Mitgliedstaat rechtmäßig niedergelassen sind und ‚vorübergehend und gelegentlich' in Deutschland gewerbliche Tätigkeiten ausüben wollen, haben dies grundsätzlich der zuständigen Behörde vorher schriftlich anzuzeigen.[53] Das gilt jedoch nur für Tätigkeiten, deren Aufnahme und Ausübung nach deutschem Recht einen Sachkunde- oder Unterrichtungsnachweis voraussetzt. Vorübergehende Tätigkeiten in der Grundpflege und im Haushalt erfordern weder eine besondere berufliche Qualifikation noch einen Sachkunde- oder Unterrichtungsnachweis.

Anzeige-, Aufzeichnungs- und Meldepflichten können sich aus dem AEntG 2009[54] ergeben, nachdem die Pflegebranche in das Gesetz mit aufgenommen wurde. Voraussetzung ist, dass die vorgesehene Rechtsverordnung über Mindestentgelte etc. ergangen ist (dazu oben unter Ziff. 2.2.1.). Die betroffenen Arbeitgeber unterliegen einer Meldepflicht, d.h. sie müssen der zuständigen Behörde der Zollverwaltung u.a. die eingesetzten Arbeitnehmer und den Beschäftigungsort vor Beginn der Dienst- oder Werkleistung benennen. Ferner sind sie verpflichtet, Beginn, Ende und Dauer der täglichen Arbeitszeiten der Arbeitnehmerinnen und Arbeitnehmer aufzuzeichnen und diese Aufzeichnungen mindestens zwei Jahre aufzubewahren. Des Weiteren müssen sie alle Unterlagen in deutscher Sprache im Inland bereithalten, mit deren Hilfe die Einhaltung der Mindestbedingungen kontrolliert werden kann, und zwar für die Dauer des Einsatzes, längstens für zwei Jahre. Die Bereithaltungspflicht stellt keine unzulässige Einschränkung der Dienstleistungsfreiheit dar.[55] Tätigkeiten in der Hauswirtschaft werden vom AEntG 2009 nicht erfasst.

4.3.2 Das anzuwendende nationale Arbeitsrecht

Auch während der Leistungserbringung durch entsandte Arbeitnehmer unterliegt deren Arbeitsverhältnis mit dem MOE-Unternehmen im Regelfall dem Recht des Herkunftsstaats. Dies ergibt sich bis Dezember 2009 aus dem deutschen Interna-

---

[52] Urteil vom 19.01.2006, C-244/04, Slg. 2006, I-885, Rn. 55 bis 64 – Kommission/Deutschland.
[53] § 13a GewO.
[54] Vgl. oben Fn. 24.
[55] Vgl. EuGH, Urteil vom 18.07.2007, C-490/04, Slg. 2007, I-6095, Rn. 68 bis 80 – Kommission/ Deutschland.

tionalen Privatrecht, das als Kollisionsrecht im EGBGB[56] verankert ist. Ab Inkrafttreten der Verordnung (EG) Rom I[57] zum 17. Dezember 2009 gilt vorrangig das europäische Kollisionsrecht. Welches nationale Recht auf den Arbeitsvertrag anzuwenden ist, bestimmen die Vertragsparteien (freie Rechtswahl).[58] Fehlt eine Vereinbarung, wird bei Arbeitsverträgen primär auf den Staat abgestellt, in dem oder von dem aus der Arbeitnehmer ‚gewöhnlich' seiner Arbeit nachgeht; dieser Staat wechselt nicht dadurch, dass der Arbeitnehmer vorübergehend seine Arbeit in einem anderen Staat verrichtet.[59]

Ergänzend finden bestimmte deutsche Bestimmungen zwingend auf die Vertragsverhältnisse der entsandten Arbeitnehmerinnen und Arbeitnehmer Anwendung. In der Pflegebranche wird wird voraussichtlich ab 1. August .2010 ein Mindestentgelt für Leistungen in der Grundpflege zu beachten sein (dazu oben unter Ziff. 2.2.1).ein Mindestentgelt für Leistungen in der Grundpflege zu beachten sein. Dies ergibt sich aus dem AEntG 2009. Die gesetzlich vorgesehene Kommission hat am 25. März 2010 ihren Vorschlag unterbreitet. Auch künftig wird die Hauswirtschaft nicht erfasst. An dem Konzept der zwingenden Mindestbedingungen nur für einzelne ausgewählte Branchen will die ‚schwarz-gelbe' Bundesregierung festhalten, darüber hinaus die bestehenden Regelungen bis 2011 evaluieren. Die Einführung eines einheitlichen Mindestlohns für alle Branchen lehnt sie strikt ab.[60]

Unabhängig vom Wirtschaftssektor müssen im Übrigen alle Arbeitgeber mit Sitz im Ausland bei einem Personaleinsatz im Inland bestimmte zwingende deutsche Schutzgesetze beachten (z.B. über Mindesturlaub, Arbeitsschutz).[61] Das AEntG 2009 benennt auch Höchstarbeitszeiten. Da in den Fällen der Entsendung (anders als bei einer Inlands- oder Auslandsvermittlung von Arbeitnehmern, dazu oben unter 2.2.1 4. Spielstrich) tarifliche Arbeitszeitregelungen nicht greifen, bestimmt sich der zulässige Umfang allein nach dem Arbeitszeitgesetz.[62] Dieses Gesetz findet jedoch keine Anwendung auf Arbeitnehmerinnen und Ar-

---

[56] Einführungsgesetz zum Bürgerlichen Gesetzbuch vom 18.08.1896 i.d.F. der Bekanntmachung vom 21.09.1994 (BGBl I S. 2494; 1997 I S. 1061), zuletzt geändert durch Art. 1 des Gesetzes vom 25.06.2009 (BGBl I S. 1574).
[57] Verordnung (EG) Nr. 593/2008 des Europäischen Parlaments und des Rates vom 17.06.2008 über das auf vertragliche Schuldverhältnisse anzuwendende Recht (Rom I) (ABl EU L 177 vom 04.07.2008 S. 6).
[58] Art. 27 Abs. 1 EGBGB, Art. 3 Abs. 1 VO (EG) Rom I.
[59] Art. 30 Abs. 2 EGBGB, Art. 8 Abs. 2 bis 4 VO (EG) Rom I; auf weitere Anknüpfungspunkte ist hier nicht einzugehen.
[60] Vgl. Ziff. 3.1 des Koalitionsvertrages zwischen CDU, CSU und FDP (2009: 21).
[61] Art. 2 AEntG; bei den einzuhaltenden Mindestnormen handelt es sich um zwingende Vorschriften im Sinne des Art. 34 EGBGB bzw. der Artt. 9 Abs. 1, 21 VO (EG) Rom I.
[62] Arbeitszeitgesetz vom 6.06.1994 (BGBl I S. 1170, 1171), zuletzt geändert durch die Verordnung vom 31.10.2006 (BGBl I S. 2407).

beitnehmer, die in häuslicher Gemeinschaft mit den ihnen anvertrauten Person leben und sie u.a. eigenverantwortlich pflegen oder betreuen.[63] Demzufolge unterliegen entsandte Pflegerinnen bei einer 24-Stunden-Betreuung keinen arbeitszeitlichen Einschränkungen. Für hauswirtschaftliche Tätigkeiten gilt dies nur, wenn sie unter das Merkmal ‚betreuen' zu subsumieren sind.

4.3.3 Das anzuwendende nationale Sozialversicherungsrecht

Nationale Systeme der sozialen Sicherheit gehen in der Regel davon aus, dass Beschäftigungen, die im Hoheitsgebiet ihres Staates ausgeübt werden, der Sozialversicherungspflicht nach inländischem Recht unterliegen. Typisch sind ferner Regelungen zur sogenannten Ein- und Ausstrahlung.[64] Solche nationalen Rechtsnormen wurden bislang im räumlichen Anwendungsbereich des EG-Gemeinschaftsrechts durch die Kollisionsregeln der VO (EWG) Nr. 1408/71[65] verdrängt. Ab 1. Mai 2010 ist an ihrer Stelle die VO (EG) Nr. 883/2004[66] anzuwenden, nachdem im September 2009 die hierfür erforderliche Durchführungsverordnung ergangen ist.[67] Beide Verordnungen gehen vom Grundsatz des ‚lex loci laboris' aus.[68] Danach unterliegen die Arbeitnehmer den Rechtsvorschriften des Staates, in dem sie tatsächlich beschäftigt sind, auch wenn sie in einem anderen Staat wohnen oder ihr Arbeitgeber in einem anderen Staat seine Niederlas-

---

[63] § 18 Abs. 1 Nr. 3 AZG.
[64] Vgl. in Deutschland die §§ 3 bis 6 Viertes Buch Sozialgesetzbuch – Allgemeine Vorschriften über die Sozialversicherung (SGB IV) i.d.F. der Bekanntmachung vom 23.01.2006 (BGBl I S. 86, 455), zuletzt geändert durch Art. 1 des Gesetzes vom 28.03.2009 (BGBl I S. 634, 1141). Demnach gelten die sozialversicherungsrechtlichen Vorschriften auch für Personen, die im Rahmen eines in Deutschland bestehenden Beschäftigungsverhältnisses in das Ausland entsandt werden, nicht aber für Personen, die im Rahmen im Ausland bestehenden Beschäftigungsverhältnisses nach Deutschland entsandt werden, wenn die Entsendung infolge der Eigenart der Beschäftigung oder vertraglich im Voraus zeitlich begrenzt ist. Für Selbstständige gelten diese Regelungen entsprechend.
[65] Verordnung (EWG) Nr. 1408/71 des Rates vom 14.06.1971 über die Anwendung der Systeme der sozialen Sicherheit auf Arbeitnehmer und Selbständige sowie deren Familienangehörige, die innerhalb der Gemeinschaft zu- und abwandern (ABl/EG Nr. L 149 vom 05.07.1971), zuletzt geändert durch VO (EG) Nr. 647/2005 vom 13.04.2005 (ABl/EU Nr. L 117 vom 04.05.2005).
[66] Verordnung (EG) Nr. 883/2004 des Europäischen Parlaments und des Rates vom 29.04.2004 zur Koordinierung der sozialen Systeme (ABl/EU Nr. L 166 vom 30.04.2004) in der Fassung der Verordnung (EG) Nr. 988/2009 des Europäischen Parlaments und des Rates vom 16.09.2009 zur Änderung der VO (EG) 883/2004 und zur Festlegung des Inhalts ihrer Anhänge (ABl/EU Nr. 284 vom 30.09.2009).
[67] Verordnung (EG) Nr. 987/2009 des Europäischen Parlaments und des Rates vom 16.09.2009 zur Festlegung der Modalitäten für die Durchführung der VO (EG) 883/2004 (ABl/EU Nr. 284 vom 30.09.2009).
[68] Art. 13 Abs. 2 Buchst. a VO (EWG) 1408/71, Art. 11 Abs. 3 Buchst. a VO (EG) 883/2004.

sung hat. Von diesem Grundsatz wird in Entsendungsfällen abgewichen. Nach bisherigem Recht unterlag der entsandte Arbeitnehmer weiterhin den Rechtsvorschriften des Herkunftsstaats über die soziale Sicherheit, sofern die voraussichtliche Dauer des Einsatzes zwölf Monate nicht überstieg und er nicht eine andere Person ablöste, für welche die Entsendungszeit abgelaufen war.[69] Der Träger des Bestimmungsstaats konnte die Genehmigung zu einer Weitergeltung bis zu zusätzlichen zwölf Monaten erteilen, wenn die Ausführung der Arbeit ‚aus nicht vorhersehbaren Gründen' die ursprünglich vorgesehene Dauer überschritt.[70] Unabhängig hiervon konnten die Mitgliedstaaten Vereinbarungen über längere Entsendungszeiten treffen.[71] Ab 1. Mai 2010 verlängert sich die zulässige Entsendungszeit auf 24 Monate; eine Verlängerung ‚aus nicht vorhersehbaren Gründen' ist nicht mehr vorgesehen.[72] Weiterhin können die Mitgliedstaaten Vereinbarungen über längere Entsendungen treffen.[73] Zum Nachweis wird vom ausländischen Sozialversicherungsträger die sogenannte Bescheinigung E 101 ausgestellt.

4.3.4 Leistungserbringung durch Selbstständige (‚Selbst-Entsendung')

Als Selbstständige unterliegen Dienstleistende keinen arbeitsrechtlichen Bestimmungen. Die Leistungen werden aufgrund eines selbstständigen Dienst-, gegebenenfalls auch eines Werkvertrages mit dem Pflegebedürftigen erbracht. Welchem nationalen Recht der Vertrag unterliegt, können die Parteien frei bestimmen. Wenn deutsche Pflegebedürftige die Anwendung deutschen Rechts wünschen, sollten sie dies ausdrücklich vereinbaren. Bei fehlender Vereinbarung wäre anderenfalls nach gemeinschaftsrechtlichen und deutschem Internationalen Privatrecht das Recht des Herkunftsstaats, in dem sich der Dienstleister gewöhnlich aufhält bzw. sein Unternehmen niedergelassen ist, anzuwenden.[74]

Soweit der Selbstständige nationalen Systemen der sozialen Sicherheit unterfällt, galten und gelten vergleichbare Regeln wie bei den entsandten Arbeitnehmern.[75] Der Träger des Heimatstaats stellt ihm die Bescheinigung E 101 aus.

---

[69] Art. 14 Nr. 1 Buchst. a VO (EWG) 1408/71.
[70] Art. 14 Nr. 1 Buchst. b VO (EWG) 1408/71.
[71] Art. 17 VO (EWG) 1408/71.
[72] Art. 12 Abs. 1 VO (EG) 883/2004.
[73] Art. 16 VO (EG) 883/2004
[74] Art. 28 Abs. 1 und 2 EGBGB, Art. 4 Abs. 1 Buchst. b VO (EG) Rom I.
[75] Art. 14a Nr. 1 VO (EWG) 1408/71, Art. 11 Abs. 3 Buchst. a und Art. 12 Abs. 2 VO (EG) 883/2004.

5 Unzulässiger Einsatz von Leiharbeitnehmern aus MOE-Staaten

Arbeitnehmerüberlassung wird bei der ambulanten Versorgung von Pflegebedürftigen in der Praxis – soweit ersichtlich – nicht relevant. In Deutschland werden Pflegekräfte und Hauhaltshilfen nicht als Leiharbeitnehmer von einem in Inland ansässigen Unternehmen an Pflegedienste oder Pflegebedürftige verliehen, um in deren Haushalt die Betreuung zu übernehmen. Grenzüberschreitend könnte ein in einem MOE-Staat niedergelassenes Verleiharbeitsunternehmen Staatangehörige eines MOE-Staats nicht als Leiharbeitnehmer überlassen, solange sie während der Übergangsphase keine Freizügigkeit genießen, also eine Arbeitsgenehmigung benötigen.[76] Da diese Fallgestaltungen für Hilfen im Haushalt eines Pflegebedürftigen keine praktische Relevanz haben, wird von einer weiteren Darstellung abgesehen (hierzu näher: Langer 2005: 86f.; Boemke 2005: 267).

6 Missbrauchstatbestände

Bei allen Formen des Einsatzes von Arbeitskräften aus MOE-Staaten sind Missbräuche aufgetreten. Im Internet veröffentlichte Schätzungen schwanken zwischen 30.000 und 100.000 illegal Beschäftigten. Die Zahlen scheinen willkürlich gegriffen zu sein.[77] Typische Missbrauchstatbestände sind nicht angemeldete Arbeitnehmerinnen und Arbeitnehmer sowie Scheinselbständigkeit.

6.1 Nicht angemeldete Arbeitnehmer

Bei Beschäftigungen durch den Pflegebedürftigen wird oftmals keine Arbeitserlaubnis eingeholt. Konsequenterweise unterbleibt dann auch die Abführung der

---

[76] Insoweit gilt § 6 Abs. 1 Nr. 2 ArGV weiter.
[77] Der Bundesverband privater Anbieter sozialer Dienste (bpa) behauptet in einer Pressemitteilung vom 06.05.2004, dass „mindestens 30.000 Polinnen illegal und darüber hinaus diverse weitere Personen ‚schwarz' in Haushalten von deutschen Pflegebedürftigen arbeiten" (bpa 2004). Er beruft sich auf Recherchen des Magazins ‚Spiegel TV', das sich wiederum auf „Schätzungen des Deutschen Pflegeverbandes" (DPV) beruft. Der DPV bezieht sich dann wieder auf Schätzungen des bpa, wonach „weit über 100.000 illegale Pflegekräfte aus Osteuropa in deutschen Pflegehaushalten zu Dumpingpreisen tätig" seien (DPV 2006: 4), was zugleich der vom bpa geschätzten Gesamtzahl entsprechen würde (siehe oben Fn. 6). In einer Pressemitteilung vom 29.04.2005 nennt der bpa die Zahl von 50.000 bis 70.000 illegalen Beschäftigungsverhältnissen (vgl. bpa 2005). In einer Pressemitteilung vom 18.04.2006 zitiert er die von ihm unterstützte ‚Initiative gegen die Schwarzarbeit in der Pflege in Süddeutschland', die von „100.000 Billigkräfte[n] aus mittel- und osteuropäischen Staaten" ausgeht, die illegal in deutschen Pflegehaushalten tätig seien (bpa 2006).

Lohnsteuer und der Sozialversicherungsbeiträge. Neben finanziellen Erwägungen dürfte der bürokratische Aufwand für viele eine Hemmschwelle sein. Dennoch handelt es sich um typische Fälle der Schwarzarbeit. Verstöße können als Ordnungswidrigkeit mit einer Geldbuße bis zu 500.000 Euro geahndet werden;[78] bei schweren Verstößen liegt ein Straftatbestand vor.[79]

Des Weiteren deckt die Arbeitserlaubnis-EU, die in den Fällen einer Anwerbung aus einem MOE-Staat erteilt wird, nur die Ausführung von Hausarbeiten. Die Haushaltshilfen dürfen also nur hauswirtschaftliche Arbeit leisten: Kochen, Putzen, Einkaufen. Grundpflegerische Tätigkeiten dürfen nicht übernommen werden. Haushaltshilfen dürfen den Pflegebedürftigen weder Pillen verabreichen noch sie waschen noch sie ins Bett bringen. Allerdings sind Überschreitungen des zulässigen Tätigkeitsbereichs in der Praxis kaum kontrollierbar.

6.2 Scheinselbstständigkeit

Scheinselbstständigkeit kann sowohl bei Gründung eines Unternehmens in Deutschland als auch in einem anderen EU-Mitgliedstaat vorliegen.

6.2.1 Scheinselbstständigkeit bei Niederlassung in Deutschland

Das deutsche Recht besagt nicht, wer Selbstständiger ist. Das SGB IV definiert ausschließlich den Begriff der (abhängigen) Beschäftigung.[80] Durch Umkehrschluss lassen sich aus dieser Definition die Kriterien für den Begriff des Selbstständigen herleiten. Diese müssen nicht jeweils kumulativ vorliegen, sondern haben indizielle Bedeutung und sind in einer schwierigen Gesamtwürdigung zu gewichten. Für eine selbstständige Beschäftigung sprechen folgende Merkmale:

- Keine Leistungserbringung für nur einen Auftraggeber

Kennzeichnend für eine abhängige Beschäftigung ist, dass die Arbeit ‚auf Dauer' und ‚im Wesentlichen' nur für einen Auftraggeber erbracht wird. Das Merkmal ‚auf Dauer' stellt nicht auf unbefristete Vertragsverhältnisse ab. Erforderlich ist, dass die Leistungen für einen bestimmten Zeitraum wiederkehrend für einen

---

[78] § 404 Abs. 1 Nr. 1 i.V.m. Abs. 3 SGB III.
[79] §§ 10, 11 des Gesetzes zur Bekämpfung der Schwarzarbeit und illegalen Beschäftigung (Schwarzarbeitsbekämpfungsgesetz – SchwarzArbG) vom 23.07.2004 (BGBl I S. 1842), zuletzt geändert durch Art. 2 des Gesetzes vom 12.12.2008 (BGBl I S. 2933).
[80] § 7 SGB IV.

Auftraggeber erfolgen. Bei der Auslegung des Begriffs ‚im Wesentlichen' gehen die Sozialversicherungsträger von einem Anteil von fünf Sechsteln des Umsatzes mit einem Auftraggeber aus.

- Keine Weisungsgebundenheit nach Ort, Zeit und Inhalt

Die Weisungsgebundenheit (= persönliche Abhängigkeit) zeigt sich insbesondere darin, dass der Leistungserbringer nicht über Inhalt, Zeit, Ort, Dauer und sonstige Modalitäten der Ausführung entscheiden kann. Hierbei ergeben sich aus der Eigenart der Arbeit in der Grundpflege und Hauswirtschaft Vorgaben, welche die Annahme einer selbstständigen Tätigkeit nicht ausschließen.

Der Ort der Leistungserbringung ist zwangsläufig durch den Haushalt des Pflegebedürftigen festgelegt. Auch die Arbeitszeiten können oft nicht frei gewählt werden. Dies gilt insbesondere für die Grundpflege, die eine Anwesenheit zu bestimmten Tageszeiten notwendig macht. Größere Planungs- und Organisationsfreiheit besteht in der Hauswirtschaft. Die Art der Arbeiten folgt im pflegerischen und hauswirtschaftlichen Bereich aus der Natur der Sache. Soweit sich hieraus keine zwingenden Vorgaben für deren Ausführung ergeben, muss es den Dienstleistern überlassen bleiben, wann, wie und in welcher Reihenfolge sie die Arbeiten erbringen, wobei selbstverständlich wiederum Absprachen getroffen werden können. Nur wenn der Pflegebedürftige einseitig Anweisungen erteilen kann, ist die Selbstständigeneigenschaft zu verneinen.

- Äußeres Erscheinungsbild einer selbstständigen Tätigkeit

Ferner muss sich die Arbeit vom äußeren Erscheinungsbild her als selbstständige Tätigkeit darstellen. Für Selbstständige ist es typisch, dass sie über ein eigenes Firmenschild, eigene Geschäftsräume (Büro), eigenes Briefpapier oder Visitenkarten verfügen. Auch müssen die notwendigen Anmeldungen beim Gewerbeamt und Finanzamt erfolgt sein. Solche Anmeldungen reichen allein jedoch nicht aus. Der in Deutschland Niedergelassene muss hier über eine ‚feste Einrichtung' verfügen, also regelmäßig ein eigenes Büro haben. Eine ‚Schlafstätte' ist keine feste Einrichtung. Dies erfordert nicht zwangsläufig die Anmietung eigener Büroräume. Anstatt ein eigenes Büro zu führen, kann z.B. ein zentraler Bürodienst beauftragt werden, der im Namen der Dienstleistenden die Korrespondenz mit den Behörden und den Kunden führt und den Telefonverkehr abwickelt. Für Selbstständige, die jeweils befristet nacheinander in verschiedenen deutschen Städten Pflegebedürftige versorgen, hat dies zudem den Vorteil, dass sie ihr Gewerbe nicht jeweils neu anmelden müssen.

Rechtliche Rahmenbedingungen grenzüberschreitender Pflegearbeit 51

Selbstständige wohnen in der Regel nicht im Haushalt des Dienstleistungsempfängers, sondern haben eine eigene Wohnung. Allerdings erfordert eine 24-Stunden-Betreuung eine Präsenz im Haushalt des Pflegebedürftigen. In diesen Fällen kommt dem Kriterium der eigenen Wohnung kein besonderes Gewicht zu.

- Merkmale unternehmerischen Handelns

Die Tätigkeit muss die typischen Merkmale eines unternehmerischen Handelns erkennen lassen. Selbstständige erteilen die Rechnung im eigenen Namen unter Angabe der Steuernummer. Der Forderungsbetrag wird auf das von ihnen angegebene Konto überwiesen. Barzahlungen nach mündlicher Absprache ohne Rechnungserstellung und Quittung sind ein Indiz für Scheinselbstständigkeit. Selbstständige führen die Buchführung und die Korrespondenz mit den Kunden. Sie tragen das Unternehmerrisiko. Dies bedeutet jedoch nicht, dass die Dienstleistenden diese Arbeiten eigenhändig erbringen müssen; sie können sie auf Dritte übertragen, z.B. die Vermittlungsagentur oder den schon erwähnten Bürodienst. Es muss jedoch erkennbar sein, dass die Tätigkeiten im Namen der Dienstleistenden ausgeführt werden. Gleiches trifft auf die Rechnungserstellung und -einziehung zu. Solche Leistungen sind vom Auftraggeber zu vergüten, und zwar unabhängig vom wirtschaftlichen Erfolg. Nimmt eine Pflegekraft sie in Anspruch, trägt sie unabhängig von ihren tatsächlichen Einsätzen im Haushalt eines Pflegebedürftigen ein unternehmerisches Risiko.

Sind solche Abgrenzungen nicht mehr erkennbar, wird regelmäßig eine Scheinselbstständigkeit zu bejahen sein. Dies ist insbesondere dann anzunehmen, wenn Vermittlungsagenturen alle wesentlichen unternehmerischen Tätigkeiten ausführen, also z.B. die Rechnung erstellen und sich die Rechnungsbeträge überweisen lassen, die Buchführung übernehmen, die Verträge mit dem Pflegebedürftigen oder dessen Angehörigen abschließen und damit auch die Arbeitseinsätze vorgeben, die geschäftliche Korrespondenz erledigen, Telefongespräche entgegennehmen, Beratungen der Kunden durchführen, die – evtl. erforderlichen – Betriebsmittel bereitstellen und die Daten verwalten. In solchen Konstellationen bringen die Dienstleistenden nur ihre Arbeitskraft ein. Die Agentur zahlt ihnen nach Abzug der Vergütung, die sie für ihre Arbeitsleistungen verlangt, den Restbetrag aus. Der Status der Dienstleistenden unterscheidet sich letztlich nicht von dem eines Arbeitnehmers.

- Besonderheiten bei Leistungserbringung durch Gesellschafter

Zunehmend sind Fälle zu beobachten, in denen sich Personen aus den MOE-Staaten zu einer GbR in Deutschland oder einer vergleichbaren Gesellschaft in einem MOE-Staat zusammenschließen, um abwechselnd Dienstleistungen für einen Pflegebedürftigen zu erbringen. Besteht keine ‚Hierarchie' zwischen den Gesellschaftern, ist nach den aufgezeigten Merkmalen zu prüfen, ob durch formale Gründung einer Gesellschaft der Tatbestand der Scheinselbstständigkeit verschleiert werden soll. Ist einer der Gesellschafter der ‚Kopf' des Unternehmens, während die anderen seinen Anweisungen zum Arbeitseinsatz zu folgen haben, sind diese seine Arbeitnehmer.

6.2.2 Scheinselbstständigkeit bei Niederlassung in einem MOE-Staat

Eine etwas andere Gewichtung ist vorzunehmen, wenn die ‚Selbstständigen' in einem MOE-Staat niedergelassen sind und sich selbst nach Deutschland entsenden. Die Besonderheiten ergeben sich daraus, dass sie sich in Deutschland nicht mit einer betrieblichen Infrastruktur (z.b. einem Büro) ausstatten und auch keine Wohnung nehmen müssen. Der Umstand, dass der Pflegebedürftige ihnen Kost und Logis gewährt, hat weniger Gewicht. War eine Vermittlungsagentur eingeschaltet, ist es durchaus nicht ungewöhnlich, dass diese den Selbstständigen auch während des Auslandseinsatzes ‚betreut' und schon wegen der fehlenden betrieblichen Infrastruktur und Integration Organisations-, Büro- und Verwaltungsarbeiten übernimmt. Dennoch darf sich die ‚Betreuung' nicht so sehr verdichten, dass den ‚Selbstständigen' kein Raum für Selbstbestimmung verbleibt, etwa wenn ihnen de facto alles vorgeschrieben wird bis hin zu der Anordnung, welches Verkehrsmittel sie für An- und Rückfahrt zu benutzen haben. Eine anschauliche Illustration bietet ein vom Amtsgericht München am 10. November 2008[81] entschiedener Fall.

6.2.3 Rechtsfolgen der Scheinselbstständigkeit

Liegt eine Scheinselbstständigkeit vor, hat der Pflegebedürftige als Arbeitgeber die Pflegekraft bei der sozialversicherungsrechtlichen Einzugsstelle anzumelden. Sozialversicherungs- und steuerrechtlich treten dann die oben beschriebenen Rechtsfolgen wie bei einer unterlassenen Arbeitnehmeranmeldung ein. Arbeitsrechtlich hat die Feststellung des Arbeitnehmerstatus zudem die Konsequenz, dass der bzw. die Scheinselbstständige alle Ansprüche aus einem Arbeitsverhältnis geltend machen kann, z.B. Kündigungsschutz, Urlaubsanspruch, Lohnfort-

---

[81] Az. 1115 OWi 298 Js 43552/07, im Internet abrufbar unter http://www.justiz.bayern.de/gericht/ag/m/presse/archiv/2009/01755/index.php (Zugriff am 04.03.2010).

Rechtliche Rahmenbedingungen grenzüberschreitender Pflegearbeit 53

zahlungsanspruch im Krankheitsfall etc. Gewerberechtlich endet spätestens mit Feststellung der Scheinselbstständigkeit die unternehmerische Tätigkeit für das betriebene Gewerbe, d.h. das Gewerbe muss abgemeldet werden.

Eine Scheinselbstständigkeit kann unter Umständen auch dazu führen, ein Arbeitsverhältnis zwischen einer Agentur und dem bzw. der Dienstleistenden anzunehmen. Hat die Agentur nicht nur den Vertragsabschluss vermittelt, sondern auch alle sonstigen unternehmerischen Aufgaben während der Vertragsdurchführung ausgeführt, muss die Dienstleistende also nur die Arbeit antreten und ausführen und erhält die Vergütung von der Agentur, liegt es nahe anzunehmen, dass diese die Funktion eines Pflegedienstes ausgeübt hat, wenn auch ohne die erforderliche Gewerbeanmeldung. In diesem Fall hätte sie mit dem Pflegebedürftigen einen Betreuungsvertrag abgeschlossen und zu dessen Erfüllung die Dienstleistende als Arbeitnehmerin eingesetzt. Sie wäre Arbeitgeber. Je nach den Umständen des Einzelfalls wäre auch zu diskutieren, ob nicht ein Fall einer illegalen Arbeitnehmerüberlassung vorliegen könnte.

7 Kontrollen

Wichtige Kontrollfunktionen üben die Hauptzollämter der Zollverwaltung aus. 1998 erhielten die Bediensteten Polizeibefugnisse und die Eigenschaft von Hilfsbeamten der Staatsanwaltschaft. Um die Prüfungen effektiver durchführen zu können, ist zum 1. Januar 2004 Personal aus den Arbeitsmarktinspektionen und den Zollbehörden unter dem neuen Dach der ‚Finanzkontrolle Schwarzarbeit' (FKS) zusammengeführt worden. Die FKS prüft u.a., ob Arbeitgeber die Sozialversicherungsbeiträge ordnungsgemäß abgeführt haben, ob Ausländer, die eine Arbeitserlaubnis benötigen, nicht zu ungünstigeren Bedingung als deutsche Arbeitnehmer beschäftigt werden und ob bei entsandten Arbeitnehmern die Arbeitsbedingungen nach dem AEntG eingehalten werden. Während der Zoll bei Schwarzarbeit auf der Baustelle hart durchgreift, müssen sich Pflegerinnen ohne Arbeitsgenehmigung und ihre Arbeitgeber weniger Sorgen machen. Die Mittel- und Osteuropäerinnen arbeiten in Privatwohnungen, die normalerweise nicht kontrolliert werden.

In weiteren Bereichen werden Überprüfungen von den Gewerbeämtern durchgeführt. Steuerrechtliche Verstöße werden durch die Landesfinanzbehörden verfolgt. Für die Feststellung des sozialversicherungsrechtlichen Status sind entweder die Krankenkassen als Einzugstellen oder die Träger der Rentenversicherung im Rahmen der Arbeitgeberüberprüfungen zuständig. Um den Betroffenen das Risiko zu nehmen, infolge einer solchen Entscheidung mit Nachzahlungen und Sanktionen belastet zu werden, können sie bei der ‚Clearingstelle' der Deutschen Rentenversicherung Bund vorab eine Entscheidung zur Statusfeststellung herbeiführen. Um den Missbrauch der gemeinschaftsrechtlichen Freiheitsrechte aufzudecken und zu bekämpfen, hat die Bundesregierung im März 2005 eine sogenannte ‚Task Force' eingerichtet. Deren Aufgabe ist es, die Einhaltung der europäischen und nationalen Rechtsvorschriften und die Verfolgung von Verstößen sicherzustellen, bestehende Rechtsvorschriften zu überprüfen und gegebenenfalls Änderungen vorzuschlagen, die Überwachung durch die ‚Finanzkontrolle Schwarzarbeit' zu unterstützen, die Zusammenarbeit zwischen Bund und Ländern zu verstärken und einen partnerschaftlichen Dialog mit den neuen Mitgliedstaaten zu führen.

8   Zusammenfassung

In Deutschland kommen bei der ambulanten Versorgung in Haushalten von Pflegebedürftigen in verstärktem Maße Arbeitskräfte aus den MOE-Staaten, die der EU beigetreten sind, zum Einsatz. Es handelt sich fast ausschließlich um Frauen. Nicht nur die Personalknappheit im Pflegebereich, sondern vor allem die im Vergleich zu inländischen Pflegediensten niedrigeren Kosten veranlassen Pflegebedürftige, Hilfskräfte aus den MOE-Staaten zu verpflichten. Die Leistungserbringung kann in drei Rechtsformen erfolgen. Der Pflegebedürftige kann mit der Hilfskraft aus den MOE-Staaten einen Arbeitsvertrag schließen. Da Arbeitnehmer aus den beigetretenen MOE-Staaten bis zum Ablauf einer Übergangsphase nicht das Freizügigkeitsrecht des EG-Vertrages in Anspruch nehmen können, benötigen sie eine Arbeitsgenehmigung-EU. Haben sie ihren Wohnsitz oder gewöhnlichen Aufenthalt nicht in Deutschland, sondern im Ausland, kommt eine Auslandsvermittlung durch die Bundesagentur für Arbeit nur für eine Beschäftigung als Haushaltshilfe in Betracht. Angehörige eines MOE-Staats können auch als Selbstständige ihre Dienstleistungen anbieten. Sie genießen wie alle Unionsbürger das Recht auf Niederlassungs- und Dienstleistungsfreiheit. Verschiedene Formen der Schwarzarbeit treten durch Beschäftigung nicht angemeldeter Arbeitnehmerinnen und Arbeitnehmer sowie Scheinselbstständigkeit auf.

Literatur

BHSB [Bundesverband der Vermittlungsagenturen für Haushaltshilfen und Seniorenbetreuung in der 24-Stunden-Betreuung], 2008: *Den Pflegenotstand beenden – ohne Schwarzarbeit*. Pressemitteilung vom 26.11.2008, im Internet abrufbar unter

Rechtliche Rahmenbedingungen grenzüberschreitender Pflegearbeit 55

http://www.bhsb.de/presse/veroffentlichungen/den-pflegenotstand-beenden---ohne-schwarzarbeit.html (Zugriff am 04.03.2010)

Boemke, Burckhard, 2005: „EU-Osterweiterung und grenzüberschreitende Arbeitnehmerüberlassung", *Betriebs-Berater* (BB) 2005, S. 266–272.

bpa [Bundesverband privater Anbieter sozialer Dienste], 2004: *Schwarzarbeit und illegale Beschäftigung in der Pflege sind keine Kavaliersdelikte*, Pressemitteilung vom 06.05.2004, im Internet abrufbar unter http://www.bpa.de/upload/public/doc/schwarzarbeit.pdf (Zugriff am 04.03.2010)

bpa, 2005: *„Tut endlich was gegen Schwarzarbeit in der Pflege" – Appell angesichts von bis zu 70.000 illegalen Beschäftigungsverhältnisse*n, Pressemitteilung vom 13.04.2005, im Internet abrufbar unter http://www.bpa.de/upload/public/doc/13042005_pm_task force_schwarzarbeit.pdf (Zugriff am 04.03.2010)

bpa, 2006: *Mit gebündelten Kräften gegen Schwarzarbeit in der Pflege*, Pressemitteilung vom 18.04.2006, im Internet abrufbar unter http://www.bpa.de/upload/public/doc/2306_sueddeutsche_initiative_schwarzarbeit.pdf (Zugriff am 04.03.2010)

BMAS [Bundesministerium für Arbeit und Soziales], 2010: *von der Leyen: ‚Gute qualifizierte Pflege braucht angemessen bezahltes Fachpersonal'. Pflegekommission einigt sich auf einen Pflegemindestlohn*, Pressemitteilung vom 25.03.2010, im Internet abrufbar unter http://www.bmas.de/portal/43702/2010__03__18__mindestlohn__pflege. html (Zugriff am 18.05.2010).

BMF [Bundesministerium der Finanzen], 2006: *Vorschriften über die Erbringung von Dienst- oder Werkleistungen im Bereich der EU-Dienstleistungs- und Niederlassungsfreiheit. Handbuch*, Bonn.

Bundesagentur für Arbeit, 2009: Haushaltshilfen in Haushalte mit Pflegebedürftigen [Entgelttabelle], Stand: August 2009, im Internet abrufbar unter http://www.arbeitsagentur. de/zentraler-Content/A04-Vermittlung/A044-Vermittlungshilfen/Publikation/pdf/ Entgelttabelle-Haushaltshilfen-Pflegebeduerftige.pdf (Zugriff am 02.03.2010)

Deutscher Caritasverband, 2010: *Pflege-Mindestlohn wie geplant in Kraft setzen. Auseinandersetzung in der Koalition ärgerlich*. Pressemitteilung vom 14.05.2010, im Internet abrufbar unter http://www.caritas.de/2338.asp?id=25348&page=1&area=dcv (Zugriff am 18.05.2010).

DPV [Deutscher Pflegeverband e.V.], 2006: „Illegale Pflege. Vermittlungsagentur durchsucht und Datenbestände sichergestellt", *Pflege Konkret* 9/2006, S. 4, im Internet abrufbar unter http://www.dpv-online.de/pdf/2006/pk0609.pdf (Zugriff am 04.03.2010)

Husmann, Manfred, 2007a: „Niederlassungs- und Dienstleistungsfreiheit nach der 5. und 6. EU-Erweiterung", *Europäisches Wirtschafts- und Steuerrecht* (EWS) 2007, S. 310–322.

Husmann, Manfred, 2007b: „Niederlassungs-, Dienstleistungsfreiheit und Arbeitnehmerfreizügigkeit in Polen", *Zeitschrift für europäisches Sozial- und Arbeitsrecht* (ZESAR) 2007, S. 455–462.

Koalitionsvertrag zwischen CDU, CSU und FDP für die 17. Legislaturperiode, 2009: *Wachstum, Bildung, Zusammenhalt*, im Internet abrufbar z.B. unter http://www.cdu. de/doc/pdfc/091026-koalitionsvertrag-cducsu-fdp.pdf (Zugriff am 20.03.2010).

Langer, Rose, 2005: „Primärrechtliche Regelungen der Dienstleistungsfreiheit, Niederlassungsfreiheit und Freizügigkeit der Arbeitnehmer unter besonderer Berücksichtigung der Übergangsregelungen in den Beitrittsverträgen", *Neue Zeitschrift für Arbeitsrecht* (NZA) Beilage 2/2005, S. 83–87.

Neuhaus, Andrea/Isfort, Michael/Weidner, Frank 2009: *Situation und Bedarfe von Familien mit mittel- und osteuropäischen Haushaltshilfen (moH)*; Deutsches Institut für angewandte Pflegeforschung e.V., Köln, im Internet abrufbar unter http://www.dip.de/fileadmin/data/pdf/material/bericht_haushaltshilfen.pdf (Zugriff am 26.02.2010).

Randelzhofer, Albrecht/Forsthoff, Ulrich 2001: Art. 49/50 EGV: Dienstleistungen, in: Grabitz, Eberhard/Hilf, Meinhard (Hg.): *Das Recht der Europäischen Union*, Bd. II, München.

Statistisches Bundesamt, 2008: *Pflegestatistik 2007, Deutschlandergebnisse*, Wiesbaden.

Die Entwicklung haushaltsnaher Dienstleistungen im Kontext der begrenzten Arbeitnehmerfreizügigkeit für Neu-Unionsbürgerinnen

Dorothee Frings

Schon seit dem Ende des Sowjetsozialismus wanderten Frauen aus Mittel- und Osteuropa vorübergehend oder dauerhaft in die Staaten Mittel- und Südeuropas, um versteckt hinter den Türen der Privathaushalte Betreuungs- und Reinigungstätigkeiten zu übernehmen. Einen regelrechten Boom erlebte die Delegation von Pflege- und Hausarbeit seit der EU-Erweiterung im Jahr 2004. 100.000 Haushaltshilfen aus den Beitrittsgebieten unterstützen deutsche Privathaushalte bei der Betreuung pflegebedürftiger Menschen (Neuhaus u.a. 2009:17); wie viele in der Kinderbetreuung und als Putzfrauen stundenweise beschäftigt sind, lässt sich kaum schätzen.

Diese Entwicklung war noch vor 20 Jahren kaum vorstellbar. Hausarbeit wurde vor allem als Problem partnerschaftlicher Verteilung diskutiert (vgl. Rüling 2007: 30ff.; Nave-Herz 1988: 61, 81). Das ‚Hausmädchenwesen' war in der zweiten Hälfte des 20. Jahrhunderts als gesellschaftliches Phänomen verschwunden und nur noch als feudales Relikt in wenigen Haushalten der Oberschicht anzutreffen (vgl. Beer 2008: 59). Nun sind die Hausmädchen wieder zur gesellschaftlichen Normalität geworden – nicht mehr als Statussymbol des Bürgerhaushalts, sondern als oft einziger Ausweg aus einer objektiv nicht anders zu bewältigenden Belastung der Familien. In Deutschland steht dabei der Pflegebedarf im Vordergrund, der bereits jetzt nicht mehr durch außerfamiliäre Hilfen gedeckt werden kann, tendenziell aber noch stärker in die private Verantwortung zurückverlagert werden soll. Diese gesellschaftliche Entwicklung verträgt sich nur schwer mit den Idealen der Arbeitgeberinnen (auch dies zumeist Frauen). Für viele von ihnen war das ‚Hausmädchenwesen' als Ausdruck der feudalen Frauenversklavung unvereinbar mit ihrem emanzipatorischen Selbstbild. Auch erhebliche Teile der männlichen Nach-68er-Generation schlossen sich der Ablehnung von Arbeitsbeziehungen im häuslichen Privatbereich an (vgl. Rüling 2007: 32). Das Dilemma zwischen emanzipatorischen Idealen und der Notwendigkeit des Delegierens von Hausarbeit spitzt sich weiter zu durch die begrenzten finanziellen Spielräume der Mittelstandshaushalte, die Beschäftigungen auf der Grundlage des bestehenden Arbeitsrechts kaum zulassen. So passt etwa die afrikanische Frau mit irregulärem Aufenthaltsstatus so offensichtlich in das Klischee kolonialistisch patriarchalischer Arbeitsteilung, dass für die westeuropäische Akademikerin ein deutliches Legitimationsproblem entsteht. Handelt es sich nicht nur um eine ‚Zugehfrau‘, sondern lebt die Haushaltshilfe in der Wohnung, so muss sich die Arbeitgeberin mit den moralischen Haltungen ihres gesamten sozialen Umfelds auseinandersetzen.

In dieser Situation bietet die EU-Erweiterung ungewöhnlich mobile Arbeitskraftreserven, die aufgrund der Arbeitsmarktrestriktionen während der Übergangsphase bis zur vollen Freizügigkeit (vgl. *Husmann* in diesem Band) leicht in prekäre Arbeitsmarktsektoren zu lenken sind. Die EU-Regelungen ermöglichen weitgehend legale Ausgestaltungen von Erwerbsarbeit, bei gleichzeitiger Befreiung von den Fesseln des deutschen Arbeitsrechts. Diese neuen Vertragskonstruktionen bilden eine wichtige Brücke zur Überwindung der Skrupel der Arbeitgeberhaushalte gegenüber der sexistisch-rassistischen Segregation des Arbeitsmarktes. Dies trifft auf eine Sozialpolitik, die immer mehr öffentliche Verantwortung zurücknimmt und soziale Aufgaben privatisiert. Widerstände gegen eine solche Politik werden abgefangen durch die lukrativen Möglichkeiten des ‚Hausmädchenwesens‘ auch für Mittelschichtsfamilien. Im Folgenden soll der Frage nachgegangen werden, warum gerade Frauen aus den mittel- und osteuropäischen Staaten (MOE-Staaten) den Bedarf an überwiegend legalen, billigen und ‚moralisch unbedenklichen‘ haushaltsnahen Dienstleisterinnen decken und wie die Sozialpolitik in Europa zunehmend auf die von Migrantinnen geleistete privat organisierte Pflege reagiert.

1 Die sozialpolitischen Schubkräfte für den Ausbau haushaltsnaher Dienstleistungen

Alle entwickelten Industriestaaten sind im Zuge des demografischen Wandels mit einer spürbaren Veränderung der Relation zwischen produktiver und unproduktiver Lebenszeit der Bevölkerung – gemessen an der ökonomischen Verwertung – konfrontiert. So verändert sich auch das Verhältnis von Arbeitserlösen und Reproduktionskosten, einschließlich der Sozialkosten für die Zeit nach Beendigung der Erwerbsarbeit. Da die Negativbilanz nicht aus den steigenden Profiten ausgeglichen werden soll, lässt sie sich nur durch Staatsverschuldung oder durch Reprivatisierung sozialer Sicherung steuern. Entsprechend wurde ab Ende der 1990er Jahre der ‚Umbau des Sozialstaats‘ eingeleitet, der vor allem eine schleichende Privatisierung sozialer Risiken beinhaltet. Es handelt sich dabei nicht um ein deutsches Phänomen; die Umstrukturierung erfasst alle europäi-

Haushaltsnahe Dienstleistungen und EU-Arbeitnehmerfreizügigkeit 59

schen Staaten, die seit den 1960er Jahren die wohlfahrtsstaatliche Absicherung immer weiter ausgebaut hatten. Die Notwendigkeit der Mobilisierung von Arbeitskraftreserven und auch die unumkehrbare Veränderung der Familienmodelle verbietet eine Rückkehr zur traditionellen Verantwortung von Frauen für die zunehmende Reproduktionsarbeit. Wichtiges Element des Umbaus der Sozialstaatsstrukturen wird daher die Entwicklung eines Niedrig-Lohn-Sektors in neuer Qualität, die in Deutschland in nur wenigen Jahren konsequent vorangetrieben wurde (vgl. Frings 2003: 58ff.). Bei dieser Umstrukturierung geht es nicht allein um die Senkung der Arbeitskosten, sondern auch um die Mobilisierung der qualifizierten Frauen für den Arbeitsmarkt bei gleichzeitiger Erhöhung der Geburtenrate.

Immer wieder wurden die personalen und haushaltsnahen Dienstleistungen als Arbeitsmarktsektor der Zukunft angepriesen. Dennoch scheiterten alle Versuche, die in Deutschland verfügbaren ungelernten Arbeitsuchenden in den Bereich haushaltsnaher Dienstleistungen zu lenken. Ursache für dieses Scheitern ist vor allem, dass die Tätigkeiten im Bereich von Pflege und Betreuung, aber auch der Hausarbeit ein sehr viel höheres Qualifikationsniveau erfordern als landläufig angenommen wird. Die wenigen Frauen in Deutschland, die über diese Qualifikationen verfügen und zugleich bereit sind, unterbezahlte, entrechtete und oft auch demütigende Arbeit in direkter persönlicher Abhängigkeit zu leisten, finden sich nicht unter den registrierten Kunden der Arbeitsverwaltung (vgl. Spindler 2009: 5ff.). Der deutsche Arbeitsmarkt ist zugleich hoch restriktiv gegen Arbeitszuwanderung – insbesondere von ungelernten Arbeitskräften – abgeschottet. Das Ausländerrecht bietet kaum Möglichkeiten der Zuwanderung zum Zweck der Ausübung personaler Dienstleistungen. Dem steht ein ungedeckter Bedarf an haushaltsnahen Dienstleistungen gegenüber, der auch in Zeiten hoher Arbeitslosigkeit nicht aus der vorhandenen Arbeitskraftreserve bedient werden kann. In diesem Prozess kommt den EU-Migrantinnen eine wichtige Funktion zu. Das Institut für Wirtschaftsforschung entwickelte schon 2000 eine Arbeitsmarktprognose zur EU-Erweiterung, die im Wesentlichen die rechtlichen Beschränkungen beim Zugang zum Arbeitsmarkt vorschlug, die auch in die Beitrittsverträge aufgenommen wurden. Durch die Beschränkungen sollte die Osterweiterung als Hebel zur Schaffung eines neuen Niedriglohnarbeitsmarktes dienen und als Folge auch eine Umgestaltung (Reduzierung) der Sozialsysteme ermöglichen (vgl. Sinn u.a. 2000: 313ff.).

In Deutschland besteht die größte Bedarfslücke im Bereich der häuslichen Pflege. Laut Pflegestatistik 2007 werden von 2,25 Millionen Pflegebedürftigen in Deutschland 1,5 Millionen (entspricht 68 Prozent) zu Hause versorgt (Statistisches Bundesamt 2008: 4). Die Hauptpflegeperson ist in ca. 75 Prozent der Fälle eine Frau (vgl. Klammer 2005: 362). Etwas mehr als eine Million, also zwei

Drittel der zu Hause Versorgten, nehmen keinen ambulanten Pflegedienst in Anspruch; nach der Statistik werden sie ausschließlich von Angehörigen gepflegt (vgl. Statistisches Bundsamt 2008: 4). Tatsächlich bedeutet dieser Befund nur, dass die Angehörigen die Pflege – wie auch immer – ohne offizielle professionelle Dienste organisieren. Immerhin sind 79 Prozent aller Hauptpflegepersonen im erwerbsfähigen Alter und damit zumindest potentiell berufstätig (vgl. Klammer 2005: 362). Bei 70 Prozent der demenzkranken Personen muss ein Pflege- oder Betreuungsbedarf rund um die Uhr abgedeckt werden (vgl. Laag u.a. 2008: 739ff.). Die Pflegeversicherung leistet mit dem Pflegegeld lediglich einen Zuschuss zur häuslichen Pflege, der mit derzeit (2010) 225 bis 685 Euro weit davon entfernt ist, die tatsächlichen Kosten einer ständigen Betreuung abzudecken. Viele Haushalte und Angehörige liegen mit ihren Einkommen an der Schwelle, die sie verpflichtet, die verbleibenden Kosten der Pflege selbst zu übernehmen. Selbst wenn Ansprüche auf Leistungen der Sozialhilfe bestehen, werden sie oft aus Unkenntnis oder Scheu vor der Bittstellersituation nicht abgefordert. Zwar bietet § 65 Abs. 1 S. 2 SGB XII die Möglichkeit, eine Fachkraft für die häusliche Pflege einzustellen[1], von dieser Regelung, die noch zu Zeiten des früheren Bundessozialhilfegesetzes häufig genutzt wurde, wird aber kaum noch Gebrauch gemacht. Die Mehrheit der Familien ist daher mit der Versorgung und Pflege älterer Menschen überfordert; zugleich haben zwei von drei Bürgern das Vertrauen in staatliche Lösungskonzepte für die Aufgaben der Pflegeversorgung im Alter verloren (vgl. Europäische Kommission 2009: 7).

2 Die Arbeitskraftreserven der mittel- und osteuropäischen Staaten als Lückenfüller ungedeckter Bedarfe in den Alt-EU-Staaten

In dieser Situation entsteht durch die Erweiterung der EU die Möglichkeit der Gewinnung von Arbeitskräften für ungedeckte Bedarfe. Angesichts einer dramatischen Arbeitslosigkeit zu Beginn dieses Jahrtausends gilt jedoch jeder ungesteuerte Zugang zum Arbeitsmarkt aus dem Ausland als arbeitsmarktpolitisch

---

[1] Gemäß § 65 Abs. 1 S. 2 SGB XII sind der pflegebedürftigen Person die angemessenen Aufwendungen (und damit auch die Kosten für die Anstellung einer Fachkraft im Haushalt) zu erstatten, wenn eine andere Lösung nicht zumutbar ist oder wenn die häusliche Versorgung durch die Fachkraft gegenüber einer stationären oder teilstationären Versorgung keine Mehrkosten von mehr als 20 Prozent verursacht (§ 13 Abs. 1 SGB XII). Auf der Grundlage dieser Regelung kann der Sozialhilfeträger – im Unterschied zur Pflegeversicherung – auch privat organisierte Pflegekräfte in einem sozialversicherungspflichtigen Anstellungsverhältnis finanzieren. Als Fachkraft gelten dabei nicht nur Personen mit einer anerkannten Altenpflegeausbildung, sondern auch solche mit anderen Qualifizierungen des Gesundheits- und Sozialbereichs (Krahmer 2008: § 65 Rn. 10). Auch Pflegekräfte aus anderen EU-Staaten können bei entsprechender Vorbildung die Pflege übernehmen.

gefährlich und darüber hinaus als der Bevölkerung nicht vermittelbar. In den verschiedenen Staaten Europas kommt es zu einem sehr unterschiedlichen Umgang mit den in den Beitrittsverträgen enthaltenen Optionen zur Beschränkung der Arbeitnehmerfreizügigkeit (zu den europarechtlichen Rahmenbedingungen vgl. *Husmann* in diesem Band). Ganz überwiegend gelingt es jedoch durch nach den länderspezifischen Gegebenheiten unterschiedliche Methoden, die neuen Arbeitskräfte in Arbeitsmarktsegmente mit ungedeckten Bedarfen zu lenken. Der Einsatz der Arbeitsmarktrestriktionen in Deutschland verhindert nicht den Zugang der Neu-Unionsbürger zur Erwerbstätigkeit in den Alt-Unionsstaaten, belastet ihn jedoch mit Hürden und Wartezeiten und steuert die Wanderarbeitnehmer so in den Niedrig-Lohn-Arbeitsmarkt und alle Formen prekärer Beschäftigung.

Auf der Grundlage von makroökonomischen Simulationen gelangt das Institut für Arbeitsmarkt- und Berufsforschung in einer Studie (Baas u.a. 2009: 8) zu dem Ergebnis, dass die Zuwanderung aus den MOE-Staaten in die Alt-EU-Staaten im Gesamtumfang von ca. 2,2 Millionen Menschen langfristig ausschließlich positive Effekte auf die einheimische Bevölkerung in Form einer leichten Erhöhung des Einkommens und eines Rückgangs der Arbeitslosigkeit hat. Diese Auswirkungen sind vor allem darauf zurückzuführen, dass das Arbeitskräfteangebot die bisher in diesen Segmenten Beschäftigten nicht verdrängte, sondern eine bislang unbefriedigte Nachfrage bediente. Fast 40 Prozent der in den letzten Jahren nach Deutschland Zugewanderten kam aus den neuen EU-Staaten (vgl. BMI/BAMF 2008: 14f.). In diesen offiziellen Statistiken werden aber bei weitem nicht alle Wanderungsbewegungen registriert, zumal Unionsbürger in den ersten drei Monaten ihres Aufenthalts keiner Meldepflicht unterliegen.

Von den knapp 400.000 weiblichen Angehörigen der MOE-Staaten in Deutschland (vgl. Statistisches Bundesamt 2010: 36, Stand 31.12.2008) arbeiten Schätzungen zufolge ca. 100.000 als Haushaltshilfen (vgl. Neuhaus u.a. 2009: 17). Den genauen Umfang zu erfassen ist kaum möglich, weil in Deutschland für Tätigkeiten, die im Rahmen der europäischen Dienstleistungsfreiheit erfolgen, keine Registrierungspflicht besteht. Auch kann der Umfang der Schwarzarbeit nur auf der Grundlage von Haushaltsbefragungen geschätzt werden.

Im Unterschied zu den klassischen migrantischen Haushaltsarbeiterinnen sind die Haushaltshilfen aus den neuen Mitgliedstaaten in der Regel nicht ungelernt und ungebildet, sondern verfügen über abgeschlossene Ausbildungen; viele von ihnen sind Akademikerinnen (vgl. Ramirez-Machado 2003). Das Qualifikationsniveau der Arbeitsuchenden aus den MOE-Staaten unterscheidet sich nicht von dem Niveau in den ZiELländern; der Anteil der Personen ohne Berufsausbildung ist sogar geringer (vgl. Europäische Kommission 2008).

Die wichtigsten Push-Faktoren für die Migration von Frauen aus den postsowjetischen Staaten sind die Verantwortung für die Sicherung der Lebensgrundlage der Familie und für eine qualitativ hochwertige Ausbildung der Kinder. Antrieb ist aber auch der Wunsch nach Verwertung der erworbenen Qualifikationen und der Verwirklichung eines beruflichen Aufstiegs. In Staaten mit bereits relativ konsolidierten ökonomischen Verhältnissen und Infrastrukturbedingungen wie Polen bestehen geringe Tendenzen zu langfristiger Migration. Höhere Einkommen in den Herkunftsstaaten, räumliche Nähe und soziale Netzwerke wirken sich günstig auf eine temporäre Migration aus. Die moderne EU-Migration ist die Pendelwanderung oder das Leben als Grenzgängerin (vgl. Han 2003: 171).

Für Rumäninnen und Bulgarinnen spielen dagegen ethnische Konflikte, die Erfahrung von Rassismus und die fehlende Absicherung des Lebensunterhalts eine bestimmende Rolle bei der Migrationsentscheidung (vgl. Herzog 2003: 8). Derzeit fehlen in Rumänien Arbeitskräfte, weil die Lücke, die 2,5 Millionen Auswanderer in den letzten Jahren gerissen haben, nicht vollständig von den Wanderarbeiterinnen aus China, der Ukraine und Moldavien gefüllt werden konnte. So wird die Rückkehr der Migrantinnen aus West- und Südeuropa erschwert, weil die Löhne in Rumänien sinken (vgl. Europäische Kommission 2008: 15). Es gibt aber auch bei den Frauen aus Rumänien und Bulgarien keinen einmaligen Migrationsentschluss; es handelt sich überwiegend um einen langandauernden sequenziellen Suchprozess (vgl. Straubhaar 2002: 31; Europäische Kommission 2008: 10).

Die Migrationsentscheidung entspricht nicht ohne Weiteres den eigenen biografischen Konzepten der Frauen aus den MOE-Staaten. Oftmals mit einer guten schulischen und/oder beruflichen Qualifizierung ausgestattet, möchten sie eine Erwerbstätigkeit ausüben, in der sie ihre Interessen und Begabungen verwirklichen können; darin unterscheiden sie sich wenig von den beruflich gebildeten Frauen in den Alt-EU-Staaten. Die Vereinbarkeit von Erwerbstätigkeit, Kindererziehung und sonstiger Familienarbeit ist für Frauen aus den postsozialistischen Staaten oft selbstverständlicher als für Frauen aus europäischen Staaten mit traditionellen Familienkonzepten. Mit der Systemtransformation von einem planwirtschaftlichem zu einem marktwirtschaftlichen Gesellschaftssystem haben aber viele Frauen ihre zuvor gesicherten Arbeitsplätze verloren und gleichwertige neue Arbeitsplätze stehen ihnen bislang nur in geringem Umfang zur Verfügung. Von vielen wird deshalb die Tätigkeit als Haushaltshilfe in einem anderen Land als ein Übergangsstadium gesehen, eine Phase, in der es vor allem gilt, sich selbst und die Familie vor dem sozialen Abstieg zu bewahren, die Ausbildung der Kinder zu sichern und auf eine verbesserte Arbeitsmarktsituation in ihrem Herkunftsland zu hoffen. Der eingeschränkte Arbeitsmarktzugang in den Alt-EU-Staaten ermöglicht es den Frauen aus den MOE-Staaten noch nicht, ihre Berufsqualifikationen einzusetzen und am Arbeitsmarkt mit den einheimischen Arbeitskräften zu konkurrieren. Sie sind darauf verwiesen, die Bedarfslücken unter Bedingungen auszufüllen, die von den angestammten Arbeitsuchenden nicht akzeptiert würden. Dieser Warteposition ist es zu verdanken, dass die EU-Migrantinnen Arbeitsbedingungen akzeptieren, die überwiegend sogar unter dem Niveau des Arbeits- und Sozialschutzes ihrer Herkunftsländer liegen.

3 Rechtliche Ausgestaltung der haushaltsnahen Dienstleistungen durch Neu-Unionsbürgerinnen

In Deutschland übernehmen die Frauen aus den MOE-Staaten die unterschiedlichsten haushaltsnahen Dienstleistungen; ein deutlicher Schwerpunkt liegt jedoch auf der Versorgung von alten und pflegebedürftigen Menschen. Eine Rund-Um-die-Uhr-Versorgung durch einen deutschen Pflegedienst kostet ca. 5.000 bis 6.000 Euro im Monat, von denen die Pflegekasse je nach Pflegestufe 450 bis 1.510 Euro (2010) übernimmt. Bei einer Heimunterbringung ist mit 2.500 bis 3.500 Euro zu rechnen. Die Finanzierbarkeit der Pflege hat vor allem für diejenigen Familien Priorität, die nicht nur das Einkommen der Pflegebedürftigen selbst, sondern auch das weiterer Angehöriger einsetzen müssen. Hinzu kommt, dass die Realität der stationären Pflege von vielen Angehörigen als menschenverachtend wahrgenommen wird.

Haushaltsnahe Dienstleistungen von Frauen aus den neuen EU-Staaten können in Deutschland auf der Grundlage unterschiedlicher Rechtskonstruktionen erbracht werden, die im Folgenden näher dargestellt werden.

Wohnsitz in Deutschland und Aufnahme einer Beschäftigung

Neu-Unionsbürgerinnen können zum Zwecke der Arbeitsuche in Deutschland einen Wohnsitz begründen und erhalten eine zeitlich nicht befristete Freizügigkeitsbescheinigung (§ 2 Abs. 2 Nr. 1 FreizügG/EU[2]). Für die erstmalige Aufnahme einer Beschäftigung benötigen sie eine Arbeitserlaubnis-EU, die von der Arbeitsagentur nach einer Arbeitsmarktprüfung erteilt werden kann (§ 284 Abs. 3 SGB III), tatsächlich aber bei ungelernten Arbeitskräften für haushaltsnahe Dienstleistungen mit Verweis auf ausreichend vorhandene gemeldete Arbeitsuchende mit deutscher oder EU-Staatsbürgerschaft in der Regel nicht erteilt wird. Ausgebildete Pflegekräfte mit einer Anerkennung nach § 2 Abs. 3 oder 4

---

[2] Gesetz über die allgemeine Freizügigkeit von Unionsbürgern (Freizügigkeitsgesetz/EU – FreizügG/EU) = Art. 2 des Zuwanderungsgesetzes vom 30.07.2004 (BGBl I S. 1950, 1986), zuletzt geändert durch Art. 7 des Gesetzes vom 26.02.2008 (BGBl I S. 215).

AltPflG³ haben hingegen realistische Chancen, eine Arbeitserlaubnis für eine ordnungsgemäß entlohnte (zukünftig nach Mindestlohn; vgl. hierzu ausführlich *Langer* in diesem Band) Beschäftigung zu erhalten.

Sobald Arbeitnehmerinnen aus den neuen EU-Staaten ein Jahr lang eine (auch geringfügigen) Beschäftigung ausgeübt haben, wird ihnen eine Arbeitsberechtigung-EU mit dem Recht auf unbeschränkten Zugang zum Arbeitsmarkt erteilt (§ 284 Abs. 5 SGB III in Verbindung mit § 12a ArGV⁴). Dasselbe gilt, wenn

- eine Familienangehöriger bereits über eine Arbeitsberechtigung-EU verfügt;
- sie sich seit mehr als drei Jahren gemeldet in Deutschland aufhält (§ 284 Abs. 6 SGB III i.V.m. § 9 BeschVerfV);
- sie Ehegattin oder Lebenspartnerin eines Deutschen ist (§ 284 Abs. 6 SGB III i.V.m. § 28 Abs. 5 AufenthG);
- sie Familienangehörige eines Selbstständigen oder sonst Freizügigkeitsberechtigten ist (die Übergangsregelungen gelten nur für Arbeitnehmer und ihre Familienangehörigen) sowie
- in weiteren Sonderfällen (Hochqualifizierte, junge Menschen mit einem Bildungsabschluss in Deutschland, nach einer Au-pair-Tätigkeit u.a.m.).

Vermittlung als Haushaltshilfe über die Zentrale Auslands- und Fachvermittlung der Bundesagentur für Arbeit

Erstmals 2002 und 2003 und dann wieder ab 2005 konnten und können Haushaltshilfen aus den mitteleuropäischen Unionsstaaten (das Baltikum ausgenommen) auf der Grundlage von Absprachen der Arbeitsverwaltung angeworben werden (§ 21 BeschV⁵). Im Unterschied zu selbst gesuchter Arbeit muss hierbei stets die Zentrale Auslands- und Fachvermittlung der Bundesagentur für Arbeit (ZAV) eingeschaltet werden. Die Arbeitgeber wenden sich mit einem Vermittlungsauftrag an die ZAV, wobei die gewünschte Haushaltshilfe namentlich benannt werden kann. Ob sie ihren Wohnsitz im In- oder Ausland hat, spielt keine Rolle. Der Vorteil gegenüber einer selbst gesuchten Tätigkeit besteht darin, dass

---

³ Gesetz über die Berufe in der Altenpflege (Altenpflegegesetz – AltPflG), in der Fassung der Bekanntmachung vom 25.08.2003 (BGBl. I S. 1690), zuletzt geändert durch Art. 12b des Gesetzes vom 17.07.2009 (BGBl. I S. 1990).
⁴ Verordnung über die Arbeitsgenehmigung für ausländische Arbeitnehmer (Arbeitsgenehmigungsverordnung – ArGV) vom 17.09.1998 (BGBl. I S. 2899), zuletzt geändert durch Art. 7 Abs. 3 des Gesetzes vom 21.12.2008 (BGBl. I S. 2917).
⁵ Verordnung über die Zulassung von neueinreisenden Ausländern zur Ausübung einer Beschäftigung (Beschäftigungsverordnung – BeschV) vom 22.11.2004 (BGBl I S. 2937), zuletzt geändert durch Art. 1 der Verordnung vom 19.12.2008 (BGBl I S. 2972).

die Arbeitsagentur auf die Prüfung verzichten kann, ob ungelernte deutsche Arbeitsuchende oder Unionsbürger für die Beschäftigung in Frage kommen (vgl. die entsprechenden Durchführungsanweisung in Bundesagentur für Arbeit 2009b: 4.3.1). Wird eine Arbeitsmarktprüfung dennoch durchgeführt, so ist sie innerhalb von einer Woche abzuschließen (vgl. ebd.: 4.3.2). Eine ernsthafte Suche nach vorrangigen Arbeitsuchenden ist in dieser Zeit kaum möglich. Die Regelung beinhaltet also einen der wenigen direkten Zugangsmöglichkeiten zu Beschäftigungen ohne Qualifikationsanforderungen.

Diese Vermittlung ist für den Zeitraum von einem bis zu drei Jahren möglich. Die Befristung ist tatsächlich bedeutungslos, weil nach einem Jahr Beschäftigung ein Anspruch auf die Arbeitsberechtigung-EU besteht, so dass die Tätigkeit dann ohne Beteiligung der ZAV unbegrenzt fortgesetzt werden kann.

Haushaltshilfen werden nur zugelassen, wenn eine pflegebedürftige Person dem Beschäftigungshaushalt angehört. Bis Dezember 2009 konnten ausschließlich Verträge über Haushaltstätigkeiten geschlossen werden, auch wenn es sich dabei faktisch um pflegerische Tätigkeiten handelte. Mit der Neufassung des § 21 Beschäftigungsverordnung (BeschV)[6] im Dezember 2009 wurde die bisher verschämte Ausrichtung auf die Entlastung der häuslichen Pflege aufgegeben und der Tätigkeitsbereich auf ‚pflegerische Alltagshilfen' ausgedehnt. In ihren ‚Informationen zur Beschäftigung ausländischer Haushaltshilfen in Haushalten mit pflegebedürftigen Personen' führt die Bundesagentur dazu Folgendes aus:

„Sie übernehmen hauswirtschaftliche Arbeiten sowie notwendige pflegerische Alltagshilfen. Dazu gehören einfache Hilfestellungen bei der Körperpflege, der Ernährung, der Ausscheidung und der Mobilität. Den Pflegebedürftigen wird dadurch ermöglicht weiter in ihrer gewohnten Umgebung zu leben". (Bundesagentur für Arbeit 2010)

Mit dieser Änderung der BeschV wird in das geschützten Berufsbilds der Altenpflege mit festgelegten Qualitätsanforderungen eingegriffen und die ungelernte Pflege von Migrantinnen in Privathaushalten offiziell legalisiert.

Je nach Bundesland beträgt das Bruttogehalt für über die ZAV vermittelte Haushaltshilfen zwischen 1.099 und 1.353 Euro monatlich (Bundesagentur für Arbeit 2009a). Vom Nettoeinkommen werden für Kost und Logis max. 388,40 Euro (§ 2 SvEV[7]) abgezogen. Die Arbeitszeit beträgt 38,5 Stunden, die Haushaltshilfe ist sozialversichert. Zur Finanzierung kann auch das Pflegegeld

---
[6] Dritte Verordnung zur Änderung der Beschäftigungsverordnung (3. BeschVÄndV) vom 18.12.2009 (BGBl. I S. 3937), Geltung ab 24.12.2009.
[7] Verordnung über die sozialversicherungsrechtliche Beurteilung von Zuwendungen des Arbeitgebers als Arbeitsentgelt (Sozialversicherungsentgeltverordnung – SvEV) vom 21.12.2006 (BGBl. I S. 3385), zuletzt geändert durch die Verordnung vom 19.10.2009 (BGBl. I S. 3667).

eingesetzt werden, soweit ein entsprechender Anspruch besteht (es beträgt von Pflegestufe I bis III 225, 430 bzw. 685 Euro monatlich für 2010, § 37 Abs. 1 SGB XI). Die Zahl der nach § 21 BeschV erteilten Genehmigungen stieg von 1.667 im Jahr 2005 auf 3.051 im Jahr 2008 (vgl. BMI/BAMF 2008: 99f.). Die Regelung wird trotz des deutlichen Anstiegs weiterhin nur von einem geringen Teil der Haushalte genutzt.

Selbstständige Tätigkeit

Haushaltsnahe Dienstleistungen als Selbstständige anzubieten, erscheint besonders einfach, weil diese Tätigkeit an keinerlei besondere Genehmigung gebunden ist, die mit der Staatsangehörigkeit im Zusammenhang steht; es besteht volle Freizügigkeit für alle Unionsbürgerinnen. Selbstständigkeit liegt aber nur vor, wenn es sich *nicht* um ‚eine Tätigkeit nach Weisungen und eine Eingliederung in die Arbeitsorganisation des Weisungsgebers' (§ 7 Abs. 1 SGB IV) handelt. Rechtlich einwandfrei lassen sich einzelne haushaltsnahe Dienstleistungen in dieser Weise konstruieren (zu den Voraussetzungen im Einzelnen vgl. *Husmann* in diesem Band). Es kommt darauf an, dass die Arbeitszeit nicht zur Disposition des Auftraggebers gestellt wird, sondern ein Vertrag über eine genau bezeichnete Leistung geschlossen wird, die dann in eigener Verantwortung und mit eigenen Arbeitsmitteln erbracht wird. Auch darf die Tätigkeit nicht ausschließlich oder ganz überwiegend an einen Arbeitgeber gebunden sein. Hierzu müssen aber nicht von Anfang an Tätigkeiten für mehrere Arbeitgeber nachgewiesen werden, es genügt, wenn haushaltsnahe Dienstleistungen öffentlich, z.B. durch Wurfsendungen oder im Internet für eine Vielzahl von Auftraggebern angeboten werden. Angesichts dieser Anforderungen an die Selbstständigkeit kann eine 24-Stunden-Betreuung *keine* selbstständige Tätigkeit sein.[8] Der Einsatz von ‚selbstständigen' Pflegekräften birgt für die Arbeitgeberhaushalte deshalb das Risiko hoher Nachzahlungen in die Sozialversicherung.

Tätigkeit im Rahmen der aktiven Dienstleistungsfreiheit in der EU

Die Dienstleistungsfreiheit (Art. 56 ff. AEUV) gestattet es jedem Unternehmen mit Sitz in der EU, seine Arbeitnehmer in einen anderen Mitgliedstaat zu entsenden, um dort vorübergehend Dienstleistungen zu erbringen. Das kann auch für

---

[8] Vgl. AG München v. 10.11.2008, Az. 1115 OWi 298 Js 43552/07, im Internet abrufbar unter http://www.justiz.bayern.de/gericht/ag/m/presse/archiv/2009/01755/index.php (Zugriff am 12.03.2010). Zur Diskussion um die Einordnung von Hausbetreuung als selbstständige Tätigkeit in Österreich vgl. *Schmid* in diesem Band.

Ein-Frau/Mann-Unternehmen gelten, die sich selbst entsenden (zur Problematik und den Erfordernissen im Einzelnen vgl. *Husmann* in diesem Band). Die Entsendung stellt derzeit in Deutschland das bevorzugte Modell für die 24-Stunden-Betreuungen dar. Die Einstellung läuft häufig über zwei Organisationen, einerseits die Vermittlungsagentur in Deutschland, an die vom Pflegehaushalt eine einmalige Pauschale (ca. 400 bis 500 Euro) bezahlt wird, und andererseits das Unternehmen im Herkunftsstaat, an welches die monatlichen Zahlungen – zumindest offiziell – abgeführt werden. Diese betragen zwischen 1.200 Euro und 2.000 Euro monatlich je nach Betreuungsumfang sowie den Sprachkenntnissen und der Qualifikation der Beschäftigten. Das Unternehmen zahlt die Sozialversicherungsabgaben nach den rechtlichen Vorgaben des Herkunftslandes in die dortigen Sicherungssysteme ein, das Bruttoeinkommen errechnet sich meist aus den Zahlungen der Haushalte abzüglich 20 Prozent, den Frauen bleiben netto ca. 800 bis 900 Euro, Kost und Logis sind von den Arbeitgeberinnen zusätzlich bereitzustellen. Im Ergebnis erhalten die Beschäftigten einen besseren Lohn als bei einer offiziellen Vermittlung über die ZAV.

Die in Deutschland tätigen Agenturen werben damit, dass mit dieser Konstruktion eine völlig legale 24-Stunden-Betreuung gesichert werden könne. Dies ist aber zu relativieren. Richtig ist, dass die Entsendung von Arbeitnehmern in diesem Bereich zulässig ist und unter dem Schutz der europäischen Dienstleistungsfreiheit steht. Es muss sich allerdings um eine vorübergehende Tätigkeit handeln. Meist wechseln sich zwei oder drei Frauen in einem Rhythmus von drei bis sechs Monaten ab. Fraglich ist, ob dadurch auch die Tätigkeit – personenunabhängig betrachtet – zu einer vorübergehenden wird. Weiter dürfen in Deutschland reglementierte Berufe (dazu gehört auch die Altenpflege) nur ausgeübt werden, wenn die vorgeschriebene Qualifikation vorliegt. Beschäftigte ohne abgeschlossene Pflegeausbildung dürfen daher nur Haushaltstätigkeiten verrichten. Allerdings hat die Bundesregierung durch die Einführung des Begriffs der ‚pflegerischen Alltagshilfen' (für die oben beschriebenen angeworbenen Haushaltshilfen) die Reglementierung der Altenpflege für den Bereich der haushaltsnahen Dienstleistungen teilweise aufgehoben und damit auch die Pflegetätigkeiten entsandter Arbeitnehmerinnen rechtlich abgesegnet.

Auch für entsandte Arbeitskräfte gelten die deutschen Arbeitszeit- und Arbeitsschutzregelungen. Nach dem Arbeitszeitgesetz (ArbZG)[9] darf die Arbeitszeit einschließlich der Bereitschaftszeit 48 Stunden wöchentlich nicht überschreiten (§ 7 Abs. 8 ArbZG). Strittig ist jedoch, ob das ArbZG anzuwenden ist, da ‚Arbeitnehmer, die in häuslicher Gemeinschaft mit den ihnen anvertrauten Personen zusammenleben und sie eigenverantwortlich erziehen, pflegen oder

---

[9] Arbeitszeitgesetz (ArbZG) vom 06.06.1994 (BGBl. I S. 1170, 1171), zuletzt geändert durch Art. 7 des Gesetzes vom 15.07.2009 (BGBl. I S. 1939).

betreuen' (§ 18 Abs. 1 Nr. 3 ArbZG) von der Anwendung ausgenommen sind. Fraglich ist hier die ‚Eigenverantwortlichkeit' der Tätigkeit, die nicht vorliegen dürfte, wenn Angehörige ständig im Haushalt anwesend sind und die Haushaltshilfen nach ihren Anweisungen handeln, wohl aber, wenn der gesamte Haushalt der Pflegebedürftigen von der Beschäftigten allein geführt wird. Selbst ohne die Anwendung des ArbZG dürfte eine 24-Stunden-Betreuung ohne fest geregelte Ruhepausen und -zeiten gegen die ‚guten Sitten' im Sinne des § 242 BGB verstoßen. Da alle Beteiligten sich jedoch auf die rechtlich zulässige Grundkonstruktion der Entsendung verlassen können, unzulässige Gestaltungen der Arbeitsbedingungen dagegen hinter den geschlossenen Türen der Privathaushalte erfolgen, ergibt sich letztlich eine zur Abfederung des Pflegenotstands komfortable Legalität.

Tätigkeit als Au-pair

Die einzige legale Möglichkeit, drittstaatsangehörige Frauen in deutschen Haushalten zu beschäftigen, ist der Abschluss eines Au-pair-Vertrages für höchstens zwölf Monate (§ 20 BeschV). Die Erwartungen der Beteiligten sind oft sehr widersprüchlich. Legitimiert werden diese Arbeitsverhältnisse durch das Interesse junger Menschen an Auslandserfahrungen und dem Erwerb von Sprachkenntnissen. Die aufnehmenden Familien benötigen aber meist eine zuverlässige und oft auch umfangreiche Betreuung und Erziehung ihrer Kinder. Die Übergänge zur unerlaubten Arbeitsausbeutung sind auch hier oftmals fließend. Die jungen Frauen müssen unter 25 Jahre alt sein, die deutsche Sprache auf dem Niveau A 1 (Gemeinsamer Europäischer Referenzrahmen für Sprachen) beherrschen und dürfen nur einmal über diese Konstruktion in Deutschland tätig werden. Im Haushalt muss ein minderjähriges Kind leben, Deutsch soll die Muttersprache der Familie sein und die Familie darf nicht aus dem Herkunftsland der Au-pair stammen und nicht mit ihr verwandt sein. Die Au-pair hat Anspruch auf 260 Euro monatlich, Krankenversicherung und die Freistellung für einen Sprachkurs. Die Arbeitszeit ist auf 5 Stunden täglich begrenzt bei einem freien Tag wöchentlich.

Eine Tätigkeit als Au-pair ist auch für Neu-Unionsbürgerinnen eine ‚klassische' Beschäftigungsform im Bereich der Kinderbetreuung; sie weist geringe bürokratische Hürden auf, weil lediglich eine Genehmigung durch die Arbeitsagentur einzuholen ist, bei der keine ernsthafte Arbeitsmarktprüfung erfolgt. Nach der neueren Rechtsprechung des Europäischen Gerichtshofs[10] erwirbt auch eine Au-pair den Status einer Arbeitnehmerin, der nach einem Jahr zu einem

---

[10] Urteil v. 24.01.2008, Rs. C 294/06 – Payir.

Anspruch auf die Arbeitsberechtigung-EU (freier Arbeitsmarktzugang) führt. In der Öffentlichkeit und bei den Betroffenen ist diese Möglichkeit des Zugangs zur vollen Arbeitnehmerfreizügigkeit kaum bekannt. Insgesamt ist die Beschäftigung als Au-pair stark rückläufig, da andere Konstruktionen höhere Einkommen ermöglichen.

Freizügigkeit und Schwarzarbeit

Die Nutzung der Freizügigkeit durch EU-Bürgerinnen zur Ausübung von Schwarzarbeit findet sich ganz überwiegend bei Reinigungskräften und Kinderbetreuerinnen, die stundenweise oft mehrere Haushalte bedienen. Bei stundenweiser Beschäftigung bestehen in Deutschland geringe Skrupel gegenüber gesetzeswidrigen Ausgestaltungen. Babysitting wird ebenso wie die Tätigkeit als Putzfrau allgemein als nicht anmelde- und versicherungspflichtig betrachtet. Geschätzt wird, dass nur ca. 5 Prozent aller haushaltsnahen Dienstleistungen regulär erbracht werden: 3.000 Beschäftigungsverhältnisse sind angemeldet, ca. 60.000 sollen es tatsächlich sein (Deutsche Rentenversicherung Knappschaft-Bahn-See 2009: 4ff.). Nur 20 Prozent der Bevölkerung haben ein schlechtes Gewissen, wenn sie jemanden als Reinigungskraft unangemeldet beschäftigen (ebd.).

Neu-Unionsbürgerinnen, die auf diese Weise arbeiten, leben meist in weitgehend geregelten Verhältnissen. Die Freizügigkeitsbescheinigung wird ihnen ohne Nachweis der tatsächlichen Einkommensverhältnisse ausgestellt (VwV FreizügG/EU[11] 4.1.2.2). Der empfindliche Punkt dieser Konstruktion ist der Krankenversicherungsschutz. Zum Teil wird er über das Herkunftsland abgedeckt; mit einer Europäischen Krankenversicherungskarte können medizinische Leistungen in gleichem Umfang in Anspruch genommen werden wie mit einer deutschen Versicherungskarte. Der Weg in die deutsche gesetzliche Krankenversicherung ist dagegen durch § 5 Abs. 12 SGB V versperrt. Leistungen der Grundsicherungsträger sind nach § 7 Abs. 1 S. 2 Nr. 2 SGB II für Arbeitsuchende ausgeschlossen:[12] So bleibt nur eine private Krankenversicherung.

Auch in der 24-Stunden-Betreuung finden sich schwarz arbeitende Unionsbürgerinnen. Die objektiven Gefahren einer Entdeckung sind auch hier gering, da die Frauen aufenthaltsrechtlich kaum gefährdet sind. Gegenüber den legalen (oder halblegalen) Pflegeverhältnissen können nochmals Kosten eingespart wer-

---

[11] Bundesministerium des Innern: Allgemeine Verwaltungsvorschrift zum Freizügigkeitsgesetz/EU v. 26.10.2009 (GMBl 2009, S. 1270), im Internet abrufbar unter http://vwvbund.juris.de/Teilliste_Bundesministerium_des_Innern.html (Zugriff am 12.03.2010).
[12] Die Vereinbarkeit dieser Regelung mit EU-Recht ist umstritten, vgl. die Entscheidung des EuGH v. 04.06.2009, Rs. C-22/ 08 – Vatsouras.

den; meist liegen die Kosten dieser irregulären Beschäftigung für die Haushalte unter 1.000 Euro. In Deutschland und in vielen mittel- und nordeuropäischen Staaten werden allerdings für den sensiblen Bereich der Versorgung pflegebedürftiger Menschen zumindest halblegale Beschäftigungskonstruktionen bevorzugt. Insgesamt sind die Gestaltungsmöglichkeiten für haushaltsnahe Dienstleistungen von Neu-Unionsbürgerinnen so vielfältig, dass jeder Haushalt die für ihn passende Rechtsform finden kann.

4 Die Vorteile der Beschäftigungsverhältnisse an den Schattenrändern der europäischen Freizügigkeit

An alle Formen von ‚Care-work' werden hohe Ansprüche gestellt. Es sollen Frauen sein, weil ihnen bestimmte Eigenschaften zugeschrieben werden: Sie gelten als kommunikativ, emphatisch, sauber, sorgfältig, aufopferungsbereit. Migrantinnen werden weitere Vorzüge zugeschrieben, wie anspruchslos, willig und dankbar (Anderson 2007a: 250ff.; Matthews/Ruhs 2007: 12f.). Die Pendelmigration bietet zudem den Vorteil der umfassenden Verfügbarkeit, weil die Frauen während ihrer Anwesenheit im Beschäftigungshaushalt uneingeschränkt zur Verfügung stehen. Die Zeiträume sind begrenzt, und weil viele Frauen davon ausgehen, dass sie sich in einer biografischen Übergangssituation befinden, sind sie leichter als andere bereit, schlechte Arbeitsbedingungen zu akzeptieren, selbst wenn diese deutlich unter dem lokalen Standard liegen (vgl. Preibisch/Binford 2007: 38f.). Durch die kurzen Aufenthaltszeiten erfolgt keine Anpassung an die Lebensweise und Arbeitseinstellung der Einheimischen (vgl. Anderson 2007b: 18f.; Bloomekatz 2007: 1964 ff.). Es kommen weitere Faktoren hinzu, die für eine Beschäftigung der Frauen aus den MOE-Staaten sprechen. Hellhäutige Europäerinnen, deren religiöse Bindungen im Christentum liegen, vermitteln einen geringen Grad an Fremdheit. Auf Grund ihres hohen Bildungsniveaus werden sie der Mittelschicht zugeordnet; dies erhöht das Gefühl der Vertrautheit und führt zur Zuschreibung von Kompetenzen.

Vor allem die nord- und mitteleuropäischen Haushalte zeigen eine hohe Ambivalenz in der Frage von Legalität und Legitimität. Eine Gewöhnung an Menschen ohne Papiere und Integration in den Lebensalltag findet sich kaum (Frankreich ausgenommen). Dies ist leicht nachvollziehbar, weil bis zu Beginn der 1990er Jahre in diesen Staaten keine nennenswerte, im ökonomischen Sektor bedeutende Gruppe von Migranten ohne Papiere existierte. Zugleich rückte die Gesetzgebung die Papierlosen von Anfang an in die Nähe der Schwerkriminalität, die mit Schleusertum und Organisierter Kriminalität in Verbindung gebracht wurde (§§ 95, 96 AufenthG). Auch dies trug zu erheblichen Berührungsängsten der privaten Arbeitgeber gegenüber aufenthaltsrechtlich illegalen Migrantinnen bei.

Ganz anders ist die Einstellung zur Schwarzarbeit; teils fehlt es bis heute an Kenntnissen und am Bewusstsein, um die unangemeldete bezahlte Haushaltsarbeit als unerlaubte Schwarzarbeit einzuordnen. In jedem Fall gilt die Konstruktion als legitim, weil traditionell, unbürokratisch und den Interessen aller entsprechend. Für den Bereich der 24-Stunden-Pflege und -Betreuung besteht dagegen bei vielen Beschäftigungshaushalten ein stärkerer Wunsch nach der Möglichkeit einer rechtskonformen Absicherung des Beschäftigungsverhältnisses. Frauen aus den MOE-Staaten bieten in dieser Ambivalenz auf jeden Fall eines: Sie sind nicht illegal im Land und können sich als Unionsbürger jederzeit frei in der Öffentlichkeit bewegen, ihren Wohnsitz oder ein Auto anmelden, alle Versorgungsverträge eingehen, ein Konto eröffnen, und oft sind sie sogar mit einer Europäischen Krankenversicherungskarte ausgestattet. Wenn den Haushalten dazu noch eine ‚irgendwie' legale Rechtskonstruktion für das Beschäftigungsverhältnis angeboten wird, lässt sich die Delegation der Haushalts-, vor allem aber auch der Pflege-Arbeit in Einklang mit Emanzipations- und Gleichheitsvorstellungen bringen und als ‚Win-win-Situation' für alle Beteiligten legitimieren. Die ungleichen Arbeitseinkommen rechtfertigen sich in Hinblick auf die niedrigeren Lebenshaltungskosten der zurückgebliebenen Familien im Herkunftsland und erlauben es den Beschäftigungshaushalten darüber hinaus, sich als Wohltäterinnen (vgl. Anderson 2007a: 255) und Entwicklungshelferinnen zu fühlen. Es besteht eine starke Einbindung in die Familienstrukturen und die Haushaltsarbeiterinnen werden moralisch in die interfamiliären Verantwortungsstrukturen einbezogen (vgl. Gendera/Haidinger 2007 sowie *Kretschmann* in diesem Band).

Die verschiedenen formal legalen Beschäftigungskonstruktionen unterscheiden sich in ihrer Ausgestaltung kaum von der irregulären Beschäftigung. Das Risiko der ausbeuterischen Gestaltung des Beschäftigungsverhältnisses im Privathaushalt ist vorprogrammiert. Effektive Kontrollen der Arbeitsbedingungen, insbesondere die Einhaltung der gesetzlich oder vertraglich festgelegten Arbeitszeiten, sind kaum durchführbar. In Deutschland existiert bislang keine gewerkschaftliche Vertretung für diesen Arbeitsmarktsektor.[13] Angesichts der vollständigen Isolation, in der Migrantinnen in Haushalten arbeiten, kann die Durchsetzung von Mindeststandards bei den Arbeitsbedingungen nur durch eine gemeinsame Interessenvertretung gelingen.

---

[13] Seit 2009 besteht eine Initiative der Gewerkschaft v.erdi in Berlin, die regelmäßige Beratungen für regulär und irregulär beschäftigte Haushaltshilfen anbietet. Zudem gibt es in Hamburg eine „Gewerkschaftliche Anlaufstelle für Menschen ohne gesicherten Aufenthalt", vgl. https://besondere-dienste-hamburg.verdi.de/themen/migrar (Zugriff am 16.03.2010).

Viele Beschäftigungsverhältnisse dürften als ausbeuterisch zu qualifizieren sein. Tritt die Ausnutzung einer Zwangslage oder der Hilflosigkeit hinzu, die mit dem Aufenthalt in einem fremden Land verbunden ist, so wird der Straftatbestand des Menschenhandels zur Ausbeutung der Arbeitskraft (§ 233 StGB) erfüllt. Da der Tatbestand des Menschenhandels noch bis 2005 lediglich die Zwangsprostitution und vergleichbare Delikte erfasste, bleibt der Bereich der Arbeitsausbeutung bis heute weitgehend ausgeblendet. Gerade bei den haushaltsnahen Dienstleistungen liegt jedoch ein Schwerpunktbereich dieser Kriminalität, weil zu der wirtschaftlichen Abhängigkeit auch die persönliche hinzutritt, die den Tätern eine ständige Disposition über das Opfer ermöglicht (vgl. Eisele 2006: § 233 Rn. 9).

Tatsächlich bereitet bei Tätigkeiten mit einer Verfügbarkeit rund um die Uhr die Bewertung des auffälligen Missverhältnisses zu ‚normalen' Arbeitsbedingungen Schwierigkeiten, kommt es doch immer auf den Vergleich an. Wird bezahlte häusliche Betreuung nur noch von Migrantinnen in prekären Lebenslagen übernommen, dann brauchen die Arbeitsbedingungen keinem Vergleich mit Arbeitsverhältnissen außerhalb dieses Sektors mehr standzuhalten und können als Sonderarbeitsmarkt behandelt werden, für den 24-Stunden-Betreuung bei einem Einkommen von unter 1.000 Euro als normal gilt.

5 Sozialpolitische Maßnahmen zur Deckung des Bedarfs an personalen Dienstleistungen

In EU-Staaten, in denen erhebliche öffentliche Gelder für den Bereich der Betreuung und Pflege eingesetzt werden, finden sich zunehmend sozialpolitische Maßnahmen zur Stärkung der häuslichen Pflege mit dem Ziel der Entlastung der institutionellen Pflege. In Deutschland werden 50 Prozent der Ausgaben der Pflegeversicherung für die vollstationäre Pflege aufgewendet, obwohl hier nur ein Drittel der Pflegebedürftigen versorgt wird (vgl. Neuhaus u.a. 2009: 4). Mit dem Pflegezeitgesetz[14] wurde die Entlastung der institutionellen Pflege zum offiziellen Gesetzgebungsziel. Die amtliche Begründung stellt darauf ab, dass dem Wunsch vieler pflegebedürftiger Menschen entsprochen werden soll, durch vertraute Angehörige in gewohnter Umgebung gepflegt zu werden[15] Mit häuslicher Umgebung sind dabei auch die unterschiedlichsten Wohnformen gemeint, die nicht als stationäre Wohnformen zu qualifizieren sind. Durch einen Rechtsanspruch von Arbeitnehmer/innen auf teilweise oder vollständige unbezahlte

---

[14] Gesetz über die Pflegezeit (Pflegezeitgesetz – PflegeZG) v. 28.5.2008 (BGBl. I S. 874, 896), in Kraft seit dem 01.07.2008.
[15] Vgl. BT-Drs. 16/7439, S. 90.

Haushaltsnahe Dienstleistungen und EU-Arbeitnehmerfreizügigkeit 73

Arbeitsfreistellung zum Zweck der Pflege soll die Vereinbarkeit von Berufstätigkeit und häuslicher Pflege verbessert werden. Mit dieser kostenneutralen Regelung können zwar bestimmte Engpässe abgefedert werden, eine häusliche Versorgung, insbesondere von demenzkranken Personen, bei gleichzeitiger Berufstätigkeit der Angehörigen wird aber nicht ermöglicht. Das Leistungssystem der Pflegeversicherung ist weiterhin so gestaffelt, dass bei jedem gewählten Pflegemodell erhebliche Zuzahlungen der Pflegebedürftigen und ihrer Angehörigen erforderlich werden. Die sehr moderate Erhöhung des Pflegegeldes verändert die derzeitige Vergleichskalkulation pflegender Angehöriger kaum: Die finanzielle Belastung der pflegebedürftigen Betroffenen und der Angehörigen durch die Bezahlung von Haushaltsbeschäftigten liegt nur dann unterhalb der finanziellen Belastung bei stationärer Pflege, wenn die derzeit an Migrantinnen gezahlten Hungerlöhne beibehalten werden.

Sehr viel deutlicher wirkt sich die einkommensteuerrechtliche Änderung des § 35a EStG[16] aus, nach der Aufwendungen für Haushalts- und Pflegetätigkeit seit 2009 in Höhe von 20 Prozent von der Einkommmensteuer abgezogen werden können. Voraussetzung ist stets ein Beschäftigungsverhältnis (dies liegt jedoch bei entsandten Arbeitskräften aus einem anderen EU-Mitgliedstaat nicht vor, da Arbeitgeber das entsendende Unternehmen ist). Bei geringfügiger Beschäftigung liegt die Grenze der berücksichtigungsfähigen Ausgaben bei 2.550 Euro im Jahr (bis zu 510 Euro Steuerersparnis), bei sozialversicherungspflichtigen Tätigkeiten bei 20.000 Euro (bis zu 4.000 Euro Steuerersparnis). Die Attraktivität der Beschäftigung einer Haushaltshilfe aus den MOE-Staaten über die ZAV steigt dadurch deutlich an, wie das Rechenbeispiel auf der folgenden Seite verdeutlicht.

Unter Berücksichtigung des Pflegegeldes (zwischen 225 Euro und 685 Euro), das die pflegebedürftige Person erhält und das für die Beschäftigung einer privaten Haushaltshilfe verwendet werden kann, verringern sich die effektiven Kosten für den Arbeitgeber-Haushalt auf 128 Euro (Abzug des Pflegegeldes bei Pflegestufe III), 383 Euro (bei Pflegestufe II) bzw. 588 Euro (bei Pflegestufe I) zuzüglich der Gewährung von Kost und Logis.

---

[16] Gesetz zur Förderung von Familien und haushaltsnahen Dienstleistungen (Familienleistungsgesetz) vom 22.12.2008 (BGBl. I S. 2955) m.W.v. 01.01.2009.

Kosten für eine Haushaltshilfe (Vollzeittätigkeit* in Hessen, Unterkunft im Haushalt des Arbeitgebers)

Aufwendungen	
Tariflohn	1.261 Euro
zuzügl. Arbeitgeberanteil zur Sozialversicherung	+ ca. 270 Euro
Kosten	= 1.531 Euro
abzügl. Steuerersparnis	- 330 Euro
effektive Kosten	= 1.201 Euro
effektive Kosten abzüglich Kost und Logis (388 Euro)	= 813 Euro
Einkommen der Haushaltshilfe	
Nettolohn	939 Euro
abzügl. Kost und Logis	- 388 Euro
Auszahlungsbetrag	= 551 Euro

* 38,5 Stunden-Woche (eine Kontrolle der Einhaltung der Arbeitszeitbestimmungen gibt es faktisch aber nicht).

6 Pflegepolitik in Europa

Ein Blick auf die Sozialpolitik anderer EU-Staaten zeigt, dass die Tendenz zur Verlagerung der Pflege in die privaten Haushalte einer gesamteuropäischen Entwicklung entspricht.

In der sozialpolitischen Ausgestaltung des Pflegebereichs weist Österreich die größten Ähnlichkeiten mit Deutschland auf. Österreich verfügt über ein Bundespflegegeldgesetz, das dem deutschen Pflegegeld in seinen Grundzügen durchaus vergleichbar ist, jedoch ausschließlich aus Steuermitteln finanziert wird (vgl. *Kretschmann* und *Schmid* in diesem Band). 2007 wurde die sozialpolitisch bedeutende zusätzliche Förderung für eine 24-Stunden-Betreuung eingeführt. Die zusätzliche Förderung zum Pflegegeld kann pro Betreuungskraft, die mindestens über eine Helferausbildung verfügt, bis zu 550 Euro betragen, wobei bis zu zwei Betreuungskräfte bezuschusst werden können. Zusammen mit dem Pflegegeld erhält ein Haushalt bei Pflegestufe 3 (entspricht Stufe 1 bis 2 nach deutschem Recht) mit einer Betreuungsperson knapp 1.000 Euro. Die zusätzliche Förderung ist zwar einkommensabhängig, Einkommen bis zu 2.500 Euro bleiben dabei jedoch unberücksichtigt (vgl. die entsprechende Richtlinie in BMASK 2008: 3.1) Die einzelnen Bundesländer haben Mindestlohngesetze für die Haushaltsarbeit verabschiedet. Zusätzlich zu der Öffnung des Haushaltsarbeitsmarkts für Neu-Unionsbürgerinnen bei Pflegebedürftigkeit zum Ende 2006[17] lässt Österreich auch Pflegekräfte und Haushaltshilfen aus Drittstaaten im Rahmen der Kontingente nach § 5AuslBG[18] zu. Weil in Österreich die Sorge offensichtlich groß ist, dass die Haushaltsarbeiterinnen aus MOE-Staaten ihre Arbeitsplätze in Privathaushalten verlassen werden, sobald ihnen 2011 der Arbeitsmarkt vollständig geöffnet wird, soll damit möglicherweise den Folgen einer solchen Entwicklung bereits jetzt vorgebeugt werden.

Auch Italien setzt auf Geldzahlungen, die lediglich nachrangig gegenüber eigenem Einkommen und Unterstützung durch Angehörige bis zum 2. Grad gezahlt werden. Die Verwendung wird nicht überprüft, so dass auch hier eine staatliche Kontrolle der Pflegeverträge entfällt (vgl. Gori/Da Roit 2007: 72). Mit dem Gesetz Bossi-Fini[19] wurde die Zuwanderung von ausgebildeten Kranken- und Pflegekräften aus der Quotenregelung herausgenommen und unbegrenzt zugelassen. Mit dem Gesetz 276/03, dem sogenannten ‚Legge Biagi',[20] wurde das gesamte Arbeitsrecht deutlich liberalisiert und das System der Leiharbeit gefördert. Über die Kooperativen werden ausländische Arbeitnehmerinnen sowohl aus Neu-EU-Staaten als auch aus Drittstaaten auf privater Basis direkt angeworben und zeitlich befristet eingestellt. Hinzu kommt eine gesonderte Quote für Haushaltsarbeiterinnen (für das Jahr 2008 150.000 Personen nach dem Decreto Flussi 2008[21]). Auch existieren in Italien gesonderte Tarifverträge für Haushaltsbeschäftigte. Ihre Zahl wird mit 600.000 Personen angegeben, allerdings ist wohl nur ein Teil der tatsächlichen Haushaltshilfen registriert (vgl. Associazione Nazionale dei Datori di Lavoro Domestico 2010). Die Maßnahmen zielen übereinstimmend auf die Legalisierung der Haushaltsarbeit durch Migrantinnen und die Finanzierbarkeit für die privaten Haushalte. Der institutionelle Sektor wird entlastet und Gesundheits- und Pflegeleistungen werden stärker privatisiert.

---

[17] Durch eine entsprechende Änderung der Ausländerbeschäftigungsverordnung (BGBl. II Nr. 405/ 2006).
[18] Bundesgesetz vom 20.03.1975, mit dem die Beschäftigung von Ausländern geregelt wird (Ausländerbeschäftigungsgesetz – AuslBG) (BGBl. Nr. 218/1975).
[19] Legge n°189 vom 30.07.2002, „Modifica alla normativa in materia di immigrazione e di asilo", Gazzetta Ufficiale n. 199 v. 26.08.2002, im Internet abrufbar unter http://www.camera.it/parlam/ leggi/021891.htm (Zugriff am 17.03.2010).
[20] Decreto Legislativo n. 276 vom 10.09.2003, „Attuazione delle deleghe in materia di occupazione e mercato del lavoro, di cui alla legge 14 febbraio 2003, n. 30", Gazzetta Ufficiale no. 235 vom 09.10.2003 – Supplemento Ordinario n. 159.
[21] Decreto del Presidente del Consiglio dei Ministri vom 3.12.2008, „Programmazione transitoria dei flussi di ingresso dei lavoratori extracomunitari non stagionali, nel territorio dello Stato, per l'anno 2008", im Internet abrufbar unter http://www.dplmodena.it/DPCM_FLUSSI_2008.PDF (Zugriff am 17.03.2010).

In den skandinavischen Staaten (Dänemark, Finnland, Schweden) ist die Pflege Teil des allgemeinen kommunalen Gesundheits- und Sozialdienst; sie wird aus Steuermitteln finanziert und kann kostenfrei in Anspruch genommen werden. Auch hier werden mit verschiedenen Maßnahmen die traditionell umfassenden staatlichen Dienstleistungen eingeschränkt zugunsten freier Anbieter und einer privaten Organisation der Versorgung. So wurde etwa in Schweden die Leistung für Personen abgeschafft, die lediglich hauswirtschaftliche Hilfen benötigen (vgl. Theobald 2008: 266).

Die Europäische Kommission kommt in ihrem Bericht zum Sozialschutz und zur sozialen Eingliederung vom 30. Januar 2008 (vgl. Europäische Kommission 2008b) zu dem Schluss, dass es bislang in keinem EU-Staat gelungen ist, das Problem der Betreuung und Pflege älterer Menschen zufriedenstellend zu lösen. Betont wird der Konsens aller EU-Staaten für einen Vorrang der häuslichen vor der institutionellen Pflege. Eine deutliche Herausforderung läge bei der Gewinnung, Ausbildung und Weiterbildung des Betreuungs- und Pflegepersonals. Als Maßnahmen werden u.a. die Erhöhung der Einkommen, eine Verbesserung der Ausbildung und Arbeitsbedingungen und die Einbindung der informellen Pflegekräfte in die sozialen Sicherungssysteme vorgeschlagen. Aus diesem Bericht leitet die Europäische Kommission die Empfehlung ab, die weitere Reduzierung der institutionellen Pflege aus Mitteln des Strukturfonds zu fördern (vgl. ebd.: 8). Die Situation der überwiegend weiblichen Langzeitpflegekräfte soll verbessert werden. Die vorgeschlagenen Maßnahmen zugunsten der Beschäftigten bleiben jedoch vage.

7 Ausblick

Auch in Deutschland werden zum 1. Mai 2011 für die meisten Neu-Unionsbürgerinnen alle Arbeitsmarktrestriktionen entfallen.[22] Doch auch bisher wurden bereits Vertragskonstruktionen gefunden, die sich stärker an den finanziellen Erwägungen, der verfügbaren Infrastruktur und den Pendelentfernungen orientierten als an der Rechtmäßigkeit des Zugangs zum Arbeitsmarkt. Der freie Arbeitsmarktzugang für Bürgerinnen aus den MOE-Staaten wird daher weniger zur Zunahme der Wanderungsbewegungen führen als zu einer Verlagerung der Beschäftigung von den Privathaushalten in besser bezahlte Arbeitsmarktsegmente. Gerade weil viele der migrierenden Frauen aus MOE-Ländern über Qualifika-

---

[22] Zurzeit bestehen Restriktionen für Neuunionsbürger nur noch in Deutschland und Österreich (nicht für Haushaltsarbeiterinnen), für Staatsangehörige Bulgariens und Rumäniens zusätzlich auch in Italien, Frankreich, Belgien, Luxemburg, den Niederlanden, Großbritannien, Irland und Malta.

tionen verfügen, die europaweit gefragt und nach EU-Recht anzuerkennen sind (vgl. *Schmid* in diesem Band), erweitern sich 2011 ihre Beschäftigungsoptionen. So zeigen polnische Frauen durch ihre ausgeprägte Mobilität (Pendelmigration) heute bereits, dass sie ihre beruflichen Perspektiven langfristig nicht in Deutschland sehen (vgl. Metz-Göckel u.a. 2009). Für Beschäftigte aus den übrigen mitteleuropäischen EU-Staaten dürfte sich ein ähnlicher Trend ergeben. Mit steigendem Lebensstandard im Herkunftsland verändert sich für die Frauen die Kosten-Nutzen-Rechnung der Migration. Hinzu kommt, dass in aufstrebenden Volkswirtschaften die Chancen für eine eigene Unternehmerinnentätigkeit besonders günstig sind und die qualifizierten, flexiblen, weltläufigen Frauen mit besonders guten Voraussetzungen in ihrem Herkunftsland starten können, wenn sie ein gewisses Eigenkapital angespart haben.

Die Abwanderung der Migrantinnen aus den MOE-Ländern aus dem Sektor der haushaltsnahen Dienstleistungen wird sich möglicherweise durch die krisenbedingte Verlangsamung der Wirtschaftsentwicklung in allen EU-Staaten zeitlich hinausschieben. Letztlich werden sich die Unionsbürgerinnen aus den MOE-Staaten anderen Arbeitsmarktsektoren zuwenden und sich in Konkurrenz mit den westeuropäischen Frauen und Männern um qualifizierte Arbeit begeben. Der Bereich der haushaltsnahen Dienstleistungen wird dann an Frauen aus Russland, Asien und Afrika weitergegeben werden. Denkbar ist, dass – wie in anderen EU-Staaten auch – für diese Arbeitskräfte aus Drittstaaten halblegale und erlaubte prekäre Zugangsmöglichkeiten geschaffen werden. Bereits die Dienstleistungsfreiheit eröffnet die Möglichkeit des Zugangs für Angehörige von Drittstaaten durch die Anstellung bei einem Unternehmen in einem anderen EU-Staat und die Entsendung nach Deutschland als Dienstleistungserbringerin. So werden Grenzen für drittstaatsangehörige Wanderarbeiterinnen auf dem Weg in die haushaltsnahen Dienstleistungen zukünftig durchlässiger werden. Der neu geschaffene Arbeitsmarktsektor in Privathaushalten wird auf Migrantinnen angewiesen bleiben. Durch die Arbeitsmarktrestriktionen im Zusammenhang mit der EU-Erweiterung und die dadurch bedingte temporäre Verweisung der Frauen aus den MOE-Staaten auf diesen Sektor konnte die Legitimität eines Sonderarbeitsmarktes etabliert werden und der Prozess der Reprivatisierung sozialer Aufgaben eingeleitet werden.

Literatur

Anderson, Bridget, 2007a: „A Very Private Business: Exploring the Demand for Migrant Domestic Workers, *European Journal of Women's Studies* 14/2007, S. 247–264.

Anderson, Bridget, 2007b: *Battles in Time: the Relation Between Global and Labour Mobilities,* Oxford, im Internet abrufbar unter http://www.compas.ox.ac.uk/fileadmin/files/pdfs/WP0755%20Bridget%20Anderson.pdf (Zugriff am 12.03.2010).

Associazione Nazionale dei Datori di Lavoro Domestico, http://www.colfdomina.it/ (Zugriff am 20.2.2010).

Baas, Timo/Brückner, Herbert/Hauptmann, Andreas, 2009: *EU-Osterweiterung: Positive Effekte durch Arbeitsmigration,* IAB-Kurzbericht 9/2009, im Internet abrufbar unter http://doku.iab.de/kurzber/2009/kb0909.pdf (Zugriff am 12.03.2010).

Beer, Ursula, 2008: „Sekundärpatriarchalismus: Patriarchat und Industriegesellschaften", in: Becker, Ruth/Kortendiek, Beate (Hg.): *Handbuch Frauen und Geschlechterforschung,* Wiesbaden, S. 59–74.

Bloomekatz, Rachel, 2007: Comment. „Rethinking Immigration Status Discrimination and Exploitation in the Low-wage Workplace", *UCLA Law Review* 54(6) 2007, S. 1964-1978.

BMI [Bundesministerium des Innern]/BAMF [Bundesamt für Migration und Flüchtlinge] (Hg.), 2008: *Migrationsbericht des Bundesamtes für Migration und Flüchtlinge im Auftrag der Bundesregierung. Migrationsbericht 2008,* im Internet abrufbar unter http://www.bamf.de/cln_180/nn_442016/SharedDocs/Anlagen/DE/Migration/Publikationen/Forschung/Migrationsberichte/migrationsbericht-2008,templateId=raw,property=publicationFile.pdf/migrationsbericht-2008.pdf (Zugriff am 12.03.2010).

Bundesagentur für Arbeit, 2009a: Haushaltshilfen in Haushalte mit Pflegebedürftigen [Entgelttabelle], Stand: August 2009, im Internet abrufbar unter http://www.arbeitsagentur.de/zentraler-Content/A04-Vermittlung/A044-Vermittlungshilfen/Publikation/pdf/Entgelttabelle-Haushaltshilfen-Pflegebeduerftige.pdf (Zugriff am 02.03.2010)

Bundesagentur für Arbeit, 2009b: Vermittlung von Haushaltshilfen in Haushalte mit Pflegebedürftigen. Durchführungsanweisungen, Stand August 2009, im Internet abrufbar unter http://www.arbeitsagentur.de/zentraler-Content/A01-Allgemein-Info/A015-Oeffentlichkeitsarbeit/Publikation/pdf/DA-Vermittlung-von-Haushaltshilfen.pdf (Zugriff am 12.03.2010)

Bundesagentur für Arbeit, 2010: Informationen zur Beschäftigung ausländischer Haushaltshilfen in Haushalten mit pflegebedürftigen Personen, Hinweise zum Vermittlungsverfahren und Formulare für die länderbezogenen Einstellungszusagen als Download zum Ausfüllen und Ausdrucken, im Internet abrufbar unter http://www.arbeitsagentur.de/nn_27986/zentraler-Content/A04-Vermittlung/A042-Vermittlung/Allgemein/Haushaltshilfen-AN.html (Zugriff am 12.03.2010)

BMASK [Bundesministerium für Arbeit, Soziales und Konsumentenschutz] 2008: Richtlinien zur Unterstützung der 24-Stunden-Betreuung (§ 21b des Bundespflegegeldgesetzes), im Internet abrufbar unter http://www.bundessozialamt.gv.at/cms/basb/attachments/7/5/4/CH0008/CMS1198828863126/foerderrichtlinien_24-stundenbetreuung_nov_2008.pdf (Zugang am 17.03.2010)

Deutsche Rentenversicherung Knappschaft-Bahn-See (Hg.), 2009: *Haushaltsreport. Minijobs und Schwarzarbeit in Privathaushalten*, Bochum 2009, im Internet abrufbar unter http://www.minijob-zentrale.de/DE/Service/DownloadCenter/3a__Haushaltsreport/ Haushaltsreport,templateId=raw,property=publicationFile.pdf/Haushaltsreport.pdf (Zugriff am 12.03.2010).

Eisele, Jörg, 2006: §§ 232–233b StGB, in: Schönke/Schröder: *Strafgesetzbuch*, Kommentar, 26. Aufl., München.

Europäische Kommission, 2008a: *Auswirkungen der Freizügigkeit der Arbeitnehmer im Kontext der EU-Erweiterung* – KOM(2008) 765 final vom 18.11.2008.

Europäische Kommission, 2008b: *Proposal for the Joint Report on Social Protection and Social Inclusion 2008* – COM(2008) 42 final vom 30.01.2008, im Internet abrufbar unter http://eur-lex.europa.eu/LexUriServ/LexUriServ.do?uri=CELEX:52008DC0042: EN:HTML (Zugriff 24.03.2010).

Europäische Kommission, 2009: *Intergenerational Solidarity, Analytical Report*, (Eurobarometer 269), im Internet abrufbar unter http://ec.europa.eu/public_opinion/flash/ fl_269_en.pdf (Zugriff am 12.03.2010).

Frings, Dorothee, 2003: „Rechtspositionen und Regelungsdefizite für Migrantinnen im prekären Sektor des Arbeitsmarktes", in: Castro Varela, Maria do Mar/Clayton, Dimitria (Hg.): *Migration, Gender, Arbeitsmarkt. Neue Beiträge zu Frauen und Globalisierung*, Königstein, S. 58–91.

Gendera, Sandra/Haidinger, Bettina, 2007: „,Ich kann in Österreich als Putzfrau arbeiten. Vielen Dank, ja.' Bedingungen der bezahlten Haushalts- und Pflegearbeit von Migrantinnen", *Grundrisse* 23 (2007), S. 28–40, im Internet abrufbar unter http:// www.grundrisse.net/grundrisse23/sandra_gendera_und_bettina_haidi.htm (Zugriff am 12.03.2010).

Gori, Cristiano/Da Roit, Barbara, 2007: „The Commodification of Care – The Italian Way", in: Ungerson, Clare/Yeandle, Sue (Hg.): *Cash for Care in Developed Welfare States*, Basingstoke, S. 60–80.

Han, Petrus, 2003: *Frauen und Migration*, Stuttgart.

Herzog, Judith, 2003: *Das Migrationspotenzial der EU-Osterweiterung und dessen Folgen für den deutschen Arbeitsmarkt*, Tübingen 2003, im Internet abrufbar unter http://nbn-resolving.de/urn:nbn:de:bsz:21-opus-11218 (Zugriff am 12.03.2010)

Klammer, Ute: „Soziale Sicherung", in: Bothfeld, Silke/Klammer, Ute/Klenner, Christina/Leiber, Simone/Thiel, Anke/Ziegler, Astrid: *WSI-FrauenDatenReport 2005*, Berlin 2005, S. 307–382.

Krahmer, Utz, 2008: in: Münder, Johannes u.a.: *Sozialgesetzbuch XII: Sozialhilfe. Lehr- und Praxiskommentar*, 8. Aufl.; Baden-Baden.

Laag, Ursula/Isfort, Michael/Weidner, Frank, 2008: „Neue Wege zur Entlastung pflegender Angehöriger", *Die Schwester/Der Pfleger* 8/2008, S. 739–741.

Matthews, Gareth/Ruhs, Martin, 2007: The Micro-foundations of Labour Shortages: Deconstructing Employer Demand of Migrant Labour in the UK's Hospitality Sector, Oxford, im Internet abrufbar unter http://www.compas.ox.ac.uk/fileadmin/files/pdfs/ Martin_Ruhs/Hospitality%20paper%202%20-%20Gareth%20Matthews%20and%20 Martin%20Ruhs%2031%20Aug%202007.pdf (Zugriff am 12.03.2010)

Metz-Göckel, Sigrid/Kalwa, Dobronchna/Münst, Senganata, 2009: *Migration als Ressource. Zur Pendelmigration polnischer Frauen in Privathaushalte der Bundesrepublik*, Opladen.
Nave-Herz, Rosemarie, 1988: „Kontinuität und Wandel in der Bedeutung, in der Struktur und Stabilität von Ehe und Familie in der Bundesrepublik Deutschland", in: Nave-Herz, Rosemarie (Hg.): *Wandel und Kontinuität der Familie in der Bundesrepublik Deutschland*, Stuttgart, S. 61–94.
Neuhaus, Andrea/Isfort, Michael/Weidner, Frank, 2009: *Situation und Bedarfe von Familien mit mittel- und osteuropäischen Haushaltshilfen (moH)*; Deutsches Institut für angewandte Pflegeforschung e.V., Köln, im Internet abrufbar unter http://www.dip. de/fileadmin/data/pdf/material/bericht_haushaltshilfen.pdf (Zugriff am 26.02.2010).
Preibisch, Kerry/Binford, Leigh, 2007: „Interrogating Racialized Global Labour Supply: An Exploration of the Racial/National Replacement of Foreign Agricultural Workers", *The Canadian Review of Sociology and Anthropology* 44(1) 2007, S. 5–36.
Ramirez-Machado, José Maria, 2003: *Domestic Work, Conditions of Work and Employment: A Legal Perspective*, Geneva 2003, im Internet abrufbar unter http://www.ilo. org/public/english/protection/condtrav/publ/7cwe.htm (Zugriff am 12.03.2010).
Rüling, Anneli, 2007: *Jenseits der Traditionalisierungsfallen – Wie Eltern sich Familien- und Erwerbsarbeit teilen*, Frankfurt a.M.
Sinn, Hans-Werner/Flaig, Gebhard/Werding, Martin/Munz, Sonja/Düll, Nicola/Hofmann, Herbert, 2010: *EU-Erweiterung und Arbeitskräftemigration: Wege zu einer schrittweisen Annäherung der Arbeitsmärkte. Studie im Auftrag des Bundesministeriums für Arbeit und Sozialordnung*, München, im Internet abrufbar unter http://www. cesifo-group.de/portal/page/portal/ifoContent/B/IFO_INSTITUT/NEUE_UNTER SUCHUNGEN_X_RECENT_IFO_STUDIES/NEUE_UNTERSUCHUNGEN_2001 /MIGRATION-4MB.PDF (Zugriff am 12.03.2010).
Spindler, Helga, 2009: „Wege, die Frauen aus der Armut führen – und solche, die sie nicht unbedingt aus der Armut führen", *Streit* 2009, S. 3–12.
Statistisches Bundesamt, 2008: *Pflegestatistik 2007, Deutschlandergebnisse*, Wiesbaden.
Statistisches Bundesamt, 2010: *Bevölkerung und Erwerbstätigkeit. Ausländische Bevölkerung. Ergebnisse des Ausländerzentralregisters 2009*, Wiesbaden 2010, im Internet abrufbar unter www.destatis.de (Zugriff am 17.03.2010).
Straubhaar, Thomas, 2002: *Migration im 21. Jahrhundert. Von der Bedrohung zur Rettung sozialer Marktwirtschaften?* Tübingen 2002.
Theobald, Hildegard, 2008: „Care-Politiken, Care-Arbeitsmarkt und Ungleichheit: Schweden, Deutschland und Italien im Vergleich", *Berliner Journal für Soziologie* 2008, S. 257–281.

Mindestlöhne für in Deutschland beschäftigte Pflegekräfte – neue Verfahren zur Feststellung von Mindestlöhnen und ihre Bedeutung für Beschäftigte im Pflegebereich

Rose Langer[1]

1 Arbeitsmarkt Pflege

Im Jahr 2009 erhielten ca. 2,25 Millionen Personen in Deutschland ambulante oder stationäre Leistungen aus der gesetzlichen oder einer privaten Pflegeversicherung (vgl. BMG 2009: 2). Zurzeit sind in der Pflegebranche in Deutschland rund 810.000 Menschen im ambulanten oder stationären Pflegedienst beschäftigt (vgl. ebd.: 12). Angesichts der zu erwartenden demografischen Entwicklung wird die Zahl der Pflegebedürftigen deutlich anwachsen. So wird damit gerechnet, dass die Zahl der Menschen, die 60 Jahre und älter sind, von heute 21,5 auf 28,5 Millionen im Jahr 2030 ansteigt (vgl. ebd.: 14). Dies wäre ein Zuwachs von knapp 35 Prozent. Da die Pflege eine arbeitsintensive Branche ist, müsste auch das Pflegepersonal entsprechend dieser Entwicklung anwachsen.

Eine Möglichkeit, den zusätzlichen Personalbedarf zu realisieren, ist die Gewinnung von inländischen Nachwuchskräften. Hier ist jedoch aktuell noch keine nennenswerte Reaktion der Branche erfolgt, denn die Zahl der neuen Ausbildungsverhältnisse ist nach einem starken Rückgang im Jahr 2006 (von rund 15.800 im Jahr 2005 auf rund 13.900 im Jahr 2006) in den letzten Jahren nur moderat gestiegen und erreichte 2009 noch nicht wieder den Stand von 2005 (vgl. Abbildung 1). Dabei ist zudem zu beachten, dass Pflegekräfte in großem Umfang im Rahmen von Umschulungsmaßnahmen ausgebildet werden. Um diese im Rahmen der Arbeitsmarktpolitik fördern zu können, wurden im Dritten Buch Sozialgesetzbuch (SGB III) spezielle Erleichterungen für die Umschulung in Pflegeberufe geschaffen:

- Grundsätzlich werden nach dem SGB III nur Umschulungsmaßnahmen anerkannt, wenn ihre Dauer mindestens ein Drittel weniger als die Dauer der Erst-

---

[1] Ulrich Pahlmann danke ich für zahlreiche sachdienliche Hinweise.

ausbildung beträgt. Da die Altenpflege ein nach europäischem Recht harmonisierter Beruf ist, kann die Ausbildungszeit nicht verkürzt werden. Umschulungen in Pflegeberufe werden daher ausnahmsweise auch anerkannt, wenn die volle Ausbildungszeit von drei Jahren angesetzt wird (§ 85 Abs. 2 S. 3 SGB III).

- Darüber hinaus werden – befristet auf die Jahre 2009 und 2010 – auch die Kosten für die gesamte Dauer der dreijährigen Umschulung aus den Beitragsmitteln zur Arbeitsförderung finanziert (§ 421t Abs. 6 SGB III).

Diese Erleichterungen zeigten durchaus Wirkung. In den Jahren 2005 bis 2008 wurde jedes fünfte neue Ausbildungsverhältnis in der Altenpflege im Rahmen einer Umschulungsmaßnahme gefördert. Und im Jahr 2009 verdoppelte sich die Zahl der Umschulungen in der Altenpflege zum Vorjahr fast auf knapp 6.000 (vgl. Abbildung 1). So konnten viele Arbeitslose, insbesondere arbeitslose Frauen, wieder in den Arbeitsmarkt integriert werden. Allerdings ist die Verweildauer der Pflegekräfte in diesem Beruf relativ kurz. Schichtdienst, eine erhebliche physische und eine starke psychische Belastung (vgl. BAuA 2010) sowie nicht zuletzt die moderate Bezahlung veranlassen viele, den neu gelernten Beruf nach einigen Jahren wieder zu wechseln. Aus diesem Grund stellt sich die Frage, wie es gelingen soll, den wachsenden Bedarf an Pflegekräften nachhaltig sicherzustellen.

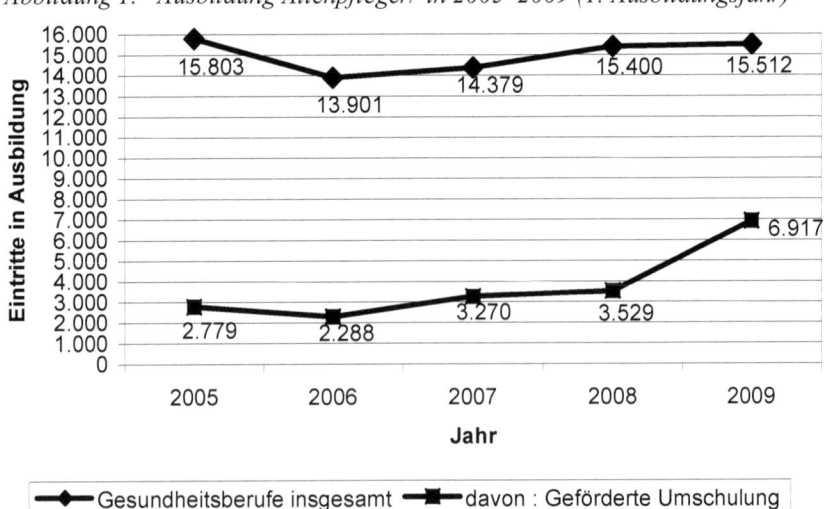

Abbildung 1: Ausbildung Altenpfleger/-in 2005–2009 (1. Ausbildungsjahr)

Quelle: Bundesinstitut für Berufsbildung; Bundesagentur für Arbeit; eigene Berechnungen

2 Situation in der Pflege nach Herstellung der Freizügigkeit

Mit dem Ablauf der Übergangsfristen für die Herstellung der Freizügigkeit der ArbeitnehmerInnen aus den Beitrittstaaten ist der deutsche Arbeitsmarkt auch für osteuropäische Pflegekräfte zugänglich. So erhalten ab Mai 2011 ArbeitnehmerInnen aus Estland, Lettland, Litauen, Polen, Slowakei, Slowenien, der Tschechischen Republik und Ungarn und ab Januar 2013 auch ArbeitnehmerInnen aus Bulgarien und Rumänien volle Freizügigkeit (vgl. Husmann 2007: 310ff.). Es besteht daher die Hoffnung, dass die Öffnung des Arbeitsmarkts für osteuropäische Arbeitskräfte auch den Personalbedarf in der arbeitsintensiven Pflegebranche lindern kann.

Der Zugang für ausländische Arbeitskräfte zum deutschen Arbeitsmarkt allein kann jedoch nicht alle Probleme bei der Rekrutierung zusätzlicher Pflegekräfte lösen. Deutschland steht hier in einem intensiven Wettbewerb mit anderen europäischen Staaten mit ähnlicher demografischer Entwicklung. Außerdem zeigen Erfahrungen aus vorhergehenden EU-Erweiterungen, dass sich die Lebens- und Arbeitsbedingungen in relativ kurzer Zeit anpassen. Daher ist zu erwarten, dass die zusätzlichen Pflegekräfte aus Osteuropa bereits kurz- bis mittelfristig auch attraktive Beschäftigungsmöglichkeiten in ihren Heimatländern finden und dorthin zurückkehren. Die Folgen einer solchen Entwicklung würden noch verstärkt, wenn in der Zwischenzeit wegen der Möglichkeit, auf osteuropäische Pflegekräfte zurückzugreifen, das Ansehen des Berufs und die Ausbildungsbereitschaft in Deutschland zurückgingen. In diesem Fall könnte sich die Gewinnung inländischer Arbeitskräfte für die Pflegebranche künftig noch schwieriger gestalten als vor Herstellung der Freizügigkeit. Für die nachhaltige Rekrutierung inländischer wie auch ausländischer ArbeitnehmerInnen ist es daher notwendig, die Arbeitsbedingungen für Pflegekräfte attraktiv zu gestalten.

3 Arbeitsbedingungen in der Pflege in Deutschland

In der Pflegebranche sind die Arbeitsbedingungen von einer differenzierten Trägerlandschaft geprägt. Aus diesem Grund ist das Entlohnungssystem sehr uneinheitlich. So zahlen die kommunalen Träger nach dem Tarifvertrag des Öffentlichen Dienstes. Einzelne Wohlfahrtsverbände haben Tarifverträge mit Gewerkschaften geschlossen. Neben den als „Zweiter Weg"[2] bezeichneten Tarifverträgen ergeben sich Besonderheiten, da in der Pflegebranche etliche Arbeitgeber in

---

[2] Die arbeitsrechtlichen Beziehungen zwischen Arbeitnehmern und Arbeitgebern werden in Deutschland in der Regel durch einzelvertragliche Setzung („Erster Weg") oder im Rahmen der Übernahme eines Tarifvertragssystems („Zweiter Weg") festgelegt.

kirchlicher Trägerschaft sind. Viele Kirchen in Deutschland – allen voran die katholische und die evangelische – haben einen „Dritten Weg" gewählt. Nach dem Selbstverständnis dieser Kirchen stehen sich die Interessen von kirchlichen Arbeitgebern und in kirchlichen Organisationen beschäftigten ArbeitnehmerInnen nicht antagonistisch gegenüber. Deshalb werden die Arbeitsbedingungen für kirchliche Mitarbeiter nicht von gegnerischen Parteien ausgehandelt, sondern von Arbeitsrechtlichen Kommissionen festgelegt. Diese sind paritätisch mit gewählten Vertretern der Mitarbeiter und Vertretern des Dienstgebers besetzt. Die so entstandenen Regelungswerke ähneln in Aufbau und Inhalt üblichen Tarifverträgen, allerdings wird ihnen – sehr zum Leidwesen der Kirchen – nicht die gleiche Qualität wie einem Tarifverträge zugebilligt.[3]

4 Arbeitsbedingungen für ausländische ArbeitnehmerInnen in Deutschland

Welche Arbeitsbedingungen ausländische Pflegekräfte verlangen können, hängt davon ab, in welcher Erwerbsform sie in Deutschland tätig werden (vgl. *Husmann* in diesem Band):

- Wer im Rahmen der Dienstleistungsfreiheit oder der Niederlassungsfreiheit eine selbstständige Tätigkeit in Deutschland aufnimmt, unterliegt nicht dem deutschen Arbeitsrecht. Allerdings muss es sich um eine echte Tätigkeit als Selbstständige handeln. Gerade bei der Pflege in privaten Haushalten können sich insoweit schwierige Abgrenzungsprobleme ergeben.
- Werden ArbeitnehmerInnen von einem im Inland ansässigen Arbeitgeber eingestellt und in Deutschland beschäftigt, gilt der europarechtliche Gleichbehandlungsgrundsatz (Art. 45 des Vertrags über die Arbeitsweise der Europäischen Union). In dieser Konstellation sind ausländische Pflegekräfte den deutschen Arbeitskräften gleichgestellt.
- Auch für Pflegekräfte, die von einem in einem anderen Mitgliedstaat belegenen Arbeitgeber nach Deutschland entsandt werden, können deutsche Arbeitsbedingungen anwendbar sein, wenn es sich um für jedermann zwingende Regeln handelt. Dazu gehören in Deutschland in erster Linie das Arbeitszeitgesetz, das Bundesurlaubsgesetz und die Regelungen des öffentlichen Arbeitsschutzes. Tarifvertragliche Regeln über die Lohnhöhe gelten, wenn sie für allgemeinverbindlich erklärt wurden und der Arbeitgeber nicht tarifgebunden ist (sog. Außenseiter). Sie sind jedoch nicht anzuwenden,

---

[3] BAG Beschluss vom 23.01.2002, 4 AZN 760/01; BAG Urteil vom 25.03.2009, 7 AZR 710/07.

wenn der Arbeitgeber anderweitig tarifgebunden ist. Ausländische ArbeitnehmerInnen, die nach Tarifvertrag ihres Herkunftslandes bezahlt werden, würden daher nicht in den Genuss eines in Deutschland allgemeinverbindlichen Tarifvertrags kommen. Der Europäische Gerichtshof hat in diesem Zusammenhang entschieden, dass sogenannte Tariftreueklauseln, mit denen die Einhaltung von Tarifvertragsnormen als Vergabebedingungen erzwungen werden sollen, eine unzulässige Beschränkung der Dienstleistungsfreiheit darstellen.[4] Nur ein allgemeiner gesetzlicher Mindestlohn oder ein Branchenmindestlohn, der nach dem Verfahren des Arbeitnehmer-Entsendegesetzes (AEntG) für in- und ausländische ArbeitgeberInnen verbindlich gemacht wird, fällt unter das zwingend von jedermann zu beachtende Recht und muss daher auch von ausländischen ArbeitgeberInnen eingehalten werden.

Es stellt sich daher die Frage, welche Regelungen über die Lohnhöhe in Deutschland für in- und ausländische (entsandte) Pflegekräfte verbindlich sind. Dies wirft die Frage nach der Geltung von Mindestlöhnen in Deutschland auf.

5   Mindestlohn-Regelungen in Deutschland

Das Übereinkommen Nr. 131 der Internationalen Arbeitsorganisation (ILO) aus dem Jahr 1970[5] verpflichtet die Staaten, die es ratifzieren, zur Einführung von Mindestlöhnen. Deutschland hat dieses Übereinkommen sowie seine Vorgänger nicht ratifiziert, weil es bislang keine ausgeprägte Tradition auf dem Gebiet der Mindestlohnpolitik gab, im Gegensatz zur Situation in der Mehrzahl der Staaten der Europäischen Union. So gibt es in 20 der heutigen 27 Mitgliedstaaten der EU gesetzliche Mindestlöhne.[6] Allerdings gilt bereits seit 1952 in Deutschland das Mindestarbeitsbedingungengesetz,[7] das zunächst die Möglichkeit der Festset-

---

[4]   Vgl. Urteil vom 03.04.2008, Rs. C-346/06, Slg. 2008, 1989 sowie den Kommentar von Bayreuther (2008).
[5]   Übereinkommen über die Festsetzung von Mindestlöhnen, besonders unter Berücksichtigung der Entwicklungsländer, das aufbaut auf dem Übereinkommen über Verfahren zur Festsetzung von Mindestlöhnen von 1928 und dem Übereinkommen über die Gleichheit des Entgelts von 1951 sowie dem Übereinkommen über die Verfahren zur Festsetzung von Mindestlöhnen (Landwirtschaft) von 1951, im Internet abrufbar unter http://www.ilo.org/ilolex/english/convdisp1.htm (Zugriff am 26.04.2010).
[6]   Neben diesen 20 Staaten gibt es in Österreich und Dänemark einen branchenübergreifenden Mindestlohn, der auf Sozialpartnervereinbarung beruht, und in Italien ein System der Verbindlichmachung von tariflichen Mindestlöhnen.
[7]   Gesetz über die Festsetzung von Mindestarbeitsbedingungen (Mindestarbeitsbedingungengesetz – MiArbG) vom 11.01.1952, aktuell gültig in der im BGBl. III, Gliederungsnummer 802-2, veröffent-

zung unterster Arbeitsbedingungen durch das Bundesministerium für Arbeit vorsah. Hintergrund für dieses Gesetz war die Sorge, durch die Zerschlagung der Gewerkschaftsstrukturen während des Dritten Reiches könnte die Lohnfindung durch die Sozialpartner im Rahmen der Tarifautonomie im Nachkriegsdeutschland noch nicht wieder ausreichend funktionieren. Diese Sorge hat sich jedoch infolge des starken wirtschaftlichen Aufschwungs und der raschen Demokratisierung der deutschen Nachkriegsgesellschaft nicht bewahrheitet. So bildete sich rasch ein System der Lohnfindung durch Tarifvertragsparteien heraus. Daher wurde das Mindestarbeitsbedingungengesetz bis vor Kurzem nie aktiviert.

5.1 Die Anfänge des Arbeitnehmer-Entsendegesetzes (AEntG)

Ein Bedürfnis zur Einführung von Mindestlöhnen wurde in Deutschland erst anlässlich des Beitritts von Spanien und Portugal zur Europäischen Wirtschaftsgemeinschaft im Jahr 1986 und ihres zu diesem Zeitpunkt bereits hergestellten Binnenmarktes gesehen. In der deutschen Bauwirtschaft wurden relativ hohe Löhne gezahlt und die Sozialkassenverfahren organisierten zwischen den teilnehmenden deutschen Arbeitgebern einen Ausgleich bestimmter Lohnzusatzkosten untereinander. Spanien und Portugal waren im Zeitpunkt ihres Beitritts deutlich weniger stark wirtschaftlich entwickelt als die Gründungsmitgliedstaaten. Zwar war die Freizügigkeit der ArbeitnehmerInnen aus Spanien und Portugal zunächst eingeschränkt, aber die Dienstleistungsfreiheit war vom ersten Tag des Beitritts garantiert. Deshalb betrachtete man die Möglichkeit der Entsendung niedrig bezahlter spanischer oder portugiesischer Bauarbeiter im Rahmen der Dienstleistungsfreiheit als Gefahr für die deutschen Bauunternehmen.

Diejenigen Mitgliedstaaten, die im Zeitpunkt des Beitritts von Spanien und Portugal Mindestlohnregelungen hatten, sahen die Gefahr, dass ihre Mindestlöhne nicht zum Tragen kommen, weil zunächst unklar war, ab wann vom Ausland entsandte ArbeitnehmerInnen im Inland Anspruch auf den Mindestlohn am Arbeitsort haben würden. Aus diesem Grund legte die Europäische Kommission 1991 einen ersten Vorschlag für eine Entsende-Richtlinie[8] vor, die festlegen sollte, welche Arbeitsbedingungen zu einem bestimmten Zeitpunkt als verbindliches Ortsrecht auch für entsandte ArbeitnehmerInnen zu gelten haben. Die nach

---

lichten bereinigten Fassung, zuletzt geändert durch Art. 1 des Gesetzes vom 22.04.2009 (BGBl. I S. 818).

[8] Vorschlag für eine Richtlinie des Rates über die Entsendung von Arbeitnehmern im Rahmen der Erbringung von Dienstleistungen, KOM(91) 230 endg. (ABl. EU Nr. C 225 vom 30.08.1991, S. 6), im Internet abrufbar unter http://eur-lex.europa.eu/LexUriServ/LexUriServ.do?uri=COM:1991:0230:FIN:DE:PDF (Zugriff am 26.04.2010).

langer Diskussion 1996 verabschiedete Entsende-Richtlinie[9] stellt fest, dass allen entsandten ArbeitnehmerInnen vom ersten Tag der Beschäftigung in einem anderen Mitgliedstaat an zwingende Arbeitsbedingungen über Mindestlöhne, Höchstarbeitszeiten und Mindesturlaub zu gewähren sind.

Die Entsende-Richtlinie wurde in Deutschland mit Hilfe des Arbeitnehmer-Entsendegesetz (AEntG) aus dem Jahr 1996[10] umgesetzt. Es bestimmte zum einen, dass die in Deutschland zwingend geltenden Arbeitsnormen auch für aus dem Ausland entsandte ArbeitnehmerInnen anzuwenden sind. Zum anderen schuf das AEntG einen Mechanismus, wie Tarifverträge für alle Arbeitgeber einer Branche verbindlich werden können (inklusive Außenseiter und anderweitig Tarifgebundene).

Für Branchen, die im AEntG aufgelistet sind, gibt es zwei Wege, wie ein Tarifvertrag für alle in- und ausländischen Arbeitgeber verbindlich wird. Das erste Verfahren betrifft Tarifverträge, die nach § 5 Tarifvertragsgesetz[11] für allgemeinverbindlich erklärt wurden. Dies setzt voraus, dass das Bundesministerium für Arbeit und Soziales auf Antrag einer Tarifvertragspartei im Einvernehmen mit dem aus Arbeitgeber- und Arbeitnehmervertretern zusammengesetzten Tarifausschuss eine Rechtsverordnung erlässt. Im Fall des zweiten Verfahrens ergeht die Verordnung durch das Bundesministerium für Arbeit und Soziales unmittelbar, ohne dass es eines entsprechenden Mehrheitsvotums des Tarifausschusses bedarf.

Zum Zeitpunkt seines Erlasses galt das AEntG zunächst nur für Tarifverträge des Bauhaupt- und Baunebengewerbes. Im Jahr 2007 kamen zwei weitere Branche hinzu, nämlich das Gebäudereinigerhandwerk und anlässlich der Liberalisierung der Postmärkte auf europäischer Ebene und der Öffnung des Monopols für Briefzustellung in Deutschland auch die Briefdienstleistungen. Bis zu diesem Zeitpunkt war das Motiv für die Einführung eines Mindestlohns in Deutschland stets gleich, nämlich die Verhinderung von Wettbewerbsvorteilen von ausländischen Anbietern aufgrund unterschiedlicher nationaler Lohnstrukturen (vgl. Thüsing 2010: Vor § 1 AEntG, Rn. 3ff).

---

[9] Richtlinie 96/71/EG des Europäischen Parlaments und des Rates über die Entsendung von Arbeitnehmern im Rahmen der Erbringung von Dienstleistungen vom 16.12.1996 (ABl. EG Nr. L 18 vom 21.01.1997, S. 1).
[10] Gesetz über zwingende Arbeitsbedingungen für grenzüberschreitend entsandte und für regelmäßig im Inland beschäftigte Arbeitnehmer und Arbeitnehmerinnen (Arbeitnehmer-Entsendegesetz – AEntG) vom 29.02.1996 (BGBl. I 1996, S. 227).
[11] Tarifvertragsgesetz (TVG) in der Fassung der Bekanntmachung vom 25.08.1969 (BGBl. I S. 1323), zuletzt geändert durch Art. 223 der Verordnung vom 31.10.2006 (BGBl. I S. 2407).

5.2 Die Erweiterung und Umgestaltung des Arbeitnehmer-Entsendegesetzes

Eine neue Dimension erfuhr die Mindestlohn-Diskussion in Deutschland mit der Einführung des SGB II im Jahr 2005 (vgl. Hänlein 2010). Dabei wurden Leistungen für erwerbsfähige Hilfebedürftige zusammengeführt, die früher im Recht der Arbeitslosenhilfe und der Sozialhilfe getrennt geregelt waren. Bereits in der Sozialhilfe hatte es in geringem Umfang sogenannte Aufstocker gegeben, die in Vollzeit erwerbstätig waren, aber aufgrund ihres geringen (Familien-)Einkommens zusätzlich Hilfen zum Lebensunterhalt erhielten. In der Folge der SGB II-Einführung stieg die Zahl dieser Aufstocker deutlich an. Gründe dafür waren zunächst höhere Bedarfssätze und eine geringere Hemmschwelle für die Inanspruchnahme der SGB II-Leistungen im Vergleich zur Sozialhilfe. Durch das mit dem SGB II nach ausländischen Vorbildern eingeführte Prinzip des Förderns und Forderns wurden immer mehr erwerbsfähige Hilfebezieher mit dem Ziel der Aufnahme einer Erwerbstätigkeit durch die Arbeitsverwaltung aktiviert. Allerdings können insbesondere gering Qualifizierte auch bei Aufnahme eines Normalarbeitsverhältnisses nicht immer den Bezug von Leistungen zum Lebensunterhalt beenden. So waren im November 2009 rund 340.000 Erwerbstätige, die in Vollzeit arbeiteten, auf SGB II-Leistungen angewiesen (BA 2010).

Vor diesem Hintergrund intensivierte sich in Deutschland die Diskussion (vgl. Bosch/Weinkopf 2006; Müller/Steiner 2008; Bachmann u.a. 2009) um Mindestlöhne – vergleichbar mit der Debatte im Vereinigten Königreich nach Einführung von sogenannten *tax-credits* für Geringverdiener. Von zentraler Bedeutung war dabei die Frage, was die Ursachen dafür sind, wenn eine in Vollzeit arbeitende Person dennoch auf staatliche Transferleistungen angewiesen ist. In diesem Zusammenhang konnte festgestellt werden, dass Familien mit mehreren Kindern und nur einem Einkommensbezieher nicht selten auf Transferleistungen angewiesen sind. In diesen Fällen kommen zunächst Kindergeldzuschlag und Wohngeld, aber auch Arbeitslosengeld II als Transferleistungen ins Spiel. Sofern das Problem nicht allein in der familiären Konstellation begründet ist, sondern auch auf einer unterdurchschnittlichen Bezahlung fußt, wollte man sich nunmehr der Einführung von Mindestlöhnen – unabhängig von einer Entsendeproblematik aus dem europäischen Ausland – nicht mehr verschließen (vgl. Düll 2006; Bosch u.a. 2009).

Unter Ökonomen jedoch ist die Wirkung von Mindestlöhnen auf die Beschäftigung hoch umstritten. Nach der Effizienzlohntheorie (vgl. Bretschger 2004) veranlassen höhere Löhne die Unternehmen, ihre Effizienz zu steigern und tragen damit insgesamt zur Wettbewerbsfähigkeit bei (Deutschland ist kein Niedriglohnland und will auch keines sein). Nach der Wachstumstheorie (vgl.

Seiter 2005) bilden Mindestlöhne einen Anreiz, die Qualifikation der Beschäftigten zu steigern, und verbessern so die Qualität der Beschäftigung. Auch die keynesianische Vorstellung (vgl. Keynes 1936 [2009]), dass höhere Löhne mehr Konsum und deshalb mehr Umsatz für die Unternehmen nach sich ziehen, könnte für Mindestlöhne sprechen. Demgegenüber sehen neoliberale Ökonomen bei zu hohen Mindestlöhnen die Gefahr des Abbaus von Arbeitsplätzen (vgl. Franz 2009).

Nach langer Auseinandersetzung entschied man sich, in Deutschland nach wie vor keinen allgemeinen gesetzlichen Mindestlohn einzuführen. Grund dafür war einerseits die Gefahr des Abbaus von Beschäftigung und andererseits der Wunsch, den Vorrang der Tarifautonomie zu erhalten. Das Aushandeln von Löhnen soll in erster Linie Aufgabe der Sozialpartner bleiben. Nur sie können wissen, welche Lohnhöhe in einer Branche angemessen und verkraftbar ist. Bei Branchen mit nennenswerter Tarifbindung soll es daher beim Vorrang der Tarifautonomie vor staatlicher Lohnfestsetzung bleiben (vgl. Thüsing 2010: Einleitung Rn. 49ff).

In Branchen mit geringer Tarifbindung soll hingegen eine staatliche Mindestlohnfindung und anschließende Proklamation möglich sein. Daher wurde beschlossen, das Mindestarbeitsbedingungengesetz in umgestalteter Form zu aktivieren und das System des AEntG für weitere Branchen zu öffnen.[12] Neu hinzugekommen sind: Sicherheitsdienstleistungen, Bergbauspezialarbeiten, Wäschereidienstleistungen, Abfallwirtschaft und Weiterbildung. Werden in diesen Branchen Mindestlohntarifverträge abgeschlossen und ein Antrag auf Befassung des Tarifausschusses gestellt, kann bei erstmaliger Antragstellung nach entsprechendem Votum des Tarifausschusses per Verordnung ein Mindestlohn verbindlich werden. Bei Folgetarifverträgen gelten die bereits beschriebenen unterschiedlichen Verfahren zur Festsetzung von Branchenmindestlöhnen.

6 Besonderheiten der Mindestlohnfindung in der Pflegebranche

Für die Pflegebranche enthält das aktuell geltende AEntG[13] spezielle Regelungen, um den Besonderheiten der Branche Rechnung zu tragen. In § 10 AEntG wird der diesbezügliche Anwendungsbereich der Mindestlohnregelungen festgelegt: Als pflegebedürftig gilt, wer wegen einer körperlichen, geistigen oder seelischen Krankheit oder Behinderung für die gewöhnlichen und wiederkehrenden

---

[12] Vgl. Erstes Gesetz zur Änderung des Gesetzes über die Festsetzung von Mindestarbeitsbedingungen vom 22.04.2009 (BGBl. I S. 818); Gesetz über zwingende Arbeitsbedingungen für grenzüberschreitend entsandte und für regelmäßig im Inland beschäftigte Arbeitnehmer und Arbeitnehmerinnen (Arbeitnehmer-Entsendegesetz – AEntG) vom 20.04.2009 (BGBl. I S. 799).
[13] Vgl. oben Fn. 12.

Verrichtungen im Ablauf des täglichen Lebens vorübergehend oder auf Dauer der Hilfe bedarf. Zur Pflegebranche gehören Betriebe und selbstständige Betriebsabteilungen, die überwiegend ambulante, teilstationäre oder stationäre Pflegeleistungen oder ambulante Krankenpflegeleistungen für diese Pflegebedürftigen erbringen.

Ein privater Haushalt, der eine Pflegekraft einstellt, ist daher nicht verpflichtet, den Mindestlohn zu zahlen – wohl aber ein Pflegedienst, der Pflegekräfte in private Haushalte entsendet. Keine Pflegebetriebe im Sinne des AEntG sind Einrichtungen, in denen Leistungen zur medizinischen Vorsorge, zur medizinischen Rehabilitation, zur Teilhabe am Arbeitsleben oder am Leben in der Gemeinschaft, der schulischen Ausbildung oder die Erziehung kranker oder behinderter Menschen im Vordergrund des Zweckes der Einrichtung stehen, sowie Krankenhäuser.

Da Pflegeeinrichtungen häufig kirchliche Träger haben, die ihre ArbeitnehmerInnen nicht nach Tarifverträgen, sondern nach den Vereinbarungen des „Dritten Weges" der Kirchen bezahlen, wäre ein allein auf Tarifverträgen aufbauendes Verfahren den Regelungen des „Dritten Weges" nicht gerecht geworden. Der Gesetzgeber hat daher in den §§ 11 und 12 AEntG ein spezielles Verfahren geschaffen. Darin wird geregelt, wie die in der Pflegebranche vorkommenden Tarifverträge und Vereinbarungen des „Dritten Weges" gleichberechtigt mit Tarifverträgen als Ausgangspunkt für Mindestlöhne dienen können. Grundlage für die Festsetzung von Mindestlöhnen in der Pflegebranche ist der Beschluss einer aus acht Branchenvertretern bestehenden Kommission. Diese Pflegekommission setzt sich hälftig aus weltlichen und kirchlichen Sozialpartnern zusammen (vgl. Abbildung 2): zwei Gewerkschaftsvertreter, zwei Arbeitgebervertreter, zwei Vertreter der Dienstnehmer und zwei Vertreter der Dienstgeber der paritätischen Kommissionen. Die Sitzungen der Kommission werden von einem nicht stimmberechtigten Beauftragten des Bundesministeriums für Arbeit und Sozialordnung geleitet.

Ein Beschluss der Pflegekommission bedarf nach § 12 Abs. 5 AEntG sowohl einer Mehrheit von drei Vierteln der Kommissionsmitglieder insgesamt als auch von jeweils drei Vierteln der Mitglieder von verschiedenen Untergruppen, die in § 12 Abs. 2 S. 2 AEntG genannt werden. Im Ergebnis müssen daher von den acht Kommissionsmitgliedern sieben für einen Vorschlag stimmen. Das Bundesministerium für Arbeit und Soziales als Verordnungsgeber kann den von der Kommission gefassten Beschluss durch den Erlass einer Rechtsverordnung für alle Arbeitgeber sowie für alle ArbeitnehmerInnen der Pflegebranche verbindlich machen.

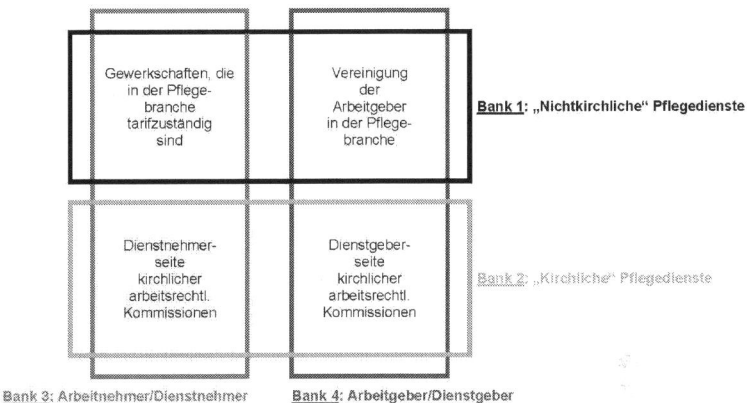

Mindestlöhne für in Deutschland beschäftigte Pflegekräfte 91

Abbildung 2: Zusammensetzung der Pflegekommission

Gewerkschaften, die in der Pflegebranche tarifzuständig sind	Vereinigung der Arbeitgeber in der Pflegebranche	**Bank 1**: „Nichtkirchliche" Pflegedienste
Dienstnehmerseite kirchlicher arbeitsrechtl. Kommissionen	Dienstgeberseite kirchlicher arbeitsrechtl. Kommissionen	Bank 2: „Kirchliche" Pflegedienste
Bank 3: Arbeitnehmer/Dienstnehmer	**Bank 4**: Arbeitgeber/Dienstgeber	

Quelle: BMAS (2010: 3)

Der Koalitionsvertrag von CDU, CSU und FDP zur 17. Legislaturperiode sagt zum Thema Mindestlöhne:

„Einen einheitlichen gesetzlichen Mindestlohn lehnen wir ab. Daher wollen wir den Tarifausschuss stärken, damit Arbeitgeber und Arbeitnehmer gemeinsam in der Pflicht zur Lohnfindung sind. Allgemeinverbindlicherklärungen von Tarifverträgen auf dem Verordnungswege werden einvernehmlich im Kabinett geregelt. Voraussetzung dafür ist eine Mehrheit im Tarifausschuss." (Koalitionsvertrag zwischen CDU, CSU und FDP 2009: 21)

Aus dieser Festlegung wird eine Modifikation des Verfahrens zur Mindestlohnfindung auch für die Pflegebranche abgeleitet. Verlangt das Gesetz lediglich ein 7:1 Votum der achtköpfigen Pflegekommission für eine Empfehlung, soll nun in analoger Anwendung der Ausführungen des Koalitionsvertrags über den Tarifausschuss ein einstimmiges Votum der Pflegekommission erforderlich sein.

Die 2009 gebildete Pflegekommission hat sich am 25. März 2010 einstimmig auf eine Empfehlung zu einem Mindestlohn in der Pflegebranche geeinigt. Danach soll ab dem 1. Juli 2010 für Hilfskräfte, die überwiegend Grundpflegeleistungen (z.B. Körperpflege, Ernährung, Mobilität) erbringen, ein Mindestlohn von 7,50 Euro (Ost) bzw. 8,50 Euro (West) gelten. Ab 1. Januar 2012 sowie ab 1. Juli 2013 soll sich dieser jeweils um 0,25 Euro erhöhen. Diese Regelung soll bis mindestens 1. Januar 2015 gelten. Nicht erfasst sind Auszubildende, Praktikanten, Hauswirtschaftskräfte und BetreuerInnen von Demenzkranken.[14] Die Pflegekommission hat ihr Ergebnis wie folgt begründet:

„Die Pflegekommission ist der Auffassung, dass sich der persönliche Geltungsbereich für Beschäftigte in der Pflege nach dem Elften Buch Sozialgesetzbuch (SBG XI) nicht am Status einer formalen Berufsqualifikation orientieren soll, da sich eine genaue qualifikatorische Abgrenzung – insbesondere bei ausländischen Pflegekräften – nicht erreichen lässt. Zudem handelt es sich bei der Pflege nach SGB XI um einen Bereich, in dem sowohl Fachkräfte als auch Hilfskräfte tätig sind. [...] Die Pflegekommission legt Wert darauf, dass der festzusetzende Mindestlohn die Schutzbedürfnisse der un- bzw. angelernten Kräfte aufgreifen soll."

„Die vorgeschlagenen Mindestentgelte sind geeignet, der Gefahr einer abwärts gerichteten Lohnentwicklung insbesondere in Bereichen, in denen keine Tarifverträge bzw. kirchliche Arbeitsvertragsrichtlinien vorliegen, zu begegnen. [...] Die Mindestentgelte stellen eine Lohnuntergrenze dar, ohne etwas über die Marktüblichkeit des Lohnes in der Branche auszusagen."[15]

Das Bundesministerium für Arbeit und Sozialordnung hat daraufhin das Verordnungsverfahren eingeleitet, mit dem die Empfehlung der Pflegekommission verbindlich im Sinne des AEntG werden soll.

Literatur

BA [Bundesagentur für Arbeit], 2010: Statistik ‚Erwerbstätigkeit von erwerbsfähigen Leistungsbeziehern', im Internet abrufbar unter http://www.pub.arbeitsagentur.de/ hst/services/statistik/detail/l.html?call=l (Zugriff am 03.05.2010).
Bachmann, Ronald/Bauer, Thomas K./Kluve, Jochen/Schaffner, Sandra/Schmidt, Christoph M., 2008: *Mindestlöhne in Deutschland – Beschäftigungswirkungen und fiskalische Effekte*, Essen [RWI Materialien 43/2008].
BAuA [Bundesanstalt für Arbeitsschutz und Arbeitsmedizin], 2010: „Dauerbrenner Pflege". *BAuA aktuell, Amtliche Mitteilungen der Bundesanstalt für Arbeitsschutz und Arbeitsmedizin* 1, S. 12, im Internet abrufbar unter http://www.baua.de/cln_095/de/ Publikationen/BAuA-AKTUELL/2010-1/1-2010.html (Zugriff am 03.05.2010).
Bayreuther, Frank, 2008: „Tariftreue vor dem Aus – Konsequenzen der Rüffert-Entscheidung des EuGH für die Tariflandschaft", *Neue Zeitschrift für Arbeitsrecht* (NZA) 2008, S. 626–630.
BMAS [Bundesministerium für Arbeit und Soziales], 2010: *Einigung der Pflegekommission auf einen Mindestlohn. Informationen für die Presse*. Berlin, 25.03.2010, im In-

---

[14] Vgl. Bundesanzeiger vom 07.04.2010, S. 1255.
[15] Empfehlungen der Pflegekommission, S. 5 und S. 7f., im Internet abrufbar unter downloads.eo-bamberg.de/10/909/1/10616731722264469761.pdf (Zugriff am 03.05.2010).

ternet abrufbar unter http://www.bmas.de/portal/43706/property=pdf/2010__03__25 __pflge__infos__f_C3_BCr__presse.pdf (Zugriff am 03.05.2010).

BMG [Bundesministerium für Gesundheit], 2009: *Zahlen und Fakten zur Pflegeversicherung (07/09)*, im Internet abrufbar unter http://www.bmg.bund.de/nn_1168294/ SharedDocs/Downloads/DE/Statistiken/Statistiken_20Pflege/Zahlen-und-Fakten-Pflegereform-Juli__2009,templateId=raw,property=publicationFile.pdf/Zahlen-und-Fakten-Pflegereform-Juli_2009.pdf (Zugriff am 26.04.2010).

Bosch, Gerhard/Weinkopf, Claudia, 2006: *Gesetzliche Mindestlöhne auch in Deutschland?* Bonn, im Internet abrufbar unter http://library.fes.de/pdf-files/asfo/03980.pdf (Zugriff am 26.04.2010).

Bosch, Gerhard/Weinkopf, Claudia/Kalina, Thorsten, 2009: *Mindestlöhne in Deutschland. Expertise im Auftrag der Friedrich-Ebert-Stiftung*, Bonn, im Internet abrufbar unter http://library.fes.de/pdf-files/wiso/06866.pdf (Zugriff am 26.04.2010).

Bretschger, Lucas, 2004: *Wachstumstheorie*, 3. Aufl., München.

BMBF [Bundesministerium für Bildung und Forschung] (Hg.), 2005–2010: Berufsbildungsbericht, Bonn/Berlin, im Internet abrufbar unter http://www.bmbf.de/pub/bbb_ 2010.pdf (Zugriff am 03.05.2010)

Düll, Herbert, 2006: „Arbeitsanreize im Kontext des Steuer-Transfer-Systems: Ein ausgewählter internationaler Vergleich", *Bundesarbeitsblatt* 4/2006, S. 4–16, im Internet abrufbar unter http://www.bmas.de/portal/1678/property=pdf/bundesarbeitsblatt __04__2006.pdf (Zugriff am 26.04.2010).

Franz, Wolfgang, 2009: *Arbeitsmarktökonomik*. 7. Aufl., Berlin.

Hänlein, Andreas, 2010: „Mindestlöhne nach dem Arbeitnehmerentsendegesetz", in: Knickrehm, Sabine/Rust, Ulla (Hg.): *Arbeitsmarkt in der Krise. Festgabe für Karl-Jürgen Bieback*, Baden-Baden, S. 185–201.

Husmann, Manfred, 2007: „Niederlassungs- und Dienstleistungsfreiheit nach der 5. und 6. EU Erweiterung", *Europäisches Wirtschafts- und Steuerrecht* (EWS) 2007, S. 310–322.

Keynes, John Maynard, 1936 [2009]: *Allgemeine Theorie der Beschäftigung, des Zinses und des Geldes*. 11. verbesserte Auflage, Berlin 2009.

Koalitionsvertrag zwischen CDU, CSU und FDP für die 17. Legislaturperiode, 2009: *Wachstum, Bildung, Zusammenhalt*, im Internet abrufbar z.B. unter z.B. unter http://www.cdu.de/doc/pdfc/091026-koalitionsvertrag-cducsu-fdp.pdf (letzter Zugriff 20.03.2010).

Müller, Kai-Uwe/Steiner, Viktor, 2008: „Mindestlohn kein geeignetes Instrument gegen Armut in Deutschland", *DIW Wochenbericht* 22/2008, S. 298–300.

Seiter, Stephan (Hg.), 2005: *Neuere Entwicklungen in der Wachstumstheorie und der Wachstumspolitik*. Marburg.

Thüsing, Gregor, 2010: *Arbeitnehmer-Entsendegesetz (AEntG) und Erläuterungen zum Mindestarbeitsbedingungsgesetz, Kommentar*, München.

Irreguläre Arbeitsmigration in der Pflege: Rechtliche und politische Argumente für das notwendige Ende einer politischen Grauzone

Heike Hoffer

In Deutschland fehlen Fachkräfte im Gesundheits- und Pflegesektor. Die reguläre Arbeitsmigration der international ‚care workers' genannten Fachkräfte ist – auch gefördert durch gezielte staatliche Anwerbemaßnahmen – mittlerweile transnationaler Normalfall. Rechtliche und soziale Folgeprobleme werden außenpolitisch in zwischenstaatlichen Vereinbarungen oder durch an Staaten gerichtete Verhaltenskodizes (z.b. des Commonwealth oder der Weltgesundheitsorganisation WHO) reguliert, innenpolitisch oft durch ausländerrechtliche Regelungen und flankierende sozialpolitische Maßnahmen gesteuert. Migrierte Gesundheits- und Pflegefachkräfte arbeiten im Zielland überwiegend in ihrer Qualifikation entsprechenden Aufgabenbereichen.

Neben dieser regulären existiert auch eine irreguläre Arbeitsmigration in der Pflege. Diese – multiple – Irregularität (vgl. *Scheiwe* in diesem Band) bedeutet, dass aufenthaltsrechtliche und/oder andere nationale Vorschriften, die sich aus der Tätigkeit ergeben (z.b. arbeits- und sozialversicherungsrechtliche, steuer- oder gewerberechtliche Vorschriften) durch ausländische Pflege- und Haushaltskräfte nicht eingehalten werden. Arbeitsort sind Privathaushalte insbesondere in den Ländern, in denen aufgrund demografischer Veränderungen eine hohe Nachfrage an Versorgung und Betreuung von Pflegebedürftigen besteht (z.b. Westeuropa, Japan und die USA). Aufgabe dieser Migrantinnen und Migranten ist insbesondere die häusliche 24-Stunden-Versorgung bzw. -Betreuung Pflegebedürftiger: von medizinischer Fachpflege über Grundpflege bis zu pflegerischer Alltagshilfe, Beaufsichtigung, Begleitung und sozialer Betreuung – die Übergänge sind fließend. Die Qualifikationsprofile der Migrantinnen und Migranten sind unterschiedlich: Teilweise handelt es sich um vergleichbar deutschen Pflegefachkräften ausgebildete Personen, teilweise um Personen ohne medizinisch-pflegerische, sozialarbeiterische, pädagogische oder sonstige aufgabenbezogene Qualifikation.

Die multiple Irregularität ist Konsequenz einer pflegepolitischen Zwickmühle: Der Primat der häuslichen Versorgung und Betreuung Pflegebedürftiger (als pflegepolitisch vorrangiges Pflege- und Betreuungsmodell),[1] der steigende Anteil Pflegebedürftiger und insbesondere Demenzkranker an der Gesamtbevölkerung, das abnehmende familiale Pflegepotenzial und eine Finanzierungslücke insbesondere bei der 24-Stunden-Versorgung und -Betreuung, führen – kombiniert mit einem sich verschärfenden Fach- und Betreuungskräftemangel – zu einer mehrfachen Versorgungslücke („multiple care gap').[2] Dieser mehrfachen Versorgungslücke wird gegenwärtig teilweise durch Pflege- und Haushaltskräfte insbesondere aus den mittel- und osteuropäischen EU-Beitrittstaaten (sog. MOE-Staaten), zunehmend auch aus Drittstaaten außerhalb der EU (z.B. den Republiken der ehemaligen Sowjetunion, Indien oder Südostasien) begegnet.

Charakteristisch für irreguläre Beschäftigungsverhältnisse in der Pflege sind zwei Kernaspekte: zum einen die rechtliche Irregularität und zum anderen die dadurch erzeugte relative Kostengünstigkeit, die durch das Lohngefälle zwischen dem Herkunftsland der Migrantin und dem Zielland und den nicht abgeführten Steuern und Sozialversicherungsbeiträge entsteht. Die Tätigkeit erfolgt typischerweise ‚rund um die Uhr', häufig durch zwei Personen, die jeweils in 14-Tage-Blöcken arbeiten.[3] Die Einhaltung gesetzlicher Vorschriften kann aufgrund der fehlenden ausländerrechtlichen Legalität und der Privatheit der häuslichen Pflege- und Betreuungssituation kaum kontrolliert werden. Gleichzeitig fehlt der Migrantin der Zugang zu Leistungen des Sozialschutzes (z.B. gesundheitliche Versorgung, Alterssicherung) und zu einer kollektiven Interessenvertretung. Die formale und/oder tatsächliche Qualifikation der Migrantin für die jeweilige Aufgabe ist nicht immer gewährleistet; die Qualität der tatsächlichen geleisteten Arbeit ist nicht überprüfbar. Die Wanderungsbewegungen von (regulären wie irregulären) Pflege- und Betreuungskräften können im Herkunftsland zu Fachkräftemangel und zu weiteren Wanderungsbewegungen aus Drittländern sowie zur faktischen Zurückstellung der privaten Sorgearbeit im Herkunftsland bzw. in der Herkunftsfamilie führen. Dies impliziert ethisch-moralische Fragen (z.B. einer transnationalen Gerechtigkeit) sowie außen- bzw. entwicklungspolitische Fragestellungen.

---

[1] Der Vorrang der häuslichen Pflege und Betreuung ist strukturell im Pflegeversicherungsgesetz (Sozialgesetzbuch XI – SGB XI) angelegt und wurde auch bei Reformen des SGB XI weiter bestätigt: Die tatsächliche Inanspruchnahme der Leistungen, insbesondere der ambulanten Pflegesachleistung und des Pflegegeldes, entspricht dem Modell (vgl. Statistisches Bundesamt 2008: 25).
[2] International wird mit dem Begriff ‚care gap' der Fachkräftemangel im Gesundheits- und Pflegewesen bezeichnet, in Anlehnung an diesen Begriff verwendet die Autorin den Begriff ‚multiple care gap', um auf die verschiedenen zusammen wirkenden Ursachen der Arbeitsmigration hinzuweisen.
[3] So jedenfalls das besser dokumentierte typische Modell in Österreich, vgl. *Schmid* und *Kretschmann* in diesem Band. Aufgrund der hohen Praktikabilität dieses Modells wird hier davon ausgegangen, dass die deutschen irregulären Beschäftigungsverhältnisse ähnlich konzipiert sind.

Arbeitsmigration in der Pflege – Argumente für das Ende der Grauzone 97

Irreguläre Arbeitsmigration in der Pflege ist nach Auffassung der Autorin[4] politisch auf Dauer nicht hinnehmbar:[5] Weder die damit verbundenen Rechtsverstöße noch den mangelnden Sozialschutz kann der Rechts- und Sozialstaat langfristig dulden. Politisch wird das Thema häufig auf die Frage ‚Legalisierung – Ja oder Nein?' reduziert und irreguläre Arbeitsmigration als vorrangig migrationspolitisches Thema definiert. Nach Ansicht der Autorin ist das notwendige Ende der politischen Grauzone[6] ‚irreguläre Arbeitsmigration' trotz migrationspolitischer Herausforderungen vorrangig im Kontext der Entwicklungen in der Pflege zu lösen.

In der Folge soll versucht werden, politische und rechtliche Strategien für eine mögliche Regularisierung dieser irregulären Arbeitsmigration vor dem Hintergrund der pflegepolitischen Entwicklungen zu formulieren. Allerdings kann die gegenwärtig gelebte Praxis nicht einfach durch eine Erweiterung der Aufenthalts- und Arbeitserlaubnis für Pflegekräfte regularisiert werden. Denn damit würde sich die 24-Stunden-Pflege- und -Betreuung deutlich verteuern und wäre für die Pflegebedürftigen und ihre Angehörigen nicht mehr finanzierbar. Daher ist der pflegepolitische Rahmen zu verändern. Als Anregung hierfür kann teilweise die österreichische Gesetzgebung zur Pflegemigration dienen, wobei zu beachten ist, dass diese gerade als Bereichsausnahme konzipiert wurde und nicht als pflegepolitisches Gesamtkonzept (vgl. *Schmid* und *Kretschmann* in diesem Band).

In den folgenden Abschnitten wird zunächst die sozialleistungsrechtliche Deckung einer 24-Stunden-Versorgung beleuchtet (1.). Nach einem Überblick über die Rahmenbedingungen für reguläre und irreguläre Arbeitsmigration (2.) werden die pflegepolitischen Rahmenbedingungen einer Regularisierung skizziert (3.). Danach werden politische und rechtliche Optionen einer Regularisierung vorgestellt (4.), die politische Realisierbarkeit einer Regularisierung erörtert und ein zusammenfassendes Fazit gezogen (5.).

---

[4] Die in diesem Artikel formulierten Auffassungen stellen die persönliche Meinung der Autorin dar.
[5] Larsen und Joost (2008: 6) konstatieren, dass das Problem der illegalen Beschäftigung im Pflege- und Betreuungsbereich in Deutschland von WissenschaftlerInnen und Verbänden mehr als von der Politik diskutiert wird.
[6] *Scheiwe* (in diesem Band) weist zutreffend darauf hin, dass eine *rechtliche* Grauzone jedenfalls aus rechtswissenschaftlicher Sicht nicht denkbar ist. Daher wird hier der inhaltlich treffendere Begriff der politischen Grauzone verwendet.

1 Versorgung und Betreuung Pflegebedürftiger in der eigenen Häuslichkeit – Bedürfnisse von Pflegebedürftigen und sozialleistungsrechtliche Deckung

Versorgungs- und Unterstützungsbedarfe von Pflegebedürftigen sind vielfältig: Sie bewegen sich auf einem Kontinuum von Grund- und hochqualifizierter Pflege bis zu einer Unterstützung im Haushalt oder sozialer Betreuung sowie – dies meist eher aus Sicht der Angehörigen – Beaufsichtigung (z.b. aufgrund von Weglauftendenzen als einem Symptom einer Demenzerkrankung) oder Nachtbetreuung (z.b. wegen des gestörten Tag-Nacht-Rhythmus von an Demenz erkrankten Menschen) (vgl. Hasseler/Görres 2005: 133). Dieser Bedarf kann sich je nach konkreter Lebenssituation auf bis zu 24 Stunden am Tag erstrecken, insbesondere bei Demenzkranken. Schon bevor erhebliche Pflegebedürftigkeit im Sinne des Sozialgesetzbuchs (SGB) XI (mindestens Pflegestufe I) vorliegt, haben mehr als die Hälfte der Antragsteller zur Gesetzlichen Pflegeversicherung Hilfebedarfe beim Waschen, Duschen/Baden, Kämmen/Rasieren, dem An- und Auskleiden sowie bei der mundgerechten Zubereitung der Nahrung sowie Unterstützung im Haushalt (vgl. MDS 2002: 28; RKI 2004: 11). Das Spektrum dementieller Erkrankungen stellt insgesamt die häufigste Ursache von Pflegebedürftigkeit dar; die Zahl der Demenzkranken soll sich bis zum Jahr 2040 in etwa verdoppeln (vgl. RKI 2004: 50). Insbesondere die häusliche Versorgungs- und Betreuungssituation an Demenz(en) Erkrankter wird daher zukünftig eine noch größere sozialpolitische Herausforderung darstellen.

1.1 Der Mix an Pflege- und Unterstützungsleistungen für häusliche Pflegearrangements

Häusliche Pflegearrangements sind – abhängig vom konkreten Pflege- und Betreuungsbedürfnis – unterschiedlich ausgestaltet. Sie bestehen in der Regel aus einem Mix an professionellen und informellen Pflege- und Unterstützungsleistungen. Leistungen der häuslichen pflegerischen und hauswirtschaftlichen Versorgung und Betreuung werden insbesondere durch die Soziale Pflegeversicherung (SGB XI), die Gesetzliche Krankenversicherung (SGB V) und die Sozialhilfeträger (SGB XII) erbracht. Ergänzend existiert ein – regional unterschiedlich ausgestaltetes – Angebot an Unterstützung durch Wohlfahrtsverbände und Kommunen, z.B. im Rahmen der Altenhilfe (§ 71 SGB XII) oder durch niedrigschwellige Betreuungsangebote (§ 45c SGB XI).

Pflegebedürftige möchten meist in der vertrauten Umgebung verbleiben und weitestgehend selbstbestimmt leben. Die vorrangig häusliche Versorgung und

Betreuung durch Angehörige und andere informelle Pflege- und Unterstützungskräfte kommt diesem Bedürfnis entgegen, sie hat im gegenwärtigen Pflegesystem jedoch auch den (mittelbaren) ‚Zweck', Ausgaben der Sozialversicherungs- und Sozialhilfeträger zu begrenzen.[7] Denn die direkten Kosten einer häuslichen Versorgung (ob mit oder ohne ergänzende Leistungen ambulanter Pflegedienste) sind für die Kostenträger in der Regel niedriger als eine Versorgung in einer stationären Pflegeeinrichtung.[8] Mit steigendem Pflege- und Betreuungsaufwand ändert sich dies jedoch und die stationäre Pflege wird im Vergleich zur ambulanten Versorgung günstiger. Vor diesem Hintergrund sind auch die Leistungen und deren politische Veränderbarkeit zu betrachten.

1.2 Leistungen der Sozialen Pflegeversicherung für die häusliche Pflege, hauswirtschaftliche Versorgung und Betreuung

1.2.1 Pflegegeld für selbst beschaffte Pflegehilfen

Häusliche Pflege und Betreuung durch Angehörige oder andere Unterstützungspersonen wird insbesondere durch Leistungen der Sozialen Pflegeversicherung finanziert: Mit dem Pflegegeld (§ 37 SGB XI) wird die häusliche pflegerische und hauswirtschaftliche Versorgung durch „selbst beschaffte Pflegehilfen" – in der Regel Angehörige – „sichergestellt". Die Höhe des Pflegegeldes[9] ist so bemessen, dass damit ergänzend auch professionelle Pflege- und Betreuungsleistungen durch den Pflegebedürftigen eingekauft werden können.[10] Die im Vergleich zur ambulanten Sachleistung geringere Höhe bedeutet jedoch eine tatsächliche Einschränkung des Leistungsumfangs; der Mehrwert der Inanspruchnahme des Pflegegelds liegt dann in der flexibleren Auswahl der Leistungsanbieter und

---

[7] Auf den inneren Widerspruch, den dies in einem gedeckelten Leistungssystem bedeutet, weist auch Krahmer 2009: § 3 Rn. 2, hin: § 3 SGB XI setze den Anspruch nach Normalität des Lebens über etwaige wirtschaftliche Erwägungen; letztere schlügen aber durch die Deckelung der Höchstbeträge der Pflegeversicherung durch.
[8] Allerdings wird selten versucht, die mit der häuslichen Pflege verbundenen gesamtgesellschaftlichen (indirekten) Kosten (also z.B. die eingeschränkte Verfügbarkeit der Arbeitskraft pflegender Angehöriger) zu beziffern.
[9] Bei Inanspruchnahme der vollen Geldleistung beträgt das Pflegegeld für Personen mit Pflegestufe I gegenwärtig (2010) 225 Euro pro Kalendermonat, mit Pflegestufe II 430 Euro und mit Pflegestufe III 685 Euro (§ 37 Abs. 1 S. 3 SGB XI).
[10] Insofern stellt das Pflegegeld eine Art ‚pauschaliertes personenbezogenes Budget' dar, weil der Pflegebedürftige in der Verwendung der Geldleistung frei ist, soweit die pflegerische Versorgung sichergestellt wird. Dies ist nicht zu verwechseln mit dem ‚echten' trägerübergreifenden Budget nach § 17 Abs. 2 bis 4 des SGB IX, in dem Leistungen der Pflegeversicherung nur eingeschränkt budgetfähig sind (§ 35a SGB XI).

des Leistungsspektrums. Wegen des sogenannten Differenzierungsverbots (und aus wirtschaftlichen Gründen) können ambulante Dienste, die eine Vergütungsvereinbarung[11] mit einer Pflegekasse abgeschlossen haben, ihr Angebot nicht zu niedrigeren Preisen als mit der Pflegekasse verhandelt anbieten. Der Entwicklung eines Pflegedienstleistungsmarkts für Pflegehilfen ohne Pflegeausbildung (also eine Art ‚McPflege') steht zusätzlich entgegen, dass nur Entgelte, die vom Pflegebedürftigen an den Angehörigen gezahlt werden, bis zur Höhe des Pflegegeldes steuerfrei sind, nicht jedoch Entgelte an andere, nicht verwandte Pflegepersonen (vgl. Plantholz 2009: § 37 Rn. 5 a. E.). Eine 24-Stunden-Betreuung durch eine reguläre Haushalts-, Pflege- oder Betreuungskraft mit marktüblicher Vergütung ist daher mit dem Pflegegeld allein nicht zu finanzieren.

1.2.2 Pflege durch einen ambulanten Pflegedienst

Neben dem Pflegegeld haben für Pflegebedürftige in Privathaushalten auch ambulante Pflegeleistungen als Sachleistung eine hohe Bedeutung (§ 36 SGB XI). Diese Pflegesachleistung beinhaltet die grundpflegerische (Körperpflege, Ernährung, Mobilität) und hauswirtschaftliche Versorgung durch einen zugelassenen Pflegedienst. Kein Bestandteil dieser Sachleistung ist grundsätzlich die (soziale) Betreuung des Pflegebedürftigen, auch nicht zu Aufsichtszwecken (sog. ‚nicht konkret verrichtungsbezogene Aufsichts- und Betreuungsbedarfe').[12] Die Kommunikation gehört ebenfalls nicht zur Sachleistung, auch wenn im Sinne aktivierender Pflege Kommunikationsbedürfnisse *bei* der Pflege berücksichtigt werden sollen, um der Gefahr einer Vereinsamung und sozialer Isolation entgegenzuwir-

---

[11] Pflegesachleistungen sind dadurch charakterisiert, dass ein ambulanter Dienst oder ein Pflegeheim sie dem Pflegebedürftigen gegenüber erbringt, die Vergütung aber von der Pflegekasse direkt an den ambulanten Dienst oder das Pflegeheim gezahlt wird. Die konkrete Höhe der Vergütung bemisst sich in der ambulanten Pflege z.B. nach dem Zeitaufwand oder nach Pauschalen bis zur maximal möglichen Leistungshöhe des § 36 SGB XI. Die Kalkulationsgrundlagen sind in einer Vergütungsvereinbarung zwischen den Kostenträgern (Pflegekassen, Sozialhilfeträger) und den Trägern von Pflegediensten niedergelegt.
[12] Vgl. dazu BVerfG Beschluss vom 22.05.2003, Az. 1 BvR 1077/00. Eine Ausnahme hiervon besteht beim sogenannten ‚Poolen' von Leistungen: So können z.B. Personen, die in einer Wohngemeinschaft zusammenwohnen und gemeinsam einen ambulanten Pflegedienst engagieren, die dadurch entstehenden ‚Effizienzgewinne' nutzen, um auch Betreuungsleistungen dieses Pflegedienstes in Anspruch zu nehmen (§ 36 Abs. 1 Satz 4 SGB XI). Dies wird jedoch von den Leistungserbringern in der Praxis als unrealistisch kritisiert, da mit der Sachleistung noch nicht einmal eine vollumfassende Versorgung mit den Verrichtungen des § 14 Abs. 4 SGB XI möglich sein (vgl. Plantholz 2009: § 36 Rn. 13). Effizienzgewinne würden demnach eher in die Grundpflege fließen, so dass auch beim Poolen faktisch kein Raum für zusätzliche Betreuungsleistungen im Rahmen der Sachleistung verbliebe.

ken (so § 28 Abs. 4 SGB XI). In Härtefällen erhöht sich der Betrag, mit dem ein ambulanter Pflegedienst vergütet werden kann (§ 36 Abs. 4 S. 1 SGB XI). Ein solcher Härtefall liegt vor, wenn mindestens sieben Stunden Hilfe täglich (davon mindestens zwei in der Nacht) sowie ständige Hilfe bei der hauswirtschaftlichen Versorgung benötigt werden. Dies betrifft jedoch nur eine sehr kleine Gruppe von Pflegebedürftigen; insbesondere genügt nicht, dass ständige Betreuung des Pflegebedürftigen erforderlich ist, da diese für sich genommen nach dem Gesetz nicht Inhalt der ambulanten Pflegeleistung ist.

Dabei muss die ambulante Versorgung nicht notwendig immer in persona durch eine Pflegefachkraft erfolgen, dies wäre für die Pflegedienste auch nicht wirtschaftlich. Gesetzlich gefordert ist, dass die Leistung unter „ständiger Verantwortung einer ausgebildeten Pflegefachkraft" (§ 71 Abs. 1 SGB XI) erbracht wird. Typischerweise werden bei ambulanten Pflegediensten daher auch Hilfspersonen ohne Pflegeausbildung eingesetzt, die genau festgelegte Leistungen insbesondere der hauswirtschaftlichen Versorgung unter ‚Verantwortung einer ausgebildeten Pflegefachkraft' leisten.

1.2.3 Qualitätsgesicherte Betreuungsleistungen

Betreuungsleistungen in Privathaushalten werden von der Pflegeversicherung über das (zweckgebunden für qualitätsgesicherte Betreuungsleistungen zu verwendende) Betreuungsgeld des § 45b SGB XI finanziert. Diese sind allerdings nur für Pflegebedürftige (auch unterhalb der Erheblichkeitsschwelle des § 14 Abs. 1 SGB XI) mit demenzbedingten Fähigkeitsstörungen, geistigen Behinderungen oder psychischen Erkrankungen verfügbar. Dieser zusätzliche Betrag (bis zu maximal 200 Euro pro Kalendermonat) reicht jedoch nicht aus, um eine Finanzierungslücke zwischen ambulanter Pflegesachleistung bzw. Pflegegeld und tatsächlichen Aufwendungen für eine 24-Stunden-Versorgung oder -Betreuung zu schließen. Für (zusätzliche) Leistungen der hauswirtschaftlichen Versorgung können die Leistungen nach § 45b SGB XI nicht verwendet werden.

1.2.4 Kostenerstattung bei selbst finanzierten Pflegekräften ohne Vergütungsvereinbarung

Ein Anspruch auf Sachleistung steht dem Versicherten dann nicht zu, wenn er einen ambulanten Pflegedienst in Anspruch nimmt, der zwar zur pflegerischen Versorgung zugelassen (im Sinne eines Versorgungsvertrags nach § 72 SGB XI) ist, aber keine Vergütungsvereinbarung[13] mit den Pflegekassen nach § 89 SGB XI getroffen hat. Pflegebedürftige können die Leistungen eines solchen Pflegedienstes in Anspruch nehmen und hierfür eine Kostenerstattung in Höhe von bis zu 80 Prozent der entsprechenden gesetzlich vorgesehen Leistung verlangen (§ 91 SGB XI), der Rest ist durch Eigenmittel zu finanzieren. Eine Besonderheit ist, dass bei Wahl eines ambulanten Pflegedienstes, dessen Vergütung dem Pflegebedürftigen über das Kostenerstattungsverfahren ersetzt wird, der Sozialhilfeträger nicht zu einer weitergehenden Kostenerstattung des Differenzbetrags befugt ist.

Über das Kostenerstattungsverfahren erhält der Pflegebedürftige in der Regel einen höheren Betrag als über das Pflegegeld ausgezahlt. Daher wird die Kostenerstattungsregelung auch als ein „Verfahren zur Umgehung der Begrenzungen des Pflegegelds" bezeichnet (Schulin 1994: 441). Allerdings werden nur pflegebedingte Aufwendungen im Sinne des SGB XI erstattet, also Aufwendungen für Leistungen der Grundpflege und hauswirtschaftlichen Versorgung. Die bei häuslicher Versorgung leistungsrechtlich unzureichend abgedeckte soziale Betreuung und Beaufsichtigung z.B. von Demenzkranken kann auch über diese Regelung nicht gegenfinanziert werden – bei einer Kostenerstattung ist der Pflegebedürftige also gegenüber dem Pflegegeld zwar finanziell besser ‚ausgestattet', in den Verwendungsmöglichkeiten aber stärker begrenzt.

1.2.5 Optimierung der Gesamtleistungen für Pflege durch Kombination von Kostenerstattung und Pflegegeld?

Bei der Wahl einer Kombinationsleistung (§ 38 SGB XI) aus ambulantem Pflegedienst im Kostenerstattungsverfahren und Pflegegeld wird vertreten, dass die nur 80-prozentige Kostenerstattung als ‚Nichtausschöpfen der Sachleistung' gelte und daher ergänzend ein Anspruch auf 20 Prozent des Pflegegeldbetrags für die jeweilige Pflegestufe bestehe.[14] Damit stünde dem Pflegebedürftigen zwar ein zusätzlicher Eigenbetrag zur freien Verwendung zur Verfügung, allerdings wäre dieser niedriger als die Differenz, die er aufgrund der nur 80-prozentigen Kostenerstattung an den ambulanten Pflegedienst zu zahlen hätte. Anders wäre es nur, wenn die Preise des ambulanten Pflegedienstes deutlich unter den sonst üblichen Vergütungen für Pflegedienste mit Vergütungsvereinbarung lägen und die Pflegekasse dennoch 80 Prozent der Pflegesachleistung erstattet. Dieser Fall ist jedoch gegenwärtig unwahrscheinlich, da die Möglichkeit,

---

[13] Vgl. oben Fn. 11.
[14] In diesem Sinne wohl Schmäing 2009: § 91 Rn. 7 a.E.; nach Udsching (2010: § 91 Rn. 6) kann das Kostenerstattungsverfahren nicht Teil der Kombinationsleistung sein.

gegenüber dem Pflegebedürftigen ‚privat' abzurechnen und diesen auf die Kostenerstattung zu verweisen, (bisher) eher von ambulanten Pflegediensten mit speziellen Leistungsangeboten im hochpreisigen Bereich genutzt wird (vgl. Schmäing 2009: § 91 Rn. 8). Zudem setzt dieses Szenario einen echten Preiswettbewerb voraus. Dieser existiert jedoch nicht, da zum einen die Nachfrage höher ist als das Angebot und zum anderen die Mehrzahl der ambulanten Pflegedienste durch Vergütungsvereinbarungen eine vergleichsweise einheitliche Vergütungsstruktur hat.

1.2.6 Optimierung der häuslichen Pflegeleistungen bei Versorgung durch Einzelpflegekräfte?

Die häusliche Pflege kann – dies steht im pflichtgemäßen Ermessen der Pflegekasse – auch durch Verträge mit einzelnen geeigneten Pflegekräften erfolgen (§ 77 SGB XI). Dies gilt insbesondere dann, wenn dies besonders wirksam und wirtschaftlich ist (Abs. 1 Nr. 2), dem Pflegebedürftigen in besonderem Maße hilft, ein möglichst selbstständiges und selbstbestimmtes Leben zu führen (Abs. 1 Nr. 3), oder dem besonderen Wunsch des Pflegebedürftigen zur Gestaltung der Hilfe entspricht (Abs. 1 Nr. 4). Auf den ersten Blick könnten sich hieraus auch Ansprüche für eine möglicherweise relativ umfangreiche Versorgung durch selbstorganisierte 24-Stunden-Pflegekräfte ergeben. In der Variante des Abs. 1 Nr. 2 ist davon auszugehen, dass eine Einzelpflegekraft meist wirtschaftlicher arbeiten kann als ein Pflegedienst, der Vorhaltekosten z.B. für eine Geschäftsstelle und Personalkosten für angestelltes Personal hat (vgl. Plantholz 2009: § 77 Rn. 7). Allerdings ist die besondere Wirksamkeit – die im Einzelnen nicht konkretisiert wird – vermutlich nur bei Pflegekräften mit Spezialwissen für eine besondere Krankheit gegeben. Wenn die Bedarfe des Pflegebedürftigen eher allgemein im Bereich der Grundpflege und der hauswirtschaftlichen Versorgung ohne spezielle Anforderungen liegen, dürfte eine besondere Wirksamkeit hingegen nur schwer zu belegen sein. Die Variante des Abs. 1 Nr. 3 ist durch die vielen unbestimmten Rechtsbegriffe kaum greifbar; da die Variante Nr. 4 (besonderer Wunsch des Pflegebedürftigen zur Gestaltung der Hilfe) ohnehin weiter gefasst ist, wird sie in der Realität wohl häufiger verwendet werden.

Die Hilfe muss durch eine geeignete Pflegekraft erfolgen, die nach der Vorstellung des Gesetzgebers an die seit 1. Juli 2008 erheblich gestiegenen Anforderungen zur Qualitätssicherung der §§ 112ff. SGB XI gebunden ist. Daher ist in der Regel eine entsprechende qualifizierte Pflegeberufsausbildung (oder eine der deutschen Pflegeausbildung vergleichbare, gesetzlich anerkannte Ausbildung einer ausländischen Pflegekraft) erforderlich. Mit der Einzelpflegekraft kann jedoch dann kein Vertrag abgeschlossen werden, wenn sie mit dem Pflegebedürftigen in häuslicher Gemeinschaft lebt. Damit soll eine Umgehung des (niedrigeren) Pflegegeldes vermieden werden. Aus dem gleichen Grund darf mit der Einzelpflegekraft kein Beschäftigungsverhältnis eingegangen werden (§ 77 Abs. 1 S. 3 SGB XI); ein ‚Arbeitgeber- oder Assistenzmodell', wie es in der Behindertenhilfe existiert (siehe dazu am Ende dieses Abschnitts), wird also explizit ausgeschlossen.

Die Möglichkeit zur Pflege durch eine Einzelpflegekraft kann daher nicht zur Sicherstellung einer 24-Stunden-Pflege und/oder Betreuung genutzt werden. Einerseits können inhaltlich keine anderen Leistungen als die in § 36 SGB XI vorgesehenen Leistungen der Grundpflege und hauswirtschaftlichen Versorgung (und ggf. der Betreuungsleistungen im Falle des auch hier zulässigen ‚Poolens' von Leistungen[15]) erbracht werden. Zum anderen mag die Einzelpflegekraft zwar für die Pflegekasse günstiger sein; es gibt aber keinen Anspruch des Pflegebedürftigen auf den ‚Wirtschaftlichkeitsgewinn', so dass im Ergebnis gegenüber dem Pflegebedürftigen in etwa die gleichen Leistungen erbracht werden wie durch einen ambulanten Pflegedienst im Rahmen der Leistung nach § 36 SGB XI. Vorteile ergeben sich für den Pflegebedürftigen daher vorrangig aus der Möglichkeit, die Pflegesituation individueller zu gestalten, z.B. durch die Möglichkeit, von einer Kraft gleichen Geschlechts, gleicher Religion, Kultur oder Weltanschauung gepflegt zu werden. Dies mag im Kontext einer Arbeitsmigration in der Pflege in Einzelfällen relevant werden.

1.3 Leistungen der Krankenversicherung für die häusliche Pflege, hauswirtschaftliche Versorgung und Betreuung

Leistungen der häuslichen Pflege und hauswirtschaftlichen Versorgung werden auf Verordnung eines Arztes auch von der Gesetzlichen Krankenversicherung erbracht (§§ 37, 38 SGB XI). Zwar kann im Einzelfall hierüber eine 24-Stunden-Pflege (mit-)finanzierbar sein, als Dauerlösung für nur leicht beeinträchtigte Personen, bei denen der hauptsächliche Bedarf in der Betreuung und hauswirtschaftlichen Unterstützung besteht, kommen die Leistungen der Krankenversicherung aber nicht in Betracht, da sie ihrem Zweck nach einen tatsächlich wie zeitlich eng begrenzten Anwendungsbereich haben.

---

[15] Siehe oben Fn. 12.

1.4 Zusätzliche Leistungen der Sozialhilfe

1.4.1 Häusliche Pflegeleistungen auch außerhalb des Leistungsrahmens der Gesetzlichen Pflegeversicherung

Soweit gesetzlich vorrangige Sozialversicherungsleistungen nicht in hinreichendem Umfang verfügbar sind, ein entsprechender Bedarf besteht und die Eigenmittel der Pflegebedürftigen zur Sicherung der Versorgung nicht ausreichen, werden bedarfsdeckende Pflegeleistungen auch durch Sozialhilfeträger, hier im Rahmen der Hilfe zur Pflege (§§ 61ff. SGB XI) erbracht. Wegen des gegenüber dem SGB XI weiteren Begriffs der Pflegebedürftigkeit können auch Leistungen der häuslichen Pflege und Betreuung ergänzend zu oder über die Pflegeleistungen des SGB XI hinaus finanziert werden. Da die Pflegeversicherung eine Erheblichkeitsschwelle hat, gilt dies z.B. dann, wenn ein geringerer Hilfebedarf als nach dem SGB XI bzw. § 61 Abs. 1 SGB XII besteht oder wenn Hilfe für andere als im SGB XI aufgezählte Verrichtungen benötigt wird (z.B. psychosoziale ,Verrichtungen', vgl. Schellhorn 2006: § 61 Rn. 35 mit weiteren Beispielen).

Dabei sind durch den Sozialhilfeträger auch die „angemessenen Kosten" einer besonderen Pflegekraft zu finanzieren (§ 65 Abs. 1 S. 2 SGB XII). Diese muss keine Pflegefachkraft sein, allerdings eine fachliche Befähigung nachweisen können (vgl. Krahmer 2005: § 65 Rn. 10; Schellhorn 2006: § 65 Rn. 13: z.B. auch DorfhelferInnen, FamilienhelferInnen). Die Angemessenheit der Kosten für Pflegekräfte, die keine Pflegefachkräfte[16] sind, orientiert sich am Zeitaufwand sowie an der ortsüblichen Entlohnung für Pflegekräfte (vgl. Krahmer 2005: § 65 Rn. 10). Die Regelungen zur besonderen Pflegekraft nach § 65 Abs. 1 S. 2 SGB XII haben daher den Vorteil, dass sie aufgrund der niedrigeren Anforderungen an die Fachlichkeit der Pflegekraft und der unbürokratischen Möglichkeit zur Direktzahlung den Bedürfnissen von Pflegebedürftigen mit hohem Betreuungsbedarf und Bedarf an hauswirtschaftlicher Versorgung eher entgegenkommen, da diese Leistungen nicht notwendig durch Pflegefachkräfte erbracht werden müssen. Daher wird beklagt, die Möglichkeiten dieser Leistungen seien noch nicht hinreichend ausgeschöpft (vgl. ebd.).

---

[16] Also insbesondere solche Personen, die keine examinierten Kranken- oder AltenpflegerInnen sind.

1.4.2 Häusliche Pflege- und Betreuungsleistungen im sogenannten Arbeitgebermodell

Mit dem Begriff ‚Arbeitgebermodell' wird ein Spezialfall der Finanzierung einer häuslichen Pflege und Betreuung erfasst. Hierbei tritt der Pflegebedürftige selbst als Arbeitgeber auf. Die Kosten für die Pflegekraft werden im Rahmen des § 65 Abs. 1 S. 2 SGB XII vom Sozialhilfeträger übernommen. Allerdings kann der Pflegebedürftige in diesem Fall nicht die Versorgung durch einen ambulanten Pflegedienst (§ 36 SGB XI) in Anspruch nehmen, sondern ist auf das Pflegegeld nach § 37 SGB XI verwiesen. Dieses muss er sich auf die Leistungen des Sozialhilfeträgers anrechnen lassen. Darüber hinaus kann er jedoch das Pflegegeld nach § 66 SGB XII für weitergehende Pflegeleistungen sowie Leistungen zur Finanzierung einer besonderen Pflegekraft nach § 65 Abs. 1 S. 2 SGB XII erhalten.

Die damit einhergehende größere Flexibilität bei der Auswahl passgenauer Leistungen ist für zu Hause versorgte und betreute Pflegebedürftige eine interessante Option. Sie wird allerdings faktisch beschränkt, u.a. durch die Angemessenheits-Obergrenze des § 65 Abs. 1 S. 2 SGB XII, die Möglichkeit, bei unverhältnismäßigen Mehrkosten durch häusliche Versorgung auf eine (zumutbare) stationäre Versorgung zu verweisen (§ 13 Abs. 1 SGB XII), und die Praxis, die Leistung auf die Kosten der vergleichbaren stationären Versorgung zu deckeln.[17] Aufgrund dieser Beschränkungen und auch im Hinblick auf den bereits zum jetzigen Zeitpunkt bestehenden Kostendruck bei der Sozialhilfe sind Sozialhilfeleistungen als Regelfinanzierungsmodell nicht geeignet.

1.4.3 Leistungen der Eingliederungshilfe für Menschen mit Behinderungen

Leistungen der Eingliederungshilfe (§§ 53ff. SGB XII) kommen grundsätzlich auch für ältere Menschen in Betracht, soweit man der aus Sicht der Autorin überzeugenden Ansicht folgt, dass die Begrenzung des Behinderungsbegriffs in § 2 Abs. 1 SGB IX auf eine Abweichung vom alterstypischen Zustand mit dem Recht älterer Menschen auf eine eigenständige Lebensführung nicht vereinbar ist.[18] Entscheidend ist immer, ob die Behinderungen nach Anzahl, Ausmaß und Dauer so intensiv sind, dass sie die Fähigkeit zur Eingliederung in die Gesellschaft beeinträchtigen.

Obwohl Leistungen der Eingliederungshilfe in einzelnen Fällen daher die häusliche Betreuung z.B. von Demenzkranken finanziell (zusätzlich) unterstüt-

---

[17] Das Wunsch- und Wahlrecht des Pflegebedürftigen aus § 9 SGB XII ist insoweit eingeschränkt.
[18] So vertreten z.B. von Schellhorn 2006: § 1 EinglH-VO Rn. 4 unter Bezug auf Landessozialgericht Bayern Urteil vom 12.12.2002, Az. L 18 SB 22/1.

zen können, ist die Beantragung bislang noch die Ausnahme. Ob dies an der fehlenden Information über die gesetzlichen Möglichkeiten oder an einer restriktiven Auslegung des Behinderungsbegriffs durch die Sozialhilfeträger liegt, kann hier dahinstehen, da die Eingliederungshilfe durch ständig wachsende Fallzahlen und die finanziellen Engpässe vieler Kommunen kaum regelhaft die zusätzlichen Betreuungsbedarfe in der häuslichen Versorgung finanzieren kann und wird.

1.4.4 Das trägerübergreifende Persönliche Budget als Finanzierungsform

Leistungen für behinderte und pflegebedürftige Menschen können auch in Form eines trägerübergreifenden Persönlichen Budgets (§ 57 SGB XII, § 35a SGB XI) erbracht werden. Geldleistungen aus der Pflegeversicherung, der Eingliederungshilfe und der Hilfe zur Pflege werden an den pflegebedürftigen Menschen ausgezahlt, damit dieser seine Versorgung und Unterstützung als Dienstleistungskunde individuell organisieren kann. Dies ist eine noch wenig genutzte, aber perspektivisch interessante Form der Leistungserbringung. Pflegeversicherungsleistungen eines ambulanten Pflegedienstes bzw. der Tages- oder Nachtpflege sind allerdings nur in Form von Gutscheinen, die zur Inanspruchnahme berechtigen, ‚budgetfähig'.

1.5 Zwischenergebnis: Gegenwärtig unzureichende Abdeckung hoher Betreuungsbedarfe durch Sozialleistungen

Die Leistungen der Sozialhilfe decken höhere Betreuungsbedarfe besser ab und sind flexibler als die Leistungen der Pflegeversicherung. Dem steht allerdings entgegen, dass Sozialhilfe grundsätzlich nur nachrangig (§ 2 SGB XII) und bis zur Höhe der „angemessenen Kosten" (§ 65 Abs. 1 S. 2 SGB XII) begrenzt ist. Darüber hinaus hat der Sozialhilfeträger nach § 63 Abs. 1 SGB XII die Pflicht, auf eine Versorgung (vorrangig) durch nahestehende Angehörige und Nachbarn hinzuwirken. Die Leistungen der Sozialhilfe kommen daher nicht als Regelleistung in Betracht. Sie werden zudem nur eingeschränkt in Anspruch genommen, weil zunächst eigenes Einkommen und/oder Vermögen eingesetzt werden muss und weil mit dem Erhalt von Sozialhilfeleistungen noch immer zumindest teilweise ein Stigma verbunden ist.[19]

---

[19] Aufgrunddessen konstatiert Münder (2005: § 71 Rn. 5) eine hohe *latente* Sozialhilfeberechtigung gerade älterer Menschen.

2 Rahmenbedingungen für die Arbeitsmigration von Pflegekräften und Pflege- und Haushaltshilfen

2.1 Rahmenbedingungen bei regulärer Arbeitsmigration

Auf dem deutschen Pflegearbeitsmarkt besteht eine Nachfrage nach ausländischen Gesundheits- und Pflegefachkräften für die Arbeit in Krankenhäusern, aber auch in Einrichtungen der stationären und ambulanten Pflege.[20] Allerdings ist die absolute Zahl der legal migrierten Gesundheits- und Pflegefachkräfte gering; für Migrationsbewegungen von Gesundheits- und Pflegefachkräften innerhalb der EU liegen keine Daten vor (vgl. BMI/BAMF 2010: 99).[21] Die Vermittlung von legalen Haushalts- und Pflegehilfen ist demgegenüber seit 2005 stark gestiegen.[22] Diese stammen hauptsächlich aus Polen (2.254 Haushaltshilfen im Jahr 2008; vgl. ebd.: 100). Für den deutschen Pflegearbeitsmarkt wird zudem immer wieder auf die ungenutzten Potenziale von bereits regulär in Deutschland lebenden MigrantInnen hingewiesen (mit und ohne pflegerische Qualifikation). Sie werden jedoch zahlenmäßig nicht erfasst.

Reguläre Arbeitsmigration durch qualifizierte (Pflegefachkräfte) und nicht qualifizierte Arbeitskräfte (Haushalts- und Pflegehilfen) findet demnach statt, wenn auch nur in geringem Umfang.[23] Der rechtliche Status dieser MigrantInnen bestimmt sich entscheidend danach, ob sie aus EU-Mitgliedsstaaten (einschließlich der der EU neu beigetretenen MOE-Staaten) oder aus Drittstaaten (allen

---

[20] Verschiedene Verbände fordern deshalb die Einführung einer ‚Greencard für Pflegeberufe', wie kürzlich etwa der Arbeitgeberverband Pflege (http://www.arbeitgeberverband-pflege.de/downloads/pdf/CAREkonkret_Pro-Contra_Greencard.pdf [Zugriff am 20.05.2010], vgl. auch Financial Times Deutschland vom 18.04.2010). Eine solche Greencard ist allerdings umstritten (siehe zur rechtlichen Bewertung unten unter 3.), insbesondere die Pflegeberufsverbände wenden sich dagegen (vgl. Hommel 2010).

[21] Vgl. den Migrationsbericht 2008 (BMI/BAMF 2010: 99): „Bislang handelt es sich bei Beschäftigten im Bereich der Kranken- und Altenpflege um eine in quantitativer Hinsicht wenig relevante Gruppe von ausländischen Arbeitnehmern. Die Zahl der Vermittlungen sank von 398 im Jahr 1996 auf 74 im Jahr 1999 und stieg danach wieder bis auf 358 im Jahr 2002 an. 2005 wurden allerdings nur noch 11 Pflegekräfte aus Kroatien vermittelt (vgl. Tabelle 2–49 im Anhang). Im Jahr 2006 wurden nach § 30 BeschV 71 (außereuropäische) Pflegekräfte vermittelt, in den Jahren 2007 und 2008 waren es jeweils 37. Wie viele Pflegekräfte aus den neuen EU-Staaten auf Grundlage des § 39 Abs. 6 AufenthG eine Beschäftigung in Deutschland fanden, ist nicht bekannt."

[22] Von 1.667 auf 3.051 Vermittlungen im Jahr 2008 (vgl. BMI/BAMF 2010: 100).

[23] Demgegenüber ist die Möglichkeit zur Migration für SozialarbeiterInnen in § 29 BeschV (für Drittstaatenangehörige; innerhalb der EU gilt auch hier die Freizügigkeit mit den Einschränkungen für MOE) beschränkt auf die Arbeit mit ausländischen Arbeitnehmern und ihren Familien. Dies ist besonders vor dem Hintergrund bedauerlich, dass jedenfalls in einem Teil der Haushalte von Pflegebedürftigen vorwiegend Betreuungskräfte gesucht werden und die hauswirtschaftlichen Tätigkeiten eher im Hintergrund stehen.

anderen Staaten) stammen, ob sie bereits im Inland oder (noch) im Ausland wohnen und ob sie als (entsandte) Arbeitnehmer oder als Selbständige tätig werden.[24] Dabei ist zu beachten, dass BürgerInnen aus MOE-Staaten derzeit (bis 1. Mai 2011) noch nicht die volle Arbeitnehmerfreizügigkeit genießen, die es den UnionsbürgerInnen im Übrigen erlaubt, ohne Aufenthalts- und Arbeitsgenehmigung in einem anderen Staat der EU zu arbeiten.

In allen Fällen dürfen regulär migrierte Pflegefachkräfte, Haushalts- und Pflegehilfen nicht zu schlechteren Arbeitsbedingungen angestellt werden als vergleichbare deutsche Arbeitnehmer; sie sind als Arbeitnehmer auch im Inland steuer- und sozialversicherungspflichtig. Dadurch ist ihre Beschäftigung auch für ihre Arbeitgeber nicht mehr günstiger als bei vergleichbaren deutschen Arbeitnehmern. Zudem existieren mit den geltenden Sozialversicherungs-, Steuer- und Arbeitsschutzgesetzen für Arbeitgeber in Privathaushalten relativ hohe bürokratische Hürden. Anreiz zur Anstellung kann daher aus Sicht der Pflegebedürftigen höchstens noch die (vielleicht) höhere Bereitschaft zu einer Arbeit sein, die angesichts der Arbeitszeiten (die im Falle der MigrantInnen mit langen Abwesenheiten von zu Hause verbunden sind) und trotz Tarif- und Mindestlohnregelung (vgl. hierzu *Langer* in diesem Band) bzw. Verschlechterungsverbot finanziell im Vergleich zu anderen Tätigkeiten im Zielland (oder anderen Ländern in Westeuropa oder den USA) schlecht vergütet wird. Bei einer 24-Stunden-Versorgung und -Betreuung in Privathaushalten sind kostengünstigere Versorgungs- und Betreuungsangebote daher nur solchen MigrantInnen möglich, die entweder als Angestellte eines im Ausland niedergelassenen Pflegedienstes bzw. einer im Ausland niedergelassenen Vermittlungsagentur in Deutschland arbeiten (1.500 bis 2.500 Euro im Monat zzgl. Kost, Logis und Fahrtkosten) oder die auf selbstständiger Basis tätig werden. Hier differieren die Angebote zwischen 1.400 und 1.900 Euro im Monat.[25] Zum Vergleich: Irreguläre Arbeitskräfte werden bereits für 800 bis 1.400 Euro tätig.

Die Beschäftigung von Pflegefachkräften aus der EU erfolgt wie bei inländischen Fachkräften; Pflegefachkräfte aus Drittstaaten müssen nach § 30 der Beschäftigungsverordnung (BeschV)[26] zudem einen gleichwertigen Ausbildungsstand und ausreichende Sprachkenntnisse nachweisen, wenn sie ausbildungsangemessen beschäftigt werden wollen. Bei Haushalts- und Pflegehilfen (§ 21 BeschV) gibt es keine entsprechenden Anforderungen; bei irregulären

---

[24] Eingehend zu den rechtlichen Rahmenbedingungen bei grenzüberschreitender Haushalts- und Pflegearbeit vgl. *Husmann* in diesem Band.
[25] Zu den genannten Zahlen vgl. *Husmann* (in diesem Band).
[26] Verordnung über die Zulassung von neueinreisenden Ausländern zur Ausübung einer Beschäftigung (Beschäftigungsverordnung – BeschV) vom 22.11.2004 (BGBl. I S. 2937), zuletzt geändert durch die Verordnung vom 18.12.2009 (BGBl. I S. 3937).

Arbeitskräften naturgemäß ebenfalls nicht, auch wenn es eine große tatsächliche Nachfrage (und Migration) von ausgebildeten Kranken- und AltenpflegerInnen gibt.

2.2 Rahmenbedingungen bei irregulärer Migration

Bei irregulären Beschäftigungsverhältnissen in Privathaushalten liegen die Probleme vor allem bei der fehlenden Aufenthaltsgenehmigung und/oder fehlenden Arbeitserlaubnis, der Scheinselbstständigkeit und der Einhaltung des Arbeitszeitgesetzes sowie bei der Qualitätssicherung in der häuslichen Versorgung und Betreuung.

2.2.1 Fehlende Aufenthaltsgenehmigung und/oder Arbeitserlaubnis

Eine fehlende Aufenthaltsgenehmigung bzw. eine (aufgrund des ausländerrechtlichen Status fehlende) Arbeitserlaubnis trägt in nicht unerheblichem Maße zu den Problemen bei, die sich für die MigrantInnen und die Pflegebedürftigen ergeben können. Diese ausländerrechtliche Irregularität könnte vergleichsweise einfach regularisiert werden: Für MOE-BürgerInnen würde bereits – wie z.B. von der Caritas gefordert[27] – ein Vorziehen der Arbeitnehmerfreizügigkeit auf einen Zeitpunkt vor dem 1. Mai 2011 (wenn ohnehin volle Freizügigkeit eintritt) genügen.

Für Pflegefach- sowie Haushalts- und Pflegehilfskräfte erlauben die Regelungen der Beschäftigungsverordnung auch für BürgerInnen von Drittstaaten schon heute sehr weitgehend eine reguläre Migration.[28] Dass diese dennoch nur in geringem Umfang stattfindet, hat die bereits beschriebenen finanziellen und sozialen Gründe. Zudem fehlt es an Konzepten, wie ausländische Pflege- und Haushaltshilfen in das deutsche System der Pflege-, Betreuungs- und hauswirtschaftlichen Leistungen eingeordnet werden können.

Rechtliche Konsequenzen der ausländerrechtlichen Irregularität sind Ordnungswidrigkeiten, so nach § 404 Abs. 2 Nr. 3 SGB III (Ordnungswidrigkeit des Arbeitgebers bei Beschäftigung eines Ausländers ohne erforderliche Zustim-

---

[27] Vgl. z.B. „Bessere Unterstützung für pflegende Angehörige – Arbeit von Haushaltshilfen legalisieren", im Internet abrufbar unter http://www.caritas.de/59563.html (Zugriff am 24.05.2010).
[28] Durch eine vom Bundesrat initiierte diesbezügliche Änderung der Beschäftigungsverordnung im Dezember 2009 (vgl. BR-Drs. 810/09(B); dazu *von Kondratowitz* in diesem Band) können neben hauswirtschaftlichen Tätigkeiten nun auch „pflegerische Hilfstätigkeiten" übernommen werden, ohne dass genau bestimmt ist, was dies umfasst.

mung der Agentur für Arbeit, § 284 Abs. 1 SGB III), dies gilt nach § 404 Abs. 2 Nr. 4 SGB III auch für Pflege- oder Haushaltshilfen. Zudem ist das Beschäftigungsverhältnis bei Vorsatz als Schwarzarbeit (§ 10 SchwarzArbG[29]) anzusehen mit der Folge einer Strafbarkeit des Arbeitgebers (bei Beschäftigung von ausländerrechtlich irregulären Arbeitskräften oder wenn die Arbeitsbedingungen in einem auffallendem Missverhältnis zu Arbeitsbedingungen vergleichbarer Arbeitnehmer z.b. bezüglich Vergütung oder Arbeitszeiten) stehen. Der irregulär beschäftigten Migrantin droht zudem die Ausweisung und Abschiebung (mindestens aufgrund der Ermessensvorschrift des § 55 Abs. 2 Nr. 2 AufenthaltsG[30]); die Kosten der Abschiebung hat gegebenenfalls der Arbeitgeber zu tragen (§ 66 Abs. 4 AufenthaltsG).

2.2.2 Scheinselbstständigkeit

Irregularität kann sich auch daraus ergeben, dass zwar eine Aufenthaltsberechtigung und die Berechtigung zur selbstständigen Tätigkeit[31] in Deutschland vorliegen, die eigentliche Tätigkeit aber nach deutschen Rechtsvorschriften als nichtselbstständige Beschäftigung im Sinne des § 7 Abs. 1 S. 1 SGB IV zu qualifizieren ist. Anhaltspunkte für eine nichtselbstständige Beschäftigung sind eine Tätigkeit nach Weisung und eine Eingliederung in die Arbeitsorganisation des Arbeitgebers. Beides wird man für in Privathaushalten von Pflegebedürftigen lebende Pflege- und Haushaltskräfte häufig annehmen müssen. Diese Problematik war auch im Rahmen der Regularisierung in Österreich von großer Bedeutung. Zwar wird dort die Tätigkeit nunmehr faktisch durch ‚Selbstständige' erbracht, jedoch halten viele Arbeitsrechtsexperten diese Einordnung für rechtswidrig; die Regelung kann letztlich nur durch politische Duldung bestehen (vgl. dazu *Schmid* in diesem Band).

Qualifiziert man die Migrantin konsequenterweise als Arbeitnehmerin, werden insbesondere arbeits-, steuer- und sozialversicherungsrechtliche Vorschriften verletzt. Macht die Migrantin dies gegenüber ihrem Arbeitgeber geltend (was jedenfalls in Österreich noch nicht bekannt geworden ist), ist dieser aus arbeitsrechtlicher Sicht insbesondere zu Nachzahlungen beispielsweise von Urlaubs-

---

[29] Gesetz zur Bekämpfung der Schwarzarbeit und illegalen Beschäftigung (Schwarzarbeitsbekämpfungsgesetz – SchwarzArbG) vom 23.07.2004 (BGBl I S. 1842), zuletzt geändert durch Art. 2 des Gesetzes vom 12.12.2008 (BGBl I S. 2933).
[30] Gesetz über den Aufenthalt, die Erwerbstätigkeit und die Integration von Ausländern im Bundesgebiet (Aufenthaltsgesetz – AufenthG) = Art. 1 des Zuwanderungsgesetzes vom 30.07.2004 (BGBl I S. 1950, 1986), zuletzt geändert durch Art. 1a des Gesetzes vom 22.12.2008 (BGBl I S. 2965).
[31] Vgl zu den möglichen Modellen *Frings* in diesem Band sowie Neuhaus u.a. 2009.

geld und zu nachträglicher Urlaubsgewährung verpflichtet. Steuerrechtlich wird der Tatbestand der Steuerhinterziehung (§ 370 Nr. 2 Abgabenordnung) verwirklicht. Es besteht eine Selbstanzeigemöglichkeit zur Milderung der Konsequenzen, allerdings bleibt es bei der Nachzahlungspflicht. Der Arbeitgeber muss außerdem die bisher nicht geleisteten Beiträge zur Sozialversicherung entrichten, wobei zu berücksichtigen ist, dass es sich nicht um eine geringfügige Beschäftigung im Sinne des § 8a SGB IV handelt. Zudem ist die Nichtzahlung von Sozialversicherungsbeiträgen nach § 266a StGB strafbar und der Arbeitgeber handelt wegen Nichterfüllung der Meldepflicht ordnungswidrig (§§ 28a, 111 Abs. 1 Nr. 2 SGB IV).

2.3 Arbeitszeitgesetz

Das Arbeitszeitgesetz (ArbZG)[32] ist nicht anwendbar bei Arbeitnehmern, die in häuslicher Gemeinschaft mit den ihnen anvertrauten Personen zusammenleben und sie eigenverantwortlich erziehen, pflegen oder betreuen (§ 18 Abs. 1 Nr. 3 ArbZG). Inwieweit Arbeitnehmer in Privathaushalten eigenverantwortlich handeln, ist im konkreten Fall zu entscheiden. Je größer das Ausmaß der Pflegebedürftigkeit, insbesondere bei ausgeprägter Demenz, desto eher werden jedenfalls nicht pflegerisch qualifizierte Kräfte sehr genaue Weisungen vonseiten der Pflegebedürftigen oder ihrer Angehörigen erhalten. Gleichzeitig kann dies bei gelernten Pflegefachkräften auch dazu führen, dass sie eine höhere Eigenverantwortung übernehmen (müssen). ‚Eigenverantwortlichkeit' stellt sich als komplexes Zusammenspiel unterschiedlicher Faktoren (u.a. Schwere der Pflegebedürftigkeit, Qualifikation der Pflege- und Betreuungskraft, arbeitsvertragliche Regelungen) dar und ist als unbestimmter Rechtsbegriff daher schwer zu fassen. Dem müsste im Rahmen einer Regularisierung durch eine entsprechend differenzierte Betrachtung Rechnung getragen werden.

2.4 Qualitätssicherung

Die qualitätssichernden Beratungsbesuche bei Pflegegeldempfängern nach § 36 Abs. 3 SGB XI fehlen bei irregulärer Pflege und Betreuung. Auch kann die ausländische Pflege- und Betreuungsperson keine Haftpflichtversicherung abschließen. Bei einem Pflegeschaden oder Schaden an anderen Gegenständen z.B. im

---

[32] Arbeitszeitgesetz (ArbZG) vom 06.06.1994 (BGBl. I S. 1170, 1171), zuletzt geändert durch Art. 7 des Gesetzes vom 15.07.2009 (BGBl. I S. 1939).

Haushalt des Pflegebedürftigen hat dieser einen zivilrechtlichen Anspruch gegen die Pflegeperson, kann diesen aber nicht gerichtlich und auch praktisch kaum durchsetzen. Als innovativen Lösungsansatz organisiert z.b. das Evangelische Johanneswerk in Bielefeld[33] monatliche Qualitätsbesuche bei polnischen Haushalts- und Pflegehilfen, die bei einer Vermittlungsagentur im Heimatland angestellt und nach dortigem Tarif bezahlt[34] werden. Voraussetzung für die Entsendung sind Deutschkenntnisse und Grundkenntnisse in der Pflege.

3 Für eine Regularisierung relevante Entwicklungen in der Pflege

Das Pflegegeld ist nach wie vor die dominante Leistung der Pflegeversicherung, auch wenn seine Inanspruchnahme zurückgeht und Sachleistungen zugenommen haben (vgl. RKI 2004: 16). Dementsprechend liegt in Deutschland die Quote zu Hause Gepflegter mit mehr als zwei Dritteln relativ hoch (vgl. Statistisches Bundesamt 2008: 4). Es wird davon ausgegangen, dass die Zunahme der Sachleistungen auch auf die Verringerung des familialen Pflegepotenzials (z.b. durch Anstieg der Frauenerwerbstätigkeit sowie Rückgang der Mehrpersonenhaushalte) und die wachsende Zahl Schwerstpflegebedürftiger zurückzuführen ist (vgl. Häcker/Raffelhüschen 2007). Denn mit steigender Pflegeintensität steigt auch die Inanspruchnahme professioneller Leistungen (vgl. RKI 2004: 15).

Eine Regularisierung bislang irregulärer Beschäftigungsverhältnisse in der häuslichen Betreuung und Pflege wäre für die Pflegebedürftigen und ihre Angehörigen nur dann ein Gewinn, wenn die Betreuung ähnlich kostengünstig bliebe wie bei den gegenwärtig irregulären Beschäftigungsverhältnissen. Gleichzeitig sind Leistungsausweitungen angesichts des Ringens um die finanzielle Stabilität der Sozialen Pflegeversicherung und der Finanznot der öffentlichen Haushalte politisch unrealistisch, soweit sie nicht mit Einsparungen an anderer Stelle im Wesentlichen kostenneutral erfolgen.

Die folgenden pflegepolitischen Diskussionen könnten für eine Regularisierung von Bedeutung sein:

Zunächst soll der Begriff der Pflegebedürftigkeit noch in dieser Legislaturperiode neu gefasst werden,[35] um die Pflegebedarfe von Menschen mit demenz-

---

[33] Vgl. epd sozial Nr. 41 vom 09.10.2009, S. 3.
[34] Ca. 2.000 Euro pro Monat, das ist etwa das Dreifache des in Polen üblichen Gehalts für vergleichbare Arbeit.
[35] In der letzten Legislaturperiode (2005–2009) hat ein vom Bundesfamilienministerium (BMFSFJ) und Bundesgesundheitsministerium (BMG) eingesetzter Beirat Vorschläge für eine Neudefinition des Pflegebedürftigkeitsbegriffs der Sozialen Pflegeversicherung sowie für ein neues Begutachtungsverfahren (Neues Begutachtungsassessment, NBA) entwickelt (vgl. BMG 2009).

bedingten Fähigkeitsstörungen besser abzubilden und die Leistungen flexibler gestalten zu können. Erhöhte Gesamtausgaben sind aber nicht unbedingt zu erwarten. Auf der Grundlage eines veränderten Begriffs der Pflegebedürftigkeit können die Leistungen der gesetzlichen Pflegeversicherung jedoch neu definiert und einzelne Leistungen von anderen Berufsgruppen als bisher übernommen werden. Da sich die Pflege als Profession in den vergangenen Jahren weiterentwickelt hat und neue, hochspezialisierte Qualifikationsprofile („advanced nursing care') entstanden sind, könnte eine weitere Ausdifferenzierung der Aufgaben- und Berufsprofile auch von der Pflege positiv aufgenommen werden.[36] Dies kann auch bedeuten, dass zusätzliche Aufgabenfelder für Personen mit geringeren Qualifikationen erschlossen und finanziert werden, ähnlich der Einführung zusätzlicher, eigens für diese Aufgabe geschulter Betreuungskräfte für Demenzkranke in Pflegeeinrichtungen (§ 87b SGB XI). Als zusätzlicher positiver Nebeneffekt könnte damit der Fachkräftemangel in der Pflege abgemildert werden.

Vor dem Hintergrund des Fachkräftemangels wird zudem wiederholt eine ‚Greencard' für ausländische Pflegekräfte gefordert.[37] Aus rechtlicher Sicht ist unklar, was der genaue Inhalt dieser Forderung ist, da der Begriff der ‚Greencard' in Deutschland nicht einheitlich verwendet wird. Zudem gibt es für ausländische Pflegekräfte durch die Beschäftigungsverordnung bereits recht weitgehende Zugangsmöglichkeiten zum deutschen Arbeitsmarkt. Die Gründe für die geringe Inanspruchnahme dieser Möglichkeit sind jedoch nicht hinreichend erforscht. Angesichts stärkerer Ströme von Pflegearbeitskräften in andere westliche Länder kann aber vermutet werden, dass entweder die Bezahlung und/oder die Arbeitsbedingungen in Deutschland nicht attraktiv genug oder die bürokratischen Hürden für eine Arbeitsmigration zu hoch sind. Eine ‚Greencard' könnte allenfalls Letzteres beeinflussen. Auch wenn es nicht explizit ausgesprochen wird, geht es bei dieser Forderung möglicherweise darum, bürokratische Hürden z.B. in Form von Sprachanforderungen oder zwischenstaatlichen Voraussetzungen (z.B. die Notwendigkeit von Vereinbarungen der Arbeitsagentur mit einer Vermittlungsagentur im Ausland) zu senken. Vorstellbar ist jedoch auch, dass die Forderungen nur ein Weg sind, politischen Druck zur Lösung des Fachkräftemangels zu erzeugen. Denn auch eine verstärkte Arbeitsmigration in der Pflege würde das Problem des Fachkräftemangels in Deutschland nicht lösen; hier sind vorrangig ‚einheimische' Lösungsansätze gefragt.

---

[36] Damit eng verbunden ist die Diskussion um die Veränderung des Aufgabenspektrums innerhalb der Pflegeberufe (integrierte Pflegeausbildung mit neu akzentuiertem Aufgabenprofil, Stärkung von ‚advanced nursing care', Abschaffung des Primats ärztlicher Aufgabenwahrnehmung) und die Forderung nach der Verkammerung der Pflegeberufe.
[37] Siehe oben Fn. 20.

Aufgrund der Abwanderung von Pflege- und Haushaltskräften insbesondere aus den mittel- und osteuropäischen Staaten (‚care drain') kommt es in der Folge zu weiteren Migrationsbewegungen in diese Länder. Globale Migrationsketten verschieben sich immer weiter nach Osten und schließen auch Afrika und Südamerika mit ein (vgl. Larsen/Joost 2008: 7). Aus den Erfahrungen anderer Länder (z.b. England, Schweden) kann vermutet werden, dass mit Eintreten der vollen Arbeitnehmerfreizügigkeit für MOE-BürgerInnen irreguläre Beschäftigungen in der häuslichen Versorgung und Betreuung von Pflegebedürftigen eher abnehmen, weil gerade nicht qualifizierte Kräfte in besser vergütete Beschäftigungsfelder mit besseren Arbeitsbedingungen (z.B. Gastronomie) abwandern (vgl. Larsen/Joost 2008).[38] Dies kann zu einer weiteren Fortsetzung der globalen Migrationskette in der Form führen, dass (reguläre wie irreguläre) Pflege- und Haushaltshilfenmigration zukünftig stärker aus Indien, Indonesien, Afrika und Südamerika erfolgt.

Während die Arbeitsmigration mittel- und osteuropäischer Pflege- und Haushaltshilfen aufgrund der räumlichen und kulturellen Nähe sowie des Fundaments europarechtlicher Regelungen zum Aufenthalt, zur Arbeitsbefugnis, zu Qualifikationen und zum Sozialschutz einschließlich Fragen der Besteuerung noch vergleichsweise einfach zu regulieren und organisieren ist, werden mit einer Verlagerung der Arbeitsmigration in weiter entfernte Länder außerhalb der EU auch die Anforderungen an die Regulierung und Organisation steigen. Gerade bei der Arbeitsmigration aus Drittstaaten werden vielfältige zwischenstaatliche Lösungen gefunden werden müssten. Da eine ‚familienverträgliche' Lösung wie das 14-tägige Alternieren zwischen eigener Familie im Herkunftsland und dem Haushalt der Pflegebedürftigen im Zielland bei größeren Entfernungen praktisch wie finanziell erschwert ist, steht zudem zu befürchten, dass sich die sozialen Probleme weiter verschärfen, die aus den globalen Betreuungsketten (‚care chains') entstehen. Auch aus diesem Grund sind ‚einheimische' Lösungen zu bevorzugen, die einen Hilfemix von Angehörigen- und Nachbarschaftspflege, professionellen Pflegedienstleistungen, hauswirtschaftlicher Versorgung und Betreuung z.B. durch Ehrenamtliche fördern.

4 Mögliche politische und rechtliche Strategien für eine Regularisierung

Bei der Regularisierung irregulärer Beschäftigungsverhältnisse hat Österreich als erstes Land eine umfassende politische Strategie durchgesetzt (vgl. *Schmid* und *Kretschmann* in diesem Band). Allerdings diente die Legalisierungsstrategie in

---

[38] Ähnliche Prognosen gibt es auch für Österreich, vgl. *Schmid* und *Kretschmann* in diesem Band.

Österreich vorrangig dazu, Pflegebedürftige und ihre Pflegepersonen zu entkriminalisieren. Das auch in Österreich bestehende Problem einer defizitären häuslichen (24-Stunden-)Versorgung und Betreuung wurde damit nicht gelöst.

Für Deutschland sind insbesondere die folgenden politischen und rechtlichen Veränderungen anzuregen:

Die häusliche Betreuung und Versorgung Pflegebedürftiger in Deutschland sollte durch eine Ausweitung der Leistungen für hauswirtschaftliche Versorgung und häusliche Betreuung verbessert werden (z.b. durch einen eigenständigen, von Pflegeleistungen abgekoppelten Anspruch auf Hauswirtschafts- und Betreuungsleistungen). Dies sollte jedoch unabhängig von einer Regularisierung irregulärer Pflege- und Haushaltskräfte geschehen. So könnten sich neue Dienstleistungsanbieter entwickeln, die speziell auf den Betreuungs- und Hauswirtschaftsbereich ausgerichtet sind. Zwar kann dies unter dem Gesichtspunkt des Bezugspflegekonzepts[39], das sich in der Pflege weitgehend als Standard etabliert hat, zu Abstimmungsproblemen bei der Leistungserbringung führen. Allerdings haben ambulante Pflegedienstleister auch bisher schon angelernte Kräfte (z.B. Studentinnen) für die hauswirtschaftliche Versorgung von Pflegebedürftigen eingesetzt, so dass die Entkoppelung faktisch schon realisiert wurde. Dies würde auch für ausländische Arbeitskräfte neue Tätigkeitsfelder schaffen, ohne dass dies zu einer Konkurrenz oder Verdrängung ambulanter Dienste in Deutschland führen würde (so Neuhaus u.a. 2009 für die gegenwärtige Situation).

Die Leistungen zur hauswirtschaftlichen Versorgung sollten aus der Gesetzlichen Pflegeversicherung ausgegliedert und den kommunalen Sozialleistungsträgern übertragen werden (z.B. durch eine Änderung des § 71 SGB XII). Die damit verbundene Mehrbelastung der kommunalen Sozialleistungsträger kann dadurch aufgefangen werden, dass einerseits kommunale Präventionspotenziale realisiert werden können und andererseits die Einsparungen der Pflegeversicherung in diesem Bereich für Mehrleistungen bei der pflegerischen häuslichen Versorgung und Betreuung sowie beim Pflegegeld, gegebenenfalls auch zur Ermöglichung eines echten Pflegebudgets, eingesetzt werden. Damit erhöht sich die Flexibilität der Pflegebedürftigen bei der Zusammenstellung eines individuellen Hilfemixes, der gleichzeitig – was fachlich als sinnvoll betrachtet wird – von wohnortnahen Beratungs- und Koordinationsstellen unterstützt werden kann. Auch MigrantInnen könnten leichter für Pflege- und Betreuungstätigkeiten eingesetzt werden, insbesondere, wenn Aufgabenprofile und damit verbundene

---

[39] Bei diesem pflegewissenschaftlichen Konzept wird arbeitsorganisatorisch darauf geachtet, dass eine Pflegekraft die Gesamtverantwortung für den Pflegebedürftigen hat und alle relevanten pflegerischen und administrativen Tätigkeiten übernimmt. Bei der ‚Funktionspflege' hingegen sind verschiedene Pflegende nur für jeweils eine konkrete ‚Funktion' (wie etwa Bettenmachen oder Nahrungsaufnahme) zuständig.

Qualitätsvorgaben stärker ausdifferenziert und sie in ihrer Tätigkeit z.b. durch freie Träger unterstützt werden. Durch Verlagerung von Haushalts- und Betreuungstätigkeiten auf weniger qualifizierte Berufsgruppen können Einsparpotenziale realisiert werden, die zugleich eine Ausweitung des Leistungsumfangs finanzieren können. Wenn MigrantInnen als Teil des unter Federführung der Kommune koordinierten Hilfemixes betrachtet werden, werden zudem die Möglichkeiten zur sozialen Teilhabe und politischen Partizipation der MigrantInnen in der Kommune im Zielland gestärkt.

Eine Regularisierung der irregulären 24-Stunden-Versorgung und -Betreuung und eine Verbesserung der Leistungen für häusliche Betreuung und Versorgung erfordert darüber hinaus weitere Gesetzesänderungen. Soweit – auch aus Kostengründen – eine Versorgung und Betreuung auch durch Selbständige (die faktisch nur für einen Arbeitgeber tätig werden) möglich sein soll, sind Bereichsausnahmen von den Regelungen zur Scheinselbstständigkeit für personen- und haushaltsbezogene Dienstleistungen in Privathaushalten (und privat organisierten Wohngemeinschaften) zu schaffen. Alternativ könnte ein ‚Arbeitnehmermodell' dadurch finanzierbar werden, dass entweder durch die Leistungsausweitungen bei Betreuungsleistungen Sozialversicherungsbeiträge mit übernommen werden oder z.B. ein Kombilohnmodell für diesen Bereich eingeführt wird. Bei einem ‚Arbeitnehmermodell' sind die Regelungen zu Arbeits- und Ruhezeiten daraufhin zu überprüfen, ob sie der Situation der häuslichen 24-Stunden-Betreuung angepasst werden können. Bereits jetzt gibt es viele Branchen, in denen Arbeitnehmer beispielsweise 7 Tage lang nominell 24 Stunden am Tag ‚arbeiten' (wobei ein großer Teil davon Bereitschaftszeiten sind), etwa auf Ölplattformen oder im Krankenhaus. So lange die ‚Bereitschaftszeit' als reguläre Arbeitszeit vergütet wird, sind entsprechende Klarstellungen im Arbeitszeitgesetz insbesondere bezüglich des Kriteriums der ‚Eigenverantwortlichkeit' sozialpolitisch vertretbar.

Perspektivisch sind gesetzliche Modelle zu entwickeln, die die Realität einer sich veränderten Arbeitswelt reflektieren. So könnte die Trennung zwischen ‚Arbeitnehmern' und ‚Selbstständigen' aufgehoben und es könnten neue Anknüpfungspunkte z.B. für die Fragen der Sozialversicherungspflicht, Besteuerung und Haftung gefunden werden. Denkbar wäre auch, als eine Art Zwischenmodell zunächst den Status eines ‚selbstständigen Arbeitnehmers' zu schaffen. Die Regelungen etwa des Arbeitszeitgesetzes müssten dann entsprechend modifiziert werden, beispielsweise durch Wahlmöglichkeiten des ‚selbstständigen Arbeitnehmers'.

Weiterhin sind die (einschränkenden) Regelungen zur Erbringung von Pflege- und Haushaltsdienstleistungen innerhalb der Familie bzw. durch Haushaltsangehörige (vgl. nur § 77 SGB XI) zu überprüfen. Zudem sind z.B. für die Frage einer sozialversicherungsrechtlichen Absicherung Möglichkeiten der Erweiterung des Familienbegriffs etwa im Rahmen der beitragsfreien Familienversicherung in der Gesetzlichen Krankenversicherung denkbar. Auch bei erbrechtlichen Begünstigungen von Pflegepersonen oder bei den Auskunftsrechten im Krankenhaus könnte der gegenwärtige Familien- oder Angehörigenbegriff auf den Prüfstand zu stellen sein – nicht nur mit Blick auf im Haushalt lebende ausländische, sondern auch für deutsche Pflege- und Betreuungspersonen.

Insgesamt sollte die Versorgung und Betreuung Pflegebedürftiger von einer überwiegenden Privatsache zu einer – wie im SGB XI geforderten – echten gesamtgesellschaftlichen Verantwortung werden.

5 Politische Realisierbarkeit und Fazit

Zusammenfassend ist festzuhalten, dass eine 24-Stunden-Versorgung und -Betreuung Pflegebedürftiger sozialleistungsrechtlicher Ausnahmefall und für die Mehrzahl der Pflegebedürftigen mit hohem Betreuungsbedarf gegenwärtig kaum finanzierbar ist. Wegen der Finanzknappheit der Sozialversicherungen und öffentlichen Haushalte sind weitgehend kostenneutrale Lösungen zu entwickeln, die mit den pflegepolitischen Entwicklungen korrespondieren.

Der Koalitionsvertrag der christlich-liberalen Koalition aus CDU, CSU und FDP (2009) stellt insbesondere zwei für eine Regularisierung einschlägige Forderungen auf. Danach will die Koalition

- Möglichkeiten ausbauen, dass auch *außerhalb des gesetzlich finanzierten Bereichs* Pflege- und Gesundheitsdienstleistungen angeboten werden können;[40]
- dafür sorgen, dass ausländische Hilfskräfte ebenso wie pflegende Angehörige oder deutsche Hilfskräfte auch notwendige pflegerische Alltagshilfen erbringen können.[41]

Die zweite Forderung wurde mit Änderung der Beschäftigungsverordnung im Dezember 2009 bereits umgesetzt.[42] Eine weitergehende ‚Regularisierung' ist nicht angekündigt. Die erste Forderung kann den Markt auch für ausländische Anbieter stärken, da Pflegeleistungen dann vermutlich zu günstigeren Preisen angeboten werden können; bislang ist jedoch keine Umsetzung ersichtlich.

Die in diesem Beitrag vorgestellte pflegepolitische ‚Gesamtstrategie' für eine umfassendere Finanzierung der häuslichen Betreuung und hauswirtschaftli-

---

[40] Vgl. Koalitionsvertrag 2009: 51f. (Gesundheitswirtschaft).
[41] Vgl. Koalitionsvertrag 2009: 92f. (Weiterentwicklung der Pflegeversicherung).
[42] Siehe oben Fn. 28.

chen Versorgung könnte z.b. im Zuge der Einführung eines neuen Pflegebedürftigkeitsbegriffs noch in dieser Legislaturperiode umgesetzt werden. Ohne eine verbesserte Finanzierungsgrundlage für die häusliche Betreuung ist eine Regularisierung irregulärer Beschäftigungsverhältnisse kaum denkbar. Daher sollte die Gelegenheit genutzt werden, das Ende der politischen Grauzone ‚irreguläre Beschäftigung' mit einer umfassenderen Lösung zur Finanzierung und Qualitätssicherung der häuslichen Betreuung und (hauswirtschaftlichen) Versorgung zu verbinden.

Literatur

BMG [Bundesministerium für Gesundheit], 2009: *Bericht des Beirats zur Überprüfung des Pflegebedürftigkeitsbegriffs, 26. Januar 2009*, im Internet abrufbar unter http://www.bmg.bund.de/cln_178/nn_1168248/SharedDocs/Standardartikel/DE/AZ/P/Glossarbegriff-Pflegebeduerftigkeitsbegriff.html (Zugriff am 24.05.2010).

BMI [Bundesministerium des Inneren/BAMF [Bundesamt für Migration und Flüchtlinge] (Hg.), 2010: *Migrationsbericht des Bundesamtes für Migration und Flüchtlinge im Auftrag der Bundesregierung. Migrationsbericht 2008*, im Internet abrufbar unter http://www.bmi.bund.de/cae/servlet/contentblob/876734/publicationFile/55740/Migrationsbericht_2008_de.pdf;jsessionid=92486502C095A8F0700BFD7CBE17DF5F (Zugriff am 20.05.2010).

Häcker, Jasmin/Raffelhüschen, Bernd, 2007: „Zukünftige Pflege ohne Familie: Konsequenzen des ‚Heimsog-Effekts'". *Zeitschrift für Sozialreform* 53 (4), S. 391–421, im Internet abrufbar unter http://www.z-sozialreform.de/downloads/2007-04_Haecker_Raffelhueschen_Volltext.pdf (Zugriff am 20.05.2010).

Hasseler, Martina/Görres, Stefan, 2005: *Was Pflegebedürftige wirklich brauchen ... Zukünftige Herausforderungen an eine bedarfsgerechte ambulante und stationäre pflegerische Versorgung*, Hannover.

Hommel, Thomas, 2010: „Vorschlag für Pflege-Greencard erntet heftige Kritik. Mit der Pflege-Greencard wollen Arbeitgeber den Personalmangel beheben. Pflegeverbände halten nichts davon", *Ärztezeitung* vom 22.04.2010, im Internet abrufbar unter http://www.aerztezeitung.de/politik_gesellschaft/pflege/article/599405/vorschlag-pflege-greencard-erntet-heftige-kritik.html?sh=1&h=-1232082931 [Zugriff am 20.05.2010]

Koalitionsvertrag zwischen CDU, CSU und FDP für die 17. Legislaturperiode, 2009: *Wachstum, Bildung, Zusammenhalt*, im Internet abrufbar unter z.B. unter http://www.cdu.de/doc/pdfc/091026-koalitionsvertrag-cducsu-fdp.pdf (Zugriff am 20.03.2010).

Krahmer, Utz, 2005: §§ 13, Vor § 61, 61–66, 118–120 SGB XII, in: Münder, Johannes/Armborst, Christian/Berlit, Uwe/Bieritz-Harder, Renate/Birk, Ulrich-Arthur/Brühl, Albrecht/Conradis, Wolfgang/Geiger, Udo/Hofmann, Albert/Krahmer, Utz/Niewald, Stephan/Roscher, Falk/Schoch, Dietrich, 2005: *Sozialgesetzbuch XII – Sozialhilfe – Lehr- und Praxiskommentar*, 7. Aufl., Baden-Baden.

Krahmer, Utz, 2009: Einl. II bis VI, §§ 1, 3, 4, 7, 9, 10, 11, 12, 17, 45, 53a, 93–98, 120–122 SGB XI, in: Klie, Thomas/Krahmer, Utz (Hg.), 2009: *Sozialgesetzbuch XI – Soziale Pflegeversicherung – Lehr- und Praxiskommentar* (LPK SGB XI), 3. Aufl., Baden-Baden.

Larsen, Christa/Joost, Angela, 2008: *Häusliche Betreuung und Pflege zwischen Qualitätsanspruch und Kosten.* Europäische Lösungsansätze im Vergleich. Internationale Konferenz vom 20. und 21. Oktober 2008 an der Goethe-Universität in Frankfurt am Main, Frankfurt a.M., im Internet abrufbar unter http://www.iwak-frankfurt.de/documents/Zusammenfassung.pdf (Zugriff am 20.05.2010).

MDS [Medizinischer Dienst der Spitzenverbände der Krankenkassen e.V.], 2002: *Pflegebericht des Medizinischen Dienstes, Berichtszeitraum 2001/2002*, Essen, im Internet verfügbar unter http://www.mds-ev.de/media/pdf/Pflegebericht_2001-2002.pdf (Zugriff am 20.05.2010).

Münder, Johannes, 2005: Einleitung 1. bis 6., §§ 4–5, 20, 71, Vor § 75, 75–81, 93–95 SGB XII, in: Münder, Johannes/Armborst, Christian/Berlit, Uwe/Bieritz-Harder, Renate/Birk, Ulrich-Arthur/Brühl, Albrecht/Conradis, Wolfgang/Geiger, Udo/Hofmann, Albert/Krahmer, Utz/Niewald, Stephan/Roscher, Falk/Schoch, Dietrich, 2005: *Sozialgesetzbuch XII – Sozialhilfe – Lehr- und Praxiskommentar*, 7. Aufl., Baden-Baden.

Neuhaus, Andrea/Isfort, Michael/Weidner, Frank 2009: *Situation und Bedarfe von Familien mit mittel- und osteuropäischen Haushaltshilfen (moH)*; Deutsches Institut für angewandte Pflegeforschung e.V., Köln 2009, im Internet abrufbar unter http://www.dip.de/fileadmin/data/pdf/material/bericht_haushaltshilfen.pdf (Zugriff am 26.02.2010).

Plantholz, Markus, 2009: §§ 18, 28, Vor 36, 36, 37, 71–75, 77, 78, 82, 83 SGB XI; 132a SGB V, in: Klie, Thomas/Krahmer, Utz (Hg.), 2009: *Sozialgesetzbuch XI – Soziale Pflegeversicherung – Lehr- und Praxiskommentar* (LPK SGB XI), 3. Aufl., Baden-Baden.

RKI [Robert-Koch-Institut] (Hg.), 2004: Schwerpunktbericht der Gesundheitsberichterstattung des Bundes: Pflege, Berlin, im Internet abrufbar unter http://www.rki.de/cln_178/nn_199850/DE/Content/GBE/Gesundheitsberichterstattung/GBEDownloadsT/pflege,templateId=raw,property=publicationFile.pdf/pflege.pdf (Zugriff am 20.05.2010).

Schellhorn, Helmut, 2006: §§ 32–34, 36,38, 47–52, 61–66, 70, 71, 74, 93–95, 102–104, in: Schellhorn, Walter/Schellhorn, Helmut/Hohm, Karl-Heinz (Hg.), 2006: *SGB XII – Sozialhilfe. Ein Kommentar für Ausbildung, Praxis und Wissenschaft*, 17. Aufl., Neuwied.

Schmäing, Paul, 2009: §§ 72–74, 82, 83–87, 87b, 89–92 SGB XI, in: Klie, Thomas/Krahmer, Utz (Hg.), 2009: *Sozialgesetzbuch XI – Soziale Pflegeversicherung – Lehr- und Praxiskommentar* (LPK SGB XI), 3. Aufl., Baden-Baden.

Schulin, Bertram, 1994: „Die soziale Pflegeversicherung des SGB XI – Grundstrukturen und Probleme", *Neue Zeitschrift für Sozialrecht* (NZS) 10, S. 433–444.

Statistisches Bundesamt, 2008: *Pflegestatistik 2007, Deutschlanderngebnisse*, Wiesbaden.

Udsching, Peter, 2010: *SGB XI – Soziale Pflegeversicherung*, 3. Aufl., München.

Reguläre und irreguläre Beschäftigung
in der häuslichen Pflege – (un-)gedeckte soziale
Sicherungsbedarfe, Legalisierungsstrategien und ihre Folgen

Die soziale Absicherung häuslicher Pflege über Grenzen hinweg – Rechtliche Grauzonen, (Ir-)Regularität und Legitimität

Kirsten Scheiwe

Die Praxis irregulärer Beschäftigungsverhältnisse von Migrantinnen in Pflegehaushalten wird unter Verwendung theoretischer Annahmen aus Rechtssoziologie, Sozialwissenschaften, Arbeitsmarkttheorie und Gender-Theorien erklärt. Ein weiter Begriff der sozialen Sicherung ermöglicht es, irreguläre Beschäftigungsverhältnisse als Ausdruck ungedeckter sozialer Sicherungsbedarfe der Beteiligten (Pflegebedürftige, pflegende Angehörige, beschäftigte Migrantinnen) zu bewerten, welche durch Kollusion ihre widersprüchlichen Interessen ‚in der Grauzone des Rechts' verfolgen. Die institutionellen Rahmenbedingungen des Teilarbeitsmarktes haushaltsnaher Dienstleistungen im Sozial- und Steuerrecht sind aus arbeitsmarkttheoretischer Perspektive (Insider/Outsider-Theorien) ein Beitrag zur Abwertung und Marginalisierung von *care*-Tätigkeiten; im Zusammenwirken mit EU-Übergangsrecht und Ausländerrecht wird der Arbeitsmarkt abgeschottet. Die rechtssoziologische Sanktionsforschung erklärt, warum Rechtsverstöße nicht effizient sanktioniert werden. Die dominante öffentliche Politik tabuisiert die Überlastung pflegender Angehöriger sowie die Entrechtung der Beschäftigten und ‚privatisiert' soziale Sicherungsbedarfe, so dass Geschlechterhierarchien und soziale Ungleichheiten transnational verlängert werden.

1 Ausgangssituation, Fragestellung, theoretischer Rahmen

Bei der Bewältigung der Probleme, die mit der Versorgung von pflegebedürftigen Personen in Privathaushalten in Deutschland verbunden sind, werden mehrfach Grenzen überschritten. Die Versorgung einer Person, die erheblich pflegebedürftig ist[1] und möglicherweise auch dement, bringt die betreuende Angehöri-

---

[1] Es geht hier um länger andauernde Pflegebedürftigkeit von Personen, die sich weitgehend nicht selbst versorgen können und in erheblichem Umfang auf Hilfe und auf Unterstützung ‚rund um die

ge[2] häufig an die Grenzen ihrer persönlichen Ressourcen im Hinblick auf Zeit, Kraft und Zuneigung; die Pflege ist körperlich wie physisch sehr anstrengend, was auch aus der professionellen Altenpflege hinlänglich bekannt und ein Grund für die starke Fluktuation in den Altenpflegeberufen ist (vgl. Joost 2008). Diese Tätigkeit ist kaum mit eigener Berufstätigkeit zu vereinbaren (vgl. Barkholdt/ Lasch 2004; Bäcker 2003) und auch von einer nicht berufstätigen Person allein nur unter extremen Belastungen zu leisten. Hinzu kommt, dass sich mit der höheren Lebenserwartung auch die durchschnittliche Dauer der Pflegebedürftigkeit verlängert hat, so dass die Zuweisung der Pflege als ‚Privatsache' an die Familie und deren Bewältigung (typischerweise durch die Ehefrau, die Tochter oder Schwiegertochter der pflegebedürftigen Person) auch deshalb an Grenzen stößt. Für betreuende Angehörige gelten bekanntlich die Begrenzungen der Arbeitszeit nach dem Arbeitszeitgesetz[3] nicht, da sie keine abhängig Beschäftigten sind; die gesetzliche Pflegeversicherung ermöglicht ihnen höchstens eine vierwöchige ‚Auszeit' im Jahr.[4] In vielen westeuropäischen Ländern zeichnet sich eine Veränderung der Grenzziehung zwischen der ‚privaten' und der ‚sozialen', gesellschaftlichen Absicherung der Bedarfe pflegebedürftiger Personen spätestens seit den 1980er und 1990er Jahren ab (vgl. Daly 2002).

Da die Betroffenen und ihre Angehörigen überwiegend die häusliche Pflege gegenüber einer stationären, institutionellen Pflege bevorzugen (vgl. BMFSFJ 2002: 202), stellt sich die Frage nach der Unterstützung in der häuslichen Pflege. Pflegebedürftige können in Deutschland hierfür zum einen Leistungen professioneller ambulanter Pflegedienste als Sozialleistung (Pflegesachleistungen nach dem SGB XI) in Anspruch nehmen.[5] Zum anderen können sie das ihnen zustehende Pflegegeld dafür einsetzen, auf dem privaten Pflegemarkt Unterstützungsleistungen einzukaufen. Auch eine Kombination der Inanspruchnahme von ambulanten Pflegeleistungen und der privaten Beschaffung von haushaltsnahen

---

Uhr' angewiesen sind (also Fälle der Pflegebedürftigkeit gemäß § 14 SGB XI sowie vergleichbare Bedarfe, die nicht von der engen Definition des § 14 SGB XI erfasst sind).
[2] Da 80 Prozent der pflegenden Angehörigen Frauen sind (vgl. BMFSFJ 2002: 189), wird hier die weibliche Form benutzt, die auch die männlichen Pflegenden umfasst (12 Prozent der pflegenden Angehörigen sind Ehepartner und 2 Prozent Väter; vgl. ebd.).
[3] Arbeitszeitgesetz (ArbZG) vom 06.06.1994 (BGBl. I S. 1170, 1171), zuletzt geändert durch Art. 7 des Gesetzes vom 15.07.2009 (BGBl. I S. 1939).
[4] § 39 SGB XI (Häusliche Pflege bei Verhinderung der Pflegeperson) gewährt die Übernahme der Pflegekosten für längstens vier Wochen je Kalenderjahr bis zu maximal 1.510 Euro ab 01.01.2010 und auf bis zu 1.550 Euro ab 01.01.2012, wenn eine Pflegeperson wegen Erholungsurlaubs, Krankheit oder aus anderen Gründen an der Pflege gehindert ist.
[5] Die Mehrheit der zu Hause lebenden Pflegebedürftigen nimmt jedoch keine Sachleistungen der ambulanten Pflegedienste in Anspruch; 51 Prozent der etwas über eine Million Personen mit Anspruch auf Leistungen der Pflegeversicherung erhalten ausschließlich Pflegegeld (vgl. BMFSFJ 2002: 187).

Dienstleistungen auf dem Pflegemarkt ist möglich. Tendenziell wächst der Bedarf nach Unterstützung in der häuslichen Pflege, und die Beschäftigung von Migrantinnen als *live-ins* in Privathaushalten ist ein wachsendes Segment des Pflegemarktes, der zunehmend grenzüberschreitend organisiert ist. Der Pflegemarkt ist transnational; die Migrantinnen aus den neuen EU-Mitgliedsländern werden meistens irregulär[6] beschäftigt. Auch darin liegt eine Grenzüberschreitung – von der Legalität zur Illegalität der Beschäftigungsverhältnisse und möglicherweise auch des Aufenthaltsstatus, von einer arbeits- und sozialrechtlich abgesicherten Beschäftigung zur irregulären Schwarzarbeit. Diese Beschäftigungsformen werden von den Beteiligten in hohem Maße für legitim gehalten und von den mit der Migrationskontrolle und der Bekämpfung der Schwarzarbeit beauftragten Behörden relativ wenig verfolgt und sanktioniert (vgl. unten 2.4).

Dieser Bereich wird in der öffentlichen Diskussion häufig als ‚rechtliche Grauzone' beschrieben. Zwar kann es aus der internen Perspektive des Rechts so etwas wie eine ‚Grauzone' nicht geben, denn ein Verhalten ist entweder rechtmäßig oder rechtswidrig, legal oder illegal, schwarz oder weiß, aber jedenfalls nicht ‚halblegal' oder ‚grau'. Dies entspricht dem Anspruch des Rechts, alle Sachverhalte umfassend zu regulieren. Im Alltagsverständnis bezeichnet dagegen ‚Grauzone' eine Situation, in der die rechtliche Bewertung eines Verhaltens sehr umstritten ist (die einen halten es für legal, die anderen für illegal) und/oder in der ein Verhalten zwar formal rechtswidrig ist, der Rechtsverstoß aber faktisch kaum sanktioniert wird und Verstöße von den Behörden weitgehend toleriert bzw. ignoriert werden. Aus der Perspektive vieler ‚Rechtsbrecher' erscheint das Verhalten als legitim, als Bagatelle oder ‚Kavaliersdelikt' und ist mit geringem Unrechtsbewusstsein und wenig oder gar keinen Schuldgefühlen verbunden. Die Beteiligten sind sich zwar des Gesetzesverstoßes bewusst, halten ihn aber aus moralischer Sicht nicht für gravierend. Diese Dynamik ist typisch für eine Situation, in der die rechtliche Bewertung eines Verhaltens und die moralische Bewertung aus der Sicht vieler ‚Rechtsunterworfener' auseinanderfallen. Auch ein großer Teil des ‚Rechtsstabs' (Max Weber), der das Recht sanktionieren und

---

[6] Im Folgenden wird überwiegend der Begriff der ‚irregulären Migration' und der ‚irregulären Beschäftigung' benutzt, da er weniger stigmatisierend ist als der Begriff der Illegalität, der häufig in Verbindung mit Kriminalität gebracht wird (vgl. Vogel/Cyrus 2008: 1). Die ‚International Conference on Population and Development' der Vereinten Nationen hat 1994 den Begriff ‚undokumentierte Migranten/undocumented migrants' empfohlen, der sich auf die Einreise an der Grenze bezieht, aber nicht den Bereich der illegalen Beschäftigung berücksichtigt. Manche Migrantin ist ‚irregulär', weil sie gegen aufenthaltsrechtliche Regelungen verstoßen hat, grundsätzlich aber Anrecht auf einen legalen Aufenthaltsstatus hätte (vgl. Vogel/Cyrus ebd.). Bei Migrantinnen aus MOE-Ländern findet sich häufig die Kombination eines legalen Aufenthaltes (aufgrund der Freizügigkeitsregelungen innerhalb der EU) mit einer irregulären Beschäftigung (vgl. *Frings* in diesem Band).

durchsetzen soll, ist in diesen Fällen wenig geneigt, Gesetzesverstöße zu sanktionieren oder gar zu kriminalisieren.

Ausgangspunkt des vorliegen Beitrags ist die Annahme, dass die unterschiedlichen sozialen Sicherungsbedürfnisse und Interessen der beteiligten Akteure bei diesen transnationalen Betreuungsarrangements nicht (mehr) hinreichend durch die sich überschneidenden sozialen Sicherungssysteme abgedeckt werden (vgl. unten 2.1). Sie wählen deshalb eher irreguläre Gestaltungsformen, um ihre unterschiedlichen, ja geradezu gegensätzlichen Interessen unter Bedingungen ungleicher Machtverhältnisse zu verwirklichen. Dass durch Kollusion der Beteiligten gegen Rechtsnormen verstoßen wird, bleibt weitgehend unsanktioniert (vgl. unten 3). Dies trägt dazu bei, dass die Problematik aus der öffentlichen Diskussion über die gesellschaftliche Verteilung und Finanzierung von *care* ausgeblendet wird und dadurch auch die Marginalisierung dieses feminisierten Beschäftigungssektors aus ganz unterschiedlichen Interessenkonstellationen der beteiligten Akteure heraus aufrechterhalten bleibt.

Eine Erklärung dafür ist, dass die Deckung von Pflegebedarfen und Unterstützung bei der alltäglichen Versorgung nicht als gesellschaftliche, sondern als private Aufgabe und im Rahmen der geschlechtsspezifischen Arbeitsteilung als unbezahlte (oder schlecht bezahlte) Aufgabe von Frauen im Rahmen der Ehe oder Familie definiert wurde. Diese Risikozuweisung und ihre Gender-Dimensionen sind zunehmend problematisch geworden, bestehen aber in vieler Hinsicht noch fort und verstärken alte und neue Ungleichheiten, national wie auch transnational. Die geringe Wertschätzung und Entlohnung von Sorgearbeit und Haushaltstätigkeiten führt einerseits zu ‚Abwanderungstendenzen' aus diesem besonderen Arbeitsmarkt (das weitgehende Verschwinden der ‚Dienstboten' aus Privathaushalten zu Beginn des 20. Jahrhunderts ist typisch dafür), aber auch zu einer verstärkten Nachfrage nach haushaltsnahen und familienunterstützenden Dienstleistungen. Diese Bedarfe werden häufig durch irreguläre Beschäftigung von Migrantinnen gedeckt, vor allem wenn es um ‚Rund-um-die-Uhr'-Betreuung geht und nicht nur um eingeschränkte, stundenweise Tätigkeiten. Besonders die feministische Forschung hat diese Entwicklung transnationaler ‚Betreuungsketten' und der neuen ‚Dienstmädchenfrage' analysiert (vgl. unten 2.3 sowie *Karakayalı* und *Frings* in diesem Band).

Dieser Beitrag geht ebenfalls von einer *care*-Perspektive aus, um die Besonderheiten von personalen Dienstleistungen der häuslichen Pflege und Unterstützung bei Versorgungstätigkeiten zu untersuchen. Das Bedürfnis der Versorgung und Pflege von pflegebedürftigen Personen richtet sich auf Fürsorge, auf eine personale Dienstleistung, auf *care*, die ein hohes Maß an Empathie und Zuwendung erfordert und sich deshalb von anderen Dienstleistungen unterscheidet. Der Fokus liegt darauf, die gedeckten und ungedeckten sozialen Sicherungsbedarfe auf Seiten der verschiedenen beteiligten Akteure zu untersuchen, welche an diesen transnationalen Pflegebeziehungen beteiligt sind. Dafür ist ein erweiterter Begriff der sozialen Sicherung erforderlich, der die Grenzziehung zwischen ‚öffentlicher' und ‚privater' Verantwortung für Pflege und Sorge überschreitet und die verschiedenen Zuständigkeiten und Erbringungsformen in ihren Wechselbeziehungen berücksichtigt (vgl. unten 1.1). Der klassische, erwerbszentrierte Begriff der sozialen Sicherung des nationalen und internationalen Sozialrechts ist dafür zu eng. Deshalb wird der Analyse ein weiter Begriff sozialer Sicherung zugrunde gelegt (vgl. Scheiwe 1999), wie er insbesondere in der rechtsethnologischen Forschung entwickelt wurde (vgl. von Benda-Beckmann 2007).

1.1 Soziale Sicherungsbedarfe und soziale Unterstützung ‚crossing borders' – Pflegebedarf einerseits, soziale Sicherung und soziale Rechte der Beschäftigten andererseits

In Bereich der transnationalen Unterstützung bei der häuslichen Pflege überschneiden sich soziale Sicherungsbedarfe der verschiedenen Beteiligten. Die Beschäftigungshaushalte sind einerseits selbst bedürftig und benötigen Pflege als personale Dienstleistung, um durch auf dem Pflegemarkt eingekaufte Dienstleistungen die erforderliche soziale Unterstützung zu erhalten. Sie sind andererseits Arbeitgeber oder Dienstleistungsnehmer (je nachdem, ob man das Beschäftigungsverhältnis als Arbeitsverhältnis betrachtet oder die Migrantin rechtlich als selbstständig bewertet). Als ‚Kundin' bzw. ‚Kunde' einer personalen Dienstleistung oder als Arbeitgeberin bzw. Arbeitgeber ist die pflegebedürftige Person daran interessiert, eine möglichst gute Leistung für einen akzeptablen Marktpreis zu erhalten (wobei zahlungsfähige Haushalte durchaus bereit sein mögen, für gute Qualität einen höheren Preis zu zahlen, wie der Markt für Seniorenresidenzen und ähnliche hochpreisige Angebote zeigt). Die beschäftigte Haushalts- und Pflegekraft als (Schein-)Selbstständige oder als Arbeitnehmerin ist demgegenüber daran interessiert, ihr Einkommen zu maximieren und akzeptable Arbeitsbedingungen vorzufinden. Gleichzeitig geht es auch um ihre eigene soziale Absicherung, die jedoch grenzüberschreitend auf mehreren Ebenen und in unterschiedlichen Systemen erfolgen kann – im sozialen Sicherungssystem des Herkunftlandes, im sozialen Sicherungssystem des Beschäftigungslandes oder auch im Rahmen von transnationalen sozialen Unterstützungsbeziehungen auf familialer Ebene. Dies kann dadurch geschehen, dass die Beschäftigte einen Teil ihres Einkommens an ihre Familie transferiert, dass sie ihren Kindern eine gute Ausbildung finanzieren kann, indem sie ihre Familie finanziell unterstützt, dass sie Lücken des sozialen Sicherungssystems im Herkunftsland ausgleicht, weil etwa

Renten, Arbeitslosenunterstützung oder andere staatliche Transfers zu niedrig sind oder medizinische Behandlung privat finanziert werden muss. Möglicherweise bezieht die Migrantin selbst Sozialleistungen in ihrem Herkunftsland; viele der pflegenden Frauen sind bereits Rentnerinnen und bessern das niedrige Rentenniveau durch ihre Arbeit in deutschen Privathaushalten auf, oder sie finanzieren mit ihrem Einkommen den Kauf eines Hauses oder einer Eigentumswohnung im Herkunftsland als Teil ihrer geplanten Alterssicherung. Andere soziale Sicherungsbedürfnisse betreffen ihre Situation in Deutschland; bei irregulärer Beschäftigung ist besonders der Zugang zum Gesundheitssystem schwierig (es sei denn, die Beschäftigte ist als Bürgerin eines EU-Mitgliedstaates dort krankenversichert und besitzt eine Europäische Krankenversicherungskarte, mit der sie Zugang zum deutschen Gesundheitssystem hat). Wenn sie sich ohne Aufenthaltstitel in der Bundesrepublik aufhält und Kinder hat, die mit ihr in Deutschland leben, kann deren Zugang zum Schulwesen ein wesentliches Problem darstellen. Deutschland hat im europäischen Vergleich äußerst rigide Vorschriften zur Datenweitergabe und Kooperation mit Kontrollbehörden (Ausländerbehörden u.a.), wie Norbert Cyrus und Dita Vogel beschreiben:

„Wenn Schulen, Ärzte und Gerichte den Aufenthaltsstatus kontrollieren und mit den für die Aufdeckung von Illegalität und Abschiebung von Zuwanderern verantwortlichen Behörden kooperieren dürfen oder müssen, werden irreguläre Migranten von der Inanspruchnahme ihrer Rechte abgeschreckt." (Vogel/Cyrus 2008: 3).

1.2 Begriffsdefinitionen: Was ist soziale Sicherung?

Ein weiter Begriff von sozialer Sicherung ist erforderlich, um die komplexen sozialen Sicherungsbedürfnisse und das Zusammenwirken mehrerer Systeme sozialer Sicherung über Grenzen hinweg zu verstehen. Unter sozialer Sicherung im engen Sinne werden öffentlich-rechtliche erwerbsbezogene Sozialversicherungssysteme für Arbeitnehmer verstanden, die sich in Deutschland seit der Bismark'schen Sozialgesetzgebung in den 1880er Jahren herausgebildet haben. Durch die Sozialversicherung werden die klassischen Risiken Krankheit, Invalidität, Alter und Arbeitslosigkeit abgesichert. Pflegebedürftigkeit war in diesem System bis 1996 kein sozial abgesichertes Risiko, sondern wurde der Privatsphäre der Familie zugewiesen. Diese Definition entspricht der Begriffsbestimmung, wie sie etwa die Internationale Arbeitsorganisation (IAO) verwendet und wie sie den verschiedenen IAO-Abkommen zugrunde liegt. Beispielhaft dafür ist das IAO-Übereinkommen 102 über Mindestnormen der Sozialen Sicherheit von

1952,[7] das Standards für neun Bereiche der sozialen Sicherheit festlegt (Leistungen bei Krankheit, Mutterschaft, medizinische Betreuung, bei Arbeitsunfällen und Berufskrankheiten, bei Arbeitslosigkeit, Alter und Invalidität sowie Leistungen an Hinterbliebene und Familienleistungen). Es handelt sich bei diesen sozialen Sicherungssystemen in den EU-Ländern um erwerbszentrierte, hochkomplexe und stark verrechtlichte Regelungssysteme.

Ein *enger Begriff* der sozialen Sicherung ist Kern des koordinierenden Sozialrechts der EU, das erwerbsbezogen ist (vgl. Bieback 2008). Andere Bereiche der sozialen Sicherung und sozialer Dienstleistungen sind in der auschließlichen Kompetenz der Mitgliedstaaten verblieben, teilweise bestehen auch Mischkompetenzen (wie etwa im Bereich der Gesundheitsdienstleistungen).

Ein *weiter Begriff* der sozialen Sicherung umfasst soziale Lösungsansätze in Situationen, in denen Personen nicht für sich selbst sorgen können oder in denen das Vermögen, für sich selbst zu sorgen, bedroht ist (vgl. von Benda-Beckmann 2007: 166). Soziale Sicherungssysteme enthalten Normen darüber, für wen Hilfe und Fürsorge geleistet werden soll. Aus rechtlich-systematischer Sicht gehört damit auch das Familienrecht in weiten Teilen zum Recht der sozialen Sicherung; da das Familienrecht auch das Ziel der Unterhalts- und Existenzsicherung verfolgt, erfüllt es soziale Sicherungsfunktionen. Durch die Verwendung eines weiten Begriffs der sozialen Sicherung kommen andere Bedarfe, die üblicherweise nicht als sozialversicherte Risiken berücksichtigt werden sowie weitere Absicherungsmechanismen und Akteure mit in den Blick. Eine Schwäche dieses weiten Begriffs ist, dass die Grenzen zwischen rechtlichen Instrumenten, Rechtsansprüchen und -pflichten und anderen, nicht rechtsförmig geregelten sozialen Unterstützungssystemen verwischen und die Unterscheidung zwischen normativen und faktischen Regelungen sozialer Unterstützung sehr unscharf wird.

In einem weiten Begriff sozialer Sicherung werden Familie und Familienrecht, Verwandtschaft, Nachbarschaft, freiwillige Zusammenschlüsse und religiöse Institutionen als mögliche Instanzen sozialer Sicherung berücksichtigt. Aus diesen Institutionen und Netzwerken hat sich auch in Deutschland historisch das Sozialversicherungssystem entwickelt, denn Vorläufer der Bismarck'schen Sozialversicherungssysteme waren Versicherungsvereine auf Gegenseitigkeit (Mutualitäten), Sterbekassen, Begräbnisvereine, Spar- und Kreditvereine etc., die auf der Reziprozitätsidee beruhten. Einbezogen werden Formen der Risikoabsicherung und Hilfe, die klassisch als ‚privat' definiert werden und die durch gegenseitige Unterstützung oder unbezahlte (Familien-)Arbeit erbracht werden, wie dies auch bei Pflegebedürftigkeit der Fall war. Es geht dann nicht nur um *ein*

---

[7] IAO-Übereinkommen 102 über die Mindestnormen der Sozialen Sicherheit, von Deutschland ratifiziert am 21.02.1958 (vgl. die Dokumentation aller IAO-Übereinkommen unter http://www.ilo.org/ilolex/german/docs/convdisp1.htm, Zugriff am 24.03.2010).

soziales Sicherungssystem, sondern um mehrere Sicherungssysteme, die sich überlappen, ineinandergreifen und Friktionen oder ‚Sicherungslücken' aufweisen können. Bei transnationalen Sachverhalten (zu denken ist beispielsweise an die ‚Pendelmigration' polnischer Haushaltsbeschäftigter zwischen Deutschland und Polen oder von tschechischen oder slowakischen ‚Haushaltsnomadinnen' nach Österreich, vgl. *Schmid* in diesem Band) überschneiden sich mehrere Sicherungssysteme und zwei nationale Sozialversicherungssysteme, die durch das EU-Sozialrecht koordiniert werden. Unterschiedliche normative und ideologische Grundannahmen können bei transnationalen Sachverhalten verstärkt aufeinandertreffen.

2 Die Absicherung des Pflegebedarfs in Deutschland zwischen Sozialleistung, Markt und privater Sorge

2.1 Care needs going public – die partielle sozialrechtliche Absicherung des Risikos der Pflegebedürftigkeit in Deutschland seit 1996

Die Einführung der sozialen Pflegeversicherung als ‚fünfter Säule' der Sozialversicherung, die 1995/1996 in Kraft getreten ist,[8] bildet einen wichtigen Einschnitt in der sozialen Absicherung von *care*-Bedarfen: Pflegebedürfigkeit wird nicht länger als privates Risiko betrachtet, das primär aus dem Einkommen der pflegebedürftigen Person (und ihrer unterhaltspflichtigen Angehörigen) und durch unbezahlte Sorgearbeit der Angehörigen abgesichert werden muss, sondern wird als sozialversicherungspflichtiges Risiko definiert und teilweise durch die soziale Pflegeversicherung (und für nicht gesetzlich Versicherte durch die private Pflegeversicherung) abgedeckt. Auch dies ist eine ‚Grenzüberschreitung' – das Pflegerisiko ‚is going public'. Diese Tendenz zum Ausbau des Wohlfahrtsstaates ist gegenläufig zur Privatisierung sozialer Risiken in einigen anderen Bereichen (vgl. Scheiwe 1997). Die Einführung der Pflegeversicherung stellte einen ‚Systembruch' in der erwerbszentrierten deutschen Sozialversicherung dar (vgl. Landenberger 1994; Bieback 1999), weil sie nicht nur Arbeitnehmerinnen und Arbeitnehmer umfasst, sondern als ‚Volksversicherung' ausgestaltet ist. Zwar reichen die Leistungen der Pflegeversicherung für eine vollständige Kompensation des Pflegebedarfs nicht aus (‚Teilkasko') (vgl. Bieback 2009: 3f.); ein Teil des Pflegerisikos muss nach wie vor vom Pflegebedürftigen selbst und den Angehörigen getragen werden. Diese Situation unterscheidet sich dennoch

---

[8] Sozialgesetzbuch Elftes Buch Soziale Pflegeversicherung (SGB XI) vom 26.05.1994 (BGBl. I S. 1014), zuletzt geändert durch Gesetz vom 30.07.2009 (BGBl. I S. 2495).

grundlegend von der Situation vor dem Jahr 1995, als die Sozialhilfe nur subsidiär die Kosten für eine stationäre Pflege übernahm, wenn die Pflegebedürftigen und die unterhaltspflichtigen Angehörigen nicht aus eigenem Einkommen und Vermögen dazu in der Lage waren, und die Pflegebedürftigkeit im Übrigen ‚Privatsache' war. Auch wenn diese Veränderung der sozialen Absicherung der Pflegebedürftigkeit weiterhin private Sorgearbeit ganz überwiegend durch Frauen voraussetzt, lässt sie sich dennoch nicht als ‚neoliberale Privatisierung' charakterisieren. Die Tendenz geht vielmehr in die umgekehrte Richtung und ist als partielle Sozialisierung zu bewerten.

Ausdruck dieses ‚public-private'-Mix ist der Vorrang von ‚ambulanter vor stationärer Pflege' (§ 3 SGB XI), die Gewährung ambulanter Pflege als Sachleistung durch ambulante Pflegedienste, welche lediglich einen Teilbedarf abdecken kann, die Förderung der unbezahlten Pflege von Angehörigen oder Nachbarn durch Gewährung des Pflegegeldes an die pflegebedürftige Person sowie die Leistungen zur Absicherung der Pflegepersonen (Unfallversicherungsschutz, Geldleistung für freiwillige Rentenversicherungsbeiträge, Verhinderungspflege; vgl. *Hoffer* in diesem Band).

Das deutsche ‚Pflegeregime' ist deshalb aus vergleichender Sicht auf *care*-Modelle in Europa als ‚öffentlich finanziertes privates Care-Cluster' (vgl. Bettio/Plantenga 2004) bezeichnet worden. Es unterscheidet sich von einem ‚öffentlichen Care-Cluster' (z.B. in Schweden), in dem weitreichend universelle Dienstleistungen verfügbar sind, und von einem ‚alles-in-der-Familie'-Cluster (südeuropäische Länder), wo Pflegeaufgaben an die Familie delegiert werden und die sozialstaatliche Unterstützung dafür gering ist. Diese Charakterisierung des deutschen Pflegeregimes als öffentlich geförderte private Versorgung verdeutlicht auch den Wandel, der sich durch die Einführung der Pflegeversicherung 1995 vollzogen hat – von der privaten sozialen Absicherung und der nur subsidiären gesellschaftlichen Übernahme der stationären Pflegekosten im Rahmen der Sozialhilfe hin zur (gedeckelten) Übernahme der Kosten stationärer Altenpflege, der Gewährung begrenzter ambulanter Dienstleistungen der Pflege in der häuslichen Umgebung verbunden mit einer Subventionierung der sogenannten ‚Laienpflege' überwiegend durch Frauen (Ehefrauen, Töchter, Schwiegertöchter).

Die Reformen der Pflegeversicherung 2008 haben der Kritik am Begriff der Pflegebedürftigkeit (wenn auch in zu geringem Umfang) Rechnung getragen und den allgemeinen Betreuungs- und Beaufsichtigungsbedarf (z.B. von Demenzkranken oder geistig behinderten Personen) ein wenig stärker berücksichtigt als zuvor. Auch ist die Vereinbarkeit von Pflege und Berufstätigkeit etwas verbessert worden. Nach dem Pflegezeitgesetz[9] haben Arbeitnehmerinnen und Arbeit-

---

[9] Gesetz über die Pflegezeit (Pflegezeitgesetz – PflegeZG) vom 28.05.2008 (BGBl. I S. 874, 896), in Kraft seit 01.07.2008.

nehmer einen Rechtsanspruch auf bis zu sechs Monate Pflegezeitfreistellung – allerdings nur, wenn die Pflegekasse oder der Medizinische Dienst der Krankenversicherung die Pflegebedürftigkeit bescheinigt hat und im Betrieb der pflegenden Angehörigen mehr als 15 Arbeitnehmer beschäftigt sind. Es handelt sich um einen Freistellungsanspruch, aber es wird keine Lohnfortzahlung oder Lohnersatzleistung gewährt. Die Pflegezeitfreistellung kann vom Arbeitgeber nur wegen dringender betrieblicher Belange abgelehnt werden. Durch die Regelungen zur Pflegezeit wird die Zuweisung der Pflege an die Angehörigen und die Familiensphäre betont, gleichzeitig aber durch arbeitsrechtliche Regelungen und in geringem Umfang auch durch eine sozialrechtliche Anerkennung[10] abgefedert. Äußerungen der derzeitigen Familienministerin Köhler zu zukünftigen Reformen der Pflegezeit[11] gehen ebenfalls in diese Richtung: Danach soll ein Anspruch auf Arbeitszeitreduzierung (Teilzeit) zur Familienpflege eingeführt werden, bei der das Gehalt auf 75 Prozent des früheren Vollzeitentgeltes aufgestockt wird. Diese Aufstockung ist aber nicht als Sozialleistung konzipiert, sondern als eine Art Vorschusszahlung; dieser Vorschuss wird bei späterer Wiederaufnahme der Vollzeiterwerbstätigkeit wieder vom Gehalt abgezogen. Auch dieses Reformprojekt geht in Richtung einer öffentlichen, arbeits- und sozialrechtlichen Absicherung der Pflege, die vorrangig als private Aufgabe der Familie betrachtet wird, deren Vereinbarkeit mit Erwerbstätigkeit aber erhöht werden soll.

Nur unzureichende Schritte wurden bisher im Hinblick auf eine Verbesserung der öffentlichen Infrastrukturen und kollektiven Angebote der Unterstützung und Betreuung für pflegebedürftige ältere Menschen unternommen, z.B. durch mehr ambulante Tagespflegeeinrichtungen, insbesondere für demente Menschen, wie dies auch im Vierten Altenbericht empfohlen wurde (vgl. BMFSFJ 2002: 357), aber auch durch stärkere Bemühungen im Bereich der Rehabilitation von pflegebedürftigen Menschen oder beim Ausbau von nicht isolierenden Wohnformen für ältere Menschen. Ansätze für eine kommunale Altenhilfepolitik der Kommunen bestehen im Rahmen der Sozialhilfe (§ 71 SGB XII); Kommunen haben danach die Aufgabe der kommunalen Entwicklungsplanung, der örtlichen Bedarfsplanung von Pflegeeinrichtungen und deren Vernetzung sowie die Schaffung von Maßnahmen und Diensten zur Erhaltung der Selbstständigkeit und der Teilhabe am gesellschaftlichen Leben. Kommunale Altenhilfepolitik kann einen wichtigen Beitrag leisten zur öffentlichen Übernahme von Planungsverantwortung und dem Ausbau von Infrastrukturen. § 71

---

[10] Auf Antrag können Zuschüsse zur Kranken- und Pflegeversicherung der pflegenden Person gewährt werden (§ 44a SGB XI). Ein Anspruch auf Lohnersatzleistungen besteht für die pflegende Person jedoch nicht.
[11] „Kristina Schröder fordert Familien-Pflegezeit", 03.03.2010, http://www.bmfsfj.de/BMFSFJ/familie,did=134044.html (Zugriff am 16.03.2010).

SGB XII begründet zwar Gestaltungsspielräume, aber keine unmittelbare Verpflichtung der Kommunen, und in Zeiten chronischer Finanznöte der Kommunen wird der Gestaltungsspielraum daher meist nur wenig genutzt. Auch die Einrichtung von Pflegestützpunkten durch die Pflegeversicherungsreform 2008, die eine verbesserte Beratung und Hilfeplanung für Pflegebedürftige und ihre Angehörigen zum Ziel hatte und damit den Betroffenen aus der familiären Isolierung und Individualisierung der Probleme heraushelfen sollte, ist laut Aussagen der neuen Regierungskoalition bereits wieder in Frage gestellt.[12]

Da dieses Szenario des deutschen ‚Pflegeregimes' aus der Sicht der Pflegebedürftigen und ihrer Angehörigen viele Lücken aufweist, besteht Bedarf an weiteren personalen Dienstleistungen zur Unterstützung der Familien. Marktförmige personale Dienstleistungen der häuslichen Pflege oder der Haushaltshilfe können, soweit die Pflegebedürftigen oder ihre Familien über ausreichende finanzieller Mittel verfügen, grundsätzlich in jedem der unterschiedlichen europäischen ‚Pflegeregimes' eingekauft werden, aber ihre Verbreitung sowie ihre öffentliche Akzeptanz und Regulierung sind sehr unterschiedlich (vgl. Theobald 2009; Bettio/Plantenga 2004; *Frings* in diesem Band). Obwohl im internationalen Vergleich Privathaushalte in Deutschland verhältnismäßig wenig haushaltsnahe Dienstleistungen in Anspruch nehmen, benötigen ältere Menschen und insbesondere Haushalte pflegebedürftiger Menschen mit 38 Prozent einen hohen Anteil dieser familienunterstützenden Dienstleistungen (vgl. Enste u.a. 2009). Beschäftigungsverhältnisse in privaten Pflegehaushalten können öffentlich gefördert werden (etwa durch Zuschüsse zu den Lohnkosten und Sozialabgaben, vgl. *Schmid* in diesem Band zu Österreich, oder durch steuerliche Abzugsfähigkeit) oder restriktiv geregelt und verteuert werden (etwa durch komplizierte Anmeldeverfahren und bürokratische Hindernisse). Der Markt kann abgeschottet oder geöffnet werden, Insider-Interessen können gegen Outsider abgesichert werden und den Zugang erschweren oder der erleichterte Zugang von billigen Arbeitskräften kann zu einer Art ‚Lohndumping' und Dequalifizierung führen.

2.2 Der Pflegemarkt und der Teilarbeitsmarkt haushaltsnaher Dienstleistungen in Privathaushalten

Insgesamt ist der Anteil professionell geleisteter Arbeiten für Pflegebedürftige in Deutschland verhältnismäßig gering: Sie machten nur 13 Prozent aller Hilfen für Pflegebedürftige in Privathaushalten aus (vgl. BMFSFJ 2002: 197), wobei

---

[12] „Die Förderung des Aufbaus der Pflegestützpunkte läuft aus." (Koalitionsvertrag zwischen CDU, CSU und FDP 2009: 93).

10 Prozent von Pflegekräften und 3 Prozent von hauswirtschaftlichen Hilfen geleistet wurden (ebd.: 198). Auf dem Markt personaler Dienstleistungen stehen sich die Pflegebedürftigen und ihre Angehörigen als Käufer von personalen Dienstleistungen, Arbeitgeber oder Auftraggeber und die Migrantinnen als Arbeitnehmerinnen oder (Schein-)Selbstständige gegenüber. Machtasymmetrien und soziale Ungleichheiten prägen diese Beziehungen. Aus der Perspektive der *live-in*-Beschäftigten in Privathaushalten geht es um die Frage einer möglichen Regularisierung ihres Aufenthaltsstatus und ihres Beschäftigungsverhältnisses, um Einkommenssicherung und Mindestarbeitsbedingungen, soziale Rechte (z.B. Zugang zu Gesundheitsdienstleistungen oder zu Schulen für ihre Kinder), Beratung und Interessenvertretung. Doch auch die Pflegebedürftigen benötigen nicht nur Sozialleistungen der Pflege, sondern ebenso soziale Rechte als ‚Kunden'; dies kann durch Qualitätssicherungsmaßnahmen und Verbraucherschutzrechte bei pflegerischen Dienstleistungen gewährleistet werden.

2.2.1 Minijobs und geringfügige Beschäftigung, Niedriglöhne und weit verbreitete Schwarzarbeit als Charakteristika des Teilarbeitsmarktes haushaltsnaher Dienstleistungen

Die irreguläre Beschäftigung von migrantischen ‚Haushaltsarbeiterinnen' in Privathaushalten ist Bestandteil eines Teilarbeitsmarktes, der (auch für einheimische Beschäftigte) durch weitgehend prekäre Beschäftigungsverhältnisse gekennzeichnet ist. Aus arbeitsmarkttheoretischer Sicht handelt es sich um einen sekundären oder ‚externen' Arbeitsmarkt (vgl. Sesselmeier u.a. 2009; Bachinger 2009). Typisch für dieses Segment sind relativ geringe Löhne, schlechte Arbeitsbedingungen, hohe Fluktuationsraten und fehlende Aufstiegschancen und Karrierepfade. Das durchschnittliche Lohnniveau ist niedrig[13] und reicht auch bei Vollzeitarbeit nicht zur Unterhaltssicherung aus; deshalb sind weitere Einkommensquellen zur Existenzsicherung erforderlich. Frauen sind im Niedriglohnsektor überrepräsentiert; sie bildeten 2006 knapp 70 Prozent der Niedriglohnbeschäftigten; fast ein Drittel der beschäftigten Frauen arbeitete für einen Niedriglohn – mit steigender Tendenz (1995 waren es noch 25 Prozent, 2006 bereits 30,5 Prozent der beschäftigten Frauen, vgl. Kalina/Weinkopf 2008: 3). Auch bei

---

[13] Geringverdiener ist nach der OECD-Definition, wer ein Arbeitsentgelt von weniger als zwei Drittel des Medianlohnes erhält (2006: pro Stunde weniger als brutto 9,61 Euro in Westdeutschland und 6,81 Euro in Ostdeutschland). Im europäischen Vergleich hat Deutschland mit einem Niedriglohnanteil von 22,2 Prozent inzwischen einen höheren Niedriglohnanteil als Dänemark, Frankreich und die Niederlande und nähert sich den Niedriglohnanteil von Großbritannien und den USA (25 Prozent Niedriglohnanteil) an (vgl. Kalina/Weinkopf 2008: 9).

vollzeitbeschäftigten Frauen liegt der Niedriglohnanteil mit 22 Prozent etwa doppelt so hoch wie unter vollzeitbeschäftigten Männern. Bei Migrantinnen kumulieren sich die Risiken, denn die höchsten Niedriglohnanteile fanden sich 2006 bei gering Qualifizierten (45,6 Prozent), Frauen (30,5 Prozent), Jüngeren (56,3 Prozent) und AusländerInnen (38,9 Prozent) (vgl. ebd.: 6).

Schwarzarbeit war und ist im Bereich haushaltsnaher Dienstleistungen weit verbreitet, nicht nur für Migrantinnen.[14] Eine Regularisierung der Schattenwirtschaft bei haushaltsnahen Dienstleistungen wurde in den letzten Jahren vor allem durch den Ausbau und spezielle Regeln der Sozialversicherung für geringfügige Beschäftigungsverhältnisse angestrebt, wobei sogenannte ‚Minijobs' und ‚Midijobs' sozial- und steuerrechtlich besonders gefördert werden. Diese Politik hat zu einer Ausweitung des Niedriglohnsektors beigetragen und beruht auf einem sozialpolitischen Modell der sozialen Absicherung der (überwiegend weiblichen) Beschäftigten durch die Ehe (mit einem sozialversicherten Ehepartner als ‚Hauptverdiener') oder durch die ergänzende Absicherung einer Niedriglohnbeschäftigung durch ‚Hartz IV'-Grundsicherungsleistungen nach dem SGB II als neuem ‚Kombilohnmodell'. Sowohl die ‚Minijobs' in Verbindung mit der Subventionierung der Ehe wie auch die Subventionierung von Niedriglöhnen haushaltsnaher Dienstleistungen durch ‚Hartz IV' prägen diesen Sonderarbeitsmarkt. Diese Subventionen halten die Kosten bzw. Löhne künstlich niedrig und wirken sich so auf die Zahlungsbereitschaft und Erwartungen der Privathaushalte sowie die Durchschnittslöhne in diesem Sektor aus.

Die ‚Schattenwirtschaft', ihre Bekämpfung sowie Versuche ihrer Regularisierung sind seit Längerem ein Thema der Wissenschaft und Politik; so wurde 2004 das Gesetz zur Bekämpfung der Schwarzarbeit und illegalen Beschäftigung verabschiedet und der Zoll mit der Verfolgung der Gesetzesverstöße beauftragt (vgl. unten 2.4). Neben dieser sanktionierenden Politik wurde die Regularisierung der informellen Beschäftigung in Privathaushalten vor allem steuerrechtlich gefördert. Die Verdienstgrenzen sowie die Stundenzahl für eine geringfügige Beschäftigung wurden kontinuierlich angehoben (von 590 DM im Jahr 1999 auf 400 Euro im Jahr 2003; von unter 15 Wochenstunden 1999 bis zur Aufhebung der Stundenbegrenzung 2003); für Minijobs müssen seit 2003 pauschalierte, geringe Sozialversicherungsabgaben abgeführt werden in einem erheblich vereinfachten Verwaltungsverfahren, das über eine ‚Minijob-Zentrale' bei der Deut-

---

[14] Die Inanspruchnahme von Schwarzarbeit in deutschen Privathaushalten für haushaltliche Dienstleistungen wie Putzhilfen, Bügeln, Hausaufgabenbetreuung, Chauffeursdienste u.Ä. bildete 2007 rund 16 Prozent der Schattenwirtschaft. Acht von zehn Befragten gaben an, sie hätten kein schlechtes Gewissen, eine Hilfe illegal zu beschäftigen (Ergebnisse einer Umfrage von TNS-Emnid für das Institut der deutschen Wirtschaft Köln (IW), http://www.iwkoeln.de/tabID/2396/ItemID/22934/language/de-DE/Default.aspx (Zugriff am 16.03.2010).

schen Rentenversicherung Knappschaft-Bahn-See organisiert wird. Seit April 2003 wurde außerdem eine ‚Midijobzone' für den Einkommensbereich zwischen 401 und 800 Euro monatlich geschaffen, in der die Sozialversicherungsabgaben nur schrittweise bis zum vollen Satz angehoben werden; das Sozialverwaltungsverfahren ist jedoch sehr kompliziert und für Privathaushalte ohne eigene Buchhaltungsabteilung und EDV-Programme nur äußerst schwer zu bewältigen. Die steuerliche Absetzbarkeit der Kosten der Beschäftigung einer Haushaltshilfe wurde ebenfalls ausgeweitet und 2009 sogar verdoppelt; seitdem können 20 Prozent der gesamten Ausgaben von der Einkommensteuer (maximal 510 Euro im Jahr) abgezogen werden (§ 35a EStG). Der sozialrechtliche Sonderstatus geringfügig Beschäftigter wurde mit dem sozialstaatlich geförderten ‚Ernährer-Modell' der Ehe verkoppelt, indem eine Ehepartnerin in der Krankenversicherung und seit 1995 auch in der sozialen Pflegeversicherung kostenfrei mitversichert ist, solange das Einkommen unter der Geringfügigkeitsgrenze bleibt, und indem das Einkommen geringfügig Beschäftigter bei der Zusammenveranlagung von Ehepartnern steuerfrei gestellt wird (§ 39 Nr. 3 EStG). Die andere Form der sozialrechtlichen Förderung und staatlichen Subventionierung von Minijobs und Niedriglöhnen erfolgt durch die verstärkte Vermittlung von arbeitslosen Frauen (darunter überproportional viele mit Migrationshintergrund) durch die Job-Center in Minijobs in Privathaushalten bei gleichzeitigem ergänzenden Bezug von SGB II-Grundsicherungsleistungen. Es gibt also ein sozialpolitisches Modell der Förderung des Sonderarbeitsmarktes in Privathaushalten, der einen Niedriglohnsektor ohne ausreichende Einkommenschancen, mit geringerer, zweitklassiger sozialer Absicherung, ohne Qualifizierungspfade und Aufstiegschancen beinhaltet. Dieser Sektor ist unattraktiv für diejenigen, die Zugang zu anderen Tätigkeiten und Branchen mit besseren Verdienstmöglichkeiten haben.

Gleichzeitig bestehen Bedarfe an familienunterstützenden Dienstleistungen, die durch Minijobs überhaupt nicht gedeckt werden können. Dies trifft insbesondere auf Haushalte von Pflegebedürftigen, vor allem auf diejenigen mit demenzkranken Angehörigen zu. Bei erheblichem Pflegebedarf wird Unterstützung in zunehmendem zeitlichen Umfang bis hin zur ‚24-Stunden-Betreuung' benötigt. So handelt es sich bei der Beschäftigung von *live-ins* in Privathaushalten um einen ‚Maxi-', nicht um einen ‚Mini-' oder ‚Midijob'. Damit stellt sich die Frage nach einem passenden Modell der regulären Beschäftigung und sozialen Absicherung in diesem Bereich (vgl. dazu *Hoffer* in diesem Band).

Wie von *Husmann*, *Frings* und *Karakayalı* (in diesem Band) im Einzelnen dargestellt, gibt es durchaus legale Formen der Beschäftigung von Haushaltshilfen auch aus den MOE-Ländern in diesem Bereich, sei es über die Zentrale Auslands- und Fachvermittlung der Bundesagentur für Arbeit (ZAV) vermittelt, als entsandte Arbeitnehmerin einer ausländischen Firma oder als Selbstständige, soweit gewisse Anforderungen eingehalten werden. Die Rechtsformen sind also grundsätzlich vorhanden; Informationen darüber und Unterstützung bei der Abwicklung der Formalitäten sind dagegen schwieriger zu erhalten und können für die Betroffenen ein Problem und bürokratisches Hindernis darstellen, das sie durch irreguläre Beschäftigung zu umgehen suchen (vor allem wenn es im Falle einer plötzlich auftretenden Pflegebedürftigkeit sehr schnell gehen muss). Wie groß die Verunsicherung ist, lässt sich auch an der Vielzahl einschlägiger Medienbeiträgen erkennen.[15] Dieses Problem ließe sich durch eine verbesserte öffentliche Beratung, Aufklärung und Information ohne großen Aufwand lösen, wenn der politische Wille dazu vorhanden wäre.

Wie sieht es mit den Kosten und der Finanzierbarkeit der bestehenden Modelle einer regulären Beschäftigung aus? Häufig wird argumentiert, dass sich Privathaushalte eine reguläre Beschäftigung nicht leisten könnten und ihnen daher nichts anderes übrig bleiben würde, als eine Migrantin irregulär zu beschäftigen. Die Kosten für eine umfangreiche zeitliche Betreuung fast rund um die Uhr durch eine bzw. zwei qualifizierte Pflegekräfte werden mit monatlich etwa 5.000 bis 6.000 Euro beziffert. Dies ist tatsächlich für kaum einen Pflegehaushalt bezahlbar; allerdings wird in der Regel auch nicht durchgehend eine qualifizierte Pflegekraft benötigt. Während pflegerische Leistungen auch durch ambulante Pflegedienste im Rahmen der Pflegeversicherung erbracht werden können, besteht ein ungedeckter Bedarf an Unterstützung bei eher haushaltlichen Tätigkeiten wie Versorgung, Beaufsichtigung und Anwesenheit, ‚Gesellschaft leisten' und Ähnlichem (vgl. BMFSFJ 2002). Die Abgrenzung der pflegerischen von haushaltlichen Tätigkeiten ist nicht immer eindeutig und eine Frage der genauen Definition; hier haben bereits Veränderungen im Recht stattgefunden, da einige Tätigkeiten aus dem Berufsbild professioneller Pflegekräfte herausgenommen und als ‚pflegerische Alltagshilfen' definiert wurden (vgl. *Frings* sowie *Schmid* in diesem Band zu Österreich).

Die Kosten der Beschäftigung einer Haushaltshilfe liegen deutlich niedriger als bei qualifizierten Pflegekräften in Abhängigkeit davon, ob es sich um eine qualifizierte oder nicht qualifizierte Haushaltshilfe handelt (vgl. die Berechnungen auf der Grundlage der Tarifverträge zwischen Deutschem Hausfrauenbund und der Gewerkschaft Nahrung-Genuss-Gaststätten von *Karakayalı, Husmann* und *Frings* in diesem Band). Diese Kosten können Pflegebedürftige mit gerin-

---

[15] Einige Beispiele dafür: ARD-Ratgeber Recht: „Pflegehilfe: Legal, halblegal oder illegal?" (ARD Oktober 2008, http://www.ard.de); „Pflegekräfte aus Osteuropa. Am Rande der Legalität" (*Finanztest* 07/2008, http://www.test.de); ARD-Ratgeber Recht: „Schwarzmarkt Altenpflege. Was ist erlaubt, was ist strafbar" (ARD Januar 2006, http://www.swr.de/imperia/md/content/ratgeberre/173.pdf); Chrismon Ratgeber Pflege: „Die 24 Stunden Polin" (*Chrismon* Nr. 11/2006, S. 14–22, http://www.chrismon.de/Pflege.php); (Zugriff jeweils am 16.03.2010).

gem Einkommen sicherlich nicht aufbringen (für diese Gruppe ist nochmals auf die kaum noch genutzte Möglichkeit der Finanzierung der häuslichen Pflege durch die Sozialhilfe gemäß § 65 Abs. 1 S. 2 SGB XII hinzuweisen, vgl. dazu *Hoffer* und *Frings* in diesem Band), aber sie sind für Mittelschichthaushalte und obere Einkommensgruppen finanzierbar, obwohl zweifelsohne teurer als die in der Regel praktizierten ‚kostengünstigeren' Tarife für irreguläre Haushaltshilfen. Das Kostenargument hat also eine gewisse Bedeutung (in Verbindung mit sozialen Ungleichheiten), gilt aber nur eingeschränkt oder gar nicht für Haushalte mit höheren Einkommen. Das Interesse an möglichst geringen Kosten (bis hin zu sittenwidrigen Löhnen oder strafbarer Ausbeutung) kann in Widerspruch stehen zu dem, was der Caritasverband die besondere ‚Verantwortung von Familien als Arbeitgeber' nennt: Ein „deutlicher Rückgang der illegalen Beschäftigung [ist] nicht ohne ein höheres diesbezügliches Unrechtsbewusstsein und ein höheres Bewusstsein für die Bedeutung der Legalisierung" (Caritas 2009: 2f.) zu erreichen.

2.2.2 Insider und Outsider, Öffnung und Schließung des Arbeitsmarktes – Irreguläre Beschäftigung als Marktöffnung für Outsider

Die Arbeitsmärkte in Deutschland weisen unterschiedliche Zugangsbarrieren auf, die dazu führen, dass der Markt für haushaltsnahe Dienstleistungen für irreguläre Beschäftigung von Migrantinnen von besonderer Bedeutung ist. Der primäre Arbeitsmarkt mit besseren Einkommens- und Beschäftigungsaussichten bleibt irregulären Zuwanderern weitgehend verschlossen, er ist stärker reguliert und kontrolliert; daher findet sich irreguläre Beschäftigung verstärkt auf informellen Märkten und schwerpunktmäßig in den Sektoren Landwirtschaft, Bauwirtschaft, Dienstleistungen in Privathaushalten sowie im Hotel- und Gaststättengewerbe (vgl. Vogel/Cyrus 2008: 2). Charakteristisch für Arbeitsplätze im Dienstleistungsbereich ist ihre geringe Attraktivität für einheimische Arbeitskräfte, Ortsgebundenheit und schlechte Kontrollierbarkeit (vgl. ebd.). Die Sanktionierbarkeit von Verstößen gegen aufenthaltsrechtliche, arbeits- und sozialrechtliche Regelungen ist im Bereich der Beschäftigung von Privathaushalten deutlich geringer als bei irregulärer Beschäftigung etwa auf Baustellen oder in größeren Unternehmen (dazu weiter unten), wobei Verletzungen des Aufenthaltsrechts durch Migranten leichter aufzudecken sind als Verstöße der Arbeitgeber gegen arbeitsrechtliche Regeln wie das Arbeitszeitgesetz.

Die Entwicklung eines Niedriglohnsektors im Bereich privater haushaltsnaher Dienstleistungen stellt zugleich eine Konkurrenz und eine Bedrohung der Arbeitsbedingungen und Entgelte der abhängig Beschäftigten im primären Arbeitsmarktsegment der professionalisierten Pflege- und Gesundheitsdienstleistungen sowie der Dienstleistungsanbieter (private, öffentliche und freie Träger) dar. Es handelt sich dabei – arbeitsmarkttheoretisch gesprochen – um einen typischen Insider/Outsider-Konflikt (vgl. Goerke/Holler 1997; Sesselmeier u.a. 2009). Danach verlaufen die zentralen Konfliktlinien zwischen Insidern (den beschäftigten Arbeitnehmern) und den Outsidern (den nicht beschäftigten Arbeitnehmern) und nicht in erster Linie zwischen den Unternehmen und den darin beschäftigen Arbeitnehmern. Nach diesem Modell berücksichtigen die Interessenvertretungen und Lobbies der Insider (Gewerkschaften, Betriebs- und Personalräte, aber auch die Dienstleistungserbringer, also private, öffentliche und freie Träger) die Interessen der Outsider nicht und vertreten hauptsächlich die Interessen ihrer Mitglieder bzw. ihrer Klientel. Gleichzeitig erhöht sich der Druck auf die Einkommenschancen der Insider durch die Konkurrenz der Outsider (Furcht vor ‚Lohndumping'), was auch zu Qualitätsverlusten bei den pflegerischen Dienstleistungen und zu Dequalifizierungsprozessen bei den Beschäftigten führen kann. Die Position irregulär Beschäftigter im sekundären Arbeitsmarkt ist jedoch besonders schwach, da ihnen kaum Möglichkeiten der Interessendurchsetzung und -vertretung zur Verfügung stehen und die Chancen auf ‚Regularisierung' ihres Status in Deutschland sehr gering sind. Dies gilt zumindest für Drittstaatenangehörige; irregulär Beschäftigten aus den neuen MOE-Ländern stehen mit dem Ende der Übergangsregeln für die neuen EU-Beitrittstaaten 2011 Möglichkeiten der Regularisierung offen. Sie werden dann auch Zugang zu allen anderen Arbeitsmarktsektoren haben und möglicherweise in lukrativere Beschäftigungsmöglichkeiten abwandern, so dass sie in Privathaushalten zunehmend durch irregulär Beschäftigte aus Drittstaaten ersetzt werden könnten (vgl. das Argument von *Frings* in diesem Band). Das Ende der restriktiven Übergangsregelungen für Arbeitnehmerinnen und Arbeitnehmer aus den neuen EU-Beitrittsländern wird den bisher irregulär Beschäftigten ab 2011 neue *exit*-Optionen aus haushaltsnahen Dienstleistungen eröffnen.

Mit diesen theoretischen Ansätzen über Arbeitsmarktmodelle und Insider-Outsider-Konflikte lassen sich bestimmte Politikentwicklungen, Interessenkonflikte und Positionen unterschiedlicher Akteure erklären. Ergänzend ist jedoch zu berücksichtigen, dass Konflikte zwischen unterschiedlichen Handlungslogiken und Interessen in der Regulierung personaler Dienstleistungserbringung – als soziale Dienstleistungen, marktförmige Dienstleistungen und private unbezahlte Sorgearbeit – auch durch den besonderen Charakter von *care*-Tätigkeiten beeinflusst sind (vgl. Geissler 2002).

2.3 Besonderheiten von care-Tätigkeiten und ihre Bedeutung für die Regulierung von Pflege und personalen Dienstleistungen

Der englische Begriff *care*, der auch in der deutschsprachigen Literatur zunehmend verwendet wird, überschneidet sich mit den deutschen Begriffen ‚Fürsorge' oder ‚Sorgearbeit', ist aber nicht deckungsgleich. *Care* bedeutet einerseits pflegen, betreuen, füreinander da sein, für andere Sorge tragen, aber auch auf sich aufpassen und für sich sorgen, umfasst also fürsorgliche Handlungen psychischer und physischer Natur für andere und auch sich selbst. Die umfangreiche wissenschaftliche Literatur zu *care*[16] verwendet den Begriff durchaus nicht einheitlich. Im Gegensatz zu einem sehr weiten und dadurch unscharfen *care*-Begriff, wie ihn z.B. Tronto (2000) zugrunde legt (‚Fürsorglichkeit' als eine Summe von Praktiken, mittels derer wir uns um uns selber, um andere und die natürliche Welt kümmern) wird *care* hier enger definiert im Sinne der Fürsorge und des Sich-Kümmerns um diejenigen, die nicht selbst für sich sorgen können. *Care* muss nicht unbezahlte Sorgearbeit sein, sondern kann auch als professionelle und bezahlte Dienstleistung erbracht werden. Gemeinsam ist diesen Tätigkeiten jedoch der enge personale Bezug der Tätigkeit und damit auch die Notwendigkeit einer empathischen Haltung, die im Rahmen der Professionalisierung jedoch zugleich eine reflexiv-distanzierte Haltung im Umgang mit anderen erfordert. Ich verwende deshalb auch den Begriff der ‚personalen Dienstleistung'. Ob diese als bezahlt oder unbezahlt, professionell und beruflich qualifiziert oder unqualifiziert bewertet und geleistet wird, ob sie privat, öffentlich oder über den Markt bereitgestellt wird, ist historischen und gesellschaftlichen Veränderungen unterworfen.

Care oder Sorgearbeit als öffentliches Gut wird durch Regulierung und Aushandlungsprozesse im Rahmen von öffentlichen ‚care policies' (vgl. Daly 2002) gestaltet und verteilt. Zu den ‚care policies' zählen auch die Gestaltung der Erbringung von öffentlichen und privaten Pflegeleistungen und deren Finanzierung (‚Pflegeregimes') und die Organisation der Rahmenbedingungen des Pflege(arbeits)marktes. Die Regulierung des Pflegemarktes und der professionellen Pflege ist in Deutschland sehr ausdifferenziert (durch die Soziale Pflegeversicherung SGB XI, diverse Gesetze und Verordnungen für Pflegeberufe, die Gestaltung der Leistungserbringung durch nationale und europäische Rechtsvorschriften, Arbeits- und Sozialrecht für die Beschäftigten sowie Verbraucherschutzrecht für die Pflegebedürftigen durch SGB XI, das Pflegequalitätssicherungsgesetz, das Heimgesetz und das Wohn- und Betreuungsvertragsgesetz). Demgegenüber sind die Bedingungen der privaten Betreuung und Versorgung in der häuslichen

---

[16] Zur Diskussion des *care*-Begriffes vgl. an Stelle vieler anderer Daly und Lewis (1998; 2000).

Umgebung durch Angehörige viel weniger reguliert und überwiegend der Familie überlassen; die Abgrenzung von pflegerischen und anderen Unterstützungs- und Versorgungsleistungen ist schwierig. *Care* ist eine komplexe Tätigkeit mit Gender-Dimensionen, welche die traditionellen Grenzziehungen von ‚öffentlich/ privat' und ‚bezahlt/unbezahlt' überschreiten. Deshalb sind Veränderungen in drei Dimensionen für die Analyse der sozialpolitischen Gestaltung von *care* wichtig: die Definition als bezahlte oder unbezahlte Tätigkeit und die Gestaltung der jeweiligen Arbeitsbedingungen, die gesellschaftliche Verteilung der Kosten für Sorgearbeit sowie ihre Einbettung in die normativen Rahmenbedingungen der familiären und öffentlichen Verantwortung für *care* (vgl. Daly/Lewis 1998).

In Rahmen der Untersuchung globalisierter Betreuungsketten (‚care chains' und ‚care drain') und der Migration von (überwiegend weiblichen) Arbeitskräften im Bereich der Pflege, der Gesundheitsberufe und der Unterstützung von Privathaushalten wird die (irreguläre) Beschäftigung von Migrantinnen als ‚neue Dienstmädchenfrage' diskutiert (vgl. Hochschild 2001; Lutz 2007). Diese Literatur hat wesentlich dazu beigetragen, die globalen Substitutionsprozesse, Ausbeutung und soziale Ungleichheiten und ihre Gender-Dimensionen aufzudecken und theoretisch zu fassen. Um die Frage nach der zukünftigen Gestaltung der Arbeitsbeziehungen in Privathaushalten und der Anerkennung und Durchsetzung sozialer Rechte der Haushaltsarbeiterinnen zu bearbeiten, ist es jedoch meiner Meinung nach erforderlich, mehrere Diskussionsstränge und disziplinäre Ansätze zu verbinden. Abzulehnen sind meines Erachtens Auffassungen, welche Beschäftigung von *live-ins* in Privathaushalten einseitig als ‚feudales Relikt' und ‚Dienstmädchenwesen' betrachten und sie deshalb bekämpfen; letztendlich führt eine derartige Position dazu, die Verantwortung etwa für Pflege rund um die Uhr als rein private Aufgabe der Familie und damit Frauen zuzuschreiben und letztlich die ideologischen Positionen über Frauenrollen zu affirmieren. Die moralischen Vorwürfe werden dann wieder einmal (nur) den Frauen gemacht, diesmal den berufstätigen Frauen bzw. den Frauen höherer Einkommensschichten, auch wenn die Kritik an der Unterbezahlung von Haushaltsbeschäftigten und an den Verstößen gegen Arbeitszeitbegrenzungen (was übrigens auch auf zahlreiche andere Niedriglohnbeschäftigungen zutrifft) zweifellos berechtigt ist. Diese Art von ‚women bashing' ignoriert, dass die Verteilung von Gewinnen und Verlusten bei der gesellschaftlichen Verteilung von Pflege viel komplexer ist, dass überwiegend Männer davon profitieren oder sich dieser Arbeit entziehen, aber auch viele andere Akteure zu den Gewinnern zählen (etwa der Staat und die Sozialversicherungsträger, die Ausgaben einsparen, und damit auch alle Beitragszahlerinnen sowie die Sozialversicherungsbeitrags- und Steuerzahler). Nötig ist vielmehr eine gesellschaftliche, öffentliche Diskussion darüber, wie Pflegearbeit verteilt sein soll, wie viel sich eine Gesellschaft dies kosten lassen will und ob der Arbeitsmarkt für haushaltsnahe Dienstleistungen in Privathaushalten sozial gerechter ausgestaltet wird. Wie dieser Arbeitsmarkt für soziale Dienstleistungen aussehen sollte, ist durchaus kontrovers. Die Einführung von Mindestlöhnen ließe sich wie bei Pflegekräften (vgl. *Langer* in diesem Band) auch für Haushaltsbeschäftigte diskutieren. Dies würde zweifelsohne die Kosten für Privathaushalte verteuern, könnte aber durch die Übernahme eines Teils der Sozialversicherungsbeiträge (etwa nach dem österreichischen Vorbild) staatlich subventioniert werden. Dies wird vermutlich nicht auf die Zustimmung der Erbringer von Pflegeleistungen (wie dem Bundesverband privater Anbieter sozialer Dienste e.V. [BPA] oder der großen Wohlfahrtsverbände) stoßen. In jüngster Zeit wird jedoch von der Caritas das Problem öffentlich angesprochen und eine differenzierte Position vertreten (vgl. Caritas 2009), die ein geregeltes ‚Nebeneinander' und Ineinandergreifen von professioneller Pflege und pflegeunterstützenden Haushaltsbeschäftigten in Privathaushalten favorisiert. Es wäre auch zu diskutieren, ob für den Zugang zu haushaltsnahen Beschäftigungen für Drittstaatenangehörige nicht ähnliche Lösungen gefunden werden wie bisher für die Vermittlung von Arbeitnehmerinnen aus MOE-Staaten durch die ZAV. Insgesamt sind für die Aufwertung und verbesserte Anerkennung der haushaltsnahen Dienstleistungen Professionalisierungspfade und Qualifizierungsmöglichkeiten zu entwickeln.

3 Bekämpfung und Sanktionierung irregulärer Beschäftigung in Deutschland

Rechtsgrundlage der Sanktionierung irregulärer Beschäftigung ist das 2004 verabschiedete Gesetz zur Bekämpfung der Schwarzarbeit und illegalen Beschäftigung (SchwarzarbG).[17] Mit der Ermittlung von Rechtsverstößen beauftragt ist die ‚Finanzkontrolle Schwarzarbeit', die zum Zoll gehört und dem Finanzministerium untersteht. Weiterhin fragt sich, wie die Gerichte irreguläre Beschäftigungsverhältnisse in Privathaushalten sanktionieren. Zusammenfassend lässt sich vorweg sagen, dass in diesem Bereich kaum ermittelt wird, dass das Unrechtsbewusstsein der privaten Arbeitgeber sehr gering ist und dass auch die irregulär Beschäftigten in den Pflegehaushalten kaum rechtliche Schritte gegen ihre Arbeitgeber ergreifen. Die Sanktionierung lässt sich als ineffizient beschreiben.

Die rechtssoziologische Sanktionsforschung (vgl. Röhl 1987) bietet Erklärungsansätze für diese Ineffizienz. Entscheidend für die Wirkung von Verhaltensnormen sind danach Rechtskenntnis der Beteiligten, Legitimitätsvorstellun-

---

[17] Gesetz zur Bekämpfung der Schwarzarbeit und illegalen Beschäftigung (Schwarzarbeitsbekämpfungsgesetz – SchwarzArbG) vom 23.07.2004 (BGBl. I S. 1842), zuletzt geändert durch Art. 2 des Gesetzes vom 22.04.2009 (BGBl. I S. 818).

gen sowie die Erwartung von positiven oder negativen Sanktionen, insbesondere die Sanktionswahrscheinlichkeit als Grad der Sicherheit, mit der Normbrüche entdeckt und Sanktionen verhängt werden (Röhl 1987: Kap. 6 § 30). Was die Normkenntnis betrifft, kann auf Seiten der Akteure wohl das Wissen vorausgesetzt werden, dass ein Beschäftigungsverhältnis in einem Privathaushalt angemeldet werden muss, auch wenn möglicherweise im Einzelnen Rechtsunsicherheit über die genaue Rechtsform der Beschäftigung oder die ausländer- und EU-rechtlichen Voraussetzungen sowie das Verfahren der Anmeldung einer sozialversicherungspflichtigen Beschäftigung bestehen mag. Bei den Legitimitätsvorstellungen ist festzustellen, dass hier ein Unrechtsbewusstsein weitgehend fehlt (Schwarzarbeit im Privathaushalt als ‚Kavaliersdelikt') und dass auch moralische Normen in dem Bereich der Pflege den Rechtsverstoß eher unterstützen, etwa Verständnis für die überlasteten pflegenden Angehörigen und die Nöte der Pflegebedürftigen, deren Verbleiben zu Hause so ermöglicht wird. Die Sanktionswahrscheinlichkeit ist äußerst gering: Die Normverletzung im Privathaushalt ist relativ unsichtbar (ähnlich wie bei Fällen von Gewalt in der Familie). Die Arbeitgeber werden sich nicht selbst anzeigen (sonst könnten sie gleich das Beschäftigungsverhältnis regulär anmelden). Die irregulär Beschäftigte wird in den meisten Fällen auch keine Anzeige erstatten. Als Beschäftigte aus den MOE-Mitgliedstaaten der EU könnte sie zwar einen regulären Aufenthaltsstatus erreichen, würde aber durch eine Anzeige aufgrund eines illegalen Beschäftigungsverhältnisses ihre Arbeit verlieren. Wenn sie Drittstaatsangehörige ist, müsste sie damit rechnen, dass sie wegen eines Verstoßes gegen das Ausländerrecht ausgewiesen wird (der illegale Aufenthalt ist mit dem Straftatbestand des § 95 AufenthG verbunden). Falls es zu einem Strafverfahren wegen illegaler Beschäftigung gegen den Arbeitgeber käme, stünde sie dann nicht einmal als Zeugin zur Verfügung (vgl. Cyrus 2004: 8 mit weiteren Hinweisen auf die Defizite bei der Bekämpfung illegaler Beschäftigung in der Umsetzung und Durchsetzung von Gesetzen).

Die ‚Finanzkontrolle Schwarzarbeit' beim Zoll hat sehr weitgehende Befugnisse zur Datenweitergabe an die Ausländerbehörden. Die massiven Rechtsfolgen, die eine Anzeige für die irregulär Beschäftigte selbst hätte, verhindern, dass diese mit den Behörden zur Bekämpfung der Schwarzarbeit kooperiert. Wesentlich ist, ob die schwächere Partei (das Opfer) einen Vorteil davon hat, Anzeige zu erstatten und den Sanktionsprozess zu initiieren (ob sie also ‚Normbenefiziar' ist), und wie sie dazu motiviert werden kann (vgl. Röhl 1987: Kap. 6 § 30) – jedenfalls nicht durch negative Sanktionen zu ihrem eigenen Nachteil. In diesem Fall wirken aber beide Parteien kollusiv zusammen und schützen das irreguläre Beschäftigungsverhältnis gegen eine Aufdeckung, um sich ihre jeweils eigenen, wenn auch sehr entgegengesetzten Vorteile (günstige Arbeitskraft bis hin zur Ausbeutung einerseits, im Vergleich zum Herkunftsland relativ höherer Verdienst und Zugang zum abgeschotteten Arbeitsmarkt andererseits) daraus zu sichern.

Allgemein ist plausibel und durch rechtssoziologische Forschung auch belegt,[18] dass Personen in fortdauernden persönlichen Beziehungen (innerhalb der Familie, aber auch innerhalb von Arbeitsverhältnissen) aus Angst vor Vergeltungsmaßnahmen kaum rechtliche Schritte gegen die anderen ergreifen, es sei denn, die Beziehung ist ohnehin gescheitert und steht kurz vor dem Abbruch. So weist auch *Karakayalı* (in diesem Band) auf der Grundlage ihrer empirischen Untersuchung darauf hin, dass irregulär Beschäftigte eher die *exit*-Option wählen und das Beschäftigungsverhältnis wechseln, wenn die Situation unerträglich wird, wobei sie ihre Netzwerke als Ressource nutzen, aber keine Sanktionen einfordern. Hinzu kommt, dass das Aufdeckungsrisiko gering ist, weil dem Zoll als zuständiger Behörde der Zutritt zur Privatwohnung wegen Art. 13 Abs. 1 Grundgesetz (Unverletzlichkeit der Privatwohnung) ohne richterliche Anordnung verwehrt ist. Die Ermittlung in Privathaushalten wird auch von der zuständigen Behörde als nicht so dringlich bewertet; eine ‚Haushaltspolizei' ist demnach nicht zu befürchten.[19]

Bisher haben nur zwei größere einschlägige Verfahren öffentliche Aufmerksamkeit gefunden. Das Amtsgericht München hat in einem Bußgeldverfahren wegen Ordnungswidrigkeiten[20] gegen einen Vermittler von ungarischen Pflege- und Haushaltskräften, die als Selbstständige in deutsche Privathaushalte vermittelt wurden, Geldbußen in Höhe von insgesamt knapp 36.000 Euro ausgesprochen wegen Beteiligung an der Beschäftigung von Ausländern ohne entsprechende behördliche Genehmigungen. Das Gericht bewertete die Tätigkeit nicht als selbstständige, sondern als abhängige Arbeitnehmerbeschäftigung, für die keine Arbeitserlaubnis-EU von den Arbeitgebern gem. § 284 Abs. 3 SGB III eingeholt worden war, um Sozialversicherungsbeiträge einzusparen. Weitere Gerichtsverfahren wurden nicht bekannt. Lediglich die Staatsanwaltschaft Mar-

---

[18] Vgl. Raiser (2007: 281 m.w.N.) zu personenbezogenen Konflikten und den Unterschieden in den Konfliktlösungsstrategien bei verschiedenen Konfliktarten.

[19] Dazu folgende Selbstauskunft der ‚Finanzkontrolle Schwarzarbeit': „Wie wird künftig kontrolliert, wer im Haushalt schwarz arbeitet? Gibt es in Zukunft eine ‚Haushaltspolizei'? – Nein, die Schaffung einer ‚Haushaltspolizei' ist nicht vorgesehen. Das Grundrecht auf Unverletzlichkeit der Wohnung nach dem Grundgesetz bleibt unangetastet. Die ‚Finanzkontrolle Schwarzarbeit' bei der Zollverwaltung wird sich beim Einsatz ihrer Kapazitäten auch in Zukunft an der Schadenshöhe orientieren und deshalb vordringlich im gewerblichen Bereich ermitteln." (http://www.zoll.de/faq/faq_fks/index.html#fks_schwarzarbeit1; Zugriff am 16.03.2010).

[20] Urteil des AG München vom 10.11.2008, Az. 1115 OWi 298 Js 43552/07, wegen Verstoßes gegen § 284 Abs. 1 SGB III, Ordnungswidrigkeiten nach §§ 404 Abs. 2 Nummern 3 und 4 SGB III, 14, 19, 20, 11 OWiG, im Internet abrufbar unter http://www.justiz.bayern.de/gericht/ag/m/presse/archiv/2009/01755/index.php (Zugriff am 16.03.2010).

burg und das Hauptzollamt Gießen führten 2006 Razzien in einer Vermittlungsagentur durch (vgl. *Kondratowitz* in diesem Band). Abgesehen von diesen beiden auch medial bekannten Fällen scheint jedoch die Fähigkeit und Bereitschaft des Sanktionsapparates zur Aufklärung, Verfolgung und Sanktionierung von Normverletzungen gering zu sein, was die Sanktionsgeltung negativ beeinflusst (vgl. Röhl 1987: Kap. 6 § 30).

Effektiv kann die Sanktion sein, wenn diese den unmittelbar Beteiligten zugutekommt und diese dadurch motiviert werden, die Sanktion einzufordern; sonst werden die Normadressaten auf die Einforderung von Sanktionen verzichten. Um die Aufdeckung zu fördern, verlangen deshalb einige Straffreiheit für die anzeigende Partei. In der jetzigen Situation kann die Einhaltung einer Norm nur von einer ‚neutralen', dritten Stelle eingefordert werden, die auch Beratungs- und Informationsaufgaben wahrnehmen kann. Eine solche Stelle könnte z.B. eine mit der Verfolgung beauftragte Behörde oder auch eine unabhängige Stelle (‚Ombudsstelle' oder Beauftragte) sein. Eine andere Möglichkeit ist die kollektive Interessenvertretung irregulär Beschäftigter durch eigene Organisationen und Vereinigungen, die in Deutschland jedoch nur sehr gering entwickelt ist. Ein ‚harter Kurs' wird zwar teilweise favorisiert, stößt aber an Grenzen, wenn die moralischen Normen und Legitimitätsvorstellungen im Hinblick auf Unterstützung in der häuslichen Pflege dem entgegenstehen. Es stellt sich daher die Frage nach ‚positiven Sanktionen' und auch nach ‚Empowerment' der irregulär Beschäftigten, um ihre sozialen Rechte durchzusetzen.

4 Die Zukunft der irregulären Beschäftigung in Privathaushalten in Deutschland – ‚Wegducken' bis 2011?

Die Regularisierung irregulärer Beschäftigung wie auch die sozial- und arbeitsrechtliche Absicherung der Beschäftigung in familienunterstützenden und haushaltsnahen Dienstleistungen insgesamt ist in Deutschland relativ wenig ausgeprägt. Dienstleistungserbringer wie der private BPA haben sich strikt gegen eine Regularisierung ausgesprochen (vgl. *Kondratowitz* in diesem Band). Von den freien Trägern als wichtigsten Anbietern stationärer und ambulanter Pflege hat sich die Caritas erst 2009 für eine gewisse Regularisierung der irregulären Beschäftigten ausgesprochen (vgl. Caritas 2009). Der Deutsche Verein für öffentliche und private Fürsorge als Dachorganisation der öffentlichen und freien Träger hat sich bisher dazu nicht geäußert. Die Gewerkschaften waren lange Zeit untätig; im Rahmen von ver.di gibt es dazu jedoch einige Initiativen (z.B. eine ver.di-

Anlaufstelle für Migrantinnen ohne Papiere in Hamburg seit 2009[21]). Für die Interessen der irregulär Beschäftigten setzen sich in Deutschland nur vereinzelt Initiativen und Organisationen ein (vgl. *Karakayalı* in diesem Band), während es auf europäischer Ebene mehrere Akteure gibt, die schon länger die Problematik der Rechte von Wanderarbeitnehmern und von irregulär Beschäftigten thematisieren wie etwa die IAO.

In dieser dilemmatischen Situation von Insider-Outsider-Interessenkonflikten stellt sich die Frage nach dem Verhalten staatlicher Instanzen. Der Staat ist an diesen Insider-Outsider-Konflikten nicht unmittelbar beteiligt, hat aber durchaus auch eigene Interessen aufgrund fiskalischer Verpflichtungen im Rahmen der Finanzierung von steuerfinanzierten Sozialleistungen oder von Zuschüssen für die Sozialversicherungen. Dies trifft auch auf die Kommunen zu, die subsidiär Leistungen der Pflege erbringen, und auch auf die Sozialversicherungsträger, insbesondere die Träger der sozialen Pflegeversicherung. *Kondratowitz* (in diesem Band) charakterisiert die staatliche Politik gegenüber der irregulären Beschäftigung von Migrantinnen in der häuslichen Pflege zumindest bis 2005 als praktiziertes ‚Wegducken und Wegblenden' zentralstaatlicher Instanzen und als ‚andauernde Verantwortungsverwischung' verschiedener Ministerien, die sich auf Anfrage für nicht zuständig erklärten und jeweils auf ein anderes Ministerium verwiesen. Ab 2005 registriert er äußerst zögerliche und bescheidene zentralstaatliche Interventionen in diesem Bereich (z.B. durch das Beschäftigungsgesetz 2005), während eine Politik des ‚Abwartens' (z.B. auf das Auslaufen der EU-Übergangsbestimmungen im Jahr 2011 und die damit verbundenen Veränderungen und neuen Entwicklungen) vorherrschend bleibt. Auch die bisherigen ‚Altenberichte' der Bundesregierung haben das Thema der irregulären Beschäftigung von Migrantinnen in Pflege-Haushalten bisher ignoriert.

Die Strategie des Abwartens und Verschweigens ermöglicht nicht nur die Fortsetzung der Verletzung sozialer Rechte der Beschäftigten, sondern ‚privatisiert' und verdeckt auch die sozialen Sicherungsbedürfnisse Pflegebedürftiger auf Kosten der enormen Belastungen pflegender Angehöriger und ihrer Isolierung. Die transnationale *care*-Perspektive ermöglicht einen Blick auf die sozialen Sicherungsbedarfe und Leistungen sowohl der Pflegebedürftigen wie auch der Pflege und Versorgung leistenden bezahlten und unbezahlten Personen. Dies entspricht einem erweiterten Begriff von sozialer Sicherung und Unterstützung, ohne dabei soziale Ungleichheiten und Interessenkonflikte zu ignorieren.

Es gibt zahlreiche fundierte Vorschläge zur Veränderung aus der Sicht der Sozialwissenschaften, der Arbeitsmarkttheorie, der vergleichenden Wohlfahrtsstaatsforschung, der Pflegeforschung und der transnationalen *care*-Forschung.

---

[21] „Gewerkschaftliche Anlaufstelle für Menschen ohne gesicherten Aufenthalt", vgl. https://besondere-dienste-hamburg.verdi.de/themen/migrar (Zugriff am 16.03.2010).

Eine zukunftsorientierte Politik der Entwicklung von haushaltsnahen Unterstützungsleistungen müsste stärker auf stufenweise Qualifizierung und Übergangsmöglichkeiten setzen und die Attraktivität von Tätigkeiten in diesem Bereich so erhöhen. Das betrifft die Entlohnung, die Sicherung von Mindestlöhnen und faire Arbeitsbedingungen. Zehn grundlegende Strategien zur Verbesserung der Situation von ‚undocumented workers' hat die Platform for International Cooperation on Undocumented Migrants PICUM (2005) benannt. Eine umfassende Diskussion der Reformmöglichkeiten kann hier nicht geleistet werden – dringend nötig ist eine öffentlichen Diskussion über die Zukunft der Verteilung von Verantwortung und Kosten für Pflege zwischen den Geschlechtern, zwischen Gesellschaft, Markt und Familien, zwischen öffentlichen oder privaten Dienstleistern, den pflegenden Angehörigen und den bezahlten Pflegekräften und Haushaltshilfen, ohne dabei die Beschäftigung von Migrantinnen zu tabuisieren, zu verschweigen oder in die soziale Unsicherheit abzudrängen.

Literatur

Bachinger, Almut, 2009: *Der irreguläre Pflegearbeitsmarkt. Zum Transformationsprozess von unbezahlter in bezahlte Arbeit durch die 24-Stunden-Pflege*. Universität Wien; Fakultät für Sozialwissenschaften. Dissertation, im Internet abrufbar unter http://othes.univie.ac.at/8038/) (Zugriff am 15.03.2010).

Bäcker, Gerhard, 2003: „Berufstätigkeit und Verpflichtungen in der familiären Pflege. Anforderungen an die Gestaltung der Arbeitswelt", in: Badura, Bernhard/Schellschmidt, Henner/Vetter, Christian/Astor, Michael (Hg.): *Demographischer Wandel. Herausforderung für die betrieblichePersonal- und Gesundheitspolitik*, Berlin, S. 131–145.

Barkholdt, Corinna/Lasch, Vera, 2004: *Vereinbarkeit von Pflege und Erwerbstätigkeit. Expertise für die Sachverständigenkommission für den 5. Altenbericht der Bundesregierung*, Dortmund, Kassel.

Benda-Beckmann, Keebet von, 2007: „Soziale Sicherung und ihre vielen Gesichter", in: Benda-Beckmann, Franz von/Benda-Beckmann, Keebet von (Hg.): *Gesellschaftliche Wirkung von Recht – Rechtsethnologische Perspektiven*, Berlin, S. 165–176.

Bettio, Francesca/Plantenga, Janneke, 2004: „Comparing Care Regimes in Europe", *Feminist Economics* 10(1) (2004), S. 1–29.

Bieback, Karl-Jürgen 2009: „Einleitung", in: ders. (Hg.): *Die Reform der Pflegeversicherung 2008*, Berlin, S. 3–6.

Bieback, Karl-Jürgen, 1999: „Fünf Jahre SGB XI und die Besonderheiten der Pflegeversicherung", *Vierteljahresschrift für Sozialrecht* 4/5 (1999), S. 251–274.

Bieback, Karl-Jürgen, 2008: „Koordinierendes Sozialrecht der EU", in: Krahmer, Utz (Hg.): SGB I, 2. Aufl., Baden-Baden, Anhang nach § 30, S. 241–251.

BMFSFJ [Bundesministerium für Familie, Senioren, Frauen und Jugend], 2002: *Vierter Bericht zur Lage der älteren Generation in der Bundesrepublik Deutschland: Risi-*

ken, Lebensqualität und Versorgung Hochaltriger – unter besonderer Berücksichtigung demenzieller Erkrankungen, Berlin.

Caritas, 2009: *Unterstützung pflegebedürftiger Menschen im eigenen Haushalt Eckpunkte des Deutschen Caritasverbands*, im Internet verfügbar unter http://www.caritas.de/59563.html (Zugriff am 15.03.2010).

Cyrus, Norbert, 2004: *Stellungnahme zur öffentlichen Anhörung zu dem Gesetzesentwurf der Fraktionen SPD und BÜNDNIS 90/DIE GRÜNEN „Entwurf eines Gesetzes zur Intensivierung der Bekämpfung der Schwarzarbeit und damit zusammenhängender Steuerhinterziehung" – Drucksache 15/2573 – im Bundestagsausschuss für Finanzen am Mittwoch, den 24. März 2004*, im Internet abrufbar unter http://www.ausportal.de/Cyrus240304.pdf (Zugriff am 15.03.2010).

Daly, Mary, 2002: „Care Policies in Western Europe", in Daly, Mary (Hg.): *Care Work: The Quest for Security*, Genf: Internationale Arbeitsorganisation IAO, S. 33–52.

Daly, Mary/Lewis, Jane, 1998: „Introduction: Conceptualising Social Care in the Context of Welfare State Restructuring", in: Lewis, Jane (Hg.): *Gender, Social Care and Welfare State Restructuring in Europe*, Aldershot, S. 86–103.

Daly, Mary/Lewis, Jane, 2000: „The Concept of Social Care and the Analysis of Contemporary Welfare States", *British Journal of Sociology* 51(2) 2000, S. 281–298.

Enste, Dominik/Hülskamp, Nicola/Schäfer, Holger, 2009: *Familienunterstützende Dienstleistungen – Marktstrukturen, Potenziale und Politikoptionen*. Analysen 44, Forschungsberichte aus dem Institut der deutschen Wirtschaft, Köln.

Geissler, Birgit, 2002: „Die Dienstleistungslücke im Haushalt. Der neue Bedarf nach Dienstleistungen und die Handlungslogik der privaten Arbeit", in: Gather, Claudia/Geissler, Birgit/Rerrich, Maria (Hg.): *Weltmarkt Privathaushalt. Bezahlte Haushaltsarbeit im globalen Wandel*, Münster, S. 30–49.

Goerke, Laszlo/Holler, Manfred ,1997: *Arbeitsmarktmodelle*, Berlin.

Hochschild, Arlie Russell, 2001: „Global Care Chains and Emotional Surplus Value", in: Hutton, Will/Giddens, Anthony (Hg.): *On the Edge. Living with Global Capitalism*, London, S. 130–146.

Joost, Angela, 2008: *Berufsverbleib und Fluktuation von Altenpflegerinnen und Altenpflegern*, Frankfurt a.M.: Institut für Wirtschaft, Arbeit und Kultur (IWAK), im Internet verfügbar unter http://www.iwak-frankfurt.de/documents/Berufsverbleib.pdf (Zugriff am 15.03.2010).

Kalina, Thorsten/Weinkopf, Claudia, 2008: *Weitere Zunahme der Niedriglohnbeschäftigung: 2006 bereits rund 6,5 Millionen Beschäftigte betroffen*, IAQ-Report 2008-1, Universität Duisburg/Essen, im Internet abrufbar unter http://www.iaq.uni-due.de/iaq-report/2008/report2008-01.pdf (Zugriff am 15.03.2010).

Koalitionsvertrag zwischen CDU, CSU und FDP für die 17. Legislaturperiode, 2009: *Wachstum, Bildung, Zusammenhalt*, im Internet abrufbar unter http://www.cdu.de/doc/pdfc/091026-koalitionsvertrag-cducsu-fdp.pdf (letzter Zugriff: 11.12.2009).

Landenberger, Margarete, 1994: „Pflegeversicherung als Vorbote eines anderen Sozialstaates", *Zeitschrift für Sozialreform* 5/1994, S. 314–342.

Lutz, Helma, 2007: *Vom Weltmarkt in den Privathaushalt, Die neuen Dienstmädchen im Zeitalter der Globalisierung*, Opladen.

PICUM [Platform for International Cooperation on Undocumented Migrants], 2005: *Ten Ways to Protect Undocumented Migrant Workers*, Brüssel.
Raiser, Thomas, 2007: *Grundlagen der Rechtssoziologie*, 4. Aufl. Tübingen.
Röhl, Klaus, 1987: *Rechtssoziologie – ein Lehrbuch*, Köln.
Scheiwe, Kirsten, 1997: „New Demands for Social Protection – Changing Family Structures, Women's roles and Institutional Responses. The Case of the German ‚Long-Term Care Insurance'", in: Department of Social Welfare (Hg.): *Beyond Equal Treatment: Social Security in a Changing Europe. Report of Conference of the Irish Presidency of the European Union:* Dublin, 10–12 October 1996, Dublin, S. 78–91.
Scheiwe, Kirsten, 1999: *Kinderkosten und Sorgearbeit im Recht. Eine rechtsvergleichende Studie*. Frankfurt a.M.
Sesselmeier, Werner/Funk, Lothar/Waas, Bernd, 2009: *Arbeitsmarkttheorien: Eine ökonomisch-juristische Einführung*, 3. Aufl., Heidelberg.
Theobald, Hildegard, 2009: „Pflegepolitiken, Fürsorgearrangements und Migration in Europa", in: Larsen, Christa/Joost, Angela/Heid, Sabine (Hg.): *Illegale Beschäftigung in Europa. Die Situation in Privathaushalten älterer Personen*, München, S. 28–40.
Tronto, Jean, 2000: „Demokratie als fürsorgliche Praxis", *Feministische Studien, Extraheft Fürsorge – Anerkennung – Arbeit* 2000, S. 25–42.
Vogel, Dita/Cyrus, Norbert, 2008: *Irreguläre Migration in Europa – Zweifel an der Wirksamkeit der Bekämpfungsstrategien*, Focus Migration 9/2008, im Internet verfügbar unter http://www.focus-migration.de/typo3_upload/groups/3/focus_Migration_Publikationen/Kurzdossiers/PB09-Irregular-Migration.pdf (Zugriff am 15.03.2010).

Die Regeln des Irregulären –
Häusliche Pflege in Zeiten der Globalisierung

Juliane Karakayalı

Die Privathaushalte Pflegebedürftiger sind in den letzten Jahren offensichtlich in breitem Maße zu Arbeitsplätzen transnationaler Arbeitsmigrantinnen[1] geworden. Das besondere öffentliche Interesse am Thema Migrantinnen in der häuslichen Pflege richtet sich auf die Tatsache, dass die Mehrzahl dieser Arbeitsverhältnisse irregulär ist, d.h. dass Migrantinnen ohne Arbeitserlaubnis pflegebedürftige Menschen versorgen. Valide Zahlen zu diesem Arbeitsbereich lassen sich naturgemäß nicht erheben, die breit angelegten Kampagnen der Pflegeverbände, die Vielzahl von journalistischen Artikeln, die große Zahl der in einem Graubereich arbeitenden Vermittlungsagenturen sowie vielfältige Online-Foren von betroffenen Angehörigen weisen allerdings auf eine weite Verbreitung dieser Art der Beschäftigung hin (vgl. Karakayalı 2010: 14ff.). Die Brisanz dieser Debatte hat offensichtlich auch die Bundesregierung erkannt, die in dem 2005 in Kraft getretenen Zuwanderungsgesetz[2] für MigrantInnen aus fünf osteuropäischen Staaten eine legale Möglichkeit geschaffen hat, als sogenannte Haushaltshilfen für Pflegebedürftige nach Deutschland einzureisen (zu den Details dieses Gesetzes siehe *von Kondratowitz* in diesem Band). In ihrem Merkblatt zur Vermittlung von Haushaltshilfen in Haushalte mit Pflegebedürftigen nach Deutschland gibt die Bundesagentur für Arbeit an, dass diese Maßnahme unter anderem zum Ziel habe, „insbesondere auch Arbeitnehmern und Haushalten, die bisher unerlaubt kurzfristige Beschäftigungsverhältnisse eingegangen waren, einen Weg in eine legale Beschäftigung zu ebnen" (Bundesagentur für Arbeit 2010b: 2). Die große Resonanz auf diese Regularisierung blieb allerdings aus: Laut Auskunft einer Mitarbeiterin der Bundesagentur für Arbeit wurden 2005 über das Zuwanderungsgesetz 1.667 Haushaltshilfen aus Osteuropa nach Deutschland vermittelt, 2006 waren es 2.241, 2007 kamen 3.032, 2008 dann 3.051 und 2009 nur noch

---

[1] Da fast ausschließlich Frauen in Privathaushalten arbeiten, wird in diesem Beitrag die weibliche Sprachform verwendet.
[2] Gesetz zur Steuerung und Begrenzung der Zuwanderung und zur Regelung des Aufenthalts und der Integration von Unionsbürgern und Ausländern vom 30.07.2004 (BGBl. I S. 1950).

1.571. Es ist also davon auszugehen, dass irreguläre Beschäftigungsverhältnisse auch weiterhin eher die Regel denn die Ausnahme sind.

Der vorliegende Beitrag geht der Frage nach, welche gesellschaftlichen Verhältnisse und strukturellen Bedingungen dazu führen, dass häusliche Pflege zunehmend in irregulären Arbeitsarrangements stattfindet. Damit soll das Thema häusliche Pflege in den Kontext der Forschungen zu Migrantinnen in der bezahlten Haushaltsarbeit integriert werden. Denn während das Thema irreguläre Beschäftigung in Haushalten Pflegebedürftiger in Öffentlichkeit und Politik äußerst präsent ist, ist es wissenschaftlich noch kaum beforscht. Die Migrations- und Geschlechterforschung untersucht allerdings seit Jahren andere Formen von migrantischer bezahlter Haushaltsarbeit wie stundenweises Putzen oder Kinderbetreuung (vgl. Gather u.a. 2002; Hess 2005; Lutz 2007a). In der Literatur wird die zunehmende Beschäftigung von Migrantinnen als Strategie einheimischer, zumeist berufstätiger Frauen diskutiert, die sich der vielfältigen familiären und häuslichen Aufgaben entledigen, indem sie diese Tätigkeiten an Migrantinnen delegieren. Da die zunehmend bessere Bildung und Ausbildung sowie die steigende Arbeitsmarktbeteiligung von einheimischen Frauen nichts an der ihnen gesellschaftlich zugeschriebenen Zuständigkeit für Haus- und Sorgearbeit geändert hat, kommt es zu einer sogenannten „Arbeitsteilung unter Frauen" (Parreñas 2001: 62). Die Migrantinnen schließen mit ihrer Arbeit Versorgungslücken, die durch eingeschränkte Kinderbetreuungsmöglichkeiten, eine mangelnde Umverteilung der Sorgearbeiten zwischen den Geschlechtern (vgl. Rerrich 2002) und zeitaufwändige, flexible Beschäftigungsverhältnisse entstehen (vgl. Hess 2005; Ehrenreich/Hochschild 2003). Diese Versorgungslücke scheint im Bereich häuslicher Pflege nicht zu bestehen, denn hier bieten ambulante Pflegedienste auf einem regulären Markt haushaltsnahe- und personenbezogene Dienstleistungen an. Allerdings entsprechen diese Angebote offensichtlich nicht den Bedürfnissen der Pflegebedürftigen und ihrer Familien. Eine Untersuchung des Deutschen Instituts für Wirtschaftsforschung ergab, dass 2002 ca.1,4 Millionen Pflegebedürftige eine Haushaltshilfe beschäftigten, aber nur 435.000 die Dienste eines ambulanten Pflegedienstes nutzten (vgl. Weinkopf 2006: 5).

Der vorliegende Beitrag wird unter Bezug auf die Migrations- und Geschlechterforschung zunächst der Frage nachgehen, wie es dazu kommt, dass sich in einem regulären Arbeitsfeld eine parallele Struktur irregulärer Beschäftigung von Migrantinnen etabliert. Anschließend wird dargestellt, wie die irregulären Arbeitsverhältnisse im Privathaushalt konkret aussehen und welche Effekte eine Regularisierung auf die Arbeitsbedingungen hat.

Grundlage meiner Überlegungen sind die Ergebnisse einer empirischen Studie im Rahmen meiner Dissertation, für die ich biografische Interviews mit regulär und irregulär beschäftigten *care workers*[3] aus Osteuropa geführt habe (vgl. Karakayalı 2010).[4]

1 Häusliche Pflege, Defamilialisierung und *care workers* als Familienersatz

Der gestiegene Bedarf an häuslichen Pflegeleistungen wird in der Literatur auf den demografischen Wandel, die Erhöhung des Lebensalters (Statistisches Bundesamt 2007: 5) und die damit einhergehende Zunahme schwerer Erkrankungen im Alter (von Kondratowitz 2005: 418) zurückgeführt. Die häufig schockierenden Berichte über Missstände in Pflegeheimen (vgl. z.B. Breitscheidel 2005), die von Untersuchungen der Krankenkassen[5] bestätigt werden, lassen viele Pflegebedürftige und Angehörige vor dieser Art der Unterbringung zurückschrecken. Neuere Modelle wie beispielsweise sogenannte ‚Alten-WGs' oder Mehr-Generationen Häuser stehen nur in geringer Zahl und meist nur in Großstädten zur Verfügung. Sie setzen zudem eine frühzeitige und aktive Planung des letzen Lebensabschnittes voraus. Aus Mangel an Alternativen sowie aus dem Wunsch der Pflegebedürftigen selbst, auch im Alter und bei Krankheit in ihrer gewohnten Umgebung zu bleiben, entsteht der große Bedarf an häuslicher Pflege.

1.1 Pflege im Privaten

1995 wurde die Pflegeversicherung eingeführt. Damit sollte der zunehmenden Zahl pflegebedürftiger älterer Menschen Rechnung getragen werden. Denn vor Einführung der Pflegeversicherung galt altersbedingte Pflegebedürftigkeit nicht als ‚behandlungsbedürftig', sodass Pflegebedürftige und ihre Angehörigen kaum Unterstützung durch die Krankenkassen erhielten. Die Pflegeversicherung sollte diese Lücke schließen.

---

[3] Unter *care work* werden hier alle im Haushalt anfallenden Tätigkeiten verstanden, wobei keine Trennung zwischen Haushaltstätigkeiten und Sorgearbeit vorgenommen wird.
[4] Dafür wurden im Zeitraum zwischen Februar 2004 und Mai 2006 biografische Interviews mit 14 *care workers* aus Bulgarien, Polen, Rumänien, Ungarn und Litauen geführt. Von diesen 14 Frauen arbeiteten 6 irregulär, 7 über das damalige Arbeitsamt vermittelt und eine Frau als, wie sie sich selbst bezeichnete, „Selbstständige" in Haushalten Pflegebedürftiger.
[5] Laut dem 2. Bericht des Medizinischen Dienstes der Spitzenverbände der Krankenkassen (MDS) zur Qualität in der ambulanten und stationären Pflege wurden im ersten Halbjahr 2006 allein bei ca. 34 Prozent der überprüften 4.217 stationären Pflegeeinrichtungen Mängel in der Nahrungs- und Flüssigkeitsversorgung festgestellt (vgl. MDS 2007: 200).

Pflegebedürftige werden durch den Medizinischen Dienst der Krankenkassen in eine Pflegestufe eingruppiert und können dann zwischen Sachleistungen, nämlich der Pflege durch einen ambulanten Pflegedienst, und Geldleistungen, mit denen Pflegende bezahlt werden können, oder auch einer Kombination aus beidem wählen. Mit der Pflegeversicherung wird häusliche Pflege staatlicherseits gefördert (§ 3 SGB XI), denn Pflegebedürftige sollen in erster Linie zu Hause gepflegt werden und nur dann stationär, wenn eine häusliche Pflege nicht möglich ist. Allerdings sind die Leistungen „bei häuslicher und teilstationärer Pflege [...] nicht bedarfsdeckend konzipiert, sondern sollen die familiäre, nachbarschaftliche oder sonstige ehrenamtliche Pflege und Betreuung ergänzen (§ 4,1 SGB XI)." (Schneekloth/Leven 2002: 26). Das bedeutet, dass die Pflegeversicherung das Vorhandensein sozialer Netze zur Versorgung Pflegebedürftiger voraussetzt, da die Leistungen nicht für die Dienste eines regulären Pflegedienstes im benötigten Umfang ausreichen (vgl. Dienel 2005: 24). Mit der Pflegeversicherung wird also einerseits erstmals die Situation pflegebedürftiger Menschen und ihrer Angehörigen anerkannt und durch die Gewährung von Leistungen verbessert. Andererseits setzt sie auf informelle, familiäre Pflegearrangements, die zumeist darin bestehen, dass weibliche Angehörige, in aller Regel Töchter und Schwiegertöchter, unter Verzicht auf eigene berufliche Pläne die Pflege der Älteren übernehmen.[6]

Die Verlagerung wohlfahrtsstaatlicher Aufgaben in den Bereich des Privaten (die sich nicht nur im Bereich der Pflege vollzieht) geschieht in einer gesellschaftlichen Situation, in der die Übernahme der Pflege durch meist weibliche Familienangehörige weniger selbstverständlich ist als früher. Diese stehen aufgrund eigener Erwerbstätigkeit und/oder räumlicher, aber auch emotionaler Distanz zur älteren Generation zunehmend nicht mehr zur Verfügung – ein Phänomen, das mit dem Begriff der „Defamiliarisierung" (Dienel 2005: 24) beschrieben wird. Es sind also sowohl sich wandelnde Generationen- als auch sich verändernde Geschlechterverhältnisse, die die Übernahme der Pflege alternder Angehöriger weniger wahrscheinlich machen. Insofern bleibt vielen Pflegebedürftigen und ihren Familien keine andere Wahl, als Dritte zu beschäftigen. Die Pflegeversicherung bietet den Pflegebedürftigen die Möglichkeit, sich zwischen Leistungen in Form von professionellen Pflegeeinsätzen oder aber in Form von Pflegegeld zu entscheiden. In den allermeisten Fällen wird Letzteres gewählt,[7]

---

[6] So hat eine Umfrage unter pflegenden Töchtern und Schwiegertöchtern ergeben, dass die Einführung der Pflegeversicherung nicht zu Entlastungen in ihrem Pflegealltag beigetragen hat und dass sich der moralische Druck sogar noch erhöht hat, die Angehörigen zu pflegen (vgl. Dräger u.a. 2003).

[7] Laut Pflegestatistik 2007 werden mehr als zwei Drittel (68 Prozent bzw. 1,54 Millionen) der Pflegebedürftigen zu Hause versorgt. 1.033.000 dieser Pflegebedürftigen erhalten ausschließlich Pflegegeld, weitere 504.000 Pflegebedürftige der zu Hause Gepflegten werden zum Teil oder vollständig durch ambulante Pflegedienste versorgt (vgl. Statistisches Bundesamt 2008: 4).

um damit unter anderem auch *care workers* aus anderen Ländern zu bezahlen.[8] Denn diese arbeiten zu vergleichsweise niedrigen Löhnen, da sie häufig zwischen Deutschland und ihren Herkunftsländern pendeln. Auch mit für deutsche Verhältnisse niedrigen Löhnen können sie ihren Lebensstandard in ihren Herkunftsländern oft erhöhen (oder sie hoffen zumindest darauf). Damit können sich Pflegebedürftige den Wunsch nach einer häuslichen Betreuung rund um die Uhr erfüllen, die je nach pflegerischem Aufwand bei einem regulären Pflegedienst bis zu 10.000 Euro kosten kann. So entwickelt sich ein Markt für *care work*, auf dem es zu einer verstärkten Beschäftigung von transnationalen Migrantinnen kommt (vgl. Misra u.a. 2004: 9ff.).

Die irreguläre Beschäftigung von Migrantinnen in Haushalten Pflegebedürftiger wird von den Pflegeverbänden unter anderem mit dem Argument kritisiert, diese könnten keine professionelle Pflege bieten, da die meisten von ihnen über keine entsprechende Ausbildung verfügen (vgl. Karakayalı 2010: 16, 122ff.). Aber die *care workers* werden auch nicht als professionelle Arbeitskräfte beschäftigt, sondern als Familienersatz: Sie sollen nicht Dienstleistungen erbringen, sondern anstelle der nicht (mehr) zur Verfügung stehenden pflegenden Töchter und Schwiegertöchter und der traditionell abwesenden Söhne und Schwiegersöhne mit den Pflegebedürftigen den Alltag teilen und Anteil nehmen (was für die beschäftigten Migrantinnen aber durchaus Arbeit ist). Auch die Forschung zu anderen Bereichen bezahlter Haushaltsarbeit zeigt, dass Professionalität kein Kriterium für die Beschäftigung im Haushalt ist. Vielmehr wird von den Haushaltsarbeiterinnen Beziehungsarbeit erwartet, das Erkennen und Respektieren der spezifischen Regeln und Ordnungen eines Haushaltes und das Ausführen von Tätigkeiten auf eine Art, die den Haushaltsmitgliedern entspricht, wie z.B. auf eine bestimmte Weise zu kochen, besondere Reinigungsmittel zu verwenden und die Wäsche so zu falten, wie es immer getan wird (vgl. Kaufmann 1999: 145ff.). Haushaltsarbeit erfordert also nicht Professionalität, sondern das, was Arlie Russel Hochschild als „emotionale Arbeit" (Hochschild 1983: 7) bezeichnet hat.

Und diese emotionale Arbeit können reguläre Pflegedienstleister nicht bieten: Die genaue zeitliche Bemessung und Abrechnung jeder einzelnen pflegerischen Leistung, die hohe Fluktuation von Pflegekräften, der enge Zeitrahmen, in dem viele KlientInnen versorgt werden müssen, lassen kaum Zeit für echte Zu-

---

[8] Neuhaus u.a. (2009: 17, 63ff.) haben in ihrer Befragung von Haushalten, die care workers aus Osteuropa irregulär beschäftigen, herausgefunden, dass die Mehrzahl dieser Haushalte der Mittel- und Oberschicht zuzurechnen sind. Dies und die Tatsache, dass die Löhne der *care workers* höher sind als die Pflegegeld-Sätze, legt den Schluss nahe, dass *care workers* nicht ausschließlich mit dem Pflegegeld entlohnt werden.

wendung und Anteilnahme, sondern gehen an den Wünschen der Betroffenen vorbei. Damit werden die Angebote der ambulanten Pflegedienste unattraktiv.[9] Dennoch schließt sich die gleichzeitige Inanspruchnahme von Pflegediensten und *care workers* keineswegs aus. Die meisten der von mir untersuchten Haushalte beschäftigten eine Haushaltshilfe und griffen zusätzlich auf die medizinische Hilfe eines Pflegedienstes zurück (vgl. Karakayalı 2010: 124; vgl. hierzu auch die Ergebnisse von Neuhaus u.a. 2009: 53ff.). Und auch die regulären Pflegedienste scheinen auf die irreguläre Beschäftigung von Migrantinnen zurückzugreifen: Zwei meiner Interviewpartnerinnen, examinierte Krankenschwestern, hatten irregulär für verschiedene Pflegedienste im Rhein-Main-Gebiet gearbeitet; eine Praxis, die mir auch von Mitarbeiterinnen Berliner Pflegedienste bestätigt wurde. Ein Pflegedienstleiter berichtete, er gebe durchaus auch Adressen von irregulären Arbeitskräften an hilfesuchende Angehörige weiter, weil er ihnen die gewünschten Dienste nicht regulär anbieten könne. Pflegeexperten vermuten, dass die ambulanten Pflegedienste ohne die Arbeit irregulärer *care workers* einen Großteil ihrer Klientel verlieren würden, weil dann viele der derzeit zu Hause Gepflegten in Heimen untergebracht werden müssten (vgl. Pflege-Selbsthilfeverband o.J.).

Insofern gilt es, die These, dass migrantische *care workers* eine Konkurrenz zu den ambulanten Pflegediensten darstellen, kritisch zu hinterfragen. Denn die *care workers* ergänzen eben jene Pflegedienste und vertreten ansonsten eher die abwesenden Töchter und Schwiegertöchter als den Pflegedienst, zu dessen Aufgaben es nicht gehört, familiäre Bindungen zu ersetzen.

1.2 Jenseits der Kostenfrage – Warum Migrantinnen?

Das Aufbauen einer quasi-familiären Bindung zu einer fremden Person wird allerdings den migrantischen *care workers* zugemutet. Denn deren gesellschaftliche Position macht sie aus der Sicht der Pflegebedürftigen beziehungsweise ihrer Angehörigen attraktiv. Ein großer Teil der im Haushalt Beschäftigten pendelt zwischen Arbeits- und Wohnort, wobei ihre Familie zumeist im Herkunftsland verbleibt. Das bedeutet, dass die *care workers* während ihres Aufenthaltes in Deutschland frei von eigenen familiären Verpflichtungen und damit auch 24 Stunden am Tag verfügbar sind – eine Arbeitssituation, die Einheimische als unzumutbar ablehnen würden. Viele Migrantinnen haben aber wegen ihrer pre-

---

[9] Auch die Beschäftigten der Pflegedienste nehmen ihre Arbeit zunehmend als unattraktiv und unbefriedigend wahr (vgl. Blüher/Stosberg 2005). Eigenen professionellen Ansprüchen an eine qualitativ hochwertige Pflege können sie häufig gar nicht genügen, da dazu schlicht die Zeit fehlt (vgl. DAK 2006; ver.di Berlin/Brandenburg 2006).

kären Aufenthaltssituation und/oder den geringen Beschäftigungsmöglichkeiten aufgrund national geschlossener Arbeitsmärkte kaum Alternativen zur Haushaltsarbeit. Da die meisten keine Arbeitserlaubnis und manche darüber hinaus auch keine Aufenthaltserlaubnis haben, sind sie häufig gezwungen, ihre Arbeitskraft besonders billig zu verkaufen. Zudem macht diese Situation sie erpressbar – ein Umstand, der von der Arbeitgeberseite durchaus ausgenutzt wird. Aber auch die Konstruktion der Migrantinnen als ‚ethnisch Andere' scheint sie als Arbeitskräfte für die ArbeitgeberInnen besonders interessant zu machen. Denn diese Konstruktion erfüllt eine ganz spezifische Funktion, indem Fremdheit die (schambesetzte) Delegation von Haushaltsarbeit erleichtert, wie vielfach in der Literatur konstatiert wird (vgl. Lutz 2007b; Anderson 2007; Akalın 2007). Die Beschäftigung von fremden Personen im Haushalt, die damit Einblick in intimste, normalerweise der Öffentlichkeit entzogene Bereiche der Lebensführung der Haushaltsmitglieder erhalten, ist schambehaftet (vgl. Kaufmann 1999: 155ff.). Diese Aufgabe Migrantinnen zu übertragen, kann diese Scham reduzieren, da Fremdheit hier Nähe und Distanz reguliert (indem beispielsweise unterstellt wird, die Migrantinnen hätten andere kulturell geprägte Vorstellungen von Haushaltsführung, Sauberkeit etc.).[10] Auch lässt sich über das Merkmal Ethnizität das hierarchische Verhältnis zwischen Haushaltsarbeiterin und Arbeitgeberseite für letztere leichter rechtfertigen (vgl. Anderson 2007: 252). In der Beschäftigung von Migrantinnen überlagert Ethnizität als Distinktionskategorie unter Umständen auch Klassenpositionen (vgl. Lutz 2007a: 41), beispielsweise indem Ethnizität als Hierarchiemarker auch dann funktioniert, wenn ArbeitgeberIn und Beschäftigte über ähnliche Bildungsabschlüsse verfügen. Dies ist häufig der Fall, denn es sind vor allem tendenziell gut ausgebildete Frauen der Mittelschicht des globalen Südens und Ostens, die in den Haushalten der Industrieländer arbeiten (vgl. Andall 2003: 43).

Die Interessenlagen der ArbeitgeberInnen lassen sich also recht klar rekonstruieren. Warum aber werden Migrantinnen in der häuslichen Pflege tätig? Die Motive dafür sind vielfältig; vor allem aber ökonomische Gründe[11] bewegen Frauen dazu, ihre Herkunftsländer zu verlassen. Für die Aufnahme einer Arbeit

---

[10] Allerdings kann Fremdheit im Haushalt auch zum Problem werden, nämlich wenn ethnisierte Ressentiments gegenüber bestimmten Gruppen von Migrantinnen oder ethnischen Minderheiten bestehen. So lehnten einige der von Anderson (2007) interviewten Arbeitgeberinnen z.B. schwarze und muslimische Haushaltsarbeiterinnen aufgrund spezifischer Vorurteile ab (vgl. hierzu auch Akalın 2007 und Balibars [1998] Ausführungen zum Klassenrassismus). Frauen aus Osteuropa werden in Deutschland positiv stereotypisiert, indem sie in den Medien als tatkräftig, hilfsbereit, herzlich etc. beschrieben werden.
[11] Zu nennen wären hier z.B. die desolate wirtschaftliche Situation in den Staaten Osteuropas nach dem Ende der sozialistischen Regimes, das internationale Preis-Leistungs-Gefälle, geschlechtsspezifische Migrationsgründe etc. (vgl. hierzu Hillmann 1996; Hess 2005).

in einem Privathaushalt entscheiden sie sich häufig aus Mangel an anderen beruflicher Optionen, da sie oft weder über eine Arbeits- noch über eine Aufenthaltsgenehmigung verfügen oder ihre im Ausland erworbenen Berufsabschlüsse in Deutschland nicht anerkannt werden. In der häuslichen Pflege scheinen in besonderer Weise Frauen aus Osteuropa die destabilisierenden Effekte der gesellschaftlichen Transformationsprozesse auf die dortigen Ökonomien mit transnationalen Beschäftigungsverhältnissen auszugleichen.

Auf der Grundlage von Interviews mit Frauen aus Südamerika und Osteuropa, die in Haushalten in Deutschland putzen und Kinder betreuen, identifizierten Helma Lutz und Susanne Schwalgin vor allem drei Gruppen von Frauen als Haushaltsarbeiterinnen: sehr junge Frauen noch vor der Phase der Familiengründung, geschiedene Frauen, die keine oder zu geringe materielle Unterstützung von ihren ehemaligen Ehemännern erhalten, sowie Frauen, die ihre Familien aus Notsituationen befreien wollen (vgl. Lutz/Schwalgin 2004: 287). Darüber hinaus fanden sich in meiner eigenen Untersuchung auch Frauen, die die Migration als Bewältigungsstrategie für familiäre Probleme nutzten, sowie Frauen der Großmuttergeneration, die mit ihrem Erwerb ihre Enkel und erwachsenen Kinder im Herkunftsland unterstützten. Interessanterweise war kaum eine der Befragten vor ihrer Migration arbeitslos; vielmehr sind die Lohnniveaus in klassischen ‚Frauenberufen' in den Herkunftsländern so niedrig, dass der Lebensunterhalt damit langfristig nicht bestritten werden konnte (vgl. Karakayalı 2010: 34ff.).

Es sind also sehr unterschiedliche Entwicklungen, die zu einer Etablierung irregulärer Beschäftigungsverhältnisse in der häuslichen Pflege beigetragen haben; der demografische Wandel, sich wandelnde Geschlechterverhältnisse und Migrationsbewegungen wirken dabei zusammen. Wie aber sehen die Arbeitsbedingungen der Migrantinnen in irregulären Arbeitsverhältnissen konkret aus? In verschiedenen Studien wurde darauf hingewiesen, dass die Irregularität der Arbeitsverhältnisse zu einer Verschlechterung der Arbeitsbedingungen migrantischer Haushaltsarbeiterinnen beiträgt (vgl. Anderson 2000; Lutz 2007a: 169ff.). Mit dem am 1. Januar 2005 in Kraft getretenen Zuwanderungsgesetz wurde erstmals eine Möglichkeit geschaffen, einen Teil der durch Migrantinnen geleisteten bezahlten Haushaltsarbeit für eine bestimmte Personengruppe regulär zu organisieren. Somit lässt sich am Beispiel der Arbeit in Haushalten Pflegebedürftiger nachvollziehen, welche Effekte die Regularisierung auf die Arbeit im Privathaushalt hat. Hierfür werden im Folgenden die Arbeitsbedingungen regulär und irregulär Beschäftigter verglichen.

2 Reguläre und irreguläre Beschäftigung in Haushalten Pflegebedürftiger

Nach § 18 Abs. 2 des Zuwanderungsgesetzes kann AusländerInnen ein Aufenthaltstitel zur Ausübung einer Beschäftigung erteilt werden, den auch Haushaltshilfen in Haushalten mit Pflegebedürftigen erhalten können. Dies gilt allerdings ausschließlich für Männer und Frauen aus Bulgarien, Polen, Rumänien, Slowenien, der Tschechischen Republik, der Slowakischen Republik und Ungarn.[12] Die Vermittlung übernimmt die Zentrale Auslands- und Fachvermittlung der Bundesagentur für Arbeit (ZAV) in Zusammenarbeit mit der jeweiligen Arbeitsverwaltung des Herkunftslandes (vgl. zum Verfahrensablauf auch *Husmann* in diesem Band). Den ArbeitnehmerInnen wird eine Arbeitserlaubnis über drei Jahre erteilt. Der Lohn orientiert sich an den Tarifverträgen für Beschäftigte im Privathaushalt und liegt abhängig vom Tarifgebiet bei einer wöchentlichen Arbeitszeit von 38,5 Stunden zwischen 1.099 und 1.342 Euro monatlich brutto (vgl. Bundesagentur für Arbeit 2009). Vermittelt wird in Haushalte, in denen mindestens eine Person lebt, die in eine Pflegestufe eingruppiert wurde. Über die Agentur für Arbeit lassen sich, so legt mein empirisches Material nahe, vor allem Frauen vermitteln, die sich vor den Härten einer irregulären Beschäftigung fürchten (ständig drohende Entdeckung und darauf folgende Ausweisung) und Frauen, die über keine Kontakte nach Deutschland verfügen, um die Migration und die Stellensuche zu organisieren. Grundsätzlich scheinen die Übergänge zwischen regulärer und irregulärer Beschäftigung fließend zu sein; viele *care workers* wechseln zwischen verschiedenen Stati.[13] Den über das Arbeitsamt Vermittelten steht eine unbekannte, aber vermutlich sehr große Zahl von Migrantinnen gegenüber, die irregulär in Haushalten Pflegebedürftiger arbeiten. Die irregulär Arbeitenden organisieren ihre Migration sowie die Weitergabe von Stellen weitgehend

---

[12] Bereits im Jahr 2002 galt eine Anwerbestoppausnahmeverordnung, die es Männern und Frauen aus Polen, Ungarn, Slowenien, der Slowakei und Tschechien ermöglichte, als Haushaltshilfen in Haushalten Pflegebedürftiger zu arbeiten. Diese Ausnahmeverordnung wurde nicht verlängert, da man davon ausging, dass das Zuwanderungsgesetz mit einer entsprechenden Regelung 2003 in Kraft treten würde (vgl. Karakayalı 2010: 107f.).

[13] Die Haushaltshilfen erhalten bei ihrer Einreise die ‚Arbeitserlaubnis EU' und können, „[w]enn sie mindestens 12 Monate ununterbrochen rechtmäßig zum deutschen Arbeitsmarkt zugelassen waren, [...] eine unbefristete Arbeitsberechtigung EU erhalten und haben damit einen uneingeschränkten Arbeitsmarktzugang." (Bundesagentur für Arbeit 2010b: 5). Zwei der von mir Befragten planten, nach Erhalt dieser Arbeitserlaubnis wieder in ihren alten Berufen tätig zu werden. Für die meisten spielte der uneingeschränkte Arbeitsmarktzugang keine Rolle, weil sie entweder keine Berufsausbildung genossen hatten oder aber ihre Bildungsabschlüsse in Deutschland nicht anerkannt werden. Insofern rechneten viele der Befragten nicht damit, Arbeit außerhalb eines Privathaushaltes finden zu können.

ohne die Hilfe von Institutionen[14] über persönliche Netzwerke von Freundinnen und Bekannten. Häufig teilen sich mehrere Frauen eine Stelle und pendeln in verschiedenen Rhythmen zwischen dem Herkunftsland, in dem sie meist ihre Familien und Kinder zurücklassen, und ihrem Arbeitsort in Deutschland. Die Netzwerke der Migrantinnen können außerordentlich dicht geknüpft und effektiv sein, so dass Pflegebedürftige und *care workers* einfach zueinander finden. Die fehlende Arbeitserlaubnis und die bei manchen Beschäftigten zusätzlich fehlende Aufenthaltserlaubnis machen sie allerdings in besonderer Weise verletzlich; ihr ungesicherter rechtlicher Status führt zu Ängsten vor einer möglichen Entdeckung und der damit verbundenen Ausweisung und erschwert ihre Alltagsorganisation. Dennoch bleibt vielen *care workers* gar keine andere Wahl, als irregulär zu arbeiten, da das Zuwanderungsgesetz nur einer sehr beschränkten Gruppe von Migrantinnen die reguläre Beschäftigung erlaubt, nämlich den BürgerInnen aus oben genannten Staaten.[15]

2.1 Tätigkeiten

Auf der Ebene der konkreten Tätigkeiten lassen sich keine Unterschiede zwischen regulär und irregulär Beschäftigten *care workers* feststellen. Für beide umfasst die Arbeit in Haushalten für Pflegebedürftige ein uneingrenzbares Set an Tätigkeiten, denn auch für die über die ZAV vermittelten Haushaltshilfen existiert keine genaue Definition ihrer Zuständigkeiten. War ihnen lange Zeit die Ausübung pflegerischer Tätigkeiten verboten, so findet sich seit Januar 2010 im Merkblatt zur Vermittlung von Haushaltshilfen für Pflegebedürftige nach Deutschland nun der Passus: „Seit dem 1. Januar 2010 dürfen Haushaltshilfen auch notwendige pflegerische Alltagshilfen leisten, also Unterstützung bei einfachen Verrichtungen, um das Alltagsleben der pflegebedürftigen Person zu Hause zu bewältigen." (Bundesagentur für Arbeit 2010b). Hier aber bewegen sich die regulär

---

[14] Eine Ausnahme sind Vermittlungsagenturen (vgl. den Beitrag von *Krawietz* in diesem Band), die in einem Graubereich arbeiten, da sie das Arbeitnehmerüberlassungsgesetz zur Grundlage ihrer Tätigkeit erklären, welches allerdings für Beschäftigungen im Haushalt nicht gilt.
[15] Diese Beschränkung (vgl. oben bei Fn. 12) muss meines Erachtens im Kontext der EU-Erweiterung betrachtet werden: Als das Zuwanderungsgesetz 2005 in Kraft trat, waren Polen, Ungarn, Tschechien, die Slowakei und Slowenien bereits EU-Mitglieder, der Beitritt Bulgariens und Rumäniens war bereits beschlossen. Zwar betreibt die Bundesregierung gegenüber diesen Ländern bisher eine Politik der Abschottung, indem sie durch eine sogenannte ‚Übergangsregelung' die Freizügigkeit von Arbeitskräften unterbindet (vgl. zu den europarechtlichen Rahmenbedingungen auch *Husmann* in diesem Band). Allerdings ist klar, dass sich diese Politik nicht langfristig aufrechterhalten lässt. Insofern kann die Regelung für die sogenannten ‚Haushaltshilfen' als eine Vorwegnahme der Aufhebung der Übergangsregelung interpretiert werden.

Beschäftigten häufig auf einem schmalen Grat, denn bereits alltägliche Verrichtungen, wie der pflegebedürftigen Person die verordneten Tabletten zu reichen, sind mehr als nur pflegerische Alltagshilfen und dürften streng genommen nicht von den Haushaltshilfen übernommen werden. Die regulär Beschäftigten geraten so durch das Ausführen von eigentlich selbstverständlichen Tätigkeiten, die auch pflegende Angehörige ausführen würden, unversehens in eine rechtliche Grauzone.[16] Werden die pflegebedürftigen Personen von einem ambulanten Pflegedienst betreut, erwarten häufig auch deren (regulär) Beschäftigte eine Mitarbeit der irregulären *care workers*, z.B. Hilfe beim Umlagern (vgl. Karakayalı 2010: 125).

Generell gehören zu den anfallenden Tätigkeiten aufräumen, Betten machen, putzen, abwaschen, einkaufen, zubereiten der Mahlzeiten, Blumen gießen, kochen, waschen, bügeln, Gänge zur Post und zur Apotheke sowie Gartenarbeit, aber auch (grund)pflegerische Tätigkeiten wie Hilfe beim Waschen, Frisieren und Anziehen sowie bei Toilettengängen, das Reichen des Essens, die Überwachung der Einnahme von Medikamenten, die Begleitung zu Arztbesuchen, das gemeinsame Absolvieren von Krankengymnastik, die Körperpflege (wie Schminken, Maniküre, Pediküre) sowie das Ausfahren mit dem Rollstuhl bzw. die Begleitung bei Spaziergängen. Darüber hinaus nannten die befragten Migrantinnen in meiner Untersuchung allerlei Tätigkeiten für die Angehörigen und Nachbarn der Pflegebedürftigen wie das Ausgehen mit dem Hund der Tochter der Nachbarin, Aufpassen auf die Nachbarskinder sowie Kuchen backen für Angehörige und Familienfeiern (vgl. Karakayalı 2010: 123).

2.2 Live-in-Situation

Haushaltsarbeit für pflegebedürftige Menschen wird häufig von Migrantinnen geleistet, die als *live-in* arbeiten, also im Haushalt der pflegebedürftigen Person leben, um so eine 24-Stunden-Betreuung zu gewährleisten. Die konkrete Unterbringung fällt dabei sehr unterschiedlich aus und ist nicht von der Regularität des Arbeitsverhältnisses abhängig. Während einige *care workers* in geräumigen Einliegerwohnungen im Haushalt der Pflegebedürftigen wohnen, müssen andere auf einer Matratze auf dem Fußboden schlafen. Seitens der Beschäftigten wird das Live-in-Arrangement als ambivalent empfunden: Die irregulär Beschäftigten sparen Kosten für eine eigene Unterkunft und der Haushalt stellt einen Schutz vor Entdeckung dar. Andererseits führt die ständige Verfügbarkeit zu einer Ent-

---

[16] Ich halte es allerdings für eher unwahrscheinlich, dass irreguläre *care workers* z.B. Injektionen verabreichen, wie in Presseartikeln häufig behauptet wird (vgl. z.B. Germis 2007). Selbst die von mir interviewten gelernten Krankenschwestern, die als *care workers* arbeiteten gaben an, solche Tätigkeiten wegen des hohen Risikos abzulehnen.

grenzung der Arbeitszeiten. Dies trifft sowohl auf irregulär wie auf regulär Beschäftigte zu. Obgleich die vertraglich vereinbarte Wochenarbeitszeit bei den durch die ZAV vermittelten Migrantinnen bei 38,5 Stunden liegt, wird diese zumeist bei Weitem überschritten. Dieser Umstand ist den MitarbeiterInnen der Bundesagentur für Arbeit bekannt und wird von diesen, wie in einem Telefoninterview deutlich wurde, gebilligt (vgl. Karakayalı 2010: 117). Häufig werden keine freien Tage oder Urlaubszeiten vertraglich vereinbart, und selbst wenn freie Zeiten gewährt werden, verwischt unter den Bedingungen des Zusammenlebens die Trennung zwischen Arbeits- und Freizeit.

Das permanente Zusammensein mit einer alten oder kranken Person wird je nach dem Grad der Bedürftigkeit auch als starke – u.a. seelische – Belastung empfunden. Dies gilt insbesondere, wenn die Haushaltsarbeiterinnen keine eigenen sozialen Kontakte vor Ort haben bzw. sie wegen der Arbeitsbelastung nicht aufrechterhalten können oder wenn Angehörige des pflegebedürftigen Menschen nicht zur Entlastung beitragen. Als gleichfalls belastend wird die große Eintönigkeit eines erlebnislosen Alltags beschrieben (vgl. Karakayalı 2010: 115ff.).

Während sich in irregulären Beschäftigungsverhältnissen häufig mehrere Frauen eine Stelle teilen, die *care workers* dadurch in längeren Abständen zwischen Arbeitsort und Herkunftsland pendeln[17] und sich dort erholen können, ist die Arbeitsbelastung der über die ZAV vermittelten Haushaltshilfen häufig größer, denn sie arbeiten über längere Zeiträume. Rein rechtlich ist es zwar möglich, dass sich zwei oder mehrere reguläre *care workers* eine Stelle teilen und sich in größeren Abständen abwechseln. Dies ist allerdings für die ArbeitgeberInnen mit einem erhöhten bürokratischen Aufwand verbunden. Außerdem nehmen häufig gerade diejenigen Migrantinnen die Vermittlung über die ZAV in Anspruch, die selbst über wenige Kontakte nach Deutschland verfügen, was bedeutet, dass sie unter Umständen keine Kollegin kennen, mit der sie eine Rotation auf einer Stelle organisieren können.

2.3 Löhne

Der Lohn der regulären *care workers* orientiert sich an den Tarifverträgen für Beschäftigte im Privathaushalt und liegt, abhängig vom Tarifgebiet, bei einer wöchentlichen Arbeitszeit von 38,5 Stunden zwischen 1.099 Euro (Bremen) und 1.353 Euro (Hamburg) monatlich brutto (vgl. Bundesagentur für Arbeit 2009). Nach Abzug aller Sozialabgaben, der Kosten für Kranken- und Unfallversiche-

---

[17] Dies gilt in erster Linie für Migrantinnen, deren Herkunftsländer sich in relativer Nähe befinden und/oder die aus EU-Mitgliedstaaten kommen, denn EU-BürgerInnen können sich innerhalb der EU frei bewegen.

rung sowie der Kosten für Unterkunft und Verpflegung bleiben davon durchschnittlich etwa 550 bis 650 Euro netto übrig.
In Schleswig-Holstein beispielsweise stehen einer Haushaltshilfe 1.174 Euro als Bruttolohn zu. Von diesem Lohn zahlt die Beschäftigte: ihre Kranken- und Unfallversicherung sowie jeweils die Hälfte des Beitrags zur Pflegeversicherung zur Rentenversicherung und zur Arbeitslosenversicherung, einen zusätzlichen Krankenversicherungsbeitrag und bei Kinderlosigkeit einen Beitragszuschlag in der sozialen Pflegeversicherung. Auch fallen Kosten für Unterkunft und Verpflegung an. Eine von Arbeitgeberseite zur Verfügung gestellte Wohnung kann mit maximal 204 Euro bzw. die Unterbringung im Arbeitgeberhaushalt mit maximal 173,40 Euro und das Kostgeld mit höchstens 215 Euro berechnet werden (§ 2 SvEV;[18] vgl. auch Bundesagentur für Arbeit 2010a: 2). Diese Summe wird dann vom Lohn abgezogen. So bleibt der in Schleswig-Holstein beschäftigten Haushaltshilfe eine Summe zwischen 500 und 600 Euro netto. Sind Kost und Logis frei, wird zur Berechnung der Sozialabgaben eine Summe zwischen 388 und 419 Euro auf den Tariflohn von 1.174 Euro aufgeschlagen und die Sozialabgaben erhöhen sich dementsprechend. Wie hoch der Nettolohn ausfällt, hängt also vom Tarifgebiet, der Steuerklasse, der Kranken- und Unfallversicherung, der Zahl der Kinder sowie dem Berechnungsmodus von Kost und Logis ab. Zudem ist es den ArbeitgeberInnen freigestellt, die Fahrtkosten zwischen Herkunftsland und Deutschland zu übernehmen.

Die Löhne der irregulär Beschäftigten in meiner Untersuchung schwankten zwischen 600 und 1.000 Euro, einige der Befragten ließen sich von ihren ArbeitgeberInnen die Auslandskrankenversicherung sowie die Fahrtkosten extra bezahlen (vgl. Karakayalı 2010: 113, 162).

2.4 Übergriffe und Stellenwechsel

Die Arbeit in Privathaushalten und damit außerhalb der Öffentlichkeit begünstigt immer auch missbräuchliche Situationen, wie z.B. Beschimpfungen, das Verbot, Kontakt zu Nachbarn oder Bekannten aufzunehmen, sexuelle Übergriffe oder die Verzögerung oder Verweigerung von Lohnzahlungen. Forschungen zu Migrantinnen in der bezahlten Hausarbeit haben immer wieder die besondere Verletzlichkeit der Migrantinnen herausgestellt, die ohne Aufenthalts- und Arbeitserlaubnis arbeiten (vgl. Anderson 2000; Lutz 2007a). Zu erwarten wäre, dass Übergriffe gegenüber regulär Beschäftigten deutlich seltener vorkommen. Tatsäch-

---

[18] Verordnung über die sozialversicherungsrechtliche Beurteilung von Zuwendungen des Arbeitgebers als Arbeitsentgelt (Sozialversicherungsentgeltverordnung – SvEV) vom 21.12.2006 (BGBl. I S. 3385), zuletzt geändert durch die Verordnung vom 19.10.2009 (BGBl. I S. 3667).

lich aber zeigte sich in meiner Untersuchung, dass auch Frauen, die einer über die ZAV vermittelten Tätigkeit nachgehen, missbräuchliche Situationen erleben. Aus Furcht vor dem Verlust ihres Arbeitsverhältnisses wagten es diese regulär Beschäftigten nicht, die Übergriffe der ZAV zu melden, aus Furcht, ihr reguläres Arbeitsverhältnis zu verlieren.[19] Zudem verfügen die Frauen zwar über eine Aufenthalts- und Arbeitserlaubnis, nicht aber über Möglichkeiten, im Fall von Problemen ihre Rechte durchzusetzen.

Tauchen gravierende Probleme auf, so suchen die Haushaltsarbeiterinnen die Lösung häufig in einem Wechsel der Arbeitsstelle. Denn andere Formen der Problembewältigung wie das Einklagen ausstehender Löhne oder die Forderung, getroffene Vereinbarungen bezüglich der Arbeitszeiten einzuhalten, stehen den *care workers* nicht offen. Dies gilt für die irregulär Arbeitenden aufgrund ihrer fehlenden Aufenthalts- und Arbeitserlaubnis. Aber auch die über die ZAV vermittelten Migrantinnen haben kaum Chancen, ihre Interessen durchzusetzen, denn die Bundesagentur für Arbeit kann die Einhaltung der Verträge offensichtlich nicht garantieren. Im Falle vorenthaltener Löhne wird die Bundesagentur den Befragten zufolge nicht aktiv; die Unterstützung der Migrantinnen erschöpft sich meist in dem Rat, die Polizei zu rufen (vgl. Karakayalı 2010: 119).[20] Diese Empfehlung aber stellt die *care workers* vor Probleme: Zum einen gibt es sprachliche Hürden, zum anderen haben die Migrantinnen Bedenken, inwiefern sie für die Polizei als Ausländerinnen glaubwürdig sind. Zudem ist offen, ob ihnen die Polizei überhaupt weiterhelfen kann, denn schließlich können Tatbestände wie das Vorenthalten des Lohns nur gerichtlich geklärt werden, und die Migrantinnen verfügen weder über das Geld noch die Zeit noch die nötigen rechtlichen Kenntnisse, um in Deutschland den Klageweg zu beschreiten. Diese

---

[19] Darüber hinaus hatten die meisten nicht den Eindruck, dass sie bei Problemen tatsächlich mit Unterstützung vonseiten der Bundesagentur für Arbeit rechnen könnten.
[20] Die Tatsache, dass die Bundesagentur für Arbeit im Falle von Problemen keinerlei Hilfestellungen leistet, wiegt umso schwerer, als in Deutschland kaum Nichtregierungsorganisationen, Sozialverbände oder gewerkschaftliche Strukturen existieren, bei denen im Haushalt Beschäftigte Unterstützung erhalten können. Seit kurzer Zeit gibt es Versuche der gewerkschaftlichen Organisierung irregulär im Haushalt arbeitender Migrantinnen. ‚Respect' (vgl. http://www.respect-netz.de), eine Gruppe lateinamerikanischer Migrantinnen, die in Haushalten arbeiten, ist geschlossen der Dienstleistungsgewerkschaft ver.di beigetreten. In Berlin und Hamburg unterhält die Dienstleistungsgewerkschaft ver.di seit einiger Zeit Beratungsstellen für undokumentierte ArbeiterInnen, an die sich auch im Haushalt Beschäftigte wenden können. Bisher gibt es keine Versuche seitens ver.di, offensiv Haushaltsarbeiterinnen zu organisieren. In Einzelfällen wird ver.di allerdings durchaus aktiv: so wurde die Chilenin Ana S., die jahrelang irregulär im Haushalt arbeitete und von ihren ArbeitgeberInnen um ihren Lohn geprellt wurde, von ver.di Hamburg in einem Gerichtsprozess vertreten (vgl. http://hamburg.verdi.de/presse_hh/pressemitteilungen/showNews?id=5351a25e-e3ab-11dd-66b6-0019b9e321e1). Zum Verhältnis von migrantischen Haushaltsarbeiterinnen und Gewerkschaften siehe auch http://www.irene-network.nl/workers_is/domestic.htm.

Erwägungen lassen viele Frauen davor zurückschrecken, auf juristischem Wege für ihre Rechte zu kämpfen.

Aber selbst weniger dramatische Situationen können die regulär Beschäftigten in Bedrängnis bringen. Endet beispielsweise ein Arbeitsverhältnis abrupt, weil die pflegebedürftige Person in einem Heim untergebracht wird oder stirbt, so stehen die Haushaltshilfen häufig von einem Moment auf den anderen buchstäblich auf der Straße, weil die Angehörigen nicht bereit sind, sie zu beherbergen, bis sie eine neue Arbeitsstelle gefunden haben. Solche Erlebnisse schilderten mehrere der von mir befragten Migrantinnen, die in diesen Situationen auf die Hilfe von Bekannten oder soziale Einrichtungen angewiesen waren (vgl. Karakayalı 2010: 120).

Kommt es zu einem Stellenwechsel, sind regulär und irregulär Beschäftigte mit unterschiedlichen Problemen konfrontiert. Für die regulär Beschäftigten ist es oft schwierig, eine neue Arbeit zu finden, weil ArbeitgeberInnen häufig kein Interesse an einem regulären Beschäftigungsverhältnis haben. Hierfür gibt es m.E. neben finanziellen Erwägungen und der Unkenntnis regulärer Beschäftigungsmodi vor allem zwei Gründe: Zum einen versuchen einige ArbeitgeberInnen bewusst, die prekäre rechtliche Situation der von ihnen Beschäftigten auszunutzen. Zum anderen bevorzugten viele der ArbeitgeberInnen die Beschäftigung einer Haushaltsarbeiterin, die ihnen über persönliche Kontakte empfohlen wurde. Offensichtlich werden solche Personen als vertrauenswürdiger empfunden. Darüber hinaus ist zu vermuten, dass formale, über die ZAV vermittelte Arbeitsverhältnisse der Idee des Privaten als nicht-marktwirtschaftliche Sphäre und der Konstruktion von *care workers* als Familienersatz entgegenstehen und darum nicht genutzt werden (vgl. Anderson 2007).

Für irregulär arbeitende Migrantinnen scheint ein Stellenwechsel demgegenüber deutlich leichter zu sein. Die von mir Befragten unterhielten vielfältige Kontakte zu anderen Haushaltsarbeiterinnen, mit denen sie sich laufend über verschiedene Beschäftigungsoptionen austauschten. Aufgrund der großen Nachfrage nach irregulären Arbeitskräften hatten sie meistens keine Schwierigkeiten, eine neue Stelle zu finden. Allerdings ist für die irregulär Arbeitenden ein Stellenwechsel auch mit Ängsten vor Entdeckung ihrer Irregularität verbunden, da sich die Vertrauenswürdigkeit der neuen ArbeitgeberInnen erst noch erweisen muss (vgl. Karakayalı 2010: 235).

3 Fazit

Der Vergleich der Arbeitsverhältnisse regulär und irregulär beschäftigter *care workers* macht deutlich, dass die regulär Beschäftigten keineswegs unter grundsätzlich besseren Bedingung leben und arbeiten als die irregulär Beschäftigten. Denn die Vermittlung durch die ZAV ist weder mit der Garantie einer Einhaltung von Arbeits- und Freizeiten noch mit einer angemessenen Unterkunft oder dem Schutz vor Übergriffen verbunden. Und ganz offensichtlich verbessert allein die Gewährung von Rechten die Situation der *care workers* nicht, wenn sie nicht in der Lage sind, von diesen Rechten Gebrauch zu machen, weil ihnen hierfür die nötigen ökonomischen, sozialen und Wissens-Ressourcen fehlen. Hier scheint die Möglichkeit, den Arbeitgeber wechseln zu können, einen größeren Schutz zu bieten als Rechte, die sich nicht durchsetzen lassen.

Die Netzwerke der irregulär migrierenden Frauen garantieren eine gewisse Mobilität, über die sich Stellenwechsel schnell organisieren lassen. Die derzeitige Form der Regularisierung dagegen immobilisiert die Migrantinnen. Folgt man den diesem Beitrag zugrunde liegenden Untersuchungsergebnissen (vgl. Karakayalı 2010), ist Mobilität aber ihre größte Ressource, um angemessene Löhne zu erzielen und sich vor Übergriffen zu schützen. Eine umfassende Regularisierung der Arbeitsverhältnisse im Privathaushalt im Sinne einer Entkriminalisierung ist dennoch wünschenswert, denn die derzeitige Situation führt zu großen Unsicherheiten sowohl für die *care workers* als auch für die Pflegebedürftigen. Eine Regularisierung müsste allerdings die spezifischen Bedingungen der Arbeit im Privathaushalt wie z.B. das Arbeiten außerhalb der Öffentlichkeit, das spezifische Abhängigkeitsverhältnis zwischen ArbeitgeberInnen und *care workers*, die Vereinzelung am Arbeitsplatz, die Rund-um-die-Uhr Beanspruchung der *care workers* sowie das häufig abrupte Ende von Arbeitsverhältnissen berücksichtigen. Darüber hinaus braucht es Institutionen, die den Haushaltsarbeiterinnen zur Durchsetzung ihrer Rechte verhelfen.

Derzeit ist die irreguläre Beschäftigung von *care workers* ein fester Bestandteil der Pflegerealität in Deutschland. Die durch das Zuwanderungsgesetz geschaffene Möglichkeit der legalen Beschäftigung von MigrantInnen in Haushalten Pflegebedürftiger hat diese Situation nicht wesentlich verändert. Im Gegenteil scheint der bereits erwähnte, im Jahr 2009 zu verzeichnende deutliche Rückgang der Vermittlungen durch die Bundesagentur für Arbeit auf eine weitere Verbreitung irregulärer Beschäftigungsverhältnisse im Bereich der Pflege zu verweisen. Die Arbeit der transnationalen MigrantInnen ergänzt dabei die Angebote regulärer Pflegedienste und trägt zu einer Aufrechterhaltung des derzeitigen Pflegesystems bei. Damit wird ein ganzer Bereich wohlfahrtsstaatlicher Verantwortung an irregulär arbeitende Migrantinnen ausgelagert, die selbst von elementaren Bürgerrechten ausgeschlossen bzw. nicht darin unterstützt werden, diese für sich in Anspruch zu nehmen. Dieses Missverhältnis gilt es schnell zu verändern.

Literatur

Akalın, Ayşe, 2007: "Hired as a Caregiver, Demanded as a Housewife. Becoming a Migrant Domestic Worker in Turkey", *European Journal of Women's Studies* 14(3) 2207, S. 209–225.
Andall, Jacqueline, 2003: "Hierarchy and Interdependence: The Emergence of a Service Caste in Europe." In: Anall, Jacqueline (Hg): *Gender and Ethnicity in Contemporary Europe*, Oxford, S. 39–60.
Anderson, Bridget, 2000: *Doing the Dirty Work. The Global Politics of Domestic Labour*, London.
Anderson, Bridget, 2007: "A Very Private Business: Exploring the Demand for Migrant Domestic Workers", Eur*opean Journal of Women's Studies* 14(3) 2007, S. 247–264.
Balibar, Étienne, 1998: "Vom Klassenkampf zum Kampf ohne Klassen?", in: ders./ Wallerstein, Immanuel: *Rasse, Klasse, Nation. Ambivalente Identitäten*, Hamburg/ Berlin, S. 190–227.
Blüher, Stefan/Stosberg, Manfred, 2005: "Pflege im Wandel veränderter Versorgungsstrukturen: Pflegeversicherung und ihre gesellschaftlichen Konsequenzen", in: Schroeter, Klaus R./Rosenthal, Thomas (Hg): *Soziologie der Pflege*, Weinheim, S. 177–193.
Breitscheidel, Markus, 2005: *Abgezockt und totgepflegt. Alltag in deutschen Pflegeheimen*, Berlin.
Bundesagentur für Arbeit, 2009: Haushaltshilfen in Haushalte mit Pflegebedürftigen [Entgelttabelle], Stand: August 2009, im Internet abrufbar unter http://www.arbeits agentur.de/zentraler-Content/A04-Vermittlung/A044-Vermittlungshilfen/Publikation/ pdf/Entgelttabelle-Haushaltshilfen-Pflegebeduerftige.pdf (Zugriff am 02.03.2010)
Bundesagentur für Arbeit, 2010a: *Hinweise für die Beschäftigung von ausländischen Haushaltshilfen in Haushalten mit Pflegebedürftigen*, im Internet verfügbar unter http://www.arbeitsagentur.de/zentraler-Content/A04-Vermittlung/A044-Vermitt lungshilfen/Publikation/pdf/Haushaltshilfen-Hinweisblatt.pdf (Zugriff am 23.03.2010).
Bundesagentur für Arbeit, 2010b: *Merkblatt Vermittlung von Haushaltshilfen in Haushalte mit Pflegebedürftigen nach Deutschland. Hinweise für Arbeitgeber*, Stand 01/2010, im Internet verfügbar unter http://www.arbeitsagentur.de/zentraler-Content/ Veroeffentlichungen/Merkblatt-Sammlung/Merkblatt-zur-Vermittlung-in-Haushalte-mit-Pflegebeduerftigen.pdf (Zugriff am 26.02.2010).
DAK (Hg.), 2006: *DAK/BGW Gesundheitsreport 2006. Ambulante Pflege. Arbeitsbedingungen und Gesundheit in ambulanten Pflegediensten*, im Internet abrufbar unter http://www.dak.de/content/filesopen/Report_Ambulante_Pflege.pdf (Zugriff am 26.02.2010).

Dienel, Christiane, 2005: „Familienpolitische Unterstützung privater Dienstleistungen im Europäischen Vergleich", in: Bundesministerium für Familie, Senioren, Frauen und Jugend (Hg.): *Expertenworkshop „Lokale Märkte". Potentiale und Entwicklungsperspektiven von Bedarfen und Angeboten familienunterstützender Dienstleistungen*, Berlin, S. 20–52.

Dräger, Dagmar/Geister, Christina/Kuhlmey, Adelheid, 2003: „Auswirkungen der Pflegeversicherung auf die Situation pflegender Töchter – Die Rolle der professionellen Pflegedienste", *Pflege* 6 (2003), S. 342–348.

Ehrenreich, Barbara/Hochschild, Arlie Russel (Hg.), 2003: *Global Woman: Nannies, Maids, and Sex Workers in the New Economy*, New York.

Gather, Claudia/Geissler, Birgit/Rerrich, Maria S. (Hg.), 2002: *Weltmarkt Privathaushalt. Bezahlte Haushaltsarbeit im globalen Wandel*, Münster.

Germis, Carsten, 2007: „Pflegerin gesucht – rund um die Uhr für 1000 Euro", *Frankfurter Allgemeine Zeitung* vom 19.06.2007, im Internet abrufbar unter http://www.faz. net/s/Rub0E9EEF84AC1E4A389A8DC6C23161FE44/Doc~E9992223AE2EE4981 A3C9AFCCA8D30560~ATpl~Ecommon~Scontent.html (Zugriff am 26.02.2010).

Hess, Sabine, 2005: *Globalisierte Hausarbeit*, Wiesbaden.

Hillmann, Felicitas, 1996: *Jenseits der Kontinente. Migrationsstrategien von Frauen nach Europa*, Pfaffenweiler.

Hochschild, Arlie Russell, 1983: *The Managed Heart: Commercialization of Human Feeling*, Berkeley.

http://www.respect-netz.de: Respect – ein europäisches Netzwerk für MigrantInnen. (Zugriff am 03.03.2010)

http://www.irene-network.nl/workers_is/domestic.htm: International Restructuring Education Network Europe (Zugriff am 03.03.2010)

Karakayalı, Juliane, 2010: *Transnationales Sorgen. Biographische Interviews mit care workers aus Osteuropa*, Wiesbaden.

Kaufmann, Jean-Claude, 1999: *Mit Leib und Seele. Theorie der Haushaltstätigkeit*, Konstanz.

Kondratowitz, Hans-Joachim von, 2005: „Die Beschäftigung von Migranten/innen in der Pflege", *Zeitschrift für Gerontologie und Geriatrie* 38(6) 2005, S. 417–422.

Lutz, Helma, 2007a: *Vom Weltmarkt in den Privathaushalt. Die neuen Dienstmädchen im Zeitalter der Globalisierung*, Opladen.

Lutz, Helma, 2007b: „,Die 24-Stunden-Polin'. Eine intersektionelle Analyse transnationaler Dienstleistungen", in: Klinger, Cornelia/Knapp, Gudrun-Axeli/Sauer, Brigitte (Hg.): *Achsen der Ungleichheit. Zum Verhältnis von Klasse, Geschlecht und Ethnizität*, New York, S. 210–234.

Lutz, Helma/Schwalgin, Susanne, 2004: „Irregular Migration and the Globalization of Domestic Work. Migrant Domestic Workers in Germany", in: Fauve-Chamoux, Antoinette (Hg.): *Domestic Service and the Formation of European Identity*. Bern, S. 277–297.

MDS [Medizinischer Dienst der Spitzenverbände der Krankenkassen e.V.], 2007: *2. Bericht des MDS nach § 118 Abs. 4 SGB XI. Qualität in der ambulanten und stationären Pflege*, Köln, im Internet abrufbar unter http://www.mds-ev.de/media/pdf/ 2._Bericht_des_MDS.pdf (Zugriff am 26.02.2010).

Misra, Joya/Merz, Sabine N./Woodring, Jonathan, 2004: *The Globalization of Carework: Immigration, Economic Restructuring, and the World-System*, im Internet abrufbar unter http://www.umass.edu/sadri/pdf/WP/WP13%20-%20Misra%20Woodring%20 Merz.pdf (Zugriff am 26.02.2010).

Momsen, Janet Henshall, 1999: „Maids on the Move", in: dies (Hg.): *Gender, Migration and Domestic Service*, London, S. 1–20.

Neuhaus, Andrea; Isfort, Michael; Weidner, Frank 2009: *Situation und Bedarfe von Familien mit mittel- und osteuropäischen Haushaltshilfen (moH)*; Deutsches Institut für angewandte Pflegeforschung e.V., Köln, im Internet abrufbar unter http://www.dip. de/fileadmin/data/pdf/material/bericht_haushaltshilfen.pdf (Zugriff am 26.02.2010).

Parreñas, Rhacel Salazar, 2001: *Servants of Globalization. Women, Migration and Domestic Work*, Chicago.

Pflege-Selbsthilfeverband e.V., o.J.: *(Il)legale Pflege. Haushaltshilfen aus Osteuropa unverzichtbar*, im Internet abrufbar unter http://www.pflege-shv.de/illegale%20 pflege%20Thema.htm (Zugriff am 26.02.2010)

Rerrich, Maria S, 2002: „Von der Utopie der partnerschaftlichen Gleichverteilung zur Realität der Globalisierung von Hausarbeit", in: Gather, Claudia/Geissler, Birgit/ Rerrich, Maria S. (Hg.): Weltmarkt Privathaushalt. Bezahlte Haushaltsarbeit im globalen Wandel, Münster, S. 16–30.

Schneekloth, Ulrich/Leven, Ingo, 2002: *Hilfe- und Pflegebedürftigkeit in Deutschland 2002. Schnellbericht*. Forschungsprojekt MuG3, im Internet abrufbar unter http:// www.tns-infratest-sofo.com/downloads/mug3sb.pdf (Zugriff am 26.02.2010).

Statistisches Bundesamt, 2008: *Pflegestatistik 2007, Deutschlandergebnisse*, Wiesbaden.

ver.di Berlin/Brandenburg, 2006: *Ambulante Pflege in Berlin: Pflege in Not?* Berlin, im Internet abrufbar unter http://www.verdi.de/bb/hintergrund/data/Hintergrundinfo_1_ Ambulante_Pflege.pdf (Zugriff am 26.02.2010).

Weinkopf, Claudia, 2006: „Der Bedarf ist da", in: Bündnis 90/Die Grünen im Landtag Nordrhein-Westfalen (Hg.): *Haushaltsnahe Dienstleistungen. Herausforderungen und Potenziale für ältere Menschen und die Beschäftigungspolitik, Dokumentation einer Fachveranstaltung vom 17. Februar 2006*, Düsseldorf, S. 4–8, im Internet abrufbar unter http://www.barbara-steffens.de/cms/publikationen/dokbin/305/305718. haushaltsnahe_dienstleistungen_dokumenta.pdf (Zugriff am 26.02.2010).

Hausbetreuung in Österreich –
zwischen Legalisierung und Lösung?

Tom Schmid

Wie in allen korporatistischen Staaten (vgl. Esping-Andersen 1998; Theobald 2008) hat sich auch in Österreich, begünstigt durch die Grenzöffnung 1989, in den letzten 20 Jahren ein Markt kostengünstiger Betreuung pflegebedürftiger Menschen in Privathaushalten herausgebildet. Aber anders als in vergleichbaren Ländern ist diese Betreuung in Österreich seit 2007 zu einem prinzipiell legalen Arbeitsverhältnis geworden. Neben der Form und den spezifischen Rahmenbedingungen dieser Legalisierung gilt es zu untersuchen, ob sie bereits die Lösung der mit privater Betreuung und Pflege verbundenen Probleme ist oder noch Teil des Problems bleibt.

1 Pflege und Hilfe in Österreich

1.1 Ausgangslage

1.1.1 Demografische Entwicklung

Pflege- und Betreuungsbedarf tritt in der Regel im höheren Alter auf. Der Anteil der Bevölkerung über 65 Jahre an der Gesamtbevölkerung wird in Österreich von gegenwärtig (2004) einem Fünftel bis zum Jahr 2030 auf voraussichtlich mehr als zwei Fünftel ansteigen (vgl. Prochazkova u.a. 2008: 67ff). In anderen europäischen Ländern ist eine vergleichbare Entwicklung zu erwarten, wobei der Anstieg in West- und Mitteleuropa größer sein wird als in Süd- und Osteuropa. Veränderte Wanderungsströme bzw. wirtschaftliche und politische Veränderungen könnten jedoch die tatsächliche Entwicklung gegenüber dieser Prognose beeinflussen.

Das bringt sowohl Herausforderungen für die Systeme der Alterssicherung als auch für den Pflege- und Betreuungsbedarf. Während die monetäre Altersvorsorge durch wirtschaftliche Maßnahmen (Umstellung der Finanzierung, erhöhter Anteil der Wertschöpfung etc.) auf diese demografische Herausforderung[1] vorbereitet werden kann (vgl. z.B. Rürup 1997), erfordert der gestiegene Pflege- und Betreuungsbedarf deutlich mehr Erwerbstätige im Pflege- und Betreuungsbereich, obwohl aus demografischen Gründen das Erwerbspotenzial deutlich sinken wird. Baldock und Evers wiesen bereits Anfang der 1990er Jahre anhand einer schwedischen Untersuchung darauf hin, dass dieser Personalbedarf in Zukunft nicht (nur) über den legalen Erwerbsarbeitsmarkt zu decken sein wird:

„Marten Lagergreen schätzte [1984, Anm. TS] für das Sekretariat für Zukunftsforschung, dass für die Durchführung dieser Politik der Pflegesektor im Jahr 2000 zwischen 1,0 und 1,2 Millionen Beschäftigte benötigen würde – bei einem wahrscheinlichen Gesamtpotential an Arbeitskräften von 4,5 Millionen." (Baldock, zitiert in Kytir/Münz 1992: 23)

Aus der Sicht des Jahres 2009 lässt sich konstatieren, dass die prognostizierte dramatische Entwicklung in dieser Form (noch) nicht eingetreten ist. Allerdings bleibt zu befürchten, dass die Verknappung des Angebotes an Pflege- und Betreuungskräften zu einer Verschlechterung der Betreuungsqualität führen wird – zumindest in den Staaten, in denen die extramurale[2] Pflege bereits heute gut ausgebaut ist.

1.1.2 Verschiedene Betreuungsformen in Europa

Theobald (2008: 9ff.) unterscheidet auf Grundlage von Esping-Andersen (1998) und bezogen auf Pflege und Betreuung in Haushalten drei europäische Modelle: (1) das *skandinavische Modell* (Skandinavien und Großbritannien)[3] mit einem hohen Anteil an öffentlich bezahlten Dienstleistungen und einem geringen Grad von illegaler Haushaltsarbeit, (2) das *mitteleuropäische Modell* staatlich unterstützter Familienpflege mit einem Mix aus haushaltsunterstützenden sozialen Diensten, familialer Pflege- und Betreuungsarbeit sowie illegaler Haushaltsarbeit und (3) das *südeuropäische Modell*, in dem Pflege und Betreuung fast ausschließlich von Familien und kaum unterstützt von illegaler Haushaltsarbeit erbracht wird; staatliche Leistungen beschränken sich hier auf stationäre Angebote und finanzielle Transfers.

---

[1] Das Kapitaldeckungsverfahren wird davon zumindest ebenso stark betroffen sein wie das Umlageverfahren.
[2] In Österreich wird Pflege außerhalb von Spitälern und Heimen als *extramural* (extra muros) bezeichnet, Pflege und Behandlung in Spitälern und Heimen hingegen als *intramural*.
[3] Großbritannien muss eigentlich als ‚Mischform' zwischen dem skandinavischen und dem liberalen Modell angesehen werden (vgl. Theobald 2008: 14).

Diese drei Modelle müssen durch ein viertes Modell ergänzt werden (vgl. Prochazkova/Schmid 2009: 144), das als *mittel- und osteuropäisches Modell* bezeichnet werden kann. In diesen Ländern gibt es fast keine staatlich unterstützten mobilen Pflege- und Betreuungsdienste und wenig stationäre Pflege. Legale, aber auch illegal am Markt angebotene unterstützende Hausarbeit ist hier nicht erschwinglich und daher fast nicht vorhanden (vgl. Surdej 2008). Aleksander Surdej macht am polnischen Beispiel deutlich, dass Pflege und Betreuung überwiegend im Haushalt geleistet werden, externe Unterstützung findet fast nur durch nicht im selben Haushalt wohnende Verwandte statt, kaum aber durch Dienste (vgl. ebd.: 13).

Illegale Haushaltsarbeit, überwiegend von ausländischen Frauen verrichtet (vgl. Lutz 2007), findet also nur dort in relevantem Ausmaß statt, wo das Lohngefälle zwischen Herkunftsland und Zielland entsprechend hoch, das (illegale) Angebot daher deutlich billiger als legal zu erwerbende Dienste ist und wo staatlich angebotene Pflege- und Betreuungsdienste nicht ausreichen. Sie findet sich daher weder in Skandinavien noch in Süd- und Osteuropa in nennenswertem Ausmaß.

Das *mitteleuropäische Modell der (illegalen) Haushaltsarbeit* lebt von einem entsprechend hohen Armutsgefälle zwischen Herkunfts- und Zielland und einer nicht zu weiten Entfernung (Pendelmöglichkeiten, kulturelle Nähe, kein Ausschluss durch ‚Schengen-Grenzen') und davon, dass die in den Herkunftsländern fehlenden Pflegepersonen (v.a. in Spitälern) durch solche aus Ländern mit noch niedrigerem Lohnniveau (Ukraine, Moldawien) ersetzt werden können (vgl. Lutz 2007; Prochazkova u.a. 2008).

1.2 Die plötzliche Entscheidung

Entscheidungen über Pflege und Betreuung (und diese treten in der Regel gleichzeitig auf) müssen Betroffene bzw. ihre Familien sehr oft *plötzlich* treffen. Meistens geht es um hochaltrige allein stehende Menschen. Aber auch wenn die nun pflege- und betreuungsbedürftige Person mit ihrem Partner oder ihrer Partnerin zusammen wohnt, sind diese oft ebenfalls in einem Alter, in dem ihnen die kontinuierliche Betreuung (alleine) nicht mehr zugemutet werden kann und von den Kindern meist auch nicht mehr zugemutet wird. Die kontinuierliche Betreuung und Beaufsichtigung zwischen den Einsatzstunden mobiler Dienste ist in vielen Fällen familiär nicht zu erbringen. Ausländische (illegale) Betreuungskräfte waren seit den späten 1990er Jahren eine effektive und effiziente Alternative, mehr oder weniger in allen Ländern des mit Theobald (2008) als *mitteleuropäisch* bezeichneten Typs.

Die Pflegevorsorge stellt den betroffenen Personen und ihren Familien neben einem vielfältigen Angebot stationärer, teilstationärer und mobiler Dienste zwar jene Geldmittel zur Verfügung, die individuelle Arrangements zur Abdeckung des nötigen Pflege- und Betreuungsbedarfes ermöglichen. Aber die Beträge reichen nicht aus, um alle Elemente dieser nötigen Arrangements auf dem regulierten Markt legaler Dienstleistungen zu kaufen – und es ist vermutlich eine Illusion zu meinen, dies wäre jemals möglich. Ein Ausweichen auf billigere (illegale) Angebote ist daher vorprogrammiert.

Der Hauptteil familiärer Pflegearbeit wird von Frauen erbracht (vgl. Badelt u.a. 1997: 105ff.). Mit dem Anstieg der weiblichen Erwerbsbeteiligung gibt es weniger Spielraum für eine familiäre Rund-um-die-Uhr-Betreuung und -Pflege. Aber dieser Befund ist widersprüchlich, denn der Anstieg der weiblichen Erwerbsquote ging mit einer deutlichen Zunahme weiblicher Teilzeitbeschäftigung und mit längeren Arbeitspausen einher, etwa durch die Verlängerung des Karenzurlaubes von einem Jahr auf bis zu zweieinhalb Jahre seit 1991. Dies *kann* die Verbindung von Erwerbsarbeit und Betreuung erleichtern.

1.3 Rahmenbedingungen: Die österreichische Pflegesicherung

Die österreichische Pflegesicherung[4] ist ein Beispiel für den ‚mitteleuropäischen Typus' der häuslichen Pflege und Betreuung; hierin ist die Grundlage für einen nennenswerten Anteil illegaler Haushaltsarbeit von Frauen (und Männern) aus Ostmitteleuropa zu suchen. Denn das Problem der ‚häuslichen Pflege' zerfällt eigentlich in zwei Teile: zum einen geht es um *Pflege*, zum anderen um *Betreuung*. Allerdings ist die Grenze zwischen den beiden Bereichen abhängig vom jeweiligen Gesundheitszustand und der Lebenssituation der zu betreuenden Person und deren häuslichen Möglichkeiten und kann nicht exakt gezogen werden. Es ist jedoch wichtig, in der Diskussion analytisch zwischen diesen beiden Aspekten zu unterscheiden.

1.3.1 Die Pflegevorsorge von 1993

Das Problem der *Pflege* wurde in Österreich mit der Pflegevorsorge 1993 relativ befriedigend gelöst: durch pauschalierte Geldleistungen in sieben Stufen und durch eine Vereinbarung zwischen Bund und Ländern, Soziale Dienste bis zum

---

[4] Vgl. dazu Pfeil 1994; 1996; 2007, 2008; Rudda u.a. 2008; Mühlberger u.a. 2008, aber auch Pacolet 1998; Simonazzi 2008; Theobald 2008.

Jahr 2010 flächendeckend auszubauen. Die regelmäßige Evaluation des Ausbaus sowie begleitende Maßnahmen der Qualitätssicherung sind weitere Bestandteile dieser Regelung (vgl. Pfeil 1994; 1996; Gruber/Pallinger 2003; H. Schmid 2000).

Trotz einiger Kritik im Detail (vgl. z.B. Pfeil 1994) konnte die Pflegevorsorge der Pflege in Privathaushalten neue Perspektiven ermöglichen. Als weiteres Standbein der extramuralen Pflege ist die Aufnahme der medizinischen Hauskrankenpflege in den Pflichtleistungskatalog der gesetzlichen Krankenversicherungen im Jahr 1991 zu nennen.

1.3.2 Der Anspruch auf Pflegegeld

Das österreichische Pflegegeld hat die gesetzliche Aufgabe, pflegebedingte Mehraufwendungen in pauschalierter Form teilweise abzugelten und wird in sieben Stufen ausbezahlt. Diese Stufen hängen vom Pflegebedarf (Stunden pro Monat) ab (vgl. Tabelle 1).

Das Pflegegeld wird zwölf Mal im Jahr ausgezahlt.[5] Es ist steuerfrei und gilt nicht als Einkommen, kann daher nicht auf andere Geldleistungen (Notstandshilfe, Sozialhilfe) angerechnet werden. Bei seiner Einführung im Jahr 1993 wurde entschieden, keinen neuen Zweig der Sozialversicherung zu schaffen. Das Bundes-Pflegegeld wird daher von jenem Träger ausbezahlt, bei dem bereits ein Transferanspruch (z.B. von der Pensionsversicherung) oder ein Einkommensanspruch existiert (BundesbeamtInnen). Wer keinen Transferleistungsanspruch hat (z.B. pflegebedürftige Kinder) oder in einem Land bzw. einer Gemeinde beamtet ist, erhält das Landes-Pflegegeld vom jeweiligen Bundesland. Das Bundespflegegeldgesetz und die neun Landespflegegeldgesetze sind inhaltlich gleich gestaltet, darüber haben sich Bund und Länder 1993 in einem Vertrag geeinigt.

Bei Menschen mit einer schweren geistigen oder psychischen Behinderung – insbesondere einer demenziellen Erkrankung – kann ab dem vollendeten 15. Lebensjahr ein pauschaler Erschwerniszuschlag in Höhe von 25 Stunden pro Monat angerechnet werden. Auch die besonders intensive Pflege von schwerstbehinderten Kindern und Jugendlichen wird durch einen zusätzlichen pauschalen Erschwerniszuschlag berücksichtigt, wenn zumindest zwei voneinander unabhängige schwere Funktionsstörungen vorliegen, und zwar bis zum vollendeten 7. Lebensjahr monatlich 50 Stunden und danach bis zum vollendeten 15. Lebensjahr 75 Stunden pro Monat.

---

[5] Löhne, Gehälter und Pensionen werden in Österreich 14 Mal im Jahr ausgezahlt (inkl. Weihnachts- und Urlaubsgeld).

Tabelle 1: Pflegestufen nach dem Bundespflegegeldgesetz[6] 2010

Stufe	Definition (monatlicher Pflegeaufwand)	Pflegegeld pro Monat in Euro
1	mindestens 50 Stunden	154,20
2	mindestens 75 Stunden	248,30
3	mindestens 120 Stunden	442,90
4	mindestens 160 Stunden	664,30
5	mindestens 180 Stunden, wenn ein außergewöhnlicher Pflegeaufwand erforderlich ist	902,30
6	mindestens 180 Stunden, wenn a) zeitlich unkoordinierbare Betreuungsmaßnahmen erforderlich sind und diese regelmäßig während des Tages und in der Nacht zu erbringen sind oder b) die dauernde Anwesenheit einer Pflegeperson während des Tages und der Nacht erforderlich ist, weil die Wahrscheinlichkeit einer Eigen- oder Fremdgefährdung gegeben ist	1.242,00
7	mindestens 180 Stunden, wenn a) keine ziel gerichteten Bewegungen der vier Extremitäten mit funktioneller Umsetzung möglich sind oder b) ein gleich zu achtender Zustand vorliegt	1.655,80
	Monatliches Taschengeld	43,29

Bei stationärem Aufenthalt in einem Pflegeheim werden 80 Prozent des Pflegegeldes an den Heimträger bezahlt, zuzüglich 80 Prozent der Pension der pflegebedürftigen Person, nicht aber die 13. und 14. Pension, die der pflegebedürftigen Person verbleibt.[7] Im Heim gepflegte PflegegeldbezieherInnen erhalten

---

[6] Bundespflegegeldgesetz (BPGG) (BGBl. Nr. 110/1993).
[7] Die Differenz zu den tatsächlichen Heimkosten wird vom Sozialhilfeträger übernommen und im Todesfall aus dem Erbe regressiert (nur die offenen Kosten der jeweils letzten drei Jahre). Bei sogenannten ‚SelbstzahlerInnen', die selbst für die gesamten Pflegeheimkosten aufkommen können (rund

43,29 Euro im Monat als Taschengeld. Bei stationärem Aufenthalt im Spital ruht das Pflegegeld ab dem dritten Tag.[8]

1.3.3 Aktuelle Zahlen über den Bezug von Pflegegeld

82 Prozent aller PflegegeldbezieherInnen sind älter als 60 Jahre, knapp die Hälfte ist älter als 80 Jahre. Rund 4,9 Prozent der gesamten Bevölkerung (3 Prozent der Männer, 8 Prozent der Frauen) erhalten Pflegegeld, bei den über 60-Jährigen sind es 17,8 Prozent (12 Prozent der Männer, 22 Prozent der Frauen) und bei den über 80-Jährigen 52,8 Prozent (39 Prozent der Männer, 58 Prozent der Frauen). Der höhere Anteil der Frauen ist zu einem großen Teil in deren höherer Lebenserwartung begründet.

Knapp mehr als die Hälfte der PflegegeldbezieherInnen (55,7 Prozent) findet sich in den beiden niedrigsten Pflegegeldstufen, davon etwas mehr Männer (56,3 Prozent) als Frauen (52,8 Prozent). Ein weiteres knappes Drittel (31,7 Prozent) ist den beiden nächsten Stufen Drei und Vier zugeordnet; auch hier sind es wiederum mehr Männer (32,9 Prozent) als Frauen (22,5 Prozent). 12,6 Prozent der PflegegeldbezieherInnen erhalten Geldleistungen nach den höchsten drei Stufen (Fünf bis Sieben); hier liegt der Anteil der Frauen höher als der Anteil der Männer (14,8 gegenüber 12,2 Prozent) (vgl. BMSK 2008b).

Es ist politisch nicht gelungen, die Kaufkraft des Pflegegeldes seit 1993 über die Jahre zumindest zu erhalten. Zwischen 1996 und 2009 wurde das Pflegegeld nur zwei Mal erhöht. Dadurch sank nicht nur seine reale Kaufkraft, sondern auch der Anteil des Pflegegeldes am Bruttoinlandsprodukt.

1.4 Betreuung und Hilfe

Der größte Teil der pflegeergänzenden Betreuungs- und Hilfsmaßnahmen, aber auch ein Teil der Pflegeleistungen selbst werden von Angehörigen erbracht (vgl. Badelt u.a. 1997; ÖBIG/BMSG 2004), nur ein Drittel der BezieherInnen der Pflegegeldstufen 3 bis 7 nahm 2006 Soziale Dienste in Anspruch (vgl. BMSK 2008b). Allerdings: Auch ausländische 24-Stunden-Betreuungskräfte werden nur von einem kleinen Teil der PflegegeldbezieherInnen genutzt.

---

20 Prozent der etwa 70.000 PflegeheimbewohnerInnen) wird Pflegegeld und Pension zur Gänze ausbezahlt (Zahlen aus einer Landessozialreferentinnensitzung vom Frühjahr 2007).
[8] Es ruht erst nach einem Monat, wenn durch das Pflegegeld die Anstellung einer pflegenden Person finanziert wird.

Die wesentlichen Probleme der Diskussion um die Legalisierung außerfamiliärer Betreuungskräfte (und um die Kosten dieser Legalisierung) waren daher bereits in der prinzipiellen Fundierung der Pflegevorsorge angelegt, allerdings vor dem Hintergrund damals anderer Rahmenbedingungen: 1993 waren die Sozialen Dienste noch kaum ausgebaut, die häusliche Pflege erfolgte zu einem Großteil durch Angehörige oder in Nachbarschaftshilfe, und zwar in der Regel unentgeltlich (vgl. z.B. Hovorka u.a. 1996). Erst die durch das Pflegegeld vergrößerte Entscheidungsautonomie und die steigende Nachfrage nach Zukauf von Pflegedienstleistungen und anderen Unterstützungen haben ein ausdifferenziertes Angebot legaler, halblegaler und nicht legaler Dienstleistungsangebote in den verschiedensten Formen geschaffen.[9]

Der über den Pflegebedarf hinausgehende Betreuungsbedarf findet in der Einstufung zum Pflegegeld kaum Berücksichtigung, da es sich dabei ja nicht um ‚Pflege' handelt. Für diesen weitergehenden Betreuungs- und Hilfebedarf gibt es bei der Pflegegeld-Einstufung daher auch keinen ‚pauschalierten Beitrag' zur teilweisen Abgeltung von Mehraufwendungen. Wahrscheinlich war (und ist) diese Einschränkung notwendig, um die Pflegevorsorge überhaupt beschließen (und finanzieren) zu können, denn eine Ausweitung in Richtung einer Absicherung von Betreuung insgesamt wäre erheblich teurer.

Daraus ergibt sich zumindest implizit eine Verantwortungsteilung: Für die Pflege ist die Pflegevorsorge (pauschalierte Geld- und Sachleistungen) zuständig, für darüber hinausgehende Betreuungsbedürfnisse sind (weiterhin) die betroffene Person und ihre Familie verantwortlich.

Seit Einführung des Pflegegeldes im Jahr 1993 sind wesentliche Veränderungen zu beobachten, die einerseits direkt mit der Pflegevorsorge zusammenhängen (der Ausbau sozialer Dienste ermöglicht immer mehr pflegebedürftigen Menschen das Verbleiben in der eigenen Wohnung), andererseits mit den Veränderungen der Familie. Selbst wenn sie bereit dazu sind, nehmen die Möglichkeiten von Familienangehörigen (in der Praxis überwiegend Frauen) ab, den immer länger und aufwendiger werdenden Betreuungsbedürfnissen nachzukommen, und das bei immer länger werdenden Perioden, in denen (überwiegend ältere) pflegebedürftige Personen allein in ihren – oft viel zu großen – Wohnungen leben.

Der (mehr oder weniger vorübergehende) Einzug einer betreuenden, unterstützenden und Gesellschaft leistenden Person in diese Wohnung liegt daher nahe, insbesondere wenn es dafür ein ausreichendes Angebot aus Mittel- und Osteuropa zu halbwegs erschwinglichen Preisen gibt. Hier entstand in den letzten 15 Jahren eine arbeits-, sozialversicherungs- und steuerrechtliche Grauzone

---

[9] Dieser Zusammenhang von Pflegegeld und Pflegemarkt ist noch sehr wenig erforscht (vgl. z.B. Behning 1999).

Legalisierung der Hausbetreuung in Österreich 179

zwischen unentgeltlicher Unterstützung sowie legaler und illegaler Beschäftigung, aus der sich schließlich ein veritabler Schwarzmarkt entwickelt hat. Allerdings werden solche Betreuungsleistungen nur von einer deutlichen *Minderheit* aller PflegegeldbezieherInnen genutzt; die Mehrheit der PflegegeldbezieherInnen kommt ohne diese Unterstützungsleistungen aus – entweder weil der Bedarf dafür nicht besteht oder weil für sie auch dieses Angebot zu teuer ist.

2 Illegale Betreuungskräfte bis 2007

In den letzten 20 Jahren hat sich nahezu gleichzeitig sowohl die Nachfrage als auch das Angebot an Betreuung in häuslicher Umgebung erhöht. Für viele pflegebedürftige Personen und ihre Angehörigen war der hier entstehende Schwarzmarkt, dessen Preise sich am Beginn dieses Jahrzehnts auf etwa 1.600 Euro im Monat (für zwei sich abwechselnde Betreuungpersonen) eingependelt hatten (vgl. Prochazkova/Schmid 2005), kostengünstiger als die Unterbringung in einem Pflegeheim (Verwertung des Eigentums, Kostenbeiträge, Angehörigen- bzw. Erbenregress, vgl. T. Schmid 2008). Vor diesem Hintergrund entstand ein grauer Markt vermittelter Betreuungskräfte, zunächst vor allem aus der Tschechischen Republik und der Slowakei, aber (in geringerem Ausmaß) auch aus Polen und Ungarn. Betreuungsleistungen in Privathaushalten wurden zu gerade noch erschwinglichen Preisen, aber fernab jeder arbeits- und gewerberechtlichen Regulierung erbracht.

2.1 Unklare Datenlage

Es liegen keine verlässlichen Daten über die Anzahl der ausländischen Betreuungskräfte in österreichischen Haushalten vor. Für das Jahr 2007, also vor der Legalisierung, kann ihre Zahl auf rund 28.000 bis 30.000 geschätzt werden (vgl. Prochazkova/Schmid 2005; 2007; 2009; Prochazkova u.a. 2008). In Österreich leben etwa 8 Millionen Menschen in 3,5 Millionen Privathaushalten. Da nur ca. 20 Prozent der Haushalte mit nur einer Betreuungsperson auskommen und sich in den meisten Fällen zwei Personen in der Betreuung eines Haushaltes im 14-Tage-Turnus ablösen (vgl. Prochazkova/Schmid 2006; Sommerer 2006), liegt die Zahl der betroffenen Haushalte bei da. 15.000. Auch die SozialreferentInnen der österreichischen Bundesländer gehen davon aus, dass 2007 ungefähr 15.000

bis 20.000 österreichische Haushalte die Angebote einer pflegeergänzenden Hausbetreuung genutzt haben.[10]

Die monatliche Belastung des einzelnen Haushaltes lag nach unserer Recherche im Jahr 2007 bei etwa 1.500 Euro; die Preise sind zwischen 2000 und 2007 leicht gesunken.[11]

2.2 Organisationsform und Vermittlung

Die Vermittlung der 24-Stunden-Kräfte aus der Tschechischen Republik und der Slowakei erfolgte (und erfolgt immer noch) zu einem großen Teil über Agenturen. Diese haben ihren Sitz in der Tschechischen Republik oder in der Slowakei, aber auch in Österreich. Anfang 2006 waren 22 Agenturen bekannt, die ihre Geschäftstätigkeit (auch) auf Österreich erstreckten (vgl. Bachinger 2006). Im Sommer 2007 konnten bereits 37 Organisationen (vgl. Prochazkova/Schmid 2007) aufgrund einschlägiger Werbeaktivitäten (vor allem im Internet) identifiziert werden. Es gibt sowohl relativ kleine Agenturen mit weniger als zehn Betreuungskräften als auch ganz große, die mehrere hundert Personen in ihrer Kartei führen. Bis zur Legalisierung 2007 stieg die Zahl der anbietenden bzw. vermittelnden Organisationen, seitdem sinkt sie; insbesondere kleine und kleinste Agenturen treten nicht mehr öffentlich in Erscheinung.[12]

Die Organisationen sind als Personengesellschaften, in seltenen Fällen auch als Stiftungen,[13] überwiegend aber als Vereine organisiert. Üblicherweise sind die Pflegekräfte, oft auch die zu pflegenden Personen (oder ihre Familien) Mitglieder des Vereines. Einige Agenturen verzichten auf Mitgliedschaften.

Ausländische Betreuungskräfte traten aber bereits 2005 und 2006 auch als selbstständige Dienstleister auf. Diese Personen waren in ihren Heimatländern als Gewerbetreibende angemeldet und bezahlten dort (möglicherweise) Steuern

---

[10] Ergebnisse einer Besprechung der Landessozialreferentinnen vom Frühjahr 2007.

[11] Unsere Beobachtung der Websites der Vermittlungsagenturen zeigt einem leichten Preisverfall seit dem Jahr 2000.

[12] Das bedeutet nicht, dass es diese kleinen Organisationen nicht mehr gibt; manche haben sich, weil die von ihnen vermittelten Betreuungskräfte *weiter illegal* arbeiten wollen, auf informelle (Mund-)Propaganda verlegt.

[13] Eine der ältesten in diesem Bereich tätigen Organisationen ist *Das Beste – Südböhmische Volkshilfe* mit Sitz in Budweis und Filialen in der Slowakei und in Oberösterreich. Diese Organisation ist beim Handelsgericht Budeovice (Budweis) als Stiftung eingetragen; sowohl die tschechischen und slowakischen Betreuungskräfte als auch die in Österreich (bzw. in der Schweiz und in Deutschland) zu pflegenden Personen bzw. deren Angehörigen sind bei diesem Gericht als Stiftungsmitglieder registriert (vgl. z.B. Leibetseder 2004; Prochazkova/Schmid 2005; Sommerer 2006).

und Sozialversicherungsbeiträge. Sie argumentieren daher, legal in den ‚alten' EU-Staaten tätig zu sein.[14]

Neben diesen über Agenturen vermittelten Betreuungspersonen wirken vor allem im weitgehend ländlich strukturierten Burgenland, also im Grenzgebiet zu Ungarn zahlreiche direkt (v.a. über ‚Mundpropaganda') vermittelte haushaltsunterstützende und betreuende Personen. Hier verschwimmen die Grenzen zwischen der Betreuung pflegebedürftiger Personen und einer ‚normalen' Haushaltshilfe.

Bis 2007 wurden nicht ausschließlich Personen mit geringem Pflegebedarf und hohem Betreuungs- und Beaufsichtigungsaufwand im Rahmen einer 24-Stunden-Pflege zu Hause betreut; sie diente vielmehr auch in erheblichem Ausmaß als Alternative zu einer Heimunterbringung bei Menschen mit hohem Pflegebedarf. Die Zahl der durch HausbetreuerInnen ‚gepflegten' schwer pflegebedürftigen Menschen ging jedoch 2008 erheblich zurück, weil in diesem Jahr der Regress in der stationären Pflege abgeschafft wurde. Bis dahin hatten die Sozialhilfeträger in einigen Bundesländern nahe Angehörige (Eltern, Kinder, Geschwister) für die laufenden Pflegeheimkosten in Anspruch genommen, wobei bis zu 22 Prozent des jeweiligen persönlichen Nettoeinkommens herangezogen werden konnten (vgl. T. Schmid 2008).

2.3 Motive und Motivenbündel

Als Hauptmotive werden von den ausländischen Betreuungspersonen die im Vergleich zum Heimatland besseren Beschäftigungsmöglichkeiten und höheren Löhne genannt. Von Seiten der betreuten Familien steht im Vordergrund, dass das Angebot eine Betreuung zu jeder Tages- und Nachtzeit einschließt und der Preis im Vergleich zu österreichischen (legalen) Angeboten relativ niedrig ist, aber auch die Tatsache, dass die Betreuungskräfte in der Regel rasch (maximal bereits 72 Stunden nach Anruf) zur Verfügung stehen (vgl. Prochazkova/Schmid 2005). Oft waren diese Betreuungspersonen dann die Einzigen, die in der jeweiligen Familie betreuen und pflegen (vgl. ebd.).

Bis zum Sommer 2006 wurde dieser unbefriedigende, illegale Zustand offensichtlich von allen Beteiligten billigend in Kauf genommen und wohl sogar

---

[14] Da jede rechtliche (gerichtliche) Klärung die Anzeige einer betreuungsbedürftigen Person als „illegalem Arbeitgeber" voraussetzt, wovor aus verständlichen Gründen hohe Scheu besteht, ist die tatsächliche Legalität der hier als legal behaupteten Betreuungsformen bisher noch nicht höchstgerichtlich überprüft worden.

als Win-win-Situation[15] erlebt, vor allem mangels erschwinglicher Alternativen. Die auf dem Wohlstandsgefälle zwischen den alten und den neuen EU-Staaten beruhende einseitige Abhängigkeitssituation (vgl. Lutz 2007) und das Entstehen eines neuartigen innereuropäischen Dienstleistungsnomadentums wurde (und wird) in der Diskussion um die 24-Stunden-Betreuung aber kaum angesprochen.

2.4 Kosten und Verdienste[16]

Eine diplomierte Krankenschwester konnte 2006 in einem tschechischen Krankenhaus bis zu 600 Euro im Monat verdienen (Bruttolohn nach mehrjähriger Praxis ohne Zulagen). Die Anfangsgehälter des medizinischen Personals lagen deutlich unter diesen Beträgen. Eine Pflegekraft aus der Slowakei verdiente 2006 noch um ca. 30 Prozent weniger als in der Tschechischen Republik (vgl. Prochazkova/Schmid 2006).[17] Die ukrainischen Krankenschwestern, die in der Slowakei ihre nach Westen abgewanderten KollegInnen ersetzten, verdienten in der Ukraine im Spital rund 90 Euro im Monat brutto. So entstanden Pflegeketten (sog. *Care Chains*, vgl. Lutz 2007): Ukrainische PflegerInnen arbeiten in der Slowakei, slowakische PflegerInnen in der Tschechischen Republik und in Österreich, tschechische PflegerInnen in Österreich, Großbritannien und Saudi-Arabien. Ähnliche Pflegeketten sind von Moldawien über Rumänien und Ungarn nach Österreich zu beobachten.

Im Jahr 2006 erhielten die Betreuungspersonen in der Regel 40 bis 60 Euro am Tag. Für eine Summe von 560 bis 840 Euro mussten die Betreuungskräfte demnach in den (üblichen) zwei Einsatzwochen der betreuten Person nahezu rund um die Uhr zur Verfügung stehen, meist nur mit einer freien Stunde pro Tag. Für die zu betreuende Person bzw. ihre Familie betrugen die Kosten dieser Betreuung zwischen 1.120 und 1.680 Euro im Monat[18] (zusätzlich wurden von der Familie in der Regel auch die Fahrtkosten übernommen). Dazu kamen noch – je nach Agentur unterschiedlich hohe – Gebühren für die Vermittlung.

---

[15] Die Vorteile für die Betreuungskraft liegen im besseren Verdienst und in der Möglichkeit, in Westeuropa Berufserfahrung zu sammeln, für die zu betreuende Person bzw. ihre Angehörigen sind es die relativ geringen Kosten, die rasche Verfügbarkeit und der flexible Einsatz.
[16] Die in diesem Kapitel genannten Daten sind das Ergebnis eigener Recherchen in den Jahren 2003 bis 2006. Sie sind teilweise veröffentlicht in Prochazkova u.a. 2008.
[17] Obwohl die Löhne heute höher sind, ist die Einkommensrelation zwischen der Tschechischen Republik und der Slowakei etwa gleich geblieben. Die Relation der Verdienste im Gesundheits- und Pflegebereich zwischen der Slowakei und der Ukraine beträgt etwa 1:3 (vgl. Prochazkova 2006).
[18] Der Einfachheit halber wird hier ein Monat mit 30 Tagen zugrunde gelegt.

2.5 Qualifikation der Betreuungskräfte

Die meisten durch die Agenturen vor 2004 nach Österreich vermittelten ausländischen BetreuerInnen kamen aus Tschechien[19] und der Slowakei (vgl. Volkshilfe 2004; Prochazkova/Schmid 2005; Sommerer 2006). Die medizinische Ausbildung in diesen beiden Ländern weist grundsätzlich eine hohe Qualität auf (vgl. Schneider 2004), in einigen Bereichen ist sie sogar besser als die österreichische Pflegeausbildung (vgl. EQUAL 2005). In der ehemaligen ČSSR gab es zahlreiche Krankenschwesternschulen, in denen wesentlich mehr medizinisches Personal ausgebildet wurde, als das Land brauchte, v.a. um andere kommunistische Staaten sowie Staaten der ‚Dritten Welt' zu unterstützen. Nach dem Zusammenbruch des sowjetischen Imperiums wurde diese Unterstützung eingestellt und die meisten Krankenschwestern kehrten in ihre Heimat zurück; so entstand dort ein Überschuss an Pflegepersonal (vgl. Schneider 2004; Leibetseder 2004; Prochazkova 2006).

Mit dem Beitritt der Tschechischen Republik und der Slowakei zur EU im Mai 2004 veränderten sich die Migrationsströme. Waren bisher vor allem die nahe gelegenen Staaten Österreich, Deutschland und die Schweiz Zielländer für qualifiziertes Personal (vgl. Schneider 2004), so wandern Qualifizierte nunmehr in hohem Ausmaß in jene Länder, in denen der Zugang zu den nationalen Arbeitsmärkten für Beschäftigte aus neuen EU-Staaten nicht eingeschränkt ist,[20] vor allem nach Großbritannien. Diese Länder, aber auch Saudi-Arabien sind heute bevorzugtes Zielgebiet tschechischer (weniger slowakischer) Gesundheitsmigration. Die Gesundheits- und Pflegepersonen werden zum Teil bereits an den tschechischen und slowakischen Universitäten angeworben. Die Personen, die heute als HausbetreuerInnen nach Österreich kommen, sind daher deutlich schlechter qualifiziert als noch vor einigen Jahren; lediglich eine Minderheit kommt tatsächlich aus Pflegeberufen (vgl. Prochazkova 2006).

Diese Migration hatte und hat auch Auswirkungen auf den Gesundheits- und Pflegebereich in den Herkunftsländern selbst. Es kommt zu den bereits erwähnten *Care Chains*: Die entstehenden Lücken wurden und werden durch Personal aus anderen Ländern ersetzt, in denen die Gehälter noch niedriger liegen[21] (vgl. Prochazkova 2006).

---

[19] Heute gibt es nur noch eine geringe Zahl tschechischer HausbetreuerInnen, die Gesundheitsmigration aus der Tschechischen Republik geht heute vor allem nach Großbritannien, Irland und Saudiarabien (vgl. auch Prochazkova u.a. 2008: 92ff.).
[20] Zu den europarechtlichen Rahmenbedingungen vgl. *Husmann* in diesem Band.
[21] So kommen in der Slowakei beispielsweise ukrainische Pflegkräfte zum Einsatz. Beide Länder sind sich in Sprache und Mentalität ziemlich ähnlich; bis zur Außenverschiebung der Schengen-Grenze im Dezember 2007 bestand überdies keine Visapflicht zwischen der Ukraine und der Slowakei.

3 Legalisierung in Österreich[22]

3.1 Ausgangspunkt 2006

Die unbefriedigende illegale Situation war bereits mehrere Jahre bekannt, durch Studien belegt (vgl. z.B. Schneider 2004; Prochazkova/Schmid 2005; Sommerer 2006; Bachinger 2006) und auch Gegenstand öffentlicher Debatten bzw. der Medienberichterstattung, ohne dass die Behörden initiativ wurden. Erst im Jahr 2006 wurden in Niederösterreich Familien beziehungsweise allein lebende pflegebedürftige Personen als ‚Schwarzarbeitgeber' angezeigt. Daraufhin musste die Ermittlungsbehörde aktiv werden. In den betreffenden Verwaltungsstrafverfahren kam es zu einigen erstinstanzlichen Verurteilungen durch Bezirksverwaltungsbehörden; in Einzelfällen wurden pflegebedürftige Personen wegen der illegalen Beschäftigung von Betreuungskräften mit bis zu 20.000 Euro Strafe belegt und dazu verpflichtet, die Sozialversicherungsabgaben nachzuzahlen.[23]

Im Sommer 2006 wurde über diese – zum Teil schon rechtskräftigen – Urteile vermehrt in den Zeitungen diskutiert. Österreich befand sich in dieser Zeit in einem Nationalratswahlkampf, die 24-Stunden-Betreuung und die damit verbundenen Strafverfahren wurden zu einem zentralen Wahlkampfthema. Es erhielt zusätzliche Brisanz, als sich herausstellte, dass selbst in der Familie des österreichischen Bundeskanzlers diese illegale Betreuungsform genutzt wurde, ohne im nun anlaufenden politischen Diskurs Schuldgefühle erkennen zu lassen.

Die Nationalratswahl führte zu einer Verschiebung der politischen Kräfteverhältnisse und einer Ablösung des bisherigen Kanzlers Schüssel von der Österreichischen Volkspartei (ÖVP) durch Gusenbauer von der Sozialdemokratische Partein Österreichs (SPÖ). Auf der konstituierenden Sitzung des neu gewählten Nationalrates wurde eine ursprünglich bis Ende Juni 2007 befristete Amnestie beschlossen, die sich auch auf die bereits laufenden Verwaltungsstrafverfahren bezog und die drohenden (sowie die bereits rechtskräftigen) Strafen aussetzte.

Ziel der im Januar 2007 neu gebildeten Bundesregierung war die nachhaltige Legalisierung der 24-Stunden-Betreuung. Auf Grundlage einer Koalitionsvereinbarung wurden die entsprechenden arbeits- und gewerberechtlichen Rahmenbedingungen sowie ein Fördermodell geschaffen, durch das die den betroffenen Haushalten dadurch entstehenden Mehrkosten zumindest teilweise pauschaliert abgegolten wurden. Diese neuen Bestimmungen traten am 1. Juli 2007 in Kraft, gleichzeitig wurde die Amnestieregelung bis zum 31. Dezember 2007 (und spä-

---

[22] Vgl. dazu auch ÖKSA 2006; Österreichischer Seniorenrat 2006; Arbeitskreis „Zukunft denken" 2006; Marschitz 2007; BMSK 2008a; Drot 2009; Gendera 2007; Schön u.a. 2008.
[23] In Österreich sind die Dienstgeber für das Abführen der gesamten Sozialversicherungsbeiträge (Dienstgeber- und Dienstnehmeranteil) verantwortlich.

ter dann noch einmal modifiziert bis zum 30. Juni 2008) verlängert, um eine Anpassung an die neue Situation zu erleichtern.

Wenngleich dies nicht immer deutlich angesprochen wurde, lag die Hauptschwierigkeit dieser Legalisierungspolitik darin, eine sowohl rechtlich wie sozialpolitisch befriedigende Lösung für die Betreuung in Privathaushalten zu finden, die nicht mit einer deutlichen Erhöhung der Kosten verbunden ist. Die Politik stand vor der Entscheidung, entweder das bisher geltende Recht auch im Bereich der Hausbetreuung durchzusetzen und ausschließlich Betreuung durch unselbstständige angestellte Beschäftigte zu akzeptieren (was hohe zusätzliche Kosten verursacht hätte, die weder von den betroffenen Privathaushalten noch aus den öffentlichen Budgets zu finanzieren gewesen wären) oder die gesetzliche Situation weitgehend an die tatsächliche Lage anzupassen, also (auch) legale gewerbliche Hausbetreuung ohne arbeits(zeit)rechtliche Beschränkungen zuzulassen. Es wurde der zweite Weg gewählt, wozu es aber einiger Kreativität des Gesetzgebers bedurfte (vgl. z.B. Rupp/Schmid 2007; Prochazkova u.a. 2008).

3.2 Ziele der Legalisierung

Politisches Ziel der Legalisierung war Rechtssicherheit für die Haushalte und für die BetreuerInnen sowie Qualitätssicherung im Interesse der betreuten Personen. Die Legalisierung sollte auch die in diesem Bereich tätigen Personen in die Beitragssolidarität der österreichischen Sozialversicherung einbeziehen,[24] ihnen im Gegenzug aber auch den Sozialversicherungsschutz eröffnen. Die Lösung sollte für die betroffenen Familien finanzierbar sein, also nach Möglichkeit keine Mehrkosten verursachen, und dauerhaften Rechtsfrieden herstellen.

3.3 Rechtlicher Rahmen

Die Legalisierung der Hausbetreuung musste sich aufgrund dieser Zielvorgaben auf drei Rechtsgebiete erstrecken: das Vertragsrecht, das Pflegegeldrecht und das Berufsrecht. Es waren drei Ressorts involviert, ein Gesetz musste neu geschaffen und zahlreiche andere Gesetze mussten geändert werden.[25] Die verabschiedeten Bestimmungen traten zum 1. Juli 2007 in Kraft, wurden aber bis Herbst 2008 auf der Grundlage erster Erfahrungen und einer vorläufigen Evaluierung (vgl. Prochazkova u.a. 2008) novelliert (v.a. Erhöhung der Förderung).

---

[24] In Österreich sind alle unselbstständigen und selbstständigen Beschäftigungen sozialversicherungspflichtig.
[25] Zu den einzelnen Reformschritten vgl. auch *Kretschmann* in diesem Band.

3.3.1 Vertragsrecht

Angelehnt an das bestehende Hausgehilfen- und Hausangestelltengesetz wurde ein eigenes Hausbetreuungsgesetz (HBeG) geschaffen und die Gewerbeordnung (GewO) novelliert.[26] Gemäß der Neuregelung ist eine Hausbetreuung in drei Beschäftigungsformen mit entsprechenden arbeitszeitrechtlichen Rahmenbedingungen möglich:

In Betracht kommt die *selbstständige Beschäftigung* als HausbetreuerIn nach der Gewerbeordnung (als meldepflichtiges Gewerbe). Diese HausbetreuerInnen müssen sich als Gewerbetreibende bei der Bezirksverwaltungsbehörde und der Sozialversicherung des Gewerbes[27] anmelden[28] und sind Mitglied der Wirtschaftskammer.[29] Für Gewerbetreibende gelten keine arbeitszeitrechtlichen Einschränkungen.

Weiterhin kann eine *unselbstständige Anstellung im Haushalt* der zu pflegenden Person erfolgen, wobei an das Hausgehilfen- und Hausangestelltengesetz angelehnte Arbeitszeitbestimmungen für einen Zeitraum von 14 Tagen ein weitgehend durchgängiges Arbeiten (Arbeitszeit und Bereitschaftsdienst) erlauben (168 Stunden Arbeit im Monat sind zulässig). Es gilt der Mindestlohntarif für HausgehilfInnen und die Beschäftigung unterliegt der Sozialversicherungspflicht, wenn die Geringfügigkeitsgrenze von 357,74 Euro im Monat bzw. 5.008,34 Euro im Jahr brutto (Wert für 2009) überschritten wird.

Die *unselbstständige Anstellung* bei einem Wohlfahrtsträger ist die dritte legale Beschäftigungsform für die Hausbetreuung; allerdings tritt hier an die Stelle des Mindestlohntarifs für HausgehilfInnen der (in der Regel wesentlich höhere) Lohn nach dem jeweiligen Kollektivvertrag des Wohlfahrtsträgers.

Notwendige Voraussetzung für alle drei Formen ist, dass die zu betreuende Person Pflegegeld zumindest in Stufe 3 (bei Demenzkranken ab Stufe 1 oder 2) bezieht und dass die Betreuungskraft im Haushalt der zu betreuenden Person über einen eigenen Wohnraum[30] verfügt.

---

[26] Bundesgesetz, mit dem Bestimmungen über die Betreuung von Personen in privaten Haushalten erlassen werden (Hausbetreuungsgesetz – HBeG) und mit dem die Gewerbeordnung 1994 geändert wird (BGBl. I Nr. 33/2007), in Kraft seit 10.04.2008.
[27] In Österreich fallen auch gewerbliche Tätigkeiten bzw. eine Tätigkeit als Selbstständige unter die Sozialversicherungspflicht (Unfall-, Kranken- und Pensionsversicherung), wenn das damit verdiente Jahreseinkommen 5.008,36 Euro (Wert für 2009) übersteigt.
[28] Im Zuge der Legalisierung wurde sämtliche erforderlichen Behördenschritte an einer Stelle gebündelt (*One-Stop-Shop*), was die Umsetzung der Neuregelung wesentlich erleichtert hat.
[29] Alle Gewerbetreibenden sind gesetzliche Pflichtmitglieder in der Wirtschaftskammer, unselbstständig Beschäftigte sind gesetzliche Pflichtmitglieder in der Arbeiterkammer (oder Landarbeiterkammer).
[30] Haushalte, in denen Personen über 60 Jahre leben, haben in mehr als 90 Prozent der Fälle zumindest einen Wohnraum mehr als Personen im Haushalt (vgl. Prochazkova u.a. 2008: 94ff.).

Weil Selbstständige keinen entgeltrechtlichen und arbeitszeitrechtlichen Bestimmungen unterliegen und einen geringeren Beitragssatz zur Sozialversicherung entrichten müssen als unselbstständig Beschäftigte, ist das Selbstständigenmodell kostengünstiger und für alle Beteiligten das attraktivste der drei Beschäftigungsmodelle. Deshalb ist es auch deutlich stärker verbreitet. Allerdings sind etliche ArbeitsrechtsexpertInnen der Ansicht, dass es sich bei der Hausbetreuung typischerweise nicht um eine selbstständige Tätigkeit[31] handeln kann (vgl. z.B. Matzal 2007) und dass diese Legalisierung einer gerichtlichen Prüfung daher nicht standhalten würde.[32]

3.3.2 Pflegegeldrecht

Die mit der Legalisierung entstehenden Mehrkosten (Sozialversicherungskosten der BetreuerInnen) für die Privathaushalte wurden zunächst zu einem großen Teil und ab November 2008 dann zur Gänze durch die Öffentliche Hand übernommen, und zwar durch eine Verordnung des Sozialministers auf Grundlage des neuen § 21b des Bundespflegegeldgesetzes.

Für legal beschäftigte HausbetreuerInnen betragen die Fördersätze mittlerweile[33] monatlich 1.200 Euro für unselbstständige und 500 Euro für selbstständige Betreuungskräfte (jeweils bei Beschäftigung von zwei[34] sich abwechselnden BetreuerInnen). Der größere Förderbetrag für unselbstständig Beschäftigte ist durch die höheren Sozialversicherungsbeiträge in dieser Beschäftigungsform bedingt. Die Förderung wird nur gewährt, wenn das Entgelt der HausbetreuerInnen über der bereits erwähnten Geringfügigkeitsgrenze der Sozialversicherung liegt und daher *tatsächlich* Sozialversicherungspflicht besteht. Weiterhin ist die

---

[31] Ob eine Beschäftigung als unselbstständig oder selbstständig eingeordnet wird, ist keine Frage der Wahl, sondern gesetzlich festgelegt (vgl. z.B. T. Schmid 1999). Allerdings finden sich auch in anderen Wirtschaftsbereichen (z.B. TrainerInnen in der Erwachsenenbildung) freiberufliche oder gewerbliche Beschäftigungsverhältnisse, die bei genauem Hinsehen höchstwahrscheinlich als unselbstständige Beschäftigungen gelten müssten. Auch hier wurde die Rechtsordnung durch die Schaffung einer Sozialversicherungspflicht für Werkverträge und Freie Dienstverträge im Jahr 1997 (vgl. ebd.) an die Entwicklung des Marktes angepasst, um auch diese neuen Rechtsformen der Erwerbstätigkeit in die Beitragssolidarität aller Beschäftigten und in den Schutz der Sozialversicherung einzubeziehen.
[32] Bei dieser Regelung handelt es sich – im Gegensatz zur Amnestie, die die illegale Beschäftigung von HausbetreuerInnen vor dem 01.01.2008 dauerhaft straffrei stellt – um keine Verfassungsbestimmung, sie ist daher höchstgerichtlich überprüfbar, die entsprechende Klage eines/r HausbetreuerIn vorausgesetzt.
[33] Werte ab 01.11.2008, davor war die Förderung geringer und deckte etwa 80 Prozent der Sozialversicherungskosten.
[34] Wird nur ein/e BetreuerIn beschäftigt, halbiert sich dieser Betrag.

Förderung ausgeschlossen, wenn das monatliche Einkommen der pflegebedürftigen Person 2.500 Euro übersteigt; eine Vermögensgrenze existiert seit 1. November 2008 jedoch nicht mehr. Es werden also nur die Mehrkosten, die sich durch die Legalisierung ergeben, nicht aber die Betreuungskosten selbst gefördert.

3.3.3 Berufsrecht

Schließlich wurden durch Änderungen des Gesundheits- und Krankenpflegegesetzes (GuKG) und des Ärztegesetzes (ÄrzteG) die berufsrechtlichen Voraussetzungen für die Hausbetreuung geschaffen und Regelungen zur sachlichen Aufsicht getroffen.

Neben der inhaltlichen Bestimmung der Tätigkeiten und ihrer Abgrenzung gegenüber Pflegetätigkeiten, die diplomiertem Pflegepersonal vorbehalten bleiben, wurde die für die legale Tätigkeit als HausbetreuerIn erforderliche Qualifikation festgelegt. Voraussetzung ist eine Ausbildung von 200 Stunden Theorie oder sechs Monate beanstandungsfreie Arbeit als HausbetreuerIn oder die ausdrückliche Delegation von Aufgaben durch eine diplomierte Fachkraft bzw. ÄrztIn.

Ziel dieser berufsrechtlichen Regulierung ist der Schutz der anderen Berufe im Gesundheits- und Pflegebereich (Kompetenzabgrenzung), die Qualitätssicherung in der Hausbetreuung und die Definition sinnvoller Tätigkeitsbereiche für die HausbetreuerInnen.

Zur Sicherung der Qualität der Hausbetreuung werden alle Personen, die eine Förderung nach § 21b Bundespflegegeldgesetz erhalten, zumindest einmal im Jahr durch eine qualifizierte Pflegekraft der Sozialversicherungsanstalt der Bauern[35] besucht. Dabei wird neben der Überprüfung der ordnungsgemäßen Pflege und Betreuung auch abgeklärt, welcher Beratungsbedarf bei der zu betreuenden Person, ihren Angehörigen oder der HausbetreuerIn eventuell besteht. Über diese Qualitätssicherung wird einmal im Jahr öffentlich berichtet (vgl. zuletzt BMSK 2008b).

3.4 Ergebnisse der Legalisierungs-Policy

Nach einer zweijährigen Beobachtungsfrist kann gesagt werden, dass sich die Legalisierung der Hausbetreuung ab dem Jahr 2008 bewährt hat. Bereits im Juli 2008 waren etwa 11.000 HausbetreuerInnen legal beschäftigt. Mittlerweile

---

[35] Diese Versicherungsanstalt ist das Kompetenzzentrum der österreichischen Sozialversicherung für Qualität in der Pflege.

(Stand 20. November 2009) sind 21.799 Personen als selbstständige HausbetreuerInnen angemeldet,[36] zusätzlich sind mehrere hundert Personen als unselbstständige HausbetreuerInnen in Haushalten oder bei Wohlfahrtsträgern beschäftigt.[37]

Ausgehend von den realistischen Schätzungen von etwa 30.000 illegalen HausbetreuerInnen im ersten Habjahr 2007 (vgl. oben unter 2.1) sind zwei Jahre nach Einführung der neuen Regelung damit bereits drei Viertel der HausbetreuerInnen legalisiert. Nach wie vor kein Interesse an einer Legalisierung haben jene HausbetreuerInnen, die in ihrem Herkunftsland Transferleistungen beziehen. Sie befürchten zu Recht, ein Datenabgleich zwischen Österreich und dem Herkunftsland (z.B. über das Doppelbesteuerungsabkommen) könnte den Doppelbezug von Erwerbseinkommen und Transfereinkommen aufdecken – mit den damit verbundenen rechtlichen Konsequenzen (Rückzahlung, Strafzahlungen). Ebenfalls Scheu vor der Anmeldung und der damit verbundenen bürokratischen Registratur (z.B. Vorlage eines Strafregisterauszuges bei der Beantragung des österreichischen Gewerbescheines) haben Personen, die in der Vergangenheit schlechte Erfahrung mit der (sozialistischen) Bürokratie in ihren Herkunftsländern gemacht haben, oder Personen, die diese Tätigkeit nur ‚vorübergehend' ausüben.

Viele Vermittlungsagenturen unterstützen die Legalisierungspolitik und helfen den von ihnen vermittelten HausbetreuerInnen bei der Bewältigung der Anmeldungsbürokratie. Es gibt jedoch auch Agenturen, die nach wie vor illegale Hausbetreuung bevorzugen und dementsprechend unauffällig auftreten (z.B. ihre Web-Präsenz reduzieren und verstärkt auf Mundpropaganda setzen). Einige Agenturen haben zudem nach der Legalisierung ihren Firmensitz von Österreich in die Slowakei verlegt, um für die Behörden schwerer greifbar zu sein.

Mit Stand vom November 2009 erhalten rund 7.000 Haushalte eine Förderung nach § 21b des Bundespflegegeldes.[38] Wenn man von zwei BetreuerInnen pro Haushalt ausgeht, wird damit die Beschäftigung von etwa 14.000 der 21.000 legalisierten BetreuerInnen unterstützt. Dass für einen doch erheblichen Teil der BetreuerInnen keine Förderung in Anspruch genommen wird, kann zum einen daraus erklärt werden, dass ein Anspruch auf Förderung die Sozialversicherungspflichtigkeit der Beschäftigung voraussetzt. Dieses Kriterium erfüllen BetreuerInnen nicht, die erst seit Kurzem in Österreich tätig sind und/oder deren

---

[36] Presseaussendung der Bundeswirtschaftskammer Österreichs vom 24.11.2009.
[37] Die Sozialversicherungsstatistik erlaubt keine genaue Zuordnung Unselbstständiger zu dieser Beschäftigung; die Angabe beruht auf einer (mündlichen) Schätzung aus dem Sozialministerium, die zum Teil auf den Ergebnissen einer repräsentativen Befragung geförderter Personen basiert.
[38] Telefonische Auskunft aus dem Sozialministerium im November 2009.

gewerbliches Jahreseinkommen die Sozialversicherungspflicht unterschreitet.[39] Auch übersteigt das Einkommen mancher Betreuten die Einkommensgrenze der Förderbarkeit und einige stellen keinen Antrag, weil sie möglicherweise eine mit der Förderung verbundene Kontrolle fürchten.

3.5 Die aktuelle Situation

Es ist anzunehmen, dass sich das Auslaufen der Übergangsbestimmungen für den eingeschränkten Zugang zum Arbeitsmarkt für BürgerInnen aus den neuen EU-Staaten (spätestens 2011 bzw. 2014 für Rumänien und Bulgarien) auf die Situation der Hausbetreuung auswirken wird. Die Hausbetreuung mit ihren relativ niedrigen Verdiensten bei hoher monatlicher (und vor allem täglicher) Arbeitszeit wird voraussichtlich große Konkurrenz durch Beschäftigungen mit ähnlich niedrigen oder etwas höheren Verdiensten, aber attraktiveren Arbeitszeiten erhalten, insbesondere, wenn es sich um Arbeitsplätze handelt, mit denen eine Wohnmöglichkeit verbunden ist (z.B. Personalquartiere in der Gastronomie) (vgl. Prochazkova 2006; Prochazkova u.a. 2008). Wenn ihnen der gesamte Arbeitsmarkt uneingeschränkt offen steht, werden viele, die heute als relativ gering qualifizierte selbstständige HausbetreuerInnen in Privathaushalten tätig sind, möglicherweise in der Gastronomie, im Einzelhandel, aber vielleicht auch in der Industrie arbeiten, abhängig von der Konjunktur und der Entwicklung des Arbeitsmarktes.

Das könnte im schlimmsten Fall dazu führen, dass ab 2011 zahlreiche Familien (plötzlich) ohne Betreuungskräfte auskommen müssen. Ein Wegfall des bestehenden Angebotes würde den Druck insbesondere auf Frauen in Familien mit pflegebedürftigen Menschen verschärfen, aus dem Arbeitsmarkt auszusteigen, da sie 80 Prozent der familiären Pflegearbeit leisten (vgl. Badelt u.a. 1997: 105ff.). Um einer solchen Entwicklung entgegenzusteuern, müsste unter anderem der Beruf der HausbetreuerIn attraktiver gemacht werden. Hier ist unter anderem die Sozialpolitik gefordert – die allerdings nicht den Anschein erweckt, dieses Problem erkannt zu haben.

---

[39] Wenn es sich erst nach Abschluss des Kalenderjahres im Zuge einer Steuererklärung herausstellt, dass die Grenze zur Sozialversicherungspflichtigkeit überschritten wurde, wird die Förderung auf Antrag nachträglich gewährt.

4 Ausblick: Herausforderungen für Politik und Wissenschaft

4.1 Theorie der Betreuungsarbeit

Zum Verständnis des Funktionierens der Hausbetreuung als einer unter recht harten Rahmenbedingungen in hoher Qualität und in der Regel mit großer Empathie seitens der LeistungserbringerInnen erbrachten, aber schlecht bezahlten Arbeit genügt es nicht, sich auf den Einkommensunterschied längs der Armutsgrenze in Mitteleuropa zu berufen. Es muss vielmehr versucht werden, den Charakter dieser Arbeit selbst zu verstehen.[40]

Hierzu hat unter anderem die – vor allem aus dem feministischen Diskurs begründete – Care-Debatte (vgl. z.B. Tronto 1996) wichtige Anregungen gegeben. Zudem scheint es sinnvoll, die Betreuungs- und Zuwendungsarbeit als *affektive Arbeit* im Sinne von Michael Hardt und Antonio Negri (Hardt/Negri 2003; Hardt 2004; vgl. dazu auch *Kretschmann* in diesem Band) zu interpretieren. Affektive Arbeit wird dabei charakterisiert als

„für sich und unmittelbar die Konstruktion von Gemeinschaften und kollektiven Subjektivitäten [erzeugend, Anm. TS]. In mehrfacher Hinsicht konnte so der produktive Kreislauf von Affekt und Wert als ein autonomer Kreislauf der Konstitution von Subjektivität erscheinen, der im Gegensatz zum Prozess der kapitalistischen Verwertung steht." (Hardt 2004: 175).

Affektive Arbeit hat einen starken Gebrauchswertbezug, sie wird nicht (allein) wegen ihres Tauschwertes erbracht, sondern (auch) aufgrund vielfältiger inhaltlicher Motivationen. ‚Hilfe' ist ein wesentlicher Bestandteil dieser Motivation; zwischen der arbeitenden Person und dem Subjekt, dem Hilfe geleistet wird, gibt es starke persönliche Bezüge (die allerdings nicht immer auf Zuneigung basieren müssen).

„[Diese] fürsorgliche Arbeit ist zweifellos vollständig in das Körperliche, das Somatische verstrickt, aber die Affekte, die sie erzeugt, sind nichtsdestotrotz immateriell. Affektive Arbeit produziert Netzwerke, Formen der Gemeinschaftlichkeit, der Biomacht. Hier ist erneut daran zu erinnern, dass das instrumentelle Handeln in der ökonomischen Produktion sich mit dem kommunikativen Handeln in den zwischenmenschlichen Beziehungen verschmolzen hat. Aber im Fall der affektiven immateriellen Arbeit verarmt die Kommunikation nicht, sondern die Produktion wird vielmehr um die Komplexität der menschlichen Interaktion bereichert." (ebd.: 182).

---

[40] Hier beginnt eine internationale Diskussion, vgl. z.B. Theobald 2008; 2009; Huber 2006; Galant 2009; Gather 2002; Lutz 2005; 2007; 2008; Eckard 2004.

Es hat mit diesen Charakteristika affektiver Arbeit zu tun, dass schwer erträgliche Arbeitsbedingungen und schlechte Bezahlung, die bei anderen Tätigkeiten abgelehnt und bekämpft würden, in der Hausbetreuung hingenommen werden – und zwar, wie zu vermuten ist, nicht nur wegen des Einkommensgefälles zum Herkunftsland.

Zentrale Fragen, die in diesem Zusammenhang weiter zu diskutieren wären, sind die durch affektive Arbeit geschaffenen Besonderheiten im Spannungsverhältnis von Ausbeutung und Erbringung der Arbeit, die je spezifische Stärken und Schwächen auf beiden Seiten dieses eigentlich vormarktlichen Marktverhältnisses konstruiert – bei der Betreuungskraft und bei der betreuten Person. Thematisiert werden müsste auch das Problem der Delegation von ‚Unfreiheiten' österreichischer Mittelschichtsangehöriger an mittelosteuropäische MigrantInnen, wenn ÖsterreicherInnen ‚ihre' (unentgeltlich in der Familie zu erbringende) affirmative Beziehungsarbeit an mittelosteuropäische MigrantInnen gegen ein geringes Entgelt[41] abtreten.

4.2 Offene Fragen[42]

Die bisherige Beschäftigung mit der Hausbetreuung und ihre Legalisierung verweist auf folgende Problemkreise – und damit auf weiteren Forschungsbedarf:

Affektive Arbeit – Der Ansatz der ‚affektiven Arbeit', der den Schluss nahe legt, dass betreuende Arbeit nicht (nur) wegen des Verdienstes, sondern (auch) wegen eines Bündels von Gründen, die zum großen Teil mit dem dinglichen Charakter des Betreuungsverhältnisses zusammenhängen, ist weiter zu diskutieren, um das *Warum* dieser Betreuungsarbeit und ihrer Zukunft zu verstehen.

Abnehmendes Armutsgefälle – Ein wesentlicher Grund für die Existenz der Hausbetreuung in der vorliegenden und hier analysierten Form liegt in den deutlichen Einkommensdifferenzen zwischen den Herkunfts- und den Zielländern. Mit der zunehmenden Angleichung der Lohnniveaus wird dieses Armutsgefälle jedoch kontinuierlich geringer. Dadurch und durch die wachsenden Möglichkeiten (legaler) Arbeit für ausgebildete PflegerInnen in anderen Ländern ist eine Veränderung im Angebot der Hausbetreuung zu beobachten. Diese Veränderungen sind jedoch wissenschaftlich nur wenig untersucht und werden bisher kaum politisch diskutiert.

---

[41] Aus der subjektiven Betroffenheit des zahlenden Haushaltes sind 1.500 Euro im Monat überdies weitaus weniger ‚gering' als aus der Sicht der dafür je 14 Tage ununterbrochen arbeitenden HausbetreuerInnen.

[42] Zu weiterführenden Überlegungen vgl. auch Schmid 2009a; 2009b.

Substituierbarkeit – Es wäre zu diskutieren, ob Betreuungspersonen aus dem mitteleuropäischen Raum leicht durch Arbeitskräfte aus Südosteuropa ersetzt werden könnten. Größere Entfernungen zwischen den Herkunfts- und Zielländern machen die üblichen 14-tägigen Betreuungsfrequenzen[43] für die Betreuungspersonen sehr unattraktiv; das schafft genauso Probleme wie die geringeren kulturellen Übereinstimmungen zwischen neuen Herkunftsländern und den Zielländern sowie die gegenüber Tschechien und der Slowakei geringere pflegerische Qualifikation in Südosteuropa.

Care Chains – Veränderungen in der Europäischen Politik und ihrer Grenzregimes gefährden die bisherigen Betreuungsketten, die einen Teil des Funktionierens der Hausbetreuung ausmachen. Durch die neue Schengen-Grenze zwischen der Unkraine und der Slowakei beispielsweise ist es kaum mehr möglich, die aus der Slowakei emigrierenden Pflegekräfte in ausreichendem Maß durch Pflegekräfte aus der Ukraine zu substituieren; dadurch entstehen stationäre Unterversorgungen in der Slowakei. Ähnliches ist auch in Ungarn zu beobachten, wo rumänische Pflegepersonen ausbleiben, weil sie seit dem EU-Beitritt ihres Landes direkt in den reicheren Ländern arbeiten können.[44]

Kollusive Lösungen – Rechtliche Lösungen sind nicht nur dahingehend zu überprüfen, ob sie (mehr) Rechtsfrieden und gerechtere Lösungen für die Normadressaten schaffen, sondern es ist auch zu fragen, ob es sich hier um Lösungen auf Kosten Dritter handelt. So wäre eine Legalisierung, die nur unselbstständige Beschäftigung zulässt, zwar (rechts-)sicher und würde von den Beschäftigten im Pflegebereich als Schutz vor Lohndumping verstanden werden. Sie würde aber sowohl BetreuerInnen wie betreute Haushalte belasten, weil ein Angestelltenmodell für die übergroße Zahl der Beteiligten nicht finanzierbar wäre.[45] Auf der anderen Seite würde auch eine (zu) große Liberalisierung (z.B. im Berufsrecht)[46] zwar von den direkt Beteiligten als Erleichterung erlebt, ginge aber (nicht zuletzt durch die Beispielsetzung für andere Bereiche) auf Kosten der Gesundheitsberufe.

Kompromiss – Die Diskussion um die Legalisierung der Hausbetreuung in Österreich hat gezeigt, dass (auch) hier die beste Lösung der Kompromiss ist. Offensichtlich gibt es keine Lösung, die die Ansprüche aller Beteiligten zur

---

[43] Die österreichische Legalisierung der Hausbetreuung stellt mit den im HBeG und der GewO festgelegten zulässigen 168 Arbeitsstunden im Monat aber auf dieses 14-Tage-Modell ab.
[44] ‚Ungarischstämmige' Personen aus den Nachbarländern waren bereits vor dem EU-Beitritt dieser Länder am ungarischen Arbeitsmarkt privilegiert und den Personen mit ungarischem Pass weitestgehend gleichgestellt.
[45] Nach unseren Berechnungen (vgl. Prochazkova u.a. 2008: 158ff.) würde ein Angestelltenmodell bei gleichem Leistungsumfang im Monat 4.000 Euro kosten, das freiberufliche Modell kostet etwa 1.500 Euro (jeweils ohne den geförderten Sozialversicherungsbeitrag).
[46] Etwa durch eine Erlaubnis zur Verabreichung von Medikamenten und Spritzen durch die HausbetreuerInnen.

Gänze befriedigt; wie die – nunmehr zweijährige Praxis – zeigt, ist die stark kompromissbehaftete Lösung aber so ausgestaltet, dass sie zu einer hohen Legalisierungsquote führt, ein erhebliches Maß an (Rechts-)Sicherheit schafft und für alle Beteiligten sozial verträglich und finanzierbar ist.

4.3 Spannungsfelder und Dilemmata

Es ist fraglich, ob die österreichische Form der Legalisierung der 24-Stunden-Betreuung von anderen Ländern übernommen werden kann, da die erheblichen Unterschiede zwischen den einzelnen Ländern sowohl im Hinblick auf die Rechtssysteme und Rechtskulturen als auch in Bezug auf die wohlfahrtsstaatlichen Strukturen und Leistungen (z.B. Pflegegeld, Sozialversicherung) einer Übertragbarkeit entgegenstehen. Ebenso fraglich ist es aber, ob mit der im Ergebnis relativ erfolgreichen Legalisierung wirklich alle Probleme gelöst worden sind. Zumindest folgende Spannungsfelder und Dilemmata bestehen nach wie vor und sollen abschließend diskutiert werden:

legal – finanzierbar: Wie weit ist eine tatsächlich legale Lösung – und das wäre auf dem Boden des bestehenden Vertragsrechtes (vgl. T. Schmid 1999; Mazal 2007) wahrscheinlich nur eine Angestellten-Lösung – tatsächlich finanzierbar? Dabei wären nicht nur die (geförderten) Sozialversicherungskosten deutlich höher, sondern auch die Arbeitskosten selbst, weil hier das Arbeitszeitrecht und das Entgeltrecht (Kollektivvertrag) anzuwenden sind. Sollte jemand aus einem gewerblichen Betreuungsverhältnis auf eine unselbstständige Beschäftigung klagen, wäre ein Erfolg dieser Klage sehr wahrscheinlich (vgl. Mazal 2007).

Zugewinn an Freiheit – Einschränkungen von Freiheit: Die weitgehende Befreiung österreichischer Familien (überwiegend aus der Mittelschicht) von ihren Pflege- und Betreuungsverpflichtungen geht einher mit einer Einschränkung von Freiheiten für die migrantischen Betreuungskräfte. Sie verrichten nicht nur gering entgoltene Tätigkeiten ohne Arbeitszeitbegrenzung, sondern sie stehen in der Regel auch vor dem Problem, neben der im Ausland erbrachten und bezahlten Betreuungsarbeit die unentgeltliche Betreuungsarbeit in der eigenen Familie nicht mehr bewältigen zu können. Je länger (z.B. wegen größerer Entfernung) die einzelnen Betreuungsfrequenzen sind, desto größer werden die individuellen, aus dieser Entkoppelung entstehenden Probleme.

Zielland – Herkunftsland (Care Chains): Die Folgen erwünschter Lösungen (wie z.B. die weitgehende Befreiung von Betreuungsverantwortung innerhalb der Familie) werden über mehrere Stationen MigrantInnen aus immer weiter entfernten Ländern aufgebürdet (vgl. Lutz 2007). Diese Pflegeketten belasten nicht nur die einzelnen MigrantInnen, sie schwächen auch die Strukturen (z.B. die Pflegeausbildung) in den Herkunftsländern. Gibt es Störungen in diesen Ketten (z.B. durch eine neue Schengen-Grenze), ist das gesamte Gefüge gefährdet; es entstehen zumindest in Teilen dieser Kette Unterversorgungen.

Täter – Opfer: In der Debatte ist nicht mehr auszumachen, wer verantwortlich für diese unbefriedigende Situation und wer Opfer ist. Das hat dazu geführt, dass (vor der Legalisierung) pflegebedürftige Personen als ‚Täter' (weil Schwarzarbeitgeber) eingestuft und bestraft wurden – ein Problem, das immer noch nicht ganz aus der Welt geschafft ist, da ein Teil der Betroffenen (noch) nicht legalisiert hat, mittlerweile aber keine Amnestie mehr gilt. Auch die vermittelnden Agenturen werden als ‚Täter' betrachtet (illegale Arbeitskräfteüberlassung), gelten gleichzeitig aber zumindest teilweise auch als Garanten für Qualitätssicherung (in Bezug auf die Betreuungsverhältnisse wie die vermittelten BetreuerInnen).

Vertretung Zielhaushalte – NomadInnen: Die gesetzlichen und freiwilligen Interessenzusammenschlüsse (z.B. Gewerkschaft, Wirtschaftskammer, Arbeiterkammer) vertreten die – an vertretbaren Kosten interessierten – zu betreuenden Personen, aber sie vertreten auch die – an guten Verdiensten und fairen Arbeitsbedingungen interessierten – migrantischen Betreuungspersonen. Das machte und macht ihre Positionen in der Legalisierungsauseinandersetzung uneindeutig.

Win-win-Situation – Ausbeutung: Einerseits handelt es sich bei der Hausbetreuung (insbesondere in ihrer legalisierten Form) um eine Win-win-Situation, da der Zielhaushalt eine auf die Probleme abgestimmte Betreuung rund um die Uhr zu erschwinglichen Preisen erhält und die migrantische Betreuungsperson deutlich höhere Einkünfte als in ihrem Herkunftsland erzielen kann. Gleichzeitig handelt es sich um ein Ausbeutungsverhältnis, bei dem überlange Arbeitszeiten unter persönlicher Einschränkung bei minimaler Bezahlung gefordert und geleistet werden.

Diese Dilemmata werden in Verbindung mit den sich verändernden demografischen Rahmenbedingungen und der Krise der öffentlichen Haushalte dafür sorgen, dass die Hausbetreuung noch lange ein brisantes Thema für die Politik und ein herausfordernder Gegenstand für die Sozialwissenschaft sein wird.

Literatur

Arbeitskreis „Zukunft denken" – Pflege und Altenbetreuung, 2006: *Abschlussbericht, 24.10.2006,* Wien, im Internet verfügbar unter https://www.kommunalnet.at/upload/1/Abschlussbericht%20Pflege%20und%20Altenbetreuung.pdf (Zugriff am 26.04.2010).

Bachinger, Almut, 2006: Einblick in die Vermittlungsagenturen, in: ÖKSA – Österreichisches Komitee für Sozialarbeit (Hg.): *24-Stundenbetreuung.* (Tagungsdokumentation), Wien.

Badelt, Christoph/Holzmann-Jenkins, Andrea/Matul, Christian/Österle, August, 1997: *Analyse der Auswirkungen des Pflegevorsorgesystems*, Wien.
Behning, Ute, 1999: *Zum Wandel der Geschlechterrepräsentation in der Sozialpolitik. Ein policy-analytischer Vergleich der Politikprozesse zum österreichischen Bundespflegegeldgesetz und zum bundesdeutschen Pflege-Versicherungsgesetz*, Opladen.
BMSK [Bundesministerium für Soziale Sicherheit und Konsumentenschutz], 2008a: *Das Sozialministerium informiert – 24-Stunden-Betreuung zu Hause*, Wien.
BMSK [Bundesministerium für Soziale Sicherheit und Konsumentenschutz], 2008b: *Bericht des Arbeitskreises für Pflegevorsorge 2006*, Wien.
Drot, Felice, 2009: *„Pflegerinnen aus Osteuropa gesucht". Eine intersektionale Analyse des Hausbetreuungsgesetzes (HbeG)*. Universität Wien, unveröffentlichte Masterarbeit.
Eckard, Christel, 2004: Fürsorgliche Konflikte. Erfahrungen des Sorgens und die Zumutung der Selbstständigkeit. *Österreichische Zeitschrift für Soziologie* 2/2004, S. 24–40.
EQUAL [Entwicklungspartnerschaft der Gemeinschaftsinitiative] (Hg.), 2005: *Berufsbilder und Ausbildungen in den Gesundheits- und Sozialen Diensten. Ist-Analyse*, Wien.
Esping-Andersen, Gøsta, 1998: Die drei Welten des Wohlfahrtskapitalismus. Zur politischen Ökonomie des Wohlfahrtsstaates, in: Lessenich, Stephan/Ostner, Ilona (Hg.): *Welten des Wohlfahrtskapitalismus. Der Sozialstaat in vergleichender Perspektive*, Frankfurt a.M. u.a., S. 19–58.
Galant, Marta, 2009: *Motive, Arbeit und Lebensumstände polnischer Migrantinnen, die in Deutschland in privaten Haushalten tätig sind*, Hamburg.
Gather, Claudia, 2002: „‚Aus meiner Familie weiß niemand, dass ich putzen gehe.' Informelle Erwerbsarbeit in Privathaushalten". *Prokla* 129/2002, S. 577–597.
Gendera, Sandra, 2007: *„Transnational Care Space" Zentraleuropa. Arbeits- und Lebensbedingungen von irregulär beschäftigten Migrantinnen in der häuslichen Pflege*, Universität Wien, unveröffentlichte Diplomarbeit.
Gruber, Gerd/Pallinger, Manfred, 2003: „10 Jahre Pflegevorsorge – Rückblick und Standortbestimmung". *Soziale Sicherheit (SozSi)* 5/2003, S. 209–215.
Hardt, Michael, 2004: Affirmative Arbeit, in: Atzert, Thomas/Müller, Jost (Hg.): *Immaterielle Arbeit und imperiale Souveränität. Analysen und Diskussionen zu Empire*, Münster, S. 175–188.
Hardt, Michael/Negri, Antonio, 2003: *Empire. Die neue Weltordnung*, Frankfurt a.M. u.a.
Hovorka, Hans/Bauer, Ingrid/Sigot, Marion/Schmid, Tom, 1996: *Familienpolitische Begleitstudie zum Pflegegeld (FAPFL). Endbericht*, Wien u.a.
Huber, Judith, 2006: *Globalisierte Arbeitswelt Privathaushalt. Eine Untersuchung der Arbeitsverhältnisse von Hausangestellten ohne gesicherten Aufenthaltsstatur*. Universität Bern, unveröffentlichte Diplomarbeit.
Kytir, Josef/Münz, Reiner (Hg.), 1992: *Alter und Pflege. Argumente für eine soziale Absicherung des Pflegerisikos*, Berlin.
Leibetseder, Bettina, 2004: *Die Südböhmische Volkshilfe. Interne Studie im Rahmen der Equal-Entwicklungspartnerschaft ‚Erarbeitung eines nicht diskriminierenden bundesweiten Muster-Kollektivvertrages für den Gesundheits- und Sozialbereich in Österreich'*, Linz.

Lutz, Helma, 2005: „Der Privathaushalt als Weltmarkt für weibliche Arbeitskräfte". *Peripherie* 97/98/2005, S. 65–87.
Lutz, Helma, 2007: *Vom Weltmarkt in den Privathaushalt. Die neuen Dienstmädchen im Zeitalter der Globalisierung,* Opladen u.a.
Lutz, Helma, 2008: *Who cares? Wer kümmert sich und wen kümmert das schon? Migrantinnen in der Pflegearbeit in deutschen Privathaushalten.* (Referatsunterlage), Frankfurt a.M.
Marschitz, Walter, 2007: *Hausbetreuungsgesetz. Kostenrechnung auf Basis Hausbetreuungsgesetz, Hausangestelltengesetz, BAGS-Kollekitvvertrag.* (Manuskript), Wien.
Mazal, Wolfgang, 2007: „Hausbetreuung – kritische Aspekte". *Ecolex* August 2007, S. 580–583.
Mühlberger, Ulrike/Knittler, Käthe/Guger, Alois, 2008: *Mittel- und langfristige Finanzierung der Pflegevorsorge.* (WIFO-Studie), Wien.
ÖBIG [Österreichisches Bundesinstitut für Gesundheitswesen]/BMSG [Bundesministerium für soziale Sicherheit und Generationen], 2004: *Ausbau der Dienste und Einrichtungen für Pflegebedürftige Menschen in Österreich – Zwischenbilanz. Endbericht,* Wien.
ÖKSA [Österreichisches Komitee für Sozialarbeit] (Hg.), 2006: *24-Stundenbetreuung.* (Tagungsdokumentation), Wien.
Österreichischer Seniorenrat (Hg.), 2006: *Pflege und Betreuung. Enquete,* Wien.
Pacolet, Jozef (Hg.), 1998: *Sozialschutz bei Pflegebedürftigkeit im Alter in den 15 EU-Mitgliedsstaaten und in Norwegen,* Luxemburg.
Pfeil, Walter J., 1994: *Neuregelung der Pflegevorsorge in Österreich,* Wien.
Pfeil, Walter J., 1996: *Bundespflegegeldgesetz und landesgesetzliche Pflegegeldregelungen,* Wien.
Pfeil, Walter J. (Hg.), 2007: *Zukunft der Pflege und Betreuung in Österreich,* Wien.
Pfeil, Walter J., 2008: „Arbeitszeitrechtliche Probleme der Pflege und Betreuung", in: Resch, Reinhard (Hg.): *Das neue Arbeitszeitrecht,* Wien, S. 69–104.
Prochazkova, Lucie, 2006: „Gesundheitspersonal in ausgewählten neuen EU-Ländern", in: ÖKSA – Österreichisches Komitee für Sozialarbeit (Hg.): *24-Stundenbetreuung.* (Tagungsdokumentation), Wien (ohne Seiten).
Prochazkova, Lucie/Rupp, Bernhard/Schmid, Tom, 2008: *Evaluierung der 24-Stunden-Betreuung. Endbericht.* Unveröffentlicht, Wien.
Prochazkova, Lucie/Schmid, Tom, 2005: *Pflege im Spannungsfeld zwischen Angehörigen und Beschäftigung.* (Unveröffentlichter Projektendbericht), Wien.
Prochazkova, Lucie/Schmid, Tom, 2006: „Pflege und Betreuung im Spannungsfeld zwischen Nötigem, Wünschenswertem und Finanzierbarem". *Soziale Sicherheit (SozSi)* 11/2006, S. 454–464.
Prochazkova, Lucie/Schmid, Tom, 2007: „Pflege und Betreuung zu Hause", in: Pfeil, Walter (Hg.): *Zukunft der Pflege und Betreuung in Österreich,* Wien, S. 139–162.
Prochazkova, Lucie/Schmid, Tom, 2009: „Homecare Aid: A Challange for Social Policy and Research", in: Ramon, Shulamon/Zavirsek, Darja (Hg.): *Critical Edge Issues in Social Work and Social Policy,* Ljubljana, S. 139–164.
Rudda, Johannes/Fürstl-Grasser, Margarethe/Rubisch, Max, 2008: „Neue Tendenzen in der Pflegevorsorge in Österreich", *Soziale Sicherheit Online* Juni 2008, S. 331–341, im

Internet verfügbar unter http://www.sozialversicherung.at/mediaDB/MMDB134004 _Rudda%20et%20al_Pflegevorsorge-Artikel.pdf (Zugriff am 22.04.2010).

Rupp, Bernhard/Schmid, Tom, 2007: „Die ‚Bis-zu-24-Stunden-Betreuung' aus rechtlicher Sicht". *Soziale Sicherheit (SozSi)* 12/2007, S. 586–598.

Rürup, Bernd, 1997: *Perspektiven der Pensionsversicherung in Österreich. Gutachten im Auftrag des österreichischen Bundesministeriums für Arbeit, Gesundheit und Sozial,* Wien.

Schmid, Heinrich, 2000: „Pflegevorsorge zwischen Armutsvermeidung und ‚selbstbestimmtem Leben'", in: Sallmutter, Hans (Hg.): *Mut zum Träumen – Bestandsaufnahme und Perspektiven des Wohlfahrtsstaates,* Wien, S. 231–238.

Schmid, Tom, 1999: „Vertragstypen im Sozial- und Arbeitsrecht". *Soziale Sicherheit (SozSi)* 4/1999, S. 304–316.

Schmid, Tom, 2008: *Regress in der niederösterreichischen Sozialhilfe.* (SFS-Studie), Wien.

Schmid, Tom, 2009a: „DienstleistungsnomadInnen", in: Dimmel, Nikolaus/Pichler, Wolfgang (Hg.): *Governance – Bewältigung von Komplexität in Wirtschaft, Gesellschaft und Politik,* Frankfurt a.M. u.a., S. 115–132.

Schmid, Tom, 2009b: „Hausbetreuung. Die Legalisierungspolicy in Österreich", in: Larsen, Christa/Joost, Angela/Heid, Sabine (Hg.): *Illegale Beschäftigung in Europa. Die Situation in Privathaushalten älterer Personen. Illegal Employment in Europe. The Situation in Private Homes of the Elderly,* München u.a., S. 53–82.

Schneider, Viktor A., 2004: „Auswirkungen der Pflegemigration auf den Pflege- und Gesundheitsbereich in ausgewählten neuen EU-Mitgliedsstaaten", in: Volkshilfe Österreich (Hg.): *Grenzenlose Pflege.* (Tagungsdokumentation), Wien, S. 12–17.

Schön, Rosemarie/Sperlich, Elisabeth/Neumann, Thomas/Somlyay, Michael, 2008: *Betreuung daheim. Schritt für Schritt zur legalen Pflege,* Wien.

Simonazzi, Annamaria, 2008: „Care Regimes and National Employment Models". *Cambridge Journal of Economics Advance Access* 11/2009, S. 1–22.

Sommerer, Renata, 2006: *Ausländische Krankenpflege in Österreich.* Fachhochschule St. Pölten, Studiengang Sozialarbeit, unveröffentlichte Diplomarbeit.

Surdej, Aleksander, 2008: *Inflow and Outflow of Informal Care Workers in the Case of Poland. Labour Market and Public Policy Implications.* (Referatsunterlage), Cracow.

Theobald, Hildegard, 2008: *Modelle von Care-Politiken in Europa – Ein Überblick.* Unveröffentlichter Vortrag, Fachtreffen „Häusliche Betreuung und Pflege zwischen Qualitätsanspruch und Kosten – Europäische Lösungsansätze im Vergleich, Fachtreffen der Europäischen Akademie der Regionen IWAK Universität Frankfurt/Hertie-Stiftung, 20./21. Oktober 2008.

Theobald, Hildegard, 2009: *Restructuring Elder Care Systems in Europe. Policy-field, policy-transfer and Negative Integration.* Paper to be presented at the ISA RC 19 conference „Social Policies: Local Experiments, Travelling Ideas" 20–22 August 2009, Montreal, Canada), Vechta, im Internet abrufbar unter http://www.cccg. umontreal.ca/RC19/PDF/Theobald-H_Rc192009.pdf (Zugriff am 09.03.2010).

Tronto, Jean, 1996: „Politics of Care – Fürsorglichkeit und Wohlfahrt". *Transit* 12/1996, S. 142–153.

Volkshilfe Österreich (Hg.), 2004: *Grenzenlose Pflege.* (Tagungsdokumentation), Wien.

Mit Recht regieren?
Zur Verrechtlichung transmigrantischer 24-Stunden-Carearbeit in österreichischen Privathaushalten

Andrea Kretschmann

Häusliche Carearbeit gerade für solche Personen, die rund um die Uhr Betreuung bzw. Pflege benötigen, wird in Österreich seit Anfang der 1990er Jahre in großem Umfang durch einen transmigrantischen Arbeitsmarkt abgedeckt. Zumeist sind es Frauen slowakischer Herkunft, die in der Pflege- und Betreuungsarbeit in Österreich ein Auskommen finden. Für viele der Personen mit Pflege- und Betreuungsbedarf und ihre Angehörigen stellt die irreguläre Arbeit[1] der TransmigrantInnen die einzige Möglichkeit einer ökonomisch erschwinglichen Pflege innerhalb des Privathaushaltes dar (vgl. Schneider u.a. 2006: 20; Gendera/Haidinger 2007: 34). Die Entstehung des irregulären Pflegearbeitsmarktes steht zum einen in Zusammenhang mit der Aufrechterhaltung einer restriktiven AusländerInnenbeschäftigungspolitik bei liberalen Einreisebestimmungen für BürgerInnen der strukturschwächeren EU-Nachbarländer. Zum anderen führt ein systematisch unterentwickelter flächendeckender Zugang zu Pflege- und Betreuungsleistungen für alle zu einer verstärkten familiären Verantwortung für die Pflegeversorgung. Auf dem wachsenden, zunehmend privatisierten Pflegedienstleistungsmarkt orientieren sich die Gepflegten bzw. ihre Angehörigen häufig an den irregulären Angeboten. Nicht zuletzt verweist der Rückgriff auf die irregulären Angebote somit auf Defizite der offiziellen Betreuungsstrukturen.

Mit der Herausbildung des Pflegearbeitsmarktes pendeln die in Österreich in der 24-Stunden-Pflege- und -Betreuung tätigen PflegearbeiterInnen überwiegend zwischen ihrem Herkunftsland und dem Arbeitsplatz im Zwei- bis Drei-Wochen-Rhythmus hin und her. Während ihrer Arbeitsphasen leben sie in der Regel als *live-ins* (vgl. Anderson 2000 sowie den Beitrag von *Karakayalı* in diesem Band) in der Wohnung der Pflegeperson. Die in beiden Ländern entstehenden Netzwerke, Kommunikationen, Lebenspraxen, Wissensbestände und

---

[1] Irreguläre Arbeit ist durch das Recht lediglich in negativer Weise eingefasst. Anders als dem Begriff der Illegalität fehlt der Bezeichnung der Irregularität der an strafrechtlichen Kriterien orientierte diskursive Zuschreibungscharakter (vgl. Sciortino 2004) und somit seine negative Konnotation. Im Folgenden wird deshalb die Begriff der irregulären Arbeit verwendet.

sozialen Beziehungen sind dabei nicht allein auf den nationalstaatlichen, sondern ebenso auf einen transnationalen Raum bezogen (vgl. Pries 2008: 47ff.). Zwar bewegen sich nicht alle Beteiligten zwischen zwei Staaten hin und her oder fühlen sich zu beiden Staaten (teil-)zugehörig. Doch auch diejenigen, die sich innerhalb eines nationalen Raumes eingerichtet haben, sind gleichzeitig in den darüber hinausgehenden Sozialraum eingebunden (vgl. ebd.: 42). Sandra Gendera (2007) hat für den österreichischen Kontext die Entstehung eines solchen ‚transnationalen sozialen Carespaces' aufgezeigt; auf diesen von ihr geprägten Begriff werde ich mich im Folgenden beziehen.

Der Status außerhalb des regulären Arbeitsmarkts machte die transmigrantischen (vgl. Glick-Schiller u.a. 1992) PflegearbeiterInnen zu flexiblen und preisgünstigen AnbieterInnen von Dienstleistungen. Zwar ermöglicht es die Dienstleistungsfreiheit seit 2004 auch solchen EU-BürgerInnen, für die in Österreich noch arbeitsrechtliche Restriktionen gelten, als PflegearbeiterIn in österreichischen Privathaushalten ein Einkommen zu finden. Auf dieser rechtlichen Grundlage darf jedoch nur innerhalb jeweils begrenzter Zeiträume gearbeitet werden. Bis 2008 gab es für Personengruppen aus den ‚neuen' EU-Ländern deshalb weder europarechtlich noch nach österreichischem Recht die Möglichkeit, längerfristig und regelmäßig in Österreich in der privaten Pflege und Betreuung zu arbeiten (vgl. 1.1).

Im Rahmen der breit geführten sogenannten ‚Pflegedebatte' setzte ab dem Sommer 2006 ein zweijähriger Reform- und Legalisierungsprozess ein. Angestoßen wurde die Debatte von gewerkschaftlichen InteressenvertreterInnen der Pflege-Berufsgruppen,[2] die eine Erhöhung des Pflegegeldes bzw. eine Reform des Pflegesystems erwirken wollten. Resultierend aus dieser Debatte existiert nun seit 2008 ein sozialversicherungsrechtlich formell abgesichertes Angestellten- sowie ein Selbstständigenmodell für 24-Stunden-‚Betreuungskräfte'.

Die Legalisierung der häuslichen 24-Stunden-Carearbeit bringt jedoch kaum Veränderungen der realen Arbeits- und Lebensverhältnisse transmigrantischer PflegearbeiterInnen mit sich. So kommt das Angestelltenmodell in der Praxis kaum zur Anwendung – bis November 2008 hatten sich 12.061 selbstständige, jedoch nur 207 angestellte PersonenbetreuerInnen angemeldet,[3] im November 2009 lag die Zahl der Selbstständigen bei etwa 22.000.[4] Auch die

---

[2] Die vom Österreichischen Gewerkschaftsbund (ÖGB) unterstützte Fachgruppenvereinigung für Gesundheitsberufe besteht aus VertreterInnen der Gewerkschaft der Gemeindebediensteten, der Dienstleistungsgewerkschaft *vida*, der Gewerkschaft der Privatangestellten Druck und Papier und der Gewerkschaft Öffentlicher Dienst.
[3] Vgl. Hauptverband der österreichischen Sozialversicherungsträger, persönliche Mitteilung.
[4] Vgl. der Standard v. 07.11.2009: „Fast 22.000 angemeldete Selbstständige", im Internet abrufbar unter http://derstandard.at/1256744270119/24-Stunden-Pflege-Fast-22000-angemeldete-Selbstaendige (Zugriff am 05.03.2010).

reguläre Krankenversicherung und die Sozialversicherung greifen bei näherer Betrachtung nicht: Wer krank ist, bleibt für gewöhnlich im Herkunftsland oder kehrt dorthin zurück, und viele Sozialversicherungsleistungen – beispielsweise für Kinder und EhepartnerInnen – bleiben an deren Meldung an einen Wohnort in Österreich gebunden (vgl. Kretschmann 2010a). Auch bleiben Arbeitsanforderungen und soziale Beziehungen in den Pflege- und Betreuungsverhältnissen von der Legalisierung weitgehend unberührt. Misst man – freilich nur auf der Ebene ‚intelligenten Ratens', denn irreguläre Arbeit kann nicht exakt quantifiziert werden (vgl. Alt 2003) – die derzeit bestehenden Anmeldungen an der zur Zeit der Pflegedebatte in Umlauf gebrachten Schätzzahl von 40.000 PflegearbeiterInnen,[5] so kann denn auch keineswegs von einer flächendeckenden Legalisierung die Rede sein.

Anhand der Ergebnisse einer qualitativen Studie zur Verrechtlichung der 24-Stunden-Betreuungsarbeit wird im Folgenden gezeigt, dass mit der Rechtsreform nicht nur auf der Ebene sozialer Rechte ein lediglich geringfügiger Wandel der Arbeits- und Lebensverhältnisse von PflegearbeiterInnen zu verzeichnen ist. Auch die alltägliche Situation im Privathaushalt bleibt von den rechtlichen Neuerungen weitestgehend unberührt. Dies verweist einerseits auf eine neoliberale Ausgestaltung der Verrechtlichung, die vor allem durch einen geringen arbeitsrechtlichen Schutz charakterisiert ist. Andererseits zeigt der ausbleibende Wandel eine spezifische rechtliche Unkontrollierbarkeit des Arbeitsplatzes Privathaushalt auf, wie er – im Gegensatz zu anderen Arbeitswelten – aufgrund des besonderen Schutzes der als privat konstruierten häuslichen Sphäre entstehen kann: Kollektiv-familiäre Normen dominieren hier gegenüber gesetzlich definierten Anspruchsrechten. Im Folgenden wird deshalb gezeigt, dass mit der Legalisierung häuslicher 24-Stunden-Carearbeit von TransmigrantInnen durch nationales Recht soziale Ungleichheiten entlang der Kategorien Staatsbürgerschaft und Geschlecht reproduziert und festgeschrieben werden, so dass diese Legalisierung nicht als allgemeine Verbesserung für alle Beteiligten betrachtet werden kann.

---

[5] Diese Zahl wurde einst vom Vorstand des Dachverbandes der österreichischen Pflegeheimträger (Lebenswelt Heim) ins Spiel gebracht.

1 Die rechtliche Situation

1.1 Die Gesetzeslage vor der Pflegedebatte

In Österreich sind EU-15-BürgerInnen, die als Haushaltshilfe oder Pflege- und Betreuungskraft arbeiten, sozial- und arbeitsrechtlich weitgehend einheimischen Arbeitskräften gleichgestellt. Die Rund-um-die-Uhr-Pflege und -Betreuung zu Hause wird jedoch überwiegend von weiblichen TransmigrantInnen ausgeübt, die nicht zu diesem Kreis gehören und deshalb diese Arbeit noch bis vor Kurzem irregulär verrichteten. Das Arbeits- bzw. Sorgeverhältnis wurde dabei selbst organisiert. Angehörige und PflegearbeiterInnen kamen entweder über private Netzwerke zusammen oder wandten sich an in Österreich und den Nachbarländern – zumeist in der Slowakei, in Tschechien, Polen und Slowenien – ansässige Vermittlungsagenturen. Grund für diese Praxis sind die derzeit immer noch bestehenden arbeitsrechtlichen Restriktionen für rechtlich sogenannte ‚Fremde' aus diesen Staaten.

Die Übergangsbestimmungen zur EU-Arbeitnehmerfreizügigkeit[6] in Bezug auf Österreich beinhalten ein weitgehendes Verbot für Staatsangehörige aus den ‚neuen' EU-Ländern, in Österreich zu arbeiten. Sie haben zwar ein uneingeschränktes Aufenthaltsrecht in Österreich, werden bis 2011 bzw. bis 2014 in Bezug auf ihre Arbeitsmöglichkeiten und -rechte jedoch wie Drittstaatenangehörige behandelt. Dies betrifft alle StaatsbürgerInnen aus solchen EU-Ländern, die im Rahmen der letzten zwei EU-Erweiterungen aufgenommen wurden. Im Mai 2004 kamen Tschechien, Estland, Ungarn, Lettland, Litauen, Polen, die Slowakei und Slowenien hinzu. Ausgenommen von den Übergangsregelungen sind die ebenfalls neu aufgenommenen Staaten Malta und Zypern. Hier gilt die Restriktion der Ausländerbeschäftigungsverordnung[7] nicht. Im Januar 2007 traten Bulgarien und Rumänien der EU bei. Für sie gelten die Übergangsbestimmungen voraussichtlich bis 2014.[8]

Seit dem Beitritt im Jahr 2004 können sich Selbstständige aus den neuen EU-Ländern jedoch auf die Dienstleistungsfreiheit nach Primärrecht Art. 49 EGV[9] bzw. ab dem 1. Dezember 2009 nach Art. 56 AEUV[10] beziehen, wenn sie

---

[6] Zu den europarechtlichen Rahmenbedingungen vgl. *Husmann* in diesem Band.
[7] Verordnung des Bundesministers für Arbeit und Soziales vom 19.09.1990 über Ausnahmen vom Geltungsbereich des Ausländerbeschäftigungsgesetzes (Ausländerbeschäftigungsverordnung – AuslBVO), BGBl. Nr. 609/1990. Näher dazu unten 1.2.1.
[8] Vgl. Bundesgesetz, mit dem das Ausländerbeschäftigungsgesetz geändert wird (2. EU-Erweiterungs-Anpassungsgesetz), BGBl. I Nr. 85/2006.
[9] Vertrag zur Gründung der Europäischen Gemeinschaft in der Fassung der Verträge von Maastricht, Amsterdam und Nizza (siehe zur konsolidierten Fassung: ABl EU C 321 E/1 vom 29.12.2006).

in ihrem Herkunftsland ein Gewerbe angemeldet haben. Das bedeutet, dass sie nach Österreich ‚herüberarbeiten' können, wenn die Beschäftigung vorübergehender Natur ist, beispielsweise während einer zweiwöchigen Vertretungsphase (vgl. Binder 2008: 64). Vor der Verrechtlichung haben Vermittlungsagenturen nur vereinzelt auf diese Möglichkeit der regulären Carearbeit hingewiesen. Abseits der öffentlichen Debatte stehend und von den politischen Verwaltungen ausgeklammert, war diese Form der angemeldeten Arbeit in Österreich unter PflegearbeiterInnen und Angehörigen weitgehend unbekannt und deshalb nicht sehr verbreitet. Dass diese Möglichkeit nur selten genutzt wurde, könnte zudem an der allgemeinen Wahrnehmung der Carearbeit als abhängiger Tätigkeit liegen. Denn die Einordnung der 24-Stunden-Carearbeit auch als *selbstständige Tätigkeit* kristallisierte sich erst als Ergebnis der Pflegedebatte zwischen 2006 und 2008 heraus, wurde jedoch anschließend vielfach als Scheinselbstständigen-Regelung kritisiert (vgl. z.B. Bachinger 2009; Gendera 2010). Maiz (2004: 23) weist ebenfalls darauf hin, dass das ‚Herüberarbeiten' als selbstständige DienstleisterIn auch von der Möglichkeit abhängt, sich problemlos „als solche im jeweiligen Herkunftsland etablieren zu können". Zieht man diese zwei Aspekte in Betracht, so ist zu erwarten, dass die Dienstleistungsfreiheit in Zukunft öfter in Anspruch genommen werden wird. Denn seitdem Österreich seine Gesetzeslage geändert hat, lässt sich eine Konkretisierung der diesbezüglichen Gesetzgebung auch in denjenigen Ländern beobachten, aus denen eine Vielzahl derjenigen Personen kommt, die im Bereich persönlicher Dienstleistungen in Österreich arbeiten (vgl. z.B. für die Slowakei WKO 2007: 2). Die bereits bestehenden Möglichkeiten, Care-Tätigkeiten in der Slowakei als Gewerbe anzumelden, werden damit gesetzlich noch einmal unterstrichen.

1.2 Die Gesetzesreform nach der Pflegedebatte

In Österreich wurde im Zeitraum von 2006 bis 2008 eine Gesetzesvorlage geschaffen, auf deren Basis auch Personen ohne EU-15-Staatsbürgerschaft legal in der Rund-um-die-Uhr-Betreuung arbeiten können. Damit wurde der seit Ende 2006 entfachten sogenannten ‚Pflegedebatte' Rechnung getragen. Die Pflege- und Betreuungsarbeit wurde dabei durch eine Serie von Gesetzen verrechtlicht, welche sehr unterschiedliche Rechtsbereiche berühren. Sowohl die Fragmentie-

---

[10] Der Vertrag von Lissabon zur Änderung des Vertrages über die Europäische Union und des Vertrages zur Gründung zur Gründung der Europäischen Gemeinschaft vom 13.12.2007, in Kraft getreten am 01.12.2009, ändert in seinem Art. 2 einzelne Artikel des EG-Vertrags ab, wobei dieser Vertrag einen neuen Namen erhält („Vertrag über die Arbeitsweise der Europäischen Union") (zur konsolidierten Fassung: ABl/EU Nr. C 115 vom 09.05.2008).

rung der Rechtsetzung als auch ihre außerordentlich lange Dauer verweisen auf den besonderen Einfluss der Pflegedebatte beim Versuch der Integration des transnationalen Phänomens der Carearbeit in rechtliche Formen. Im Folgenden werden einige Aspekte der neuen Regelung kurz dargestellt (vgl. ausführlich Kretschmann 2010b).

1.2.1 Die Änderung der Ausländerbeschäftigungsverordnung

Mit der Änderung der Ausländerbeschäftigungsverordnung (AuslBVO)[11] werden Personen, die den Übergangsbestimmungen zur EU-Arbeitnehmerfreizügigkeit unterliegen und in Privathaushalten Pflege- *und* Betreuungsarbeit leisten, vom Geltungsbereich des Ausländerbeschäftigungsgesetzes ausgenommen.[12] Weitere Bedingung für diese rechtliche Ausnahme ist, dass die PflegearbeiterIn direkt im Privathaushalt, bei den Angehörigen der gepflegten Person oder bei einer Firma mit Hauptsitz in Österreich angestellt ist bzw. dieser ihre selbstständigen Dienstleistungen direkt anbietet.

1.2.2 Das Hausbetreuungsgesetz und die Änderung der Gewerbeordnung

Durch die Änderung der Ausländerbeschäftigungsverordnung waren die ausländerrechtlichen Fragen geregelt. Seither sind die transmigrantischen PflegearbeiterInnen unabhängig von der Staatsangehörigkeit unqualifizierten österreichischen Beschäftigten in der Hausbetreuung gleichgestellt. Entgegen dem Gesundheits- und Krankenpflegerecht, dem zufolge pflegerische Tätigkeiten nur von qualifizierten Personen auszuführen sind, wurde faktisch jedoch weiterhin durch Personen ohne (anerkannte) Qualifikation gepflegt und betreut. Erst über ein halbes Jahr später wurde vom Gesetzgeber festgelegt, dass das Pflegen und Betreuen durch formal nicht qualifizierte Personen innerhalb der *Privathaushalte* der zu Pflegenden bei einer sogenannten 24-Stunden-*Betreuung* als *Personenbetreuerln* erlaubt ist. Bezog man sich bei der Änderung der Ausländerbeschäftigungsverordnung noch auf Pflege *und* Betreuung, so wird im Hausbetreuungs-

---

[11] In Kraft ab dem 01.11.2006 (BGBl II Nr. 405/2006).
[12] Vgl. § 1 Nr. 6 AuslBVO. Die AuslBVO bezieht sich sowohl auf Pflege als auch auf Betreuung, weil zum Zeitpunkt der Verabschiedung des Gesetzes noch unklar war, ob die nachfolgenden rechtlichen Einfassungen auch die Pflege mit einbeziehen würden (vgl. Binder 2008: 61f.).

gesetz (HBeG)[13] – ungeachtet der alltäglich in diesem Rahmen erbrachten Pflegeleistung – nur noch auf den Begriff der Betreuung abgestellt. Dadurch konnte auf eine Änderung des Gesundheits- und Krankenpflegerechts verzichtet werden. Die neue Festlegung erfolgte stattdessen im Hausbetreuungsgesetz, welches zum Teil auf dem Hausgehilfen- und Hausangestelltengesetz beruht (vgl. Scherz 2007: 6). Laut der damaligen Fassung des Hausbetreuungsgesetzes umfasste Betreuung in diesem Sinne zunächst gerade *keine* Tätigkeiten, die unter das Gesundheits- und Krankenpflegegesetz fallen, sondern Hilfestellung bei der Haushalts- und Lebensführung sowie sonstige Anwesenheit aufgrund von Betreuungsbedürftigkeit. Dazu zählen haushaltsnahe Dienstleistungen wie Reinigungstätigkeiten und Wäscheversorgung (Waschen, Bügeln, Ausbessern), die Durchführung von Hausarbeiten, Botengängen und Besorgungen sowie das Lüften der jeweiligen Räume. Zudem betrifft dies betreuerische Tätigkeiten wie die Zubereitung von Mahlzeiten, die Betreuung von Tieren und Pflanzen, die Unterstützung bei der Lebensführung, insbesondere die Gestaltung des Tagesablaufs, die Hilfestellung bei alltäglichen Verrichtungen und das ‚Gesellschaft leisten'.

Für Angestellte und Selbstständige gilt, dass nach einer maximal 14-tägigen Schicht eine ebenso lange Freizeit zu gewähren ist. In der ‚Freizeitperiode' dürfen die PflegearbeiterInnen nicht in einem anderen Haushalt tätig werden (vgl. Binder 2008: 45). Auch die festgelegte Mindestarbeitszeit von 48 Stunden pro Woche betrifft beide Beschäftigungsformen. Die Regelung, dass längstenfalls 128 Stunden pro Woche (inklusive Bereitschaft) mit drei Stunden Pause täglich (darunter zweimalig eine halbstündige Pause am Stück) gearbeitet werden darf, gilt jedoch nur für die kleine Gruppe der Angestellten. Hält sich die angestellte Arbeitskraft länger in dem Haus der/des Pflegebedürftigen auf, gilt dies nicht als Arbeit. Dadurch wird nicht nur eine 14-tägige durchgängige Betreuung ermöglicht, sondern gleichzeitig „ein eigenständiges Arbeitszeitmodell geschaffen, das von den bestehenden Arbeitszeitregelungen in wesentlichen Bestimmungen abweicht" (Binder/Fürstl-Grasser 2008: 4). Während die Bezahlung bei den Selbstständigen individuell ausgehandelt wird, erfolgt die Entlohnung im Angestelltenverhältnis ab dem 1. Januar 2009 nach bundeslandspezifisch festgelegten Mindestlöhnen.

Die meisten der ohnehin minimalen arbeitsrechtlichen Regelungen bestehen demnach nur für die kleine Gruppe derer, die nach den Bestimmungen des Hausbetreuungsgesetzes als Angestellte arbeiten. Für die selbstständig Gewerbetreibenden und damit die Mehrzahl der PflegearbeiterInnen gilt das Hausgehilfen- und Hausangestelltengesetz nicht und im Hausbetreuungsgesetz sind für sie

---

[13] Bundesgesetz, mit dem Bestimmungen über die Betreuung von Personen in privaten Haushalten erlassen werden (Hausbetreuungsgesetz – HBeG und Änderung der Gewerbeordnung 1994), BGBl. I Nr. 33/2007, in Kraft seit 10.04.2008.

lediglich die Bestimmungen über die Qualitätssicherung sowie die geänderte Gewerbeordnung einschlägig. Das Hausbetreuungsgesetz ermöglicht jedoch keineswegs erstmalig die Ausübung eines Gewerbes als PersonenbetreuerIn, sondern ‚präzisiert' mit seinen Vorschriften lediglich die bereits bestehenden gewerblichen Regelungen (vgl. Binder 2008: 141). Das Hausbetreuungsgesetz mit seiner Novelle zur Gewerbeordnung ist damit das zentrale Gesetzeswerk für die Regelung der arbeits-, sozial- und berufsrechtlichen Grundlagen der 24-Stunden-Betreuung.

1.2.3 Das Gesundheitsberufe-Rechtsänderungsgesetz

Ein knappes Jahr nach seiner Einführung im Frühjahr 2008 wurde das Hausbetreuungsgesetz noch einmal geändert. War darin zunächst festgelegt gewesen, dass die Arbeit *keine* Tätigkeiten umfasst, die unter das Gesundheits- und Krankenpflegerecht fallen, bestimmte das Gesundheitsberufe-Rechtsänderungsgesetz (GesBRÄG)[14], dass nun auch nach dem Hausbetreuungsgesetz unter spezifischen Voraussetzungen pflegerische Tätigkeiten durchgeführt werden dürfen. Pflegerische Tätigkeiten setzen nach § 1 Abs. 4 Hausbetreuungsgesetz voraus, dass „Umstände vorliegen, die aus medizinischer Sicht für die Durchführung dieser Tätigkeiten durch Laien eine Anordnung durch einen Angehörigen des gehobenen Dienstes für Gesundheits- und Krankenpflege erforderlich machen". Binder zufolge ergibt sich daraus der „Umkehrschluss [...], dass diese Tätigkeiten durch Personenbetreuer/innen auch ohne Anordnung solange ausgeübt werden können, als keine medizinische Indikation vorliegt." (Binder 2008: 51). Mit der Änderung durch das Gesundheitsberufe-Rechtsänderungsgesetz reagierte der Gesetzgeber darauf, dass viele Tätigkeiten der PflegearbeiterInnen durch die ursprüngliche Definition der Betreuung nach dem Hausbetreuungsgesetz nicht abgedeckt waren, weil die Pflege im Gegensatz zur Betreuung bisher eine spezifische Qualifikation erforderte. Der Begriff der Betreuung wurde deshalb ausgeweitet, indem die pflegerischen Tätigkeiten der PflegearbeiterInnen nun einschränkend als Unterstützungsleistungen definiert sind. Fortan sind auch orale Nahrungs- und Arzneimittelaufnahme, Körperpflege, An- und Ausziehen, Toilettenbenutzung, Aufstehen, Setzen und Bewegen mit dem Begriff der Betreuung erfasst.

---

[14] Bundesgesetz, mit dem das Gesundheits- und Krankenpflegegesetz, das Hebammengesetz, das Kardiotechnikergesetz, das Medizinischer Masseur- und Heilmasseurgesetz, das MTD-Gesetz, das Bundesgesetz über die Regelung des medizinisch-technischen Fachdienstes und der Sanitätshilfsdienste, das Sanitätergesetz, das Zahnärztegesetz, das Zahnärztekammergesetz, das Ärztegesetz 1998, das Hausbetreuungsgesetz, die Gewerbeordnung 1994 und das Bundespflegegeldgesetz geändert werden (Gesundheitsberufe-Rechtsänderungsgesetz 2007 – GesBRÄG 2007) (BGBl. I Nr. 57/2008).

Die einzelnen Schritte der rechtlichen Rahmung des transnationalen Phänomens sind in der Zeitleiste nachfolgend zusammengefasst.

Änderung der Ausländerbeschäftigungsverordnung (BGBl II Nr. 405/2006)	in Kraft: 01.11.2006
Pflege-Übergangsgesetz (BGBl I Nr. 164/2006)	in Kraft: 23.12.2006 außer Kraft: 30.07.2007
Hausbetreuungsgesetz – HBeG und Änderung der Gewerbeordnung 1994 (BGBl I Nr. 33/2007)	in Kraft: 01.07.2007
Verordnung des Bundesministers für Wirtschaft und Arbeit über Maßnahmen, die Gewerbetreibende, die das Gewerbe der Personenbetreuung ausüben, zur Vermeidung Gefährdung von Leben oder Gesundheit bei der Erbringung ihrer Dienstleistung zu setzen haben (BGBl II Nr. 152/2007)	in Kraft: 01.07.2007
Änderung des Bundespflegegeldgesetzes (BGBl I Nr. 34/2007)	in Kraft: 01.07.2007
Änderung des Pflege-Übergangsgesetzes (BGBl I Nr. 50/2007)	rückwirkend in Kraft: 01.07.2007 außer Kraft: 30.07.2007
Änderung des Bundespflegegeldgesetzes und des Bundesfinanzgesetzes 2007 (BGBl I Nr. 51/2007)	in Kraft: 01.07.2007
Verordnung des Bundesministers für Wirtschaft und Arbeit über Standes- und Ausübungsregeln für Leistungen der Personenbetreuung (BGBl I Nr. 278/2007)	in Kraft: 15.10.2007
Richtlinien zur Unterstützung der 24-Stunden-Betreuung (§ 21b des Bundespflegegeldgesetzes)	in Kraft: 01.01.2008
Pflege-Verfassungsgesetz (BGBl I Nr. 43/2008)	in Kraft: 26.02.2008 außer Kraft: 01.07.2008
Gesundheitsberufe-Rechtsänderungsgesetz (BGBl I Nr. 57/2008)	in Kraft: 10.04.2008
Änderung der Richtlinien zur Unterstützung der 24-Stunden-Betreuung (§ 21b des Bundespflegegeldgesetzes)	in Kraft: 01.11.2008
Änderung des Bundespflegegeldgesetzes (BGBl I Nr. 128/2008)	in Kraft: 01.01.2009

2 Grenzpraktiken: Pflegedebatte und Verrechtlichung

Angesichts der beschriebenen rechtlichen Rahmenbedingungen zeichnet sich ab, dass für die Mehrzahl der PflegearbeiterInnen – nämlich die Selbstständigen – bis auf die Herstellung eines legalen fremdenrechtlichen Status für die Gewerbeanmeldung als PersonenbetreuerIn kaum arbeitsrechtliche und nur minimale sozialrechtliche Regelungen entstanden sind. Die ‚Minimallegalisierung' fällt mit einer wohlfahrtsmarktlich (vgl. Butterwege 2008) organisierten, privatisierten Pflege zusammen, die das Pflege und Betreuung benötigende Individuum in die Verantwortung nimmt, sich selbst auf dem Pflegemarkt zurechtzufinden. Sie koinzidiert mit der allgemeinen Verknappung staatlicher Förderungen im Pflegebereich und der Rede von der Unfinanzierbarkeit der Pflege (vgl. Mühlberger u.a. 2008: 53). Zudem entsteht sie vor dem (diskursiven) Hintergrund einer sich stetig nach oben verbreiternden Alterspyramide und somit einer immer größeren Anzahl pflegebedürftiger älterer Menschen, die für immer längere Phasen ihres Lebens Pflege und Betreuung in Anspruch nehmen müssen (z.B. Österreichisches Komitee für Soziale Arbeit 2009). Ganz entscheidend ist die rechtliche Regelung jedoch geprägt von der tendenziellen Prekarisierung und Flexibilisierung von Arbeits- und Lebensbedingungen im Übergang zum Postfordismus, in welchem sich Vereinbarkeitsprobleme für solche Angehörige verschärfen, die für das Pflegeverhältnis Verantwortung tragen oder selbst pflegen (vgl. Maiz 2004; zur Problematik der ‚postmodern families' vgl. Parreñas 2001: 104ff.).

Bei der Debatte um die Legalisierung steht deshalb vor allem die Gewährleistung einer leistbaren Pflege im Vordergrund. Ziel der Reform ist es, die *Inanspruchnahme* der 24-Stunden-Pflege zu legalisieren. AdressatInnen des neuen Rechts sind zuallererst die Angehörigen und die Gepflegten. Sie sind es, die innerhalb einer medialen Öffentlichkeit nach ihren Bedürfnissen gefragt wurden, die sich in der Zeit der Pflegedebatte zu Wort meldeten und die vor und im Wahlkampf gegenüber staatlichen Stellen Ansprüche formulierten. Sie sind es auch, die über den Prozess der Verrechtlichung von verschiedenen Seiten informiert wurden, denen Broschüren und Informations-Hotlines über die Anmeldung und die angemeldete Pflegedienstleistung zur Verfügung gestellt wurden und denen immer wieder versichert wurde, an der Pflege- und Betreuungssituation ändere sich nichts; die Pflege bleibe finanzierbar – zumindest für diejenigen, für die sie es auch bisher war, also für die Angehörigen der gehobenen Mittel- und der Oberschicht.

Der Diskurs um die Pflege- und Betreuungsarrangements problematisiert die irreguläre Pflegeversorgung und dethematisiert gleichzeitig die Frage ihrer Arbeitsverhältnisse. Die Legalisierung (der Arbeit) der Pflegekräfte erscheint so lediglich als eine notwendige Bedingung für die Legalisierung der Angehörigen.

Dass häusliche Carearbeit in dieser Form aus dem Diskurs ausgespart bleibt, muss vor dem Hintergrund ihrer Feminisierung und Ethnisierung sowie ihrer im Verrechtlichungsprozess verstärkten ‚informellen Kriminialisierung' betrachtet werden. Schon vor der Pflegedebatte fungierte Carearbeit als gesellschaftlich abgewertete Tätigkeit auf vielschichtige Weise als „Träger des konstitutiven Außen" (Opitz 2008: 189). Als weibliche, als ‚illegale', als von ‚Fremden' verrichtete Arbeit dient sie als tendenziell negative Bezugsgröße, über die das Innen sich letztlich selbst definiert. Das Ausbleiben von Fragen nach sozialen Rechten von und für 24-Stunden-PflegearbeiterInnen im Prozess der Pflegedebatte stellt deshalb lediglich eine Kontinuität innerhalb der gesellschaftlichen Praxis marginalisierender Grenzsetzungen im Bezug auf diese spezifische Gruppe dar. Die gesellschaftliche Abwertung der Carearbeit bedingt ein tendenzielles Schweigen der PflegearbeiterInnen im öffentlichen Diskurs und ein Desinteresse des Hegemonialen für den marginalisierten Sachverhalt im für Gepflegte und ihre Angehörigen prekär organisierten Pflegesektor.

Regulatorisches Recht entsteht im Rahmen dieser gesellschaftlichen Debatten und Diskurse. Bei dem Versuch des ‚Steuerns' gesellschaftlicher Verhältnisse (Teubner 1985: 298ff.) ist es eingebettet in jene Sets sozialer Praktiken, die in gesellschaftlichen Normen und Werten, Denkweisen und Rationalitäten prozessiert werden. Es steht somit in Wechselwirkung mit gesellschaftlichen Repräsentationen sozial erprobten, anerkannten und sinnvoll erachteten Verhaltens, kurz: mit der Art und Weise, wie über die Welt gedacht und gesprochen wird (vgl. Ford 2001: 201ff.).

Die marginalisierenden diskursiven Praktiken finden sich in transformierter Weise auch im Recht wieder: Im Rahmen der europarechtlichen Möglichkeiten und Beschränkungen setzt das nationale Recht mit der Verrechtlichung seine Grenzen dort, wo die nationale und territoriale politische Zuständigkeit endet. Einmal bezieht sich die Grenzkonstitution auf die geografische Grenze. Wird der Blick nicht auf das transnationale Phänomen, sondern auf den nationalen Raum gerichtet, so werden jene Lebensbereiche, die außerhalb seiner Grenzen zu verorten sind, rechtlich nicht mehr erfasst. Zum anderen werden Grenzen auch innerhalb des nationalen Raumes gesetzt: dort, wo bestimmte Personengruppen trotz ihres dortigen Aufenthalts als diesem nicht zugehörig definiert werden. Die PflegearbeiterInnen rücken im Zusammenhang mit der rechtlichen Ausgestaltung der Pflege- und Betreuungsverhältnisse deshalb in erster Linie in ausländerbeschäftigungsrechtlichen Zusammenhängen in den Blick. Während für die Angehörigen die für sie im irregulären Arbeitsverhältnis relativ günstigen Bedingungen des Careverhältnisses in das Recht transferiert werden, interessiert in Bezug auf die durch das Recht als ‚Fremde' definierten PflegearbeiterInnen lediglich, wie unter Umgehung der fremdenrechtlichen Restriktionen der von ihnen produzierte

Wert bei minimalen Kosten auf ‚ArbeitgeberInnenseite' flexibel abgeschöpft werden kann. Das Recht schreibt auf diese zweifache Weise (durch das Enden seiner Zuständigkeit an den Rändern des nationalen Territoriums und das selektive Verweigern der Zuständigkeit innerhalb des nationalen Raums) viele der in der Irregularität entstandenen asymmetrischen Arbeitsbedingungen fest – und fungiert damit im transnationalen sozialen Raum selbst als exkludierende ‚Grenzpraktik' (vgl. Opitz 2008). Die PflegearbeiterInnen werden somit bei doppeltem Ausschluss rechtlich eingeschlossen. Insofern „transformieren sich" die gesellschaftlichen Diskurse „in die diskursive Logik des Rechts" und bringen unter „relative[r] Autonomie" (Buckel 2009: 123f.) europäisch kontextualisierte, doch national strukturierte gesellschaftliche Verhältnisse hervor.

Ähnlich wie im unregulierten Pflege- und Betreuungsverhältnis bleiben die auf Markierungen wie Ethnizität und Gender aufbauenden sozialen Ungleichheiten, Hierarchien und Machtasymmetrien zwischen den Individuen weiter bestehen, die formale Gleichheit vor dem Recht macht sie jedoch tendenziell unsichtbar (vgl. Kirchheimer 1976: 32). So erscheint die jetzige Regelung, obgleich sie dem Partikularinteresse der Angehörigen und Gepflegten folgt, „als das gemeinschaftliche Interesse aller Mitglieder der Gesellschaft" (Marx/Engels 1846 [1969]: 47). Vor diesem Hintergrund reproduzieren viele Angehörige der Gepflegten bzw. die Gepflegten selbst die weiterhin bestehenden Asymmetrien. Denn die rechtliche Ausformung erscheint in ihrer Abstraktion als gerechte Lösung, obwohl sie in Grenzpraktiken die Hegemonie einer gesellschaftlichen Gruppe über eine andere festschreibt.

Zudem verschafft die Autorität des Rechts der Rechtsreform eine Legitimation. Die rechtliche Regelung kann von den Angehörigen als fair und angemessen aufgefasst werden, weil „eine bestimmte Lebensweise [...] als legale mit dem Prestige des Rechts ausgestattet" (Buckel 2009: 118) wird. Für die Gepflegten und ihre Angehörigen ist diese Perspektive noch zusätzlich durch physische und emotionale Belastungen in der Pflegesituation – hervorgerufen beispielsweise durch Krankheit, Pflegebedürftigkeit, Angewiesenheit auf fremde Hilfe und die Unsicherheit über daraus entstehende finanzielle und organisatorische Belastungen in der Zukunft – bedingt.

3 Formalisierte Careverhältnisse?

Die minimale rechtliche Absicherung bildet jedoch kaum eine ausreichende Grundlage, um Arbeits- und Lebensbedingungen für PflegearbeiterInnen in der Legalität wesentlich zu verändern. Die sozialen Beziehungen des Pflege- und Betreuungsarrangements, von denen ausgehend Aufgabenbereiche und Arbeitsweisen verhandelt werden, bleiben von den rechtlichen Neuerungen deshalb weitgehend unberührt. Im Folgenden wird dies anhand von Ausschnitten aus Interviews mit slowakischen PflegearbeiterInnen, die in der häuslichen Pflege und Betreuung in Österreich beschäftigt sind, sowie aus Interviews mit Angehörigen von Gepflegten, die solche Dienstleistungen in Anspruch nehmen, gezeigt. Inwiefern sich Arbeits- und Lebensverhältnisse von PflegearbeiterInnen im Rahmen der Legalisierung transformieren, wird dabei entlang der Frage nach erweiterterten Rechten und Mitsprachemöglichkeiten im Pflegearbeitsalltag analysiert. Im Folgenenden wird deshalb der Fokus auf die Ausgestaltung, Einhaltung und Durchsetzung von (formalen) Regelungen im Pflegehaushalt gelegt.

Als Ausgangspunkt für eine solche Betrachtung wird hier der Betreuungsvertrag herangezogen. Im verrechtlichten Careverhältnis ist es die Regel, dass zwischen den Pflegehaushalten und den PflegearbeiterInnen auch bei einem selbstständigen Arbeitsverhältnis ähnliche Verträge wie für unselbstständig Beschäftigte abgeschlossen werden. Im Pflege- und Betreuungsalltag spielen die vertraglichen Vorgaben jedoch häufig keine Rolle. Die Pflegearbeiterin Katka erzählt:

„Überhaupt nichts hat sich daran geändert. Die Verträge, die wir unterschrieben haben, werden überhaupt nicht eingehalten. Ich habe mich nie (und jetzt auch nicht) für eine Pflegerin gehalten, sondern immer nur für eine Putzfrau und Dienerin."

Die Verträge sind meist nicht individuell an die konkrete Pflegesituation angepasst, sondern werden als Vordrucke von den Seiten beispielsweise des Bundesministeriums für Wirtschaft, Familie und Jugend heruntergeladen bzw. von den Vermittlungsagenturen ausgehändigt und optional ausgefüllt. Viele allgemein bekannte und typische Belastungen der 24-Stunden-Carearbeit bleiben somit in den Verträgen weiterhin ausgeklammert. Dass PflegearbeiterInnen darüber hinaus das Gefühl haben, dass die Verträge nicht eingehalten werden, steht dabei mit einer Reihe spezifischer Logiken der konzeptuellen, intellektuellen, kommunikativen (vgl. Schultz 2009) und affektiven häuslichen Arbeit (vgl. Gutiérrez Rodríguez 2005: 79; Negri/Hardt 2002[15]) in Zusammenhang.

---

[15] Mit der Bezugnahme auf den Begriff der affektiven Arbeit von Hardt und Negri wird die von den Autoren vorgenommene Trennung von intellektueller und emotionaler Arbeit nicht vollzogen (zur Kritik des Begriffs vgl. Schultz 2009). Weiter ist anders als bei Hardt und Negri davon auszugehen, dass auch die emotionalen Aspekte – wie aus den feministischen Haushaltsarbeitsdebatten bekannt – von vielfältigen und mitunter asymmetrischen Machtbeziehungen durchzogen sind (vgl. Precarias a la Deriva 2007: 87ff.).

3.1 Logik affektiver Arbeit

Stärker noch als pflegerische Arbeit im institutionellen Rahmen zeichnet sich Carearbeit im Privathaushalt durch einen „überproportionale[n] Einsatz der eigenen Subjektivität in den Arbeitsprozess" (Haidinger 2008: 35) aus. Die konzeptuellen, intellektuellen und kommunikativen, körperlichen und emotionalen Anforderungen (vgl. Schultz 2009) in der Betreuungs- und Pflege-, aber auch der Hausarbeit verbinden in einem besonderen Maße alle Aspekte sozialen Lebens mit dieser Produktivität. Ist die eigene Subjektivität zentraler Bestandteil lebendiger Arbeit, so bringt diese affektive Form der Vergesellschaftung soziale Beziehungen und kollaborative Praktiken zwischen gepflegter Person bzw. dem/der ArbeitgeberIn hervor: „Die Produktion von Affekten geht einher mit der Produktion einer Beziehung – zu einem Kunden, einer Patientin, einer Arbeitgeberin." (Haidinger/Knittler 2008: 32). Hochflexible zeitliche Anforderungen (vgl. Schillinger 2009: 97) lassen eine Trennung und teilweise sogar auch nur eine Unterscheidung zwischen Freizeit und Arbeit, Persönlichem und Arbeit kaum noch zu. Carearbeit im Privathaushalt ist deshalb als entgrenzte Arbeit zu bezeichnen.

Die arbeitsrechtlich ungünstigen Rahmenbedingungen erhalten eine andere Dimension, wenn sie sich mit einem Spezifikum von Sorgearbeit – ihrem traditionell affektiven und entgrenzten Charakter – verbinden. Diese Verknüpfung erschwert es zusätzlich, sich gegen unzumutbare Bedingungen konsequent abzugrenzen. Veranschaulicht werden soll dies an der Problematik der raum-zeitlichen Bindung an den Arbeitsplatz.

Mittels der in Österreich umgesetzten Rechtsreform wurden für die Selbstständigen keine neuen Arbeitszeitregelungen innerhalb der maximal zweiwöchigen Arbeitsphasen geschaffen und somit auch keine Pausenregelungen eingerichtet. Die (vermeintlich) Selbstständigen müssen vielmehr die Pausen selbst setzen; ob sie in diesen ‚freien' Zeiten einer Bereitschaftspflicht unterliegen, bleibt in den Verträgen offen. Sogar bei den wenigen individuell angepassten Verträgen, die explizit Pausen (ohne Bereitschaftszeit) vorsehen, ist es jedoch schwer, auf Pausenregelungen Bezug zu nehmen. So löst die Pflegearbeiterin Ivanka ihren individuell vertraglich zugesicherten Freizeitanspruch auch nach der Legalisierung nicht ein, weil sie für diese Zeit eine Vertretung bräuchte, die die Pflege und Betreuung an ihrer Stelle übernimmt. Nur wenn es ihr nicht mehr möglich ist, zwei Wochen ununterbrochen mit der Pflegeperson zusammen zu sein, verlässt sie beispielsweise das Haus und entzieht sich somit den Bedürfnissen der gepflegten Person:

„Freizeit habe ich eigentlich nicht, weil ich sie nicht alleine lassen will. In zwei Wochen gehe ich so zwei bis drei Mal alleine weg, vor allem in den Krisen, wenn ich es dort nicht mehr aushalten kann."

In manchen Haushalten existieren Regelungen darüber, dass die Gepflegten kurzzeitig allein gelassen werden können. Dass die Freizeit nicht in Anspruch genommen wird, ist deshalb nicht immer das Ergebnis fehlender Absprachen mit den Angehörigen. Weil sie der Auffassung sind, dass eine permanente Bereitschaft unmöglich leistbar ist, fordern viele Angehörige sie von den Pflegekräften auch nicht ein. Oft sind die betreffenden Vereinbarungen jedoch unklar und nicht mit entlastenden arbeitstechnischen Regelungen verbunden – z.B. wenn bloß konstatiert wird, das Haus könne allein verlassen werden. Nur äußerst selten werden in den Pflegehaushalten für Pausenzeiten Vertretungen organisiert. Kommt dann noch eine affektive Bindung an den Arbeitsplatz hinzu, wird es vielen PflegearbeiterInnen unmöglich, die zu betreuende Person auch nur für eine kurze Zeit sich selbst zu überlassen.

Die PflegearbeiterInnen befinden sich in einem Dilemma zwischen dem Anspruch, eine gute Pflegeleistung zu erbringen und sich verantwortlich für die Pflegeperson zu zeigen einerseits, und dem Wunsch, auch während der Zeit des *live-ins* Pausenzeiten selbstbestimmt wahrnehmen zu können andererseits. Nicht beidem gleichzeitig gerecht werden zu können, hat hohe emotionale Belastungen für die PflegearbeiterInnen zur Folge. Soziale Isolation, das Gefühl, das eigene Leben nicht in der Hand zu haben und Frustration darüber, soziale Kontakte nicht selbstbestimmt leben zu können, führen zu regelmäßigen Krisen innerhalb der zwei-, mitunter dreiwöchigen Arbeitszeit, wie Ivanka sie beschreibt.

3.2 Logik unspezifischer Arbeit

Neben den unregulierten Arbeitszeiten sind auch die möglichen Aufgaben am Arbeitsplatz für Selbstständige, die während ihrer Care-Turnusse in den Privathaushalten der zu pflegenden Personen leben, weit gefasst und im Verlauf des Gesetzgebungsprozesses sogar immer mehr erweitert worden. Die rechtliche Regelung beinhaltet somit wie im irregulären Pflegearbeitsverhältnis auch Tätigkeiten, die dem Selbstverständnis, das die meisten PflegearbeiterInnen von ihrer Arbeit haben, nicht entsprechen. Äußerungen von PflegearbeiterInnen wie ‚es gibt keine genau definierten Bedingungen für uns Ausländerinnen' zeigen vielmehr, dass die Regelungen insgesamt als zu unklar empfunden werden.

Die rechtlich besonders weite Definition von Pflege und Betreuung leistet dem bereits erwähnten Problem Vorschub, dass selbst individuell angepasste

Verträge kaum eingehalten werden. Denn sie verbinden sich mit einer zweiten Charakteristik von Sorgearbeit zu Hause: ihrer geringen Spezifizierung und Formalisierung. Der ständige Wandel der im Careverhältnis anfallenden Anforderungen sowie ihre Kontextgebundenheit bis hin zur jeweils unterschiedlichen Interpretation und Umsetzung der gestellten Aufgaben durch die Beteiligten bringen es mit sich, dass die konkrete Ausgestaltung des Arbeitsbereichs immer wieder neu ausgehandelt werden muss (vgl. Anderson 2000 in Bezug auf Hausarbeit; Hess 2005: 183ff. in Bezug auf Au-pairs). So erzählt die Pflegearbeiterin Alica:

> „Die Bezahlung ist regelmäßig, genau wie ausgemacht. Schwieriger ist es mit der ausgemachten Arbeit. Es ist nicht klar, was ich machen sollte und was nicht. Beispiele: Fenster putzen: Am Anfang wurde gesagt, dass ich die Fenster nicht putzen soll, da sie von einer Putzfrau geputzt werden. Diese ist aber nicht gekommen und ich musste das tun."

Auf eine rechtliche Spezifizierung der Caretätigkeit kann in der Aushandlungssituation zwischen PflegearbeiterIn und Familie nicht zurückgegriffen werden. Vor dem Hintergrund der im Pflegeverhältnis zuungunsten der PflegerInnen bestehenden strukturellen Machtasymmetrien fällt das Verhandlungsergebnis deshalb häufig zum Vorteil der Angehörigen aus. Zumeist bleibt die Definition der zu erledigenden Aufgaben im Privathaushalt deshalb auch nach der Verrechtlichung (zunächst) abhängig von den AuftraggeberInnen. Sie entscheiden bei der Einstellung und teilweise je nach Bedarf, ob nur betreut und gepflegt oder auch gekocht, geputzt, repariert und im Garten gearbeitet wird – bis hin zur Verabreichung von Spritzen und anderen Praktiken, für die krankenpflegerische Kompetenzen notwendig sind (zu den Auseinandersetzungen um die Definition von Carearbeit vgl. auch 2.5). Pflegearbeiterinnen nehmen sich ein Mitspracherecht – wenn überhaupt – erst dann, wenn sie bereits seit einiger Zeit in dem Pflege- und Betreuungsverhältnis beschäftigt sind. Umgekehrt erweist es sich für die Angehörigen als schwer, die von den PflegearbeiterInnen selbstständig, also ohne Rücksprache vorgenommenen ständigen Veränderungen in den Aufgabenbereichen nachzuvollziehen und ihnen jeweils monetär gerecht zu werden, beispielsweise wenn sich der Pflegeaufwand erhöht oder wenn zusätzliche Hausarbeiten verrichtet werden. Die vor diesem Hintergrund eingerichteten flexiblen Zahlungsstrukturen für Basis- und Sonderleistungen würdigen und anerkennen zwar die zusätzliche Arbeit, lassen jedoch kaum einen gleichbleibenden Lohn erwarten und zwingen die PflegearbeiterInnen dazu, den monetären Wert der jeweils geleisteten Arbeit ständig neu auszuhandeln.

3.3 Logik vergeschlechtlichter Arbeit

Für die Aushandlung von Art und Umfang der Haushaltsarbeiten bestehen deutliche schlechtere Voraussetzungen als im Bezug auf die pflegerischen Leistungen, was sich aus der tendenziellen Vergeschlechtlichung von Haushaltsarbeit ergibt: Im Zuge der Herabstufung pflegerischer Tätigkeiten durch deren Subsumtion unter den Begriff ‚Betreuung' (vgl. oben 1.2.3) sehen sich ungelernte PflegearbeiterInnen weiterhin mit der Forderung der Angehörigen konfrontiert, krankenpflegerische Aufgaben ausführen zu sollen.[16] Die weite Definition von Betreuung stellt in der Praxis jedoch kein Hindernis dar, sich Aufgaben wie dem Wechseln von Verbänden oder dem Verabreichen von Spritzen zu verweigern. Während sich viele PflegearbeiterInnen mehrfach und nachdrücklich bis hin zum Arbeitsplatzwechsel gegen die Übernahme krankenpflegerischer Aufgaben zur Wehr setzen, gilt dies häufig nicht in gleicher Weise für haushaltsnahe Dienstleistungen.

Zwar werden auch Haushaltstätigkeiten von vielen PflegearbeiterInnen nicht ohne Weiteres verrichtet. Immerhin werden sie in erster Linie als Pflege- und Betreuungspersonal und nicht als Putzpersonal engagiert. Verbreitet ist die Position, dass Haushaltsarbeit allgemein bzw. ganz bestimmte Haushaltsarbeiten nicht mehr zur Pflege- und Betreuungsarbeit dazugehören. Vor diesem Hintergrund finden zwischen PflegearbeiterInnen und Angehörigen vor wie nach der rechtlichen Regulierung – mehr oder weniger offen – permanent Auseinandersetzungen um die Definition des Aufgabenbereiches statt. Die Verrichtung auch haushaltsnaher Dienstleistungen gehört jedoch derzeit zum üblichen (und durch das Hausbetreuungsgesetz zum rechtlich festgelegten) Standard einer 24-Stunden-Pflege zu Hause. Dieser vor allem arbeitgeberische Common Sense ist dabei nicht von der allgemein gesellschaftlichen Betrachtung des Arbeitsplatzes Privathaushalt zu trennen: Er wird überwiegend als Ort weiblich konnotierter und somit nicht spezialisierter, unbezahlter, rein reproduktiver Tätigkeit gesehen (vgl. auch Bachinger 2009) – ungeachtet der Kämpfe der zweiten Frauenbewegung, die Haushaltsarbeit als Arbeit betrachtet sehen will. Vor diesem Hintergrund bleibt auch der bezahlte Arbeitsplatz Privathaushalt ein Bereich, in dem traditionell nur eine geringe Arbeitsteilung besteht; vielmehr zeichnet er sich durch die oftmals gleichzeitige Erledigung nicht spezifizierter und nur schwer im Einzelnen benennbarer Arbeiten aus. Den meisten Angehörigen, die – sofern sie nicht mit im Pflegehaushalt leben – als Berufstätige ihre Haushaltsarbeit zunehmend nebenbei bewältigen, erscheint die Haushaltsarbeit der PflegearbeiterInnen

---

[16] Für die vielen 24-Stunden-PflegearbeiterInnen mit krankenpflegerischer oder ärztlicher Ausbildung stellt sich das Problem in dieser Form nicht.

als eine geringfügige, ebenso nebenbei zu verrichtende Zusatzaufgabe (vgl. Hochschild 1997).
Die Entwertung und Unsichtbarmachung von Haushaltsarbeit ist somit wesentlich durch ihre historische Vergeschlechtlichung bedingt. Es ist deshalb Teil der Feminisierung von Hausarbeit, wenn den PflegearbeiterInnen aufgrund ihrer weiblichen Geschlechtsidentität die Fähigkeiten, Eigenschaften und Zuständigkeiten für traditionell weibliche Arbeiten wie selbstverständlich zugeschrieben werden. Wird die Verrichtung dieser Arbeiten dem Individuum als natürliche Eigenschaft beigemessen, ist sie nicht mehr länger als Arbeit definiert und wird als solche unsichtbar. Eine Tendenz solcher Zuschreibungen ist somit die gesellschaftliche *Dethematisierung* von Haushaltstätigkeiten als produktiver Arbeit (vgl. Hess 2005). Besonders deutlich wird dies in der Formulierung des Angehörigen Johann, der sich in diesem Zusammenhang folgendermaßen äußert:

„Die [Freizeit; Anm. A.K.] braucht sie nicht. Das ist alles wie zu Hause für sie."

Es sind jedoch nicht nur manche Angehörige, die die Haushaltsarbeit als per se weibliche naturalisieren. Auch einige wenige PflegearbeiterInnen betrachten die zusätzliche Arbeit ungeachtet ihrer differierenden Definition von Pflege- und Betreuungsarbeit als ihre (weibliche) Aufgabe. Begünstigt durch die fehlende Spezifikation bzw. die gesetzliche Breite dessen, was als Carearbeit definiert ist, führt dies mitunter zur selbstverständlichen Verrichtung nicht eingeforderter und somit auch unbezahlt bleibender Hausarbeit. So erzählt die Pflegearbeiterin Brigita:

„Ich mache oft Arbeit, die nicht zu der Pflegearbeit dazu gehört: Fenster putzen, Gardinen waschen. Die Familie verlangte das nicht von mir, aber ich habe das gemacht, wenn ich bisschen Freizeit hatte. Wer soll das sonst tun, wenn im Haus keine Frau ist."

Die allgemeine Akzeptanz der Inklusion von Haushaltsarbeit in Carearbeit durch die Angehörigen und mitunter naturalisierte Zuschreibungen und Dethematisierungen der Arbeit erschweren es den PflegearbeiterInnen tendenziell, sich eindeutig gegen (bestimmte) Haushaltsarbeiten auszusprechen. Tätigkeiten wie pflegerische Aufgaben, die weniger einer emotionalen Fürsorglichkeit der weiblichen Natur zugeschrieben werden, weil sie eine anerkannte Fachkompetenz erfordern, bleiben hingegen eindeutig der Sphäre der Produktion zugerechnet. Sie sind als solche thematisierbar und können vor diesem Hintergrund auch abgelehnt werden. Unzufriedenheiten mit den Haushaltstätigkeiten zeitigen deshalb anders als die Unzufriedenheit mit krankenpflegerischen Aufgaben weniger

häufig radikale Konsequenzen. So ist eine hohe Belastung durch Haushaltstätigkeiten eher selten der alleinige Grund für einen Arbeitsplatzwechsel. Für den krankenpflegerischen Bereich kann dies indes nicht behauptet werden.
Eine grundsätzliche Kritik an der Inklusion der Haushaltsarbeit fällt angesichts eines derartigen Common Sense schwer. Nur wenige PflegearbeiterInnen sind zudem in der privilegierten Situation, sich von Anfang an bzw. nach der üblichen zweiwöchigen Probezeit gegen den Pflegehaushalt entscheiden zu können, wenn sie mit den Arbeitsanforderungen nicht einverstanden und diese nicht verhandelbar sind. Sowohl die über Netzwerke unter den PflegearbeiterInnen als auch über Agenturen vermittelten Arbeitsplatzangebote sind für viele rar gesät. Seitdem Österreich eine Möglichkeit der Legalisierung geschaffen hat, ist das Interesse von in der Slowakei lebenden Personen an der Arbeit im Carebereich zudem gewachsen (vgl. Kretschmann 2010b). Wehren sich PflegearbeiterInnen bei ihren Agenturen gegen unverhältnismäßige Arbeitsbelastungen oder Lebensumstände in den Carehaushalten, werden sie von diesen bald als ‚problematisch' eingestuft und weniger schnell weitervermittelt bzw. müssen nicht selten ganz aus der Vermittlung der Agentur ausscheiden. Für besser Qualifizierte mag es dabei noch leichter sein, sich gegen unzumutbare Arbeits- und Lebensbedingungen zu wehren, denn sie werden von den Agenturen bei der Vermittlung gegenüber den geringer Qualifizierten regelmäßig bevorzugt. Nicht oder nur durch einen theoretischen Schnellkurs ausgebildete Personen warten wesentlich länger auf einen Platz in einem Pflegehaushalt – mitunter bis zu mehreren Monaten. Ein solcher Arbeitsplatz kann dann nur schwerlich zurückgewiesen werden.[17]

3.4 Private Verhältnisse

Weil die Arbeitsverhältnisse in der konkreten Arbeitssituation Aushandlungssache bleiben, wird das Pflegeverhältnis in erster Linie als ein *privates* gelebt und erfahren. In ihm sind die PflegearbeiterInnen weniger auf den rechtlichen Rahmen bezogen, als weiterhin auf den ‚guten Willen' der ArbeitgeberInnenfamilien angewiesen. Die Pflegearbeiterin Danila bringt dies zum Ausdruck, wenn sie erzählt:

„Wir haben unsere Konflikte, aber sie sind keine schlechten Menschen".

---

[17] Nur in seltenen Fällen gibt es Vermittlungsagenturen, die sich grundsätzlich dagegen verwahren, dass beispielsweise jede Woche die Fenster geputzt werden. In der Regel sind das Agenturen, die in engem Austausch mit PflegearbeiterInnen stehen. Das gilt vorrangig für Agenturen, die ihren Hauptsitz in der Slowakei haben.

Anstatt des Rechts auf eine spezifische Ausgestaltung von Arbeitsplatz und Arbeitsbedingungen steht weiterhin der informelle Rahmen im Vordergrund, in dem neben einem guten Verhältnis zur zu pflegenden Person auch die ‚gute Familie' oder der ‚nette Sohn', die Beziehung zu den ArbeitgeberInnen also, ausschlaggebende Kriterien für die positive Bewertung des Arbeitsplatzes sind. Sowohl Parreñas (2001) als auch Hess (2005) zeigen für den Arbeitsplatz Privathaushalt in Italien und den USA bzw. in Deutschland auf, dass die Beschäftigten von der „‚Kooperation'" und „‚Sensibilität'" der ArbeitgeberInnen (Hess 2005: 177) abhängig sind. Es überrascht deshalb kaum, dass sich PflegearbeiterInnen in verrechtlichten Arbeitsverhältnissen mitunter rechtloser fühlen als in früheren irregulären Arbeitssituationen. Die Pflegearbeiterin Katka beschreibt eine solche Situation:

> „Ich habe mich nie (und jetzt auch nicht) für eine Pflegerin gehalten, sondern immer nur für eine Putzfrau und Dienerin. Nur in einer einzigen Familie habe ich mich für eine Pflegerin gehalten. Ich war damals bei einer Patientin, die auf dem Bett war, zwar 24 Stunden täglich, aber die Familie hat sich auch um mich gekümmert. [...] Sie [der Haushalt, Anm. A.K.] waren sehr dankbar, das war auch bei meinem Lohn zu sehen. Wir sind bis heute in Kontakt geblieben. Sie verschicken sogar Geschenke für meine Kinder zu Weihnachten und das ist schon 4 Jahre her, als ich dort war."

Auch nach der Verrechtlichung kommt der sozialen Kategorie der *Dankbarkeit* das Primat zu. Die gute soziale Beziehung hat somit Vorrang vor der Anerkennung eines produzierten (im)materiellen Wertes.

Einer der wesentlichen Kritikpunkte der PflegearbeiterInnen an ihrer Arbeitssituation ist, dass die ArbeitgeberInnen sie oft eher wie Dienstpersonal und nicht wie selbstständige AnbieterInnen einer Dienstleistung behandeln. Nicht nur Katka betont im Interview, „dass sie mit uns nicht wie mit Dienerinnen umgehen sollten." Um der abwertenden Konnotation der Dienerin zu entgehen, greifen PflegearbeiterInnen wie Angehörige häufig auf das Konzept der Vertrauten oder des Familienmitglieds zurück. Das haben bereits Parreñas (2001) für *domestic workers* und Hess (2005: 181) für Au-pairs gezeigt. Hess beschreibt dies als eine Strategie, „die auf eine gleichwertige Behandlung, wie sie anderen Familienmitgliedern zuteil wurde, abzielte und einen respektvollen Umgang anrief" (Hess 2005: 181). Eine solche Strategie geht jedoch nur in den seltensten Fällen auf. Denn die Angehörigen betrachten die PflegearbeiterInnen in der Regel nur nahezu als vollwertige Familienmitglieder, was sich in der häufig verwendeten einschränkenden Formulierung ‚eigentlich gehören sie zur Familie' widerspiegelt. Die PflegearbeiterInnen bleiben damit „im Einschluss in die Familie doch ausgeschlossen" (ebd.).

Bei den wenigen Careverhältnissen, in denen die Arbeit von Anfang an stärker auf einen bestimmten Bereich eingegrenzt war oder diese Eingrenzung im Verlauf der Zeit erkämpft worden ist, wird weniger stark auf die Familienintegration zurückgegriffen. Hier steht die spezifischere Tätigkeit der Pflege und Betreuung im Vordergrund. So erzählt die Pflegearbeiterin Vera:

> „Die Familie erwartet nicht von mir, dass ich komplett die ganze Wohnung putze, sie halten mich zum Glück für keine Putzfrau. [...] Es ist meine erste Familie, wo ich mich wirklich wohl fühle."

Vera verrichtet zwar Haushaltsarbeit; es ist ihr aber wichtig zu betonen, dass es sich dabei nicht um das Putzen der ganzen Wohnung handelt: Obwohl sie auch Putzarbeiten übernimmt, fühlt sie sich nicht als Putzfrau. Sie ist nicht für alles im Haus zuständig, sondern vor allem für einen spezifischen privathaushaltlichen Bereich, der ihrem derzeitigen beruflichen Selbstverständnis entspricht – dem der Carearbeit. Obwohl Vera abends ab und zu mit den Familienmitgliedern zusammensitzt und ein gutes Verhältnis zu den mit im Haus wohnenden Angehörigen hat, kann sie eine professionelle Distanz zu den Personen im Pflegehaushalt wahren. Sie beschreibt, dass die Beziehung nicht so eng ist, „weil es nicht wie die eigene Familie ist".

4 Kollektiv-familiäre Normen versus gesetzlich definierte Anspruchsrechte

Mit dem Rückgriff auf das altbekannte Ordnungsritual ‚Familie' wird die Arbeit im Privathaushalt zumeist allein auf das soziale Verhältnis reduziert. Der Eintritt in die Logik der sozialen Einheit Familie ermöglicht es, die oftmals nur ungenügend entlohnte, zumeist unspezifische Arbeit unabhängig von der abgeleisteten Stundenanzahl als durch die gelebte soziale Beziehung kompensiert definieren zu können. Vor dem Hintergrund der als von der Produktionssphäre abgekoppelt konstruierten Sorge- und vor allem Hausarbeit tritt der Aspekt der Arbeit ‚aus Liebe' für das Kollektiv der Familie in den Vordergrund. Der Anrufung als DienerIn zu entgehen, indem auf das soziale Verhältnis der Familie rekurriert wird, erweist sich jedoch häufig auch deshalb als problematisch, weil individuelle Rechte innerhalb dieser Beziehungsmuster nicht geltend gemacht werden können. Somit stehen keine geeigneten Mittel zur Verfügung, sich gegen Ausbeutung und ungerechtfertigte Behandlung zu wehren. Die Kategorie des Rechtssubjekts, welches als Individuum Anspruch auf gewisse Freiheiten hat – als Selbstständige/r können z.B. maximal zweiwöchige Care-Turnusse eingefordert werden, auch ist (in Abstimmung mit den Bedürfnissen der Pflegeperson) die Reihenfolge der Arbeit selbst ausgestaltbar –, kommt innerhalb der familiären Ordnung dort nicht zur Geltung, wo das Arbeitsrecht Sorgearbeit in Familienbeziehungen nur in geringem Maße spezifiziert.

Es sind vielmehr die oben beschriebenen familiären Standards, Ansprüche und Handlungslogiken, die für die PflegearbeiterInnen sowohl hinsichtlich des Umgangs mit der gepflegten Person und der Verantwortung für sie als auch im Zusammenhang mit den Angehörigen greifen. Denn die Freundschaft mit bzw. die Zugehörigkeit zu den Angehörigen droht zu schwinden, wenn *individuelle*, gesetzlich festgelegte Ansprüche in die Praxis umgesetzt werden sollen. Minimale arbeitsrechtliche Regelungen und familiäre Normen verstärken sich hier gegenseitig. Sie haben darüber hinaus auch Einfluss auf den Umgang mit rechtlich nicht festgelegten, aber individuell gewünschten Veränderungen im Arbeitsverhältnis. So erzählt die Pflegearbeiterin Ajlin, dass sie auch nach ihrer Legalisierung zögert, eine Lohnerhöhung zu fordern. Die eingegangene soziale Beziehung mit den Angehörigen und Gepflegten ist dabei ein wesentlicher Grund, sich mit dem Anliegen zurückzuhalten:

„Ich finde, dass diese Arbeit sehr schlecht bezahlt ist. Meiner Meinung nach ist 60 Euro für diese Arbeit zu wenig. Ich bin seit drei Jahren in der Familie und ich traue mich nicht, mehr zu verlangen. Ich weiß aber, dass es kein Österreicher für dieses Geld machen würde. [...] [I]ch traue es mich trotzdem nicht, mehr Geld zu verlangen, weil ich schon mit der Familie befreundet bin."

Das Einfordern individueller Rechte wäre hier gleichbedeutend mit dem Heraustreten aus dem emotional-familiären Kollektiv. Denn der Versuch der Durchsetzung besserer Arbeitsbedingungen mit Hilfe von unterstützenden Gruppen und Organisationen oder – im Fall von gesetzlich garantierten Arbeitsrechten – der Justiz, bezöge sich auf Institutionen außerhalb der Familie und damit (im Konfliktfall) potenziell auf die Öffnung der als privat konstruierten häuslichen Sphäre. Mit der Möglichkeit, den Status des Rechtssubjekts zu bemühen und sich auf eine außerhalb des Haushalts liegende, höhere Instanz zu berufen, erweitert die rechtliche Regelung den transnationalen Carespace theoretisch um ein weiteres Handlungsmuster. Faktisch werden diese neuen Möglichkeiten jedoch nicht ausgeschöpft. Katkas Antwort auf unsere Frage nach möglichen veränderten oder hinzugekommenen Absprachen verdeutlicht, als wie eng gesteckt die Grenzen möglicher Handlungsspielräume auch in der Legalität erfahren werden:

„Was könnte ich sonst mit der Familie ausmachen? Ich habe keine Freizeit, ich kann nicht einkaufen gehen."

Wo kaum Rechte existieren, wo also abstrakt keine Druckmittel vorhanden sind, wird auch durch die Regularisierung der Arbeitsverhältnisse die kollektivfamiliäre Handlungslogik nicht in größerem Umfang als im irregulären Verhältnis durch konflikthafte Einforderungen gesatzter Rechte abgelöst.

Die Codes des Privathaushaltes temporär hintanzustellen, ist jedoch ungeachtet der oben beschriebenen Mechanismen zusätzlich schwierig, wenn die eigenen Rechte nicht im Einzelnen bekannt sind. Aufgrund der einseitigen Ausrichtung der durch Behörden und Nichtregierungsorganisationen wie Caritas oder Volkshilfe bereitgestellten Informationen, die lediglich an die Angehörigen und Gepflegten adressiert sind, existiert ein erhebliches Informationsdefizit bei den PflegearbeiterInnen über die Legalisierung. Vom Bundesministerium für Arbeit, Soziales und Konsumentenschutz (BMASK) eingerichtete allgemeine Beratungsangebote wie beispielsweise das sogenannte Pflegetelefon und die Informationsbroschüre zur 24-Stunden-Pflege (vgl. BMASK 2009) oder auf der Amtshilfe-Website für Österreich zur Verfügung gestellte Informationen zum Thema 24-Stunden-Betreuung – einschließlich der hier zu findenden telefonischen Auskunftsstelle – richten sich nur an Angehörige und Gepflegte. Die Wirtschaftskammer Österreich (WKO) stellt erwartungsgemäß nur Informationen zum Anmeldeverfahren im engeren Sinne bereit. Von ihrer Website können ein über 30-seitiger, ausführlicher *Leitfaden* auf Deutsch (vgl. WKO 2009), in den Fremdsprachen Polnisch, Slowenisch, Slowakisch, Tschechisch und Ungarisch aber jeweils nur *Merkblätter* mit sehr knappen Informationen zum Anmeldeverfahren und den dafür notwendigen Formularen abgerufen werden (vgl. WKO 2010). Dieses Angebot entstand jedoch erst gegen Ende bzw. nach Ende der so genannten ‚Amnestien'.[18] Auch die von der Wirtschaftskammer vor Ende der ‚Amnestien' offerierten ‚Sprechtage zur Pflegeanmeldung' waren entgegen ihrer Bezeichnung nicht speziell auf die auf die Anmeldung eines Gewerbes als PersonenbetreuerIn, sondern auf Unternehmensgründungen allgemein ausgerichtet. Auch sie wurden auf Deutsch und lediglich ‚zur Not' (so die telefonische Auskunft) auf Englisch oder Türkisch durchgeführt.

Aufgrund der fehlenden Ansprache und Informationsbereitstellung bleibt für die PflegearbeiterInnen verschwommen, was im Detail gefordert werden kann. So beschreibt die Pflegearbeiterin Vera:

„Ich habe aber keine Informationen darüber, worauf ich Anspruch habe bzw. welches die Verpflichtungen der Familie mir gegenüber sind, wenn ich angestellt bin."

---

[18] Vgl. Pflege-Übergangsgesetz und Änderung des Pflege-Übergangsgesetzes, BGBl I Nr. 164/2006 bzw. BGBl I Nr. 50/2007.

Auf diese Weise ist es schwer, Rechte durchzusetzen; direkte Konfliktaushandlungen sind eher selten, meist wird versucht, sich mit Unstimmigkeiten zu arrangieren. Häufig geht ein solches provisorisches Arrangement mit dem langfristigen Verlust der affektiven Bindung an den Arbeitsplatz einher. Die Quasi-Zugehörigkeit bzw. Freundschaft zur Familie nur unter der Bedingung der Eingliederung in die Familienhierarchie an untergeordneter Stelle wird dann durchgängig als abwertend empfunden. Nicht selten ist sie mit dem Gefühl eines „emotionalen Ausgenutztwerdens" verbunden (Hess 2005: 181). Ist dieser Punkt erreicht, werden Probleme und Konflikte häufig erst recht nicht mehr angesprochen, sondern stattdessen ein Arbeitsplatzwechsel erwogen.

5 Resümee

Dieser Beitrag hat die Verrechtlichung häuslicher Carearbeit zum Thema gemacht. Er hat gezeigt, dass die Arbeit innerhalb der häuslichen Sphäre verschiedenen Logiken gehorcht, die der Durchsetzung neuer rechtlicher Rahmenbedingungen für Careberufe besondere Probleme aufgibt. Wo ‚liebende' und affektive Sorge bereitgestellt werden soll, bringen rechtliche Regulierungen notwendig Widersprüchlichkeiten und Spannungen mit sich. In der als privat konstruierten häuslichen Sphäre bleiben unter der einschließenden Ausschließung der PflegearbeiterInnen in den Familienverband weiterhin kollektiv-familiäre Normen gegenüber gesetzlichen Rechten dominant. Die Arbeit in der häuslichen Sphäre kann damit nicht als ‚normaler' Arbeitsplatz betrachtet werden, der mittels rechtlicher Interventionen problemlos arbeitsrechtlich gestaltbar ist. Insofern kann an dieser Stelle trotz der neu gestalteten rechtlichen Rahmenbedingungen nur bedingt von einer Formalisierung oder Regulierung des Sozialen gesprochen werden, sondern lediglich von einem sozialen Phänomen, das zum Rechtsfall gemacht wird (vgl. Teubner 1985: 296ff.).

Die geringen Veränderungen in der Arbeits- und Lebenswelt der PflegearbeiterInnen sind jedoch nicht allein mit der Besonderheit der häuslichen Sphäre zu erklären. Die Logiken affektiver, nicht spezialisierter, traditionell weiblicher Arbeit und eine kollektive familiäre Moral können im Privathaushalt vor allem dann weiterhin bestimmend bleiben, wenn strukturelle Ungleichheiten im Bereich der Gesetzgebung nicht angetastet werden: Die Bedingungen der Carearbeit sind weiterhin Gegenstand individueller Aushandlung, weil abgesehen von dem legalen arbeitsrechtlichen Status kaum verbesserte Bedingungen für Art und Umfang der Arbeit, Bezahlung, Pausenregelungen, Turnusdauern etc. geschaffen wurden.

Indem das regulatorische Recht in Wechselwirkung mit gesellschaftlichen Normen und Werten, mit Denkweisen und Rationalitäten nicht so sehr die Pflegearbeit selbst, sondern vielmehr die Inanspruchnahme von Pflegedienstleistungen legal ausgestaltet, re-produziert und prozessiert es gegenüber dem transnationalen Carephänomen Differenzlinien. Unter Ausblendung der transnationalen sozialen Wirklichkeiten reifiziert es unter doppeltem rechtlichen Ausschluss der PflegearbeiterInnen qua Formalität eine Sphäre des Informellen, welche nach wie vor durch ethnisierte, gegenderte machtasymmetrische Beziehungen strukturiert ist. So stellt die neue Rechtsentwicklung nur in begrenztem Maße tatsächlich einen größeren Schutz und eine größere Teilhabe durch den Zugewinn an Rechten bereit (vgl. Teubner 1985: 298), während soziale Ungleichheiten ‚versteinert' werden (vgl. Fraenkel 1966 [1932] in Teubner 1985: 322). Indem das nationale Recht die historische Kopplung von Staat und nationalem Raum einmal neu in Übereinstimmung bringt, fungiert es also – vor wie nach der Legalisierung – letztlich als eine Grenzpraktik im transnationalen Carespace.

Pflegedebatte und Verrechtlichung haben die häuslich-private Sphäre zu einem politischen Thema werden lassen. Diskutiert und verrechtlicht werden darin jedoch lediglich die ‚gute' und ‚leistbare' Pflege. Eine Politisierung der Arbeits- und Lebensbedingungen von PflegearbeiterInnen war mit der Verrechtlichung nicht verbunden. Der Pflegehaushalt ist deshalb auch nach seiner Verrechtlichung von höchst asymmetrischen Machtbeziehungen durchzogen. In Wechselwirkung mit dem Recht wird in ihm die Pflegearbeit weiterhin feminisiert und ethnisiert. Insofern lässt sich in Bezug auf die verrechtlichten Pflegearrangements keineswegs davon sprechen, beide Seiten, also die PflegearbeiterInnen und die Gepflegten bzw. ihre Angehörigen, profitierten gleichermaßen von der Legalisierung. Der Pflegehaushalt bleibt ein „System von Öffnungen und Schließungen", welches die „Totalität der Welt" (Foucault 1992: 43f.) wiedergibt.

Literatur

Alt, Jörg, 2003: *Leben in der Schattenwelt. Problemkomplex illegale Migration.* Neue Erkenntnisse zur Lebenssituation ‚illegaler' Migranten aus München und anderen Orten Deutschlands, Karlsruhe.

Anderson, Bridget, 2000: *Doing the Dirty Work. The Global Politics of Domestic Labour*, London.

Bachinger, Almut, 2009: *Der irreguläre Pflegearbeitsmarkt. Zum Transformationsprozess von unbezahlter in bezahlte Arbeit durch die 24-Stunden-Pflege*, Universität Wien, Dissertation, im Internet abrufbar unter http://inex.univie.ac.at/index.php?id=61608 (Zugriff am 31.03.2010).

Binder, Hans, 2008: „Hausbetreuungsgesetz Teil 1 und 2", in: Binder, Hans/Fürstl-Grasser, Margarethe: *Hausbetreuungsgesetz. Kommentar*, Wien, S. 15–150.
Binder, Hans/Fürstl-Grasser, Margarethe, 2008: *Hausbetreuungsgesetz. Kommentar*, Wien.
BMASK [Bundesministerium für Arbeit, Soziales und Konsumentenschutz] (Hg.), 2009: 24-Stunden-Betreuung zu Hause. Neues und Wissenswertes, 5. Aufl., Wien, im Internet abrufbar unter http://bmsk2.cms.apa.at/cms/site/attachments/5/9/3/CH0058/ CMS1256636985496/broschuere_auflage5_-_webversion_091019.pdf (Zugriff am 01.04.2010).
Buckel, Sonja, 2007: *Subjektivierung und Kohäsion. Zur Rekonstruktion einer materialistischen Theorie des Rechts*, 2. Aufl., Weilerwist.
Buckel, Sonja, 2009: „Neo-Materialistische Rechtstheorie", in: Buckel, Sonja u.a. (Hg.): *Neue Theorien des Rechts*, 2. Aufl., Stuttgart, S. 117–138.
Butterwege, Christoph, 2008: „Rechtfertigung, Maßnahmen und Folgen einer neoliberalen (Sozial-)Politik", in: Butterwege, Christoph/Lösch, Bettina/Ptak, Ralf (Hg.): *Kritik des Neoliberalismus*, 2. Aufl., Wiesbaden, S. 135–219.
Ford, Richard T., 2001: „Law's Territory. A History of Jurisdiction", in: Blomley, Nicholas/Delany, David/Ford, Richard T. (Hg.): The Legal Geographies Reader. Law, Power and Space, Oxford/Malden, S. 200–217.
Foucault, Michel, 1992: „Andere Räume", in: Barck, Karlheinz/Gente, Peter/Paris, Heidi/Richter, Stefan (Hg.): *Aisthesis. Wahrnehmung heute oder Perspektiven einer anderen Ästhetik*, Leipzig, S. 34–46.
Gendera, Sandra, 2007: *„Transnational Care Space" Zentraleuropa. Arbeits- und Lebensbedingungen von irregulär beschäftigten Migrantinnen in der häuslichen Pflege*, Universität Wien, unveröffentlichte Diplomarbeit.
Gendera, Sandra, 2010: „Gaining an Insight into Central European Transnational Care Spaces: The Case of Migrant Live-in Care Workers in Austria", in: Sciortino, Guiseppe/Bommes, Michael (Hg.): Foggy Social Structures. Irregular Migration after the Eastern Enlargement, AUP, IMISCOE Research Series (im Erscheinen).
Gendera, Sandra/Haidinger, Bettina, 2007: „,Ich kann in Österreich als Putzfrau arbeiten. Vielen Dank, ja.' Bedingungen der bezahlten Haushalts- und Pflegearbeit von Migrantinnen", *Grundrisse* 23 (2007), S. 28–40, im Internet abrufbar unter http:// www.grundrisse.net/grundrisse23/sandra_gendera_und_bettina_haidi.htm (Zugriff am 05.03.2010).
Glick-Schiller, Nina/Basch, Linda/ Blanc-Szanton, Christina, 1992: „Transnationalism: A New Analytic Framework for Understanding Migration", in: dies. (Hg.): Towards a Transnational Perspective on Migration: Race, Class, Ethnicity and Nationalism Reconsidered, New York, S. 1–24.
Gutiérrez Rodríguez, Encarnación, 2005: „Das postkoloniale Europa dekonstruieren. Zu Prekarisierung, Migration und Arbeit in der EU", *Widersprüche* 48 (2005), S. 71–83.
Haidinger, Bettina, 2008: „Prekarität mit Geschichte. Die Care-Ökonomie der Privathaushalte", *Kurswechsel* 1 (2008), S. 34–46.

Haidinger, Bettina/Knittler, Käthe, 2008: „Warentausch mit Schieflage. Über Geschlechterverhältnisse und Arbeitsverhältnisse im Postfordismus", *Kulturrisse* 3 (2008), S. 32–35.
Hardt, Michael/Negri, Antonio, 2002: *Empire*, Frankfurt a.m.
Hess, Sabine, 2005: *Globalisierte Hausarbeit*, Wiesbaden.
Hochschild, Arlie Russel, 1997: *The Time Bind: When Work becomes Home and Home becomes Work*, New York.
Kirchheimer, Otto, 1976: *Von der Weimarer Republik zum Faschismus: Die Auflösung der demokratischen Rechtsordnung*, Frankfurt a.M.
Kretschmann, Andrea (2010a).,,‚Die Legalisierung hat uns überhaupt keine Vorteile gebracht. Die Vorteile gibt es nur für Österreicher.' Effekte national strukturierten Rechts in der transmigrantischen 24-Stunden-Carearbeit", in: Appelt, Erna u.a. (Hg.): *Who Cares? Pflege und Betreuung in Österreich. Eine geschlechterkritische Perspektive*, Innsbruck u.a. (im Erscheinen).
Kretschmann, Andrea (2010b): *Transnationale soziale Carespaces im nationalen Recht. Die Legalisierung transmigrantischer 24-Stunden-Pflege- und Betreuung in Österreich*, Wien (im Erscheinen).
Maiz [Autonomes Integrationszentrum von und für Migrantinnen] (Hg.), 2004: *Housework and Caretaking, Part: Austria, Migrantinnen in Privathaushalten*. Endbericht, Linz 2004, http://www.diversityworks.at/newsletter/hausarbeit_austria_april2004.pdf (Zugriff am 15.04.2010).
Marx, Karl/Engels, Friedrich, 1846 [1969]: „Die deutsche Ideologie", in: dies.: *Werke*, Bd. 3, Berlin 1969, S. 9–520.
Mühlberger, Ulrike/Knittler, Käthe/Guger, Alois, 2008: *Mittel- und langfristige Finanzierung der Pflegevorsorge. Studie des Österreichischen Instituts für Wirtschaftsforschung im Auftrag des Bundesministeriums für Soziales und Konsumentenschutz*, Wien 2008, im Internet abrufbar unter http://www.bmsk.gv.at/cms/site/attachments/9/0/6/CH0184/CMS1229093595174/wifo,_mittel-_und_langfristige_finanzierung_der_pflegevorsorge.pdf (Zugriff am 04.03.2010).
Opitz, Sven, 2008: „Exklusion: Grenzgänge des Sozialen", in: Moebius, Stephan/Reckwitz, Andreas (Hg:): *Poststrukturalistische Sozialwissenschaften*, Frankfurt a.M., S. 175–193.
Österreichisches Komitee für soziale Arbeit (Hg.) (o.J.): *Finanzierung der Pflege in Österreich. Bedarf – Modelle – Perspektiven*, Dokumentation der Jahreskonferenz 2008 vom 27. November 2008 in St. Pölten, Niederösterreich, Wien (ohne Jahr), im Internet abrufbar unter http://www.oeksa.at/publikationen/broschueren/ (Zugriff am 04.03.2010).
Parreñas, Rhacel Salazar, 2001: *Servants of Globalization. Women, Migration and Domestic Work*, Stanford.
Precarias a la Deriva, 2007: „Projekt und Methode einer ‚militanten Untersuchung'. Das Reflektieren der Multitude in actu", in: Pieper, Marianne u.a. (Hg.): *Empire und die Biopolitische Wende. Die internationale Diskusssion im Anschluss an Hardt und Negri*, Frankfurt a.M., S. 85–108.
Pries, Ludger, 2008: „Transnationalisierung und soziale Ungleichheit. Konzeptionelle Überlegungen und empirische Befunde aus der Migrationsforschung", in: Berger,

Peter A./Weiß, Anja (Hg.): *Transnationalisierung sozialer Ungleichheit*, Wiesbaden, S. 41–64.

Scherz, Eva, 2007: „Wege aus dem Betreuungsnotstand", in: GPA-DJP/ Interessengemeinschaft work@social (Hg.): *Reader Pflege und Betreuung*, Wien 2007, S. 5–13.

Schneider, Ulrike/Österle, August /Schober, Doris /Schober, Christian, 2006: *Die Kosten der Pflege in Österreich. Ausgabenstrukturen und Finanzierung*. Forschungsbericht des Instituts für Sozialpolitik, Wien 2006, im Internet abrufbar unter http://epub.wu-wien.ac.at/wp/ (Zugriff am 04.03.2010).

Schultz, Susanne, 2009: „Neue (affektive) Arbeit, alte Dualismen. Zur feministischen Kritik am Begriff der ‚immateriellen Arbeit'", *Bildpunkt* 2009, im Internet abrufbar unter http://www.igbildendekunst.at/bildpunkt/2009/immateriellearbeit/schultz.htm (Zugriff am 04.03.2010).

Schillinger, Sarah, 2009: „Who cares? Care-Arbeit im neoliberalen Geschlechterregime", *Widerspruch* 56/2009, S. 93–106.

Sciortino, Guiseppe, 2004: „Immigration in a Mediterranean Welfare State: The Italian Experience in Comparative Perspective", *Journal of Comparative Policy Analysis* 6 (2) 2004, S. 111–130.

Teubner, Gunther, 1985: „Verrechtlichung – Begriffe, Merkmale, Grenzen, Auswege", in: Kübler, Friedrich (Hg.): *Verrechtlichung von Wirtschaft, Arbeit und sozialer Solidarität: vergleichende Analysen*, Frankfurt a.M., S. 289–344.

WKO [Wirtschaftskammer Österreich], 2007: Aus welchen Ländern dürfen Personenbetreuer nach Österreich herüberarbeiten – Überblick über 10 ausgewählte EU-Mitgliedstaaten.

WKO [Wirtschaftskammer Österreich], 2009: *Daheim statt ins Heim – Schritt für Schritt zum Personenbetreuer. Leitfaden*, im Internet abrufbar unter http://portal.wko.at/wk/format_detail.wk?AngID=1&StID=377055&DstID=338 (Zugriff am 01.04.2010).

WKO [Wirtschaftskammer Österreich], 2010: *Merkblatt Personenbetreuung* (Deutsch, Polnisch, Rumänisch, Slowakisch, Tschisch, Ungarisch), im Internet abrufbar unter http://portal.wko.at/wk/format_detail.wk?AngID=1&StID=377055&DstID=338 (Zugriff am 01.04.2010).

Politiken, Akteure und Diskurse
grenzüberschreitender Sorgearbeit
national und international

Auf dem Weg zur Anerkennung? Hakenschläge im Verhalten der öffentlichen Instanzen gegenüber der Beschäftigung osteuropäischer Pflegekräfte in Privathaushalten

Hans-Joachim von Kondratowitz

1 Aktuelle Revisionen im Legalisierungsgeschehen

Am 18. Dezember 2009 hat der Bundesrat in seiner 865. Sitzung der Dritten Verordnung zur Änderung der sogenannten Beschäftigungsverordnung (BeschV)[1] zugestimmt.[2] Geändert wurde unter anderem § 21 BeschV, der regelt, unter welchen Voraussetzungen Haushaltshilfen einen Aufenthaltstitel zur Ausübung einer versicherungspflichtigen Vollzeitbeschäftigung in Haushalten mit Pflegebedürftigen erhalten können. In der bis dahin geltenden Fassung der Norm mussten solche Haushaltshilfen über die Zentrale Auslands- und Fachvermittlung der Bundesagentur für Arbeit (ZAV) vermittelt werden und durften ausschließlich „hauswirtschaftliche Arbeiten" verrichten. Der Bundesrat sorgte dafür, dass in § 21 S. 1 BeschV nach den Wörtern „hauswirtschaftliche Arbeiten" die Wörter „und notwendige pflegerische Alltagshilfen" eingefügt wurden. Diese Entscheidung der Länderkammer versprach, eine in der Pflegesituation bis dahin als unbefriedigend erlebte Regulierung zu korrigieren. Es lohnt sich daher, die zentrale Begründung für diese Veränderung in ihrer sprachlichen Originalgestalt wiederzugeben, weil sich in ihr wesentliche Sachverhalte wiederfinden, die als Orientierungen für den vorliegenden Beitrag dienen können. Die Begründung des Bundesrats für diesen Zusatz liest sich wie folgt:

> „Auf Grund der demographischen Entwicklung und den Fortschritten der Medizin wird in den nächsten Jahrzehnten eine wachsende Zahl von Menschen auf Pflege angewiesen sein. Wunsch der Betroffenen ist es, möglichst lange in ihrer gewohnten Umgebung zu Hause leben zu können. Neben einem Ausbau der ambulanten Pfle-

---

[1] Verordnung über die Zulassung von neueinreisenden Ausländern zur Ausübung einer Beschäftigung (Beschäftigungsverordnung – BeschV) vom 22.11.2004 (BGBl. I S. 2937), zuletzt geändert durch die Verordnung vom 18.12.2009 (BGBl. I S. 3937).
[2] Vgl. BR-Drs. 810/09(B).

gedienstleistungen bedürfen Senioren und ihre pflegenden Angehörigen oft Unterstützung bei einfachen Verrichtungen, um das Alltagsleben zu Hause zu bewältigen. Die in vielen Fällen hierfür angestellten ausländischen Hilfskräfte sind nach der derzeitigen Fassung der Beschäftigungsverordnung befugt, hauswirtschaftliche Tätigkeiten auszuüben. Den Durchführungsanweisungen und Merkblättern der Bundesagentur für Arbeit ist aber nicht zu entnehmen, dass neben Leistungen der sozialen Betreuung und Unterstützung hiervon auch notwendige pflegerische Alltagshilfen erfasst werden – Maßnahmen also, zu denen jedermann ohne Ausbildung in der Lage ist und die von Angehörigen wie selbstverständlich erwartet werden. Dazu gehören einfache Hilfestellungen bei der Körperpflege, der Ernährung, der Ausscheidung und der Mobilität. Um Rechtssicherheit sowohl für die betroffenen Familien als auch für die Hilfskräfte zu schaffen, sollte diese realitätsferne Begrenzung der erlaubten Tätigkeiten beseitigt werden. Durch die auf notwendige pflegerische Alltagshilfen eingeschränkte Ausweitung würde auch sichergestellt, dass ambulante Pflegedienste mit ihren Fachkräftestandards hier ebenso wenig wie bei der Angehörigenpflege verdrängt würden." (BR-Drs. 810/09(B) vom 18.12.2009, S. 1)

Sortiert man die in dieser Begründung enthaltenen einzelnen Dimensionen, in der das Problem der osteuropäischen Pflegekräfte angegangen wird, dann kann man daraus einen geeigneten Wegweiser für den vorliegenden Beitrag gewinnen. Diese Begründungselemente sollen gleichzeitig als Orientierungen für den Versuch dienen, erste und noch widersprüchliche Konturen einer öffentlichen Anerkennungspolitik für die Präsenz und die Wirksamkeit des Einsatzes osteuropäischer Kräfte in der Pflege zu beschreiben. Im Einzelnen sind dies:

- Pflegearrangements mit osteuropäischen Kräften als besonderer Ausdruck von langfristigen Projektionen des gesellschaftlichen Pflegebedarfs;
- die Konzentration auf ausschließlich legalisierte Versorgungsarrangements in der Pflege durch osteuropäische Kräfte;
- unterschiedliche Qualifikationsstufungen in der konkreten Pflegesituation (‚Ausweitung' gegenüber Haushaltshilfe, gleichzeitig ‚Einschränkung' der Alltagshilfen gegenüber fachlich qualifizierter Pflege);
- Zuweisung des Geringqualifizierten-Status an osteuropäische Pflegekräfte und Betonung der ‚Familienähnlichkeit' des von ihren abgefragten Leistungsspektrums;
- tendenzielle Flexibilisierung der Differenz zwischen ‚Grundpflege'– im Sinne des SGB XI – und ‚hauswirtschaftliche Leistungen'.

Dass die vergleichsweise kleine Änderung der Beschäftigungsverordnung zumindest in der professionspolitischen Öffentlichkeit nicht als vernachlässigenswerte Nebensächlichkeit verstanden worden ist, belegen die Stellungnahmen des Bundesverbands privater Anbieter sozialer Dienste (vgl. bpa 2009) und des

Deutschen Berufsverbands für Pflegeberufe (vgl. DBfK 2010). Sie protestierten mit unterschiedlichen Zielen, aber einig in der Kritik an den sich daraus ergebenden Konsequenzen jeweils deutlich gegen die Neuerung. Die Stoßrichtung dieser Kritik wird später noch genauer zu rekapitulieren sein; sie lässt sich aber vor allem als Reaktion interpretieren auf die in der Reform zum Ausdruck kommende vorsichtige *Anerkennung* zumindest der legal justierten Pflegeverhältnisse mit osteuropäischen Pflegekräften durch eine zentralstaatliche Instanz. Es bleibt zwar abzuwarten, ob und was diese Gesetzesänderung überhaupt im Pflegealltag bedeuten wird, aber jenseits solcher Umsetzungsfragen bleibt der Signalcharakter dieser Entscheidung doch festzuhalten.

Wie gerade hervorgehoben, bezieht sich die Ergänzung der Beschäftigungsverordnung ausschließlich auf die über die Bundesarbeitsagentur vermittelten legalisierten Pflegeverhältnisse. Im Klartext muss damit notwendigerweise die große und zukünftig womöglich noch weiter ansteigende Anzahl von nicht legal abgesicherten, also irregulären Versorgungsarrangements in den Pflegehaushalten ausgespart bleiben. Diese eindeutige Begünstigung legaler Pflegeverhältnisse vonseiten einer Institution wie des Bundesrats ist keine Überraschung. Denn es kann angesichts inzwischen schon geradezu ritualisierter öffentlicher Bekenntnisse, Schwarzarbeit verhindern zu wollen, von solchen Institutionen sicherlich nicht erwartet werden, offen irreguläre Lösungen der Pflegeproblematik zu billigen. Trotzdem ist in der Änderung der Beschäftigungsverordnung gewissermaßen der bescheidene Subtext einer angezielten Umwidmung enthalten, der es bis dahin irregulären Versorgungsarrangements attraktiv machen soll, auf einen rechtlich gesicherten Weg umzusteuern. Ob solche Erwartungen aber angesichts der durch diese Legalisierung erzwungenen effektiven Verteuerung der Pflege für die Haushalte realistisch sind, bleibt fraglich. Zumindest zeigen die bisher von der Arbeitsverwaltung zur Verfügung gestellten Informationen zur Inanspruchnahme legaler Pflege durch osteuropäische Hilfen, dass man hier nicht von einer Erfolgsgeschichte ausgehen kann (vgl. auch *Karakayalı* in diesem Band). Institutionell gesehen wird Legalisierung operationalisiert durch die Nutzung der Arbeitsagentur als einzige Eingangspforte in eine gesicherte Pflegearbeit. Deren Vermittlungsarbeit wird damit zum zentralen Steuerungsmedium und zum Konzentrationspunkt der Herstellung legaler Beschäftigungsverhältnisse für osteuropäische Pflegekräfte.

2 Offene Fragen

Allerdings ist es offensichtlich, dass mit der angesprochenen Änderung der Beschäftigungsverordnung nur ein Modell von mehreren heute möglichen Regulierungen des Einsatzes der osteuropäischen Pflegearbeit angesprochen worden ist, eben das Modell *Haushaltshilfe*. In ihrem ausschließlichen Bezug auf die legalisierten Verhältnisse bleibt die Ergänzung der Beschäftigungsverordnung damit von vornherein in ihrem Wirkungsgrad deutlich begrenzt. Denn neben diesem Modell gibt es noch zwei weitere Modelle, die die Wirklichkeit der Pflegearbeit mit osteuropäischen Kräften bestimmen können.

Da ist zum einen das Modell der *Selbstständigkeit*, d.h. einer als selbstständig definierten Arbeit in der Pflege, das auf dem Konzept der europäischen Niederlassungsfreiheit basiert. Von den kontrollierenden deutschen Regulierungsinstanzen wird jedoch meist von einem Angestelltenstatus der Arbeitskräfte im jeweiligen Haushalt ausgegangen und deren Tätigkeit deshalb als gezielte Scheinselbstständigkeit aufgefasst, die zu ahnden ist. In der Tat kommt es immer wieder zu Kontroversen mit der Arbeitsverwaltung über den faktischen Status von osteuropäischen Pflegekräften in den Familien der Pflegebedürftigen und über die möglichen negativen Konsequenzen, die eine solche Diagnose der Scheinselbstständigkeit vonseiten der zuständigen Stellen für diese Familien bedeuten kann (z.b. Bußgelder bzw. ein Verfahren vor dem Amtsgericht).

Ein drittes Modell, das in enger Verbindung zum Modell Selbstständigkeit steht, ist die *Entsendung*. Grundlage hierfür ist Art. 49 EGV, der grundsätzlich Beschränkungen des freien Dienstleistungsverkehrs innerhalb der Europäischen Gemeinschaft für Angehörige der Mitgliedstaaten untersagt, die in einem anderen Staat der Gemeinschaft als demjenigen des Leistungsempfängers ansässig sind. Als ein Kernbestandteil der europäischen Verträge ist diese (letztlich wirtschaftsliberal konzipierte) Grundfreiheit auch im Lissabon-Vertrag fortgeschrieben worden.

In einem neuen Urteil des Europäischen Gerichtshofs (EuGH) vom 21. Januar 2010[3] ist Deutschland ein Verstoß gegen EU-Recht vorgeworfen worden, weil es in einer deutsch-polnischen Vereinbarung die Möglichkeit, mit polnischen Unternehmen Verträge über die Ausführung von Arbeiten auf deutschem Gebiet abzuschließen, auf deutsche Unternehmen beschränkt hat. Um Störungen auf dem deutschen Arbeitsmarkt entgegenzuarbeiten, konnte Deutschland nach dem Beitritt im Mai 2004 die Entsendung von polnischen Arbeitnehmern einschränken und hat von der Verlängerungsmöglichkeit dieser Schranken auch mehrfach bis zu deren endgültigem Auslaufen im Jahr 2011 Gebrauch gemacht. In europarechtlicher Hinsicht darf nach der EuGH-Entscheidung diese Einschränkung der Freizügigkeit von ArbeitnehmerInnen zwischen Deutschland und Polen nicht zu Bedingungen führen, die noch restriktiver sind als die zum Zeitpunkt der Unter-

---

[3] EuGH Urteil vom 21.01.2010, Rs. C-546/07 (ABl. EU Nr. C 63 vom 13.03.2010, S. 3), im Internet abrufbar unter http://eur-lex.europa.eu/LexUriServ/LexUriServ.do?uri=OJ:C:2010:063:0003:0004:DE:PDF (Zugriff am 26.04.2010).

zeichnung des Beitrittsvertrages gültigen Bedingungen (sogenannte Stillhalteklausel). Hinzu kam noch eine weitere, rechtlich fragwürdige und durch das Urteil nun als Verstoß gegen die Dienstleistungsfreiheit gebrandmarkte Bestimmung, wonach ein entsendebereites polnisches Unternehmen eine eigenständige Niederlassung oder ein Tochterunternehmen in Deutschland gründen musste, um es der deutschen Arbeitsverwaltung zu ermöglichen, die Einhaltung der Entsende-Richtlinie effektiv zu kontrollieren. WerkvertragsarbeitnehmerInnen erhielten nach der deutsch-polnischen Vereinbarung nur unter diesen Konditionen eine grundsätzliche Arbeitserlaubnis, also eine Arbeitserlaubnis, die unabhängig von der jeweiligen Lage auf dem lokalen Arbeitsmarkt erteilt wurde, aber gebunden blieb an die jeweilige betriebliche Zugehörigkeit zum Entsendeunternehmen.

Um dem Tenor der EuGH-Entscheidung zu entsprechen, werden die gesamten Entsenderegeln in Deutschland zukünftig neu konzipiert werden müssen. Dies könnte sogar noch vor 2011 anstehen, wenn nicht versucht würde, eine solche Neukonzeptionierung bis dahin zu verschleppen. Wie problematisch die genannte deutsch-polnische Vereinbarung ist, haben polnische Pflegedienste, die ihre nach deutschen Standards und auf deutsche Qualitätserwartungen ausgerichteten Dienstleistungen nun legal auf dem deutschen Markt anbieten wollten, in Auseinandersetzungen mit der Arbeitsverwaltung schon öfter erlebt. Unter Hinweis auf diese Vereinbarung bestand die Arbeitsverwaltung darauf, dass die entsandten osteuropäischen Pflegekräfte keine direkten Anweisungen oder Handlungsorientierungen von den Familienmitgliedern des Pflegebedürftigen erhalten dürfen. Vielmehr sei das Erteilen und Durchsetzen von Anordnungen ausschließlich Aufgabe der Firmenangehörigen des polnischen Entsendeunternehmens. Zu einer eigenständigen Firmenniederlassung in Deutschland, mit der die Folgen dieser absurden Konstruktion zumindest teilweise aufzufangen wären, fehlen den meist sehr kleinen Dienstleistungsunternehmen jedoch die finanziellen Möglichkeiten und sie können daher dieses Defizit auf solcher Rechtsgrundlage nicht eigenständig kompensieren.

3 Auf dem Weg zu einer Anerkennungspolitik?

Berücksichtigt man nun noch, dass solche Dauerquerelen, wie bereits erwähnt, nur die legalen bzw. zu legalisierenden Betreuungsverhältnisse durch osteuropäische Kräfte betrifft, dann wird die Unverhältnismäßigkeit dieser Diskussion deutlich. Denn der Löwenanteil der irregulären Arbeit osteuropäischer Pflegekräfte in deutschen Haushalten wird damit gar nicht angesprochen und deren mannigfache Probleme werden überhaupt nicht berührt. Eine solche eklatante Fehlstelle macht deutlich, dass eine umfassende gesellschaftliche Verständigung über diese Form der Pflegeverhältnisse dringend notwendig ist. Offensichtlich bewegt sich die soziale Konstellation einer Pflegearbeit von osteuropäischen Kräften in deutschen Privathaushalten noch immer zwischen zwei gleichermaßen unerfreulichen Polen, nämlich geringen, denkbar schlechten und restriktiven Kleinlösungen legalen Charakters auf der einen und einer potenziellen Kriminalisierung auf der anderen Seite. Dieser unaufgelöste Widerspruch kann aber auch als Ausdruck einer tief greifenden Hilflosigkeit und Unentschiedenheit der breiteren deutschen Öffentlichkeit gegenüber dem Problem der ungesicherten Versorgung im Pflegefall gelten. Dieses Problem geht faktisch schon heute immer weitere Kreise der Bevölkerung direkt an, ohne dass sich diese Betroffenheit jedoch bisher in einer massiven kollektiven gesellschaftspolitischen Mobilisierung niedergeschlagen hätte.

Eine solche Situation erfordert daher eine genauere Prüfung und Rekonstruktion der öffentlichen Diskurse zum Thema der Pflegeversorgung durch osteuropäische Arbeitskräfte. Hier stellt sich ein breites Spektrum unterschiedlich gelagerter Fragen: Wie positioniert sich die öffentliche Politik und hier besonders die staatliche Politik in der Bundesrepublik gegenüber der Institutionalisierung von grenzüberschreitenden Haushalts- und Pflegedienstleistungen (also gegenüber vorhandenen irregulären transnationalen Betreuungsverhältnissen sowie gegenüber Dienstleistern, die sich über Regelungen des Europäischen Binnenmarktes zu etablieren versuchen)? Wie wirkt sich das Verhalten der staatlichen Politik auf die gesellschaftliche Praxis transnationaler Pflegedienstleistungen aus? Welche alternativen oder doch zumindest weiter gefassten politischen Handlungsmöglichkeiten gibt es im Umgang mit grenzüberschreitenden Pflegedienstleistungen und wie wäre die Änderung der Beschäftigungsverordnung vor diesem Hintergrund dann einzuschätzen? Welche moralischen Aporien produziert die öffentliche Thematisierung der irregulären Pflege durch MigrantInnen in den Institutionen dieser wohlfahrtsstaatlich zugerichteten Gesellschaft, welche Umgangsformen in der Praxis der Pflegepolitik werden aus ihnen gewonnen und welche Konfliktsituationen lassen sich auf sie zurückführen?

Der vorliegende Beitrag wird keinesfalls die gesamte Komplexität dieser und weiterer zusätzlicher Fragestellungen beleuchten können, sondern sich auf die Thematisierung einiger ausgewählter Aspekte beschränken müssen. Zentrale These ist dabei, dass in den öffentlichen Artikulationen zur osteuropäischen Pflegearbeit vor allem bei staatlichen oder staatsnahen Instanzen eine grundlegende Ambivalenz und Unentschiedenheit im Hinblick darauf existiert, eine offene *Anerkennungspolitik* zu verfolgen. Die Kategorie der Anerkennung ist dabei in einem zweifachen Sinn angesprochen. Zum einen geht es um die Anerkennung der Nöte und Sorgen der vom existenziell fordernden Pflegefall betroffenen Familien (besonders kritisch im Falle der Demenzversorgung), die darauf

Auf dem Weg zu einer Anerkennungspolitik durch öffentliche Instanzen? 235

angewiesen sind, eine für ihre jeweils unterschiedliche Situation der Pflege entsprechende Versorgungsperspektive zu erproben, und die bereit sind, dabei bis an die Grenze der Legalität oder sogar über diese Grenze hinauszugehen. Zum anderen geht es um eine Anerkennung der zunehmenden gesamtgesellschaftlichen Bedeutung von transnationalen Migrationsprozessen insbesondere von Frauen, die die zukünftige Sozialpolitik der entwickelten Wohlfahrtsstaaten beeinflussen werden und in deren Rahmen sich grenzüberschreitende Dienstleistungsangebote als eine wichtige zusätzliche, aber auch umstrittene Ressource darstellen, auch wenn diese Gesellschaften für diesen Umstand noch keine adäquate Sprache gefunden haben. Mit dieser doppelten Wertigkeit einer Anerkennungspolitik und den aus ihr erwachsenden Konflikten und Widersprüchen, aber auch mit den sich daraus ergebenden Handlungspotenzialen der Akteure wird sich ein in internationaler Kooperation arbeitender Projektzusammenhang beschäftigen. Die vorliegenden Ausführungen sollen erste Reflektionen und Materialien dazu präsentieren.

4   Materialbasis

Die empirische Grundlage für die Beurteilungen und Einschätzungen, die ich im Folgenden vorstellen werde, muss kurz beschrieben werden, um damit Grenzen und Reichweite meiner Aussagen deutlich zu machen. Eine detaillierte Entscheidungsanalyse mittels eines systematischen Akten- und Dokumentenstudiums sowie begleitender ExpertInneninterviews zum Problemkomplex der Pflege durch osteuropäische Kräfte konnte noch nicht durchgeführt werden, soll aber als Teil des oben erwähnten Projektzusammenhangs langfristig in Angriff genommen werden. Um diese Entscheidungsanalyse vorzubereiten und inhaltlich vorzustrukturieren, habe ich seit 2001 eine systematische Sammlung zum Thema ‚Irreguläre Pflege' (definiert als ‚Nichtlegale Pflege') angelegt. Die in diese Sammlung aufgenommenen Quellen sind von äußerst unterschiedlicher Qualität und Herkunft: Es handelt sich dabei zum einen um einschlägige regelmäßige Bewertungen des Themas aus der Sicht einzelner Anbieter von Pflegedienstleistungen, aber auch von Berufs- und Wohlfahrtsverbänden. Der Bundesverband privater Anbieter sozialer Dienste (bpa) erwies sich dabei eindeutig als rührigste Interessenvertretung, während die Wohlfahrtsverbände deutlich zurückhaltender und weniger häufig und massiv in die Öffentlichkeit gegangen sind. Diese Diagnose einer relativen Zurückhaltung in öffentlichen Stellungnahmen gilt womöglich noch deutlicher für die Gewerkschaften, die eine eher vorsichtige, wenn auch weiterhin kritische Position einnehmen. Eine weitere Quellenart stellen in Informationsmedien und Zeitungen der Regionen und Bundesländer veröffentlichte Erfahrungsberichte und Interviews mit Vertretern des lokalen Wohlfahrtsstaates dar. In der Sammlung sind aber auch dezidierte Einzelfallberichte über Erfahrungen von Haushalten pflegebedürftiger Personen enthalten, die in regionalen und überregionalen Medien publiziert wurden. Auch öffentliche Verlautbarungen von Landesministerien wurden aufgenommen, die sich in einzelner Form oder in Verbindung mit Tagungen und Workshops von Berufsverbänden oder Anbieterorganisationen von Pflegedienstleistungen zum Thema äußerten. Teil des Informationspools sind darüber hinaus noch verschiedene Fachbeiträge ebenso wie unterschiedliche Einschätzungen zur Entwicklung der irregulären Pflege durch MigrantInnen, wie sie in den einschlägigen Pflegejournalen und Mitteilungsblättern der praktischen Wohlfahrtspflege erschienen sind.

Die offensichtliche Heterogenität dieser Materialbasis macht eine Auswertung prima facie schwierig und diskutabel. Allerdings findet sich eine gemeinsame Referenzbasis aller dieser Quellen; sie liegt in der Präsentation einer bestimmten Problemdefinition je nach professioneller Herkunft und in der daraus resultierenden Beeinflussung und gegebenenfalls Mobilisierung einer weiteren sozial- und gesundheitspolitischen Öffentlichkeit. In dieser Bindung an die Möglichkeiten, eine solche Öffentlichkeit anzusprechen, aber über den fachlichen Blickwinkel hinaus auch Alltagserfahrungen von Familien mit Pflegebedürftigen immer wieder unmittelbar zum Thema zu machen, liegt einerseits der besondere Reiz einer solchen Materialbasis, aber auch eine Problematik, da die angesprochenen Bezugsebenen weit streuen und sich nicht immer bruchlos zur Stützung einer bestimmten Position verwenden lassen. Diese Öffentlichkeitsverpflichtung in der Aufbereitung und Auswertung solcher Materialien macht es gleichwohl möglich, schon vor einer systematischen Entscheidungsanalyse die Fülle der bereits verfügbaren Quellen und Zeugnisse zu vergegenwärtigen und deren Breite einschätzen zu können.

Für die Beantwortung der Frage nach staatlichen Anerkennungspolitiken gegenüber der Institutionalisierung von grenzüberschreitenden Haushalts- und Pflegedienstleistungen müssen mehrere gleichzeitig wirkende potenzielle Einflussbereiche in den Blick genommen werden, die eine solche Politik strukturieren könnten. Um hier einen besseren Zugang zu erreichen, soll z.T. auf die eingangs erwähnten Dimensionen zurückgegriffen werden, die aus der Legitimation für die Ergänzung des § 21 S. 1 resultierten.

5   Anerkennung globaler Entwicklungsprozesse

Eine wichtige Ebene wird durch die gesamtstaatlich verfügbare Expertise und Projektionen über *Determinanten der nationalen und internationalen Pflegepoli-*

tik gebildet, in denen Voraussetzungen der Planungsarbeit formuliert werden und Verständigungsprozesse der Interessenten mitorganisiert werden. In solchen Expertisen, wie sie z.B. auf internationaler Ebene von der Weltgesundheitsorganisation (WHO), der Organisation für wirtschaftliche Zusammenarbeit und Entwicklung (OECD), der Internationalen Arbeitsorganisation (ILO), in Grünbüchern der Europäischen Kommission, aber auch auf nationaler Ebene durch Beiträge und Papiere von weiteren universitären sowie privaten sozialwissenschaftlichen, sozialmedizinisch oder pflegewissenschaftlich orientierten Instituten schon seit Längerem publiziert werden, sind in aller Regel auch politische Zielsetzungen für bestimmte Politikfelder benannt und die zu ihrer Verwirklichung notwendigen Gegebenheiten und Voraussetzungen auf Datenebene aufgeführt. Ein aktuelles Beispiel kann deren grundlegende Organisationsform und Aussagenqualität verdeutlichen.

In einem im März 2009 erschienenen OECD-Working-Paper von Rie Fujisawa und Francesca Colombo zur „Long Term Care Workforce" (vgl. Fujisawa/Colombo 2009) werden insgesamt 15 zentrale Problemfelder benannt, die das gegebene und zu entwickelnde Angebot zur Abdeckung einer langfristig steigenden Nachfrage nach einer Long Term Care Workforce in formeller und informeller Qualität bestimmen werden. Die Veröffentlichung behandelt die Voraussetzungen von drei strategischen Optionen, die auch in der bundesdeutschen Diskussion immer wieder präsentiert worden sind:

- effektive Vermehrung der Workforce;
- Investitionen in Politiken, die von der verfügbaren Kapazität besseren Gebrauch machen (Rationalisierungsstrategien);
- Erweiterung der Produktivität von Long-Time-Care-Jobs, vor allem durch den Einsatz von Technologien bei medizinischen und haushaltsbezogenen Dienstleistungen.

Diese strategischen Optionen werden dann in Bezug zu unterschiedlichen Problemfeldern gesetzt, die das Feld der Gesundheits- und Pflegeleistungen bestimmen. Nur einige dieser Problemfelder seien hier ganz knapp und quasi exemplarisch angesprochen: Die Autoren konstatieren Ausgabensteigerungen für Long Term Care in allen alternden OECD-Ländern und stellen gleichzeitig fest, dass „[t]rends in severe disability among elderly populations across 12 OECD-countries [...] do not show a consistent sign of decline [...], while the number of elderly that need assistance in carrying out activities of daily living is also growing" (ebd.: 4). Damit wird in diesem Papier eine Bimodalitätsthese zur langfristigen Entwicklung chronischer Krankheiten vertreten, die ja, wie bekannt, der weitaus optimistischeren These der komprimierten Morbidität kritisch gegenübersteht und eher auf die gleichzeitige Überlagerung mehrerer Entwicklungsverläufe mit besserer Berücksichtigung von Behinderungsentwicklungen und ‚disability rates' Wert legt (vgl. zusammenfassend: Kondratowitz 2000: Kap. 4.2). Darüber hinaus wird auf bekannte Dimensionen aufmerksam gemacht, die auch in der bundesdeutschen Diskussion seit Längerem zum zentralen Argumentationsbestand gehören:

- Einschränkungen des verfügbaren informellen, bisher meist weiblichen Pflegepotenzials aufgrund steigender Erwerbsarbeitsbeteiligung und Berufs- und Karriereerwartungen von Frauen;
- Rückgang der Familiengröße, weitere Generationenstaffelung (*bean-pole structure*), Zunahme der Anzahl Alleinlebender usw. und dementsprechende demografische Projektionen;
- steigende Erwartungen an eine stärker nutzerorientierte Versorgung im Feld der Long Term Care.

Zwei der in der Veröffentlichung angesprochenen Felder sind in unserem Zusammenhang von besonderer Bedeutung: Zum einen wird zwar konzediert, dass zur gesundheitlichen Versorgung für Demenzkranke und für multimorbide, chronisch Kranke entwickelte Qualifikationen notwendig sind; andererseits heißt es aber, für viele Long Term Care Jobs Arbeiten werde nur „a relatively low level of skills" benötigt (Fujisawa/Colombo 2009: 4). Wichtig seien Trainingsprogramme zur Qualitätssicherung für Pflegekräfte, zumal der Beruf dadurch aufgewertet und somit auch attraktiver werde. Zum zweiten wird auf „labour migration trends of low-skilled workers" hingewiesen, hinter denen vor allem die Nachfrage nach Pflegekräften als „‚pull' factor" stehe (ebd.) und die in der Regel über Verstöße gegen das gültige Aufenthaltsrecht wie „overstaying, fraudulent entry or illegal border crossing" (ebd.: 5) organisiert würden. Dies fördere dann auch die Diskussion neuer Migrationspolitiken und das Experimentieren mit erweiterten und flexibilisierten Aufenthaltsrechten (ebd.). Es zeigt die Diffusionsdynamik des ExpertInnenwissens, dass diese Ambivalenz der Qualifikationszumessung in der Begründung für den Zusatz der Beschäftigtenverordnung ebenfalls einen prominenten Platz eingenommen hat.

Mit diesem Rahmen an Zielsetzungen und entsprechenden Politikfeldern wird zwar so etwas eine offiziöse Informationsgrundlage für potenzielle staatlichen Aktivitäten in diesem Bereich vorgelegt, aber diese Präsentation bleibt ohne bereichsspezifische Konkretisierungen zwangsläufig vage und muss zusätzlich auf die jeweiligen nationalen Hintergründe und supranationale aufenthaltsrechtliche Regelungen (wie z.B. das sog. Schengen-Abkommen) rekurrieren. Insgesamt ist allerdings eine tendenzielle Universalisierung von vergleichsorientierten

Wissensbeständen in der Pflegediskussion zu bemerken, welche die Begründung neuer Handlungsperspektiven zumindest ermöglicht. Zu diesen wichtigen Perspektiverweiterungen des öffentlichen Pflegediskurses muss man seit einigen Jahren auch alle professionellen Bestandsaufnahmen zum Pflege-Sektor zählen, die die Zukunftsorientiertheit der Förderung von haushaltsnahen Dienstleistungen und ihre technologische Verbesserung ins Zentrum der Politikorientierung stellen und damit neue soziale Konstellationen der Versorgungsoptimierung schaffen wollen.

6 Anerkennungspolitik zwischen Zentralstaat und lokalen Verantwortlichkeiten

Eine weitere, für die Thematik der irregulären Pflegarrangements wichtige Differenzierung, die von dem untersuchten empirischen Material nahegelegt wird, sollte bei der Verwendung des Begriffs ‚staatlich' eingeführt werden. Implizit dürfte damit erst einmal ‚zentralstaatlich' im Sinne einer nationalstaatlichen Ebene gemeint sein. Aber gerade die Politik zu den Gesundheits- und Pflegeleistungen wird in den letzten Jahren vermehrt durch europäische Imperative bestimmt.

Zwar kann man zumindest in den Jahren seit der Diskussion um die Bolkestein-Richtlinie[4] auf der europäischen Ebene und im Kontext der darin anschließenden Aushandlungsprozesse in Brüssel von dem Versuch sprechen, erste Konturen einer europaweiten Dynamisierung der Pflegeerbringung zu implementieren. Aber das letztendliche Herausnehmen der Gesundheits- und Pflegeleistungen aus dem radikalen Liberalisierungsimpetus, der in der Initiative zum Erlass der Bolkestein-Richtlinie angelegt war, sicherte noch einmal das Bewahren nationalstaatlicher Beurteilungskriterien. Dieses Beharren auf dem Werterhalt des europäischen Wohlfahrtsstaates und seinem Leistungszuschnitt geriet jedoch in deutlichen Konflikt mit der Perspektive, eine Angleichung der europäischen Wohlfahrtsniveaus über gezielte liberal konzipierte Wachstumsstrategien für die Neumitglieder im Osten anzustreben. Denn diese Initiative enthielt auch das Versprechen an die neuintegrierten osteuropäischen Länder und deren Eliten, über eine potenzielle Gleichberechtigung der Marktteilnehmer nicht nur wachstumsfördernde, sondern auch gesellschaftsstabilisierende Effekte in diesen Ländern auszulösen. Das Janusgesicht der Initiative (Gefährdung überkommener Standards der Dienstleistungsproduktion auf der einen und Begünstigung von

---

[4] Richtlinie 2006/123/EG des Europäischen Parlaments und des Rates vom 12. Dezember 2006 über Dienstleistungen im Binnenmarkt (ABl EU L 377 vom 27.12.2006 S. 36).

Preisunterbietungsstrategien für Produkte der Dienstleistung auf der anderen Seite) hat das Walten kurzfristig jedenfalls nicht kompatibler Werthorizonte unterschiedlicher Geltungsdauer sichtbar werden lassen und damit nationalen Pflegepolitiken einen Feldvorteil verschafft.

Allerdings sollte diese europaweite Kontroverse nicht den Tatbestand vergessen lassen, dass die Debatten über die irreguläre Pflege vor allem auf der Länder- und Bezirksebene geführt wurden und auch gegenwärtig noch vor allem lokal oder regional verortet sind. Ein weiterer Aspekt betrifft im Falle der irregulären Pflege durch MigrantInnen die Notwendigkeit einer Koordination und Abstimmung zwischen mehreren Ministerien, die gegebenenfalls die Verantwortung für die Konzeptionierung von neuen Verrechtlichungsstrategien und Regularien tragen müssten. Dass eine solche Zusammenarbeit existiert, wird zwar immer wieder offiziell behauptet; die direkt betroffenen Familien von Pflegebedürftigen waren aber eher mit einer andauernden Verantwortungsverwischung konfrontiert. In dem von mir gesammelten Material wird dies z.B. bis 2006 darin sichtbar, dass es für solche beratungsbedürftigen Familien, aber auch für informationshungrige Journalisten unmöglich war, bei einem der beteiligten Ministerien irgendeinen halbwegs verlässlichen Ansprechpartner zu finden, der sich fachkundig und verbindlich zum Thema osteuropäische Pflegekräfte äußern konnte. Stattdessen wurde immer an ein anderes Ministerium als das gerade kontaktierte verwiesen (z.B. Uhr 2004).

Ein in den Medien 2008 zu Recht als exemplarisch betrachtetes Ordnungswidrigkeitsverfahren in München,[5] das unter anderem gegen einen ungarischen Pflegevermittler geführt wurde, hat auf der Ebene alltäglicher Erfahrungen in der Pflegearbeit ebenfalls bemerkenswerte Erkenntnisse für die Betroffenen gebracht. In einem Zeitungsartikel (vgl. Kastner 2008) wird Folgendes zu diesem Prozess berichtet: Der als Zeuge in dem Verfahren gegen einen Vermittler vor dem Münchner Amtsgericht geladene Herr Huber, 58 Jahre alt, der mit seiner bettlägerigen Mutter und einer ungarischen Pflegekraft zusammenlebt, fragt den Richter, „ob er denn auch mal was fragen dürfe. Richter sind nicht gewohnt, befragt zu werden, aber das ist Herrn Huber egal. ‚Was soll ich machen? Ich kann sie doch nicht umbringen!'". Nachdem er einen Bußbescheid bekam, „‚da hat mich fast der Schlag getroffen'. Die Welt hat er nicht mehr verstanden, „also ist er zu einem weiteren Anwalt gegangen", nachdem ihm der erste Anwalt versichert hatte, alles sei in Ordnung mit der Beschäftigung der ungarischen Pflegekraft. „Der habe zuerst empfohlen, die 60 Euro zu bezahlen, hat dann mit dem Zoll geredet und dann habe er, Huber, vom Anwalt zweierlei bekommen: die

---

[5] Vgl. Amtsgericht München Urteil vom 10.11.2008, Az. 1115 OWi 298 Js 43552/07, im Internet abrufbar unter http://www.justiz.bayern.de/gericht/ag/m/presse/archiv/2009/01755/index.php (Zugriff am 04.03.2010).

Auskunft, dass jetzt alles geregelt sei und die Pflegerinnen bleiben könnten; und eine saftige Rechnung. Wenig später hat seine Mutter einen Gehirnschlag erlitten und ist seither voll pflegebedürftig". Herr Huber erklärte dem Richter: „‚Es kann doch nicht sein, dass ich für etwas zur Verantwortung gezogen werde, wofür ich gar nichts kann'", und wollte wissen, was er denn nun tun solle. „Gute Frage, allein der Richter darf keine Rechtsberatung geben" und so bleibt dem nur dieser eine hilflose Rat: „‚Da müssen Sie mit einem Anwalt reden!'" (ebd.).

7 Anerkennungspolitik als Folge uneingestandenen moralischen Drucks

Aus der Erzählung dieser juristischen Endlosschleife ergibt sich eine weitere Dimension, die mir für eine Einschätzung staatlicher Aktivitäten im Falle der irregulären Pflege durch MigrantInnen außerordentlich bedeutend zu sein scheint. Es handelt sich dabei um die von der kritischen Umwelt transportierte andauernde, aber meist untergründig gehaltene Erwartung, eigentlich nicht die betroffenen Familien dafür büßen lassen zu dürfen, dass keine kostengünstigere Option der Pflege verfügbar ist, die dann eine irreguläre Pflege durch MigrantInnen überflüssig machen würde. Diese starke normative Erwartung wird in allen Erlebnisberichten und Presseveröffentlichungen entweder implizit oder offen mit Argumentationsmustern wie es sei ‚nicht Schuld der Familien', die sich in ‚äußerster Not' befänden, oder ähnlichen Formeln angesprochen (s. z.B. Sattler 2005; besonders klar: Schaal 2005). Zusätzlich kann sich darüber hinaus der Eindruck in der Öffentlichkeit verstärken, man könne in der Bundesrepublik nur unter Zuhilfenahme illegal mobilisierter Leistungen eine halbwegs hinreichende Betreuung im Pflegefall sichern, was eine fraglos legitimatorisch hochbrisante Nachricht wäre. Dabei wird nicht verkannt, dass mit der Charakterisierung der irregulären Pflege durch MigrantInnen als ‚Schwarzarbeit' eine durchaus dilemmatische Entscheidungssituation für staatliche Aktivitäten angesprochen ist. Die Auswertung des genannten Materials legt aber die Vermutung nahe, dass dieser kontinuierliche, aber unterschwellig belassene moralische Druck letztlich ausschlaggebend für die vorsichtige Ausformung einer staatlichen Strategie bezüglich der irregulären Pflege durch MigrantInnen wurde. Dagegen lässt sich einwenden, den Wirkungen von selbst untergründig gehaltenen moralischen Imperativen in der Politikformulierung würde ein unangemessen großer Einfluss zugebilligt. In Interviews und Gruppendiskussionen mit Beschäftigten aus den Gesundheitsministerien der Länder und des Bundes wird die Berechtigung dieser Aussage genauer geprüft werden müssen.

8 Anerkennungspolitik als Folge von Interessendruck

Die letzte Dimension, die ebenfalls für die Herausarbeitung einer staatlichen Strategie wichtig war, bestand in dem Druck, der von Anbieterorganisationen wie dem bpa vor allem auf Länderebene ausgeübt wurde. Für mehrere Bundesländer wie Hessen, das Saarland, Baden-Württemberg und Bayern ist es dem bpa 2005 und 2006 gelungen, Ländersozialminister dazu zu drängen, sich öffentlich unterstützend hinter dessen Strategie zu stellen, irreguläre Pflege durch MigrantInnen zu brandmarken und mit rechtlichen Zwangsmitteln zu drohen (vgl. zum Beispiel bpa 2007). Dabei ist aufschlussreich, dass es – vielleicht mit Ausnahme der ‚Haushaltsassistenz für die Pflege' in Rheinland-Pfalz vom November 2005[6] – keine Initiativen gibt, die über die Klagen über die Existenz solcher irregulärer Pflegearrangements hinaus konkrete Gegenmodelle sozialer Dienstleistungsalternativen für diesen Bereich entworfen hätten. Zumindest in den bpa-Stellungnahmen wird lange Zeit lediglich ein Telefondienst für den Fall kritischer Zuspitzung im Pflegegeschehen angeboten, was sicherlich keine adäquate Antwort auf den grundsätzlichen Versorgungsnotstand in der Pflege darstellt.

Die im ausgewerteten Material üblicherweise im Kontext irregulärer Pflege durch MigrantInnen verwendeten Stichworte und Argumentationsfiguren waren:

- Gefährdung von Arbeitsplätzen in den Pflegediensten bis hin zur Insolvenz von Diensten aufgrund dieser kostengünstigeren Alternative;
- Gefährdung der Pflegebedürftigen durch Qualitätsmängel;
- Etablierung krimineller Netzwerke mit mafiösen Strukturen in der Vermittlung solcher Pflegekräfte;
- Schädigung des Sozialstaats durch ausbleibende Beiträge zur Sozialversicherung und fehlende Steuereinnahmen.

Die Positionierung des bpa als einem wichtigen Interessenvertreter privater Pflegedienste zu irregulärer Pflege in Privathaushalten war immer deutlich: Sie verstieße unter anderem gegen ausländer- und sozialversicherungsrechtliche Regelungen sowie gegen Arbeitszeitgesetze und sei deshalb eindeutig illegal; sie trage dazu bei, im sozialen Bereich allmählich einen rechtsfreien Raum entstehen zu lassen. Dieser Kriminalisierungsduktus wurde allerdings je nach landespoliti-

---

[6] Das Konzept der ‚Haushaltsassistenz für die Pflege' wurde von einer Arbeitsgruppe mit verschiedenen Verbänden gemeinsam unter Federführung des rheinland-pfälzischen Ministeriums für Arbeit, Soziales, Familie und Gesundheit (MASFG) entwickelt. Die Haushaltsassistenz soll pflegebedürftige Menschen, die zu Hause leben, und ihre pflegenden Angehörigen durch personen- und haushaltsbezogene Dienstleistungen einschließlich sozialer Betreuung im Alltag unterstützen und gleichzeitig ein legale Alternative zur ‚Schwarzarbeit' eröffnen (vgl. MASFG 2006; MASGFF 2010: 56ff.).

scher Landschaft in unterschiedlicher Intensität ausagiert: Hessen, Bayern und Baden-Württemberg waren lange Zeit in der Verfolgung der irregulären Pflegearbeit besonders aktiv, andere Bundesländer gingen das Problem kriminalpolitisch etwas vorsichtiger an; letzteres vor allem dann, wenn, wie bei den erwähnten ‚Haushaltsassistenzen in der Pflege' in Rheinland-Pfalz, konkrete neue Dienstleistungsangebote im Vorfeld irregulärer Pflege agieren sollten, um gewissermaßen präventiv die Entscheidung der Haushalte für die irreguläre Option wenn nicht schon zu verhindern, dann wenigstens hinauszuzögern. Aber in der Sache der Abwehr von ‚Schwarzarbeit in der Pflege' gab es keine belegbaren und markanten Differenzen in den jeweiligen öffentlichen landespolitischen Strategien. In diesem Areal der dauernden Drohkulisse folgten aber auch Stellungnahmen des Verbandes Deutscher Alten- und Behindertenhilfe e.V. (VDAB) und einige Bezirkverbände der Arbeiterwohlfahrt (AWO) sowie der Caritas dieser kriminalisierenden Sichtweise, wenn auch nicht im gleichen entschiedenen oder manchmal sogar rabiaten Ton. Haben diese Differenzen im Stil zwischen den Interessenvertretern der privaten Dienste und den freigemeinnützigen bzw. öffentlichen Institutionen eine Bedeutung?

Es kann gegenwärtig darüber nur spekuliert werden, weswegen es diese vergleichsweise stärkere Zurückhaltung und Selbstkontrolle in der Argumentation gegen irreguläre Pflegearrangements vonseiten der Wohlfahrtsverbände gegeben hat. Denn vergegenwärtigt man sich noch einmal die Essenz der eben angeführten Einwände, wird man sicherlich auch hinreichend Gründe bei den Wohlfahrtsverbänden finden, sich der Kritik anzuschließen. Es ist möglich, dass diese deutlichere Selbstkontrolle auch Ausdruck einer internen Vertrautheit mit der Notsituation vieler Verbandsangehöriger aufgrund von familialen Pflegefällen ist. Noch deutlicher wird diese ambivalente sozialmoralische Entscheidungssituation im Falle der Gewerkschaften. Aus Interviews mit einigen Vertretern von unterschiedlichen Gewerkschaften (IG Metall, ver.di) habe ich zumindest den Eindruck gewonnen, dass die schwierige Bewältigung der individuellen Pflegekonstellation der Familien von Mitgliedern zunehmend auch intern Bedeutung gewonnen hat und nicht mehr ignoriert werden konnte. Dies scheint nicht nur zu einer gewissen ‚Beißhemmung' gegenüber den existierenden irregulären Versorgungskonstellationen geführt zu haben, sondern ist in einem weitergehenden Sinne strategisch auch in ein stärkeres Engagement dieser Gewerkschaften für die Propagierung und sozialrechtliche Sicherung von Pflegezeiten umgesetzt worden.

Bei meinen Recherchen zum Thema habe ich darüberhinaus zahlreiche mündliche Hinweise erhalten, die auf eine implizite Doppelmoral der Vertreter staatlicher Instanzen bzw. der Verbände schließen lassen. So wenn z.B. der Sozialdienst der Krankenhäuser im Fall einer anstehenden Entlassung pflegebedürftiger PatientInnen von sich aus oder auch auf vorsichtige Nachfrage von Angehörigen den Kontakt zu Vermittlern osteuropäischer Pflegekräfte herstellt. Oder wenn z.b. ein Verbandsvertreter im privaten Gespräch trotz Bedenken die Funktionalität irregulärer Arrangements einräumt und bei der Schaffung wirksamer Alternativen im verbandlichen Leistungsspektrum Defizite bekennen muss. Im Material finden sich zudem mehrere Beispiele dafür, dass auch (Amts-)Personen außerhalb der Pflege diese massiv publizierten Argumentationsfiguren und Parolen übernahmen und als feste Begründungsmuster für Aktionen gebrauchten (z.B. Kastner 2005, letzter Abschnitt; Renz 2007).

Noch dazu wurde dieses Angebot auf kommunaler Ebene oft begleitet durch Kampagnen (‚Illegal ist unsozial') und Drohungen, widrigenfalls die Ordnungsbehörden einzuschalten („Die Ämter werden sich in Zukunft nicht mehr großzügig zeigen, sondern Verstöße streng ahnden", so der Landrat des Kreises Mainz-Bingen; vgl. Mümpfer 2005). Diese Bedrohungspotenzen sind offensichtlich durch besondere lokale Bedingungen stark beeinflusst, deren Strukturen von außen schwer durchschaubar sind. Hessen und hier besonders die Staatsanwaltschaft Marburg und das Hauptzollamt Gießen haben sich im Juli 2006 durch eine spektakuläre Razzia in einer Vermittlungsagentur ins öffentliche Bewusstsein gebracht und damit ostentativ den strafenden Staat ins Bild gerückt (vgl. bpa 2006). Und der bereits erwähnte geradezu dramatische Prozess in München letztes Jahr gegen einen ungarischen Vermittler irregulärer Pflegekräfte hat erstmals auch die Angehörigen Pflegebedürftiger selbst zumindest als Zeugen vor den Richter gebracht. Gleichwohl ist eine solche Einschüchterungsstrategie in aller Regel die Ausnahme geblieben, weil sie in den öffentlichkeitswirksamen Medien denkbar schlecht ankommt und einen starken Verteidigungsreflex der Öffentlichkeit gegenüber den betroffenen Familien aktiviert. Es ist übrigens auffällig, wenn auch nicht überraschend, dass sich diese öffentlichkeitsorientierten Stellungnahmen immer nur auf die Situation der deutschen Pflegefamilien und deren Nöte beziehen, Defizite in der Pflegeversorgung zu kompensieren; demgegenüber bleiben sowohl die Probleme der osteuropäischen Pflegekräfte und der dahinterstehende gesellschaftliche und sozioökonomische Zwang zur Migration als auch die unwillkommenen Rückwirkungen auf das Dienstleistungsangebot in deren Heimatländern unberücksichtigt.

Wenig hat sich in den letzten Jahren bei den einzelnen Akteuren in diesem Kampf um Bewertungen und Bedeutungen geändert. Der bpa ist im Kern bis heute bei seiner Kriminalisierungsstrategie geblieben, hat allerdings seinem Forderungskatalog jüngst den Vorschlag einer *Greencard* für ausländische Pflegekräfte hinzugefügt; eine Perspektive, die unter Praktikern auf Interesse stieß und den Katalog der verfügbaren legalen Instrumente erweitern würde. Aber selbst kleinste Änderungen wie die Erweiterung der Beschäftigungsverordnung

Auf dem Weg zu einer Anerkennungspolitik durch öffentliche Instanzen? 245

werden dramatisch zu einem ‚brisanten politischen Vorstoß' aufgeblasen und die ‚konsequente' Bekämpfung der illegalen Beschäftigung über deren Kriminalisierung wird weiterhin verfochten. Demgegenüber lieferte der DBfK eine etwas überlegtere Einschätzung des Zusatzes zur Beschäftigungsverordnung. Seine Kritik richtete sich auf das Simplifizierende dieser Veränderung. So wurde die Stellungnahme des Bundesgeschäftsführers des Verbandes folgendermaßen wiedergegeben:

„[Es sei] nicht so einfach [...] festzulegen, was notwendige Alltagshilfen sind [...]. So sei die Unterstützung der Körperpflege bei vielen Betroffenen eine einfache tägliche Routineaufgabe, bei anderen aber ein höchst komplexer, ausgewiesene Fachexpertise erfordernder Vorgang. Deshalb brauche es eine fachliche begründete Bewertung, welche Pflegesituation im Einzelfall vorliegt. Solange nicht geregelt sei, wie eine regelmäßige professionelle Begleitung der Pflege und Betreuung durch Laien in ihrer Qualität abgesichert wird und festlegt [sic!], was den Professionellen vorbehaltene Aufgaben sind, überlasse man die Definition Laien bzw. der Arbeitsverwaltung. Dies ist nach Auffassung des DBfK ein unhaltbarer Zustand. Der Gesetzgeber müsse endlich der gesamten Versorgung in ihrer Komplexität einen Rahmen geben [...]." (DBfK 2010).

9 Vorsichtige und unentschiedene Zukunftsperspektiven

Aus dem Zusammenwirken dieser verschiedenen Ebenen haben sich ab 2005 erste vorsichtige und noch undeutliche Konturen einer staatlichen Politik zur irregulären Beschäftigung in der Pflege herausgebildet. Das bis dahin praktizierte völlige Wegducken und Wegblenden vonseiten der bundes- und landesstaatlichen Instanzen gegenüber diesen Pflegearrangements wurde ersetzt durch eine deutlich indirekte Strategie einer grundsätzlichen *Problemanerkennung* und dem Angebot, die Lagerbildung zwischen Kriminalisierung auf der einen und Förderung auf der anderen Seite potenziell zu entkrampfen. Ein dabei wichtiger Weg ist die Einführung neuer Versorgungsalternativen, die das Weiterbestehen solcher Pflege durch MigrantInnen nicht unmöglich macht, sondern sie durch Anpassung und Erweiterung des sozialstaatlichen Leistungsspielraums begleitet. Eine wirkliche Anerkennungspolitik aus eigenem Recht kann man dies aber nicht nennen.

Die Initiative, den Einsatz von pflegeunterstützenden Kräften steuerlich absetzbar zu machen, zeigt eine weitere Perspektive an, die Bedeutung der Pflegearbeit im Haushalt anzuerkennen und zumindest in begrenztem Umfang die Haushalte von Pflegebedürftigen, die solche Hilfen in Anspruch nehmen, finanziell zu entlasten. Dies ist ja schon wenig genug, aber nach Aussage von Mitarbeitern im Bundesgesundheitsministeriums sind noch weitere, wenig trostreiche Hoffnungen im Angebot: Nach dem Wegfall der Beschäftigungsschranken für osteuropäische Arbeitskräfte nach 2011 werde alles anders, und schließlich könne man ja immer noch auf eine wirtschaftliche Erholung der osteuropäischen Ökonomien hoffen. Dann sei es für potenzielle osteuropäische Pflegekräfte gar nicht mehr attraktiv, in deutsche Haushalte zu gehen, weil sie dann im eigenen Lande ausreichende Verdienstmöglichkeiten hätten. Allerdings stammen diese Äußerungen aus der Zeit vor der großen Finanzkrise. Die beschäftigungspolitischen Folgen dieser Krise haben zu einem zunehmenden Druck auf die (meist männlichen) osteuropäischen Arbeitskräfte in den beschäftigungsoffenen europäischen Staaten (wie Großbritannien und Irland) geführt und vielen von ihnen einen Abbruch dieses Aufenthalts und die Rückkehr in ihre Heimatländer nahegelegt. Ob dies zukünftig einen womöglich höheren Anteil von Männern in den irregulären Pflegearrangements bedeuten könnte, bleibt abzuwarten.

Literatur

bpa [Bundesverband privater Anbieter sozialer Dienste], 2006: *Illegale Pflege: Vermittlungsagentur durchsucht und Datenbestände sichergestellt. Es drohen Geld- oder Freiheitsstrafe, vorübergehendes Berufsverbot und Gewerbeuntersagung.* Pressemitteilung, im Internet abrufbar unter http://www.bpa.de/upload/public/doc/4906_ ib_verfolgung_marburg.pdf (Zugriff am 29.04.2010).

bpa [Bundesverband privater Anbieter sozialer Dienste], 2007: *Sozialministerium Baden-Württemberg: Infobroschüre warnt vor illegalen Pflegekräften. Ministerium veröffentlicht Broschüre für Pflegebedürftige und Angehörige*, im Internet abrufbar unter http://www.bpa.de/upload/public/doc/0807_bw_broschuere_illegale.pdf (Zugriff am 26.04.2010).

bpa [Bundesverband privater Anbieter sozialer Dienste], 2009: *Bundesrat: Mit Beschäftigungsverordnung gegen Billigpflege? Änderung der Beschäftigungsverordnung im Bundesrat beschlossen.* Pressemitteilung vom 23.12.2009, im Internet abrufbar unter http://www.bpa.de/upload/public/doc/83_09_hilfskraefte_osteuropa (Zugriff am 26.04.20 0).

DBfK [Deutscher Berufsverband für Pflegeberufe], 2010: *Statt einseitig pflegerische Zusatzaufgaben für osteuropäische Hilfskräfte schlüssiges Gesamtkonzept für alle Akteure*. Pressemitteilung vom 13.01.2010, im Internet abrufbar unter http://www.dbfk. de/pressemitteilungen/wPages/index.php?action=showArticle&article=Forderung-nach-Gesamtkonzept-fuer-osteuroaeische-Hilfskraefte.php (Zugriff am 26.04.2010).

Fujisawa, Rie/Colombo, Francesca, 2009: *The Long Term Care Workforce: Overview and Strategies to Adapt Supply to Growing Demand, DELSA/ELSA/WP2/HEA* (2009)1], 17-Mar-2009, Paris [OECD Health Working Papers 44], im Internet abrufbar unter http://www.olis.oecd.org/olis/2009doc.nsf/LinkTo/NT00000F0A/$FILE/JT03261422. PDF (Zugriff am 26.04.2010).

Auf dem Weg zu einer Anerkennungspolitik durch öffentliche Instanzen? 247

Kastner, Bernd, 2005, „Die Zollamtsfahnder schlagen Alarm: ‚Schwarzarbeiter auf jeder zweiten Baustelle'". Süddeutsche Zeitung vom 24.03.2005, im Internet abrufbar unter http://www.sueddeutsche.de/,mucl1/muenchen/artikel/24/49974/ (Zugriff am 10.05.2010).

Kastner, Bernd, 2008: „‚Soll ich meine kranke Mutter umbringen?' Der Zwang zur Illegalität: Vermittler von ausländischen Pflegekräften steht derzeit vor Gericht – ein Verfahren mit möglicher Signalwirkung". *Süddeutsche Zeitung* vom 16. Oktober 2008, im Internet abrufbar unter http://www.sueddeutsche.de/muenchen/270/314170/text/ (Zugriff am 26.04.2010).

Kondratowitz, Hans-Joachim von, 2000: *Konjunkturen des Alters. Die Ausdifferenzierung der Konstruktion des „höheren Lebensalters" zu einem sozialpolitischen Problem.* Regensburg.

Mümpfer, Klaus, 2005: „Billigarbeit in der Pflege kann künftig teuer werden. Arbeitsagentur und Kreis werben für legale Beschäftigung von Ausländern." *Mainzer Allgemeine Zeitung* vom 01.07.2005.

MASFG [Ministerium für Arbeit, Soziales, Familie und Gesundheit] Rheinland-Pfalz (Hg.), 2006: *Haushaltsassistenz für die Pflege.* Faltblatt, Mainz, im Internet abrufbar unter http://www.masfg.rlp.de/scripts/broschueren_suche.asp?bestelliste=&publikationsthema=0&titel=Haushaltsassistenz+f%FCr+die+Pflege&inhaltsangabe=&publikationsart=0&B1=Suchen# (Zugriff am 29.04.2010)

MASGFF [Ministerium für Arbeit, Soziales, Gesundheit, Familie und Frauen] Rheinland-Pfalz (Hg.), 2010: *Familien-Pflegeratgeber. Eine praktische Alltagshilfe für Angehörige von pflegebedürftigen Menschen*, Mainz, im Internet abrufbar unter http://www.masfg.rlp.de/scripts/broschueren_suche.asp?bestelliste=&publikationsthema=0&titel=Familienpflegeratgeber&inhaltsangabe=&publikationsart=0&B1=Suchen# (Zugriff am 29.04.2010)

Renz, Gabriele, 2007: „Wo die Schwarzarbeit blüht", *Südkurier* vom 03.05.2007, im Internet abrufbar unter http://www.suedkurier.de/news/baden-wuerttemberg/bawue/Stuttgart;art1070,2576349 (Zugriff am 10.05.2010).

Sattler, Karl Otto, 2005: „Eine polnische Perle für die verwirrte deutsche Oma. Pflegekräfte aus Osteuropa". *Das Parlament* Nr. 7 vom 14.02.2005, im Internet abrufbar unter http://www.das-parlament.de/2005/07/Thema/018.html (Zugriff am 10.05.2010).

Schaal, Elisabeth, 2005: „Aus der Not heraus entstehen illegale Geschichten. Schwarzarbeit in der Pflege nimmt zu – Sozialstation kann mit billigen Hilfskräften aus Osteuropa nicht konkurrieren" sowie Kommentar: „Nicht kriminalisieren!" *Esslinger Zeitung* vom 29.03.2005, im Internet abrufbar unter http://www.ez-online.de/lokal/esslingen/esslingen/artikel103351.cfm (Zugriff am 26.04.2010).

Uhr, Astrid, 2004: „Schwarzmarkt Altenpflege – Das verlogene Geschäft mit ausländischem Pflegepersonal". Bayerischer Rundfunk, Report vom 06.09.2004.

Pflegearbeit unter Legitimationsdruck – Vermittlungsagenturen im transnationalen Organisationsfeld

Johanna Krawietz

Seit einigen Jahren lässt sich eine Verbreitung von Vermittlungsagenturen beobachten, die Betreuungskräfte aus Polen in Privathaushalte Pflegebedürftiger nach Deutschland vermitteln. Bei vielen dieser Agenturen handelt es sich um transnationale Organisationen, deren Beziehungen über nationale Grenzen hinweg verflochten sind. Um die institutionelle Einbindung dieser Organisationen nachzuzeichnen, ziehe ich konzeptionelle Überlegungen aus der neoinstitutionellen Organisationsforschung heran. Zentrale These meines Artikels ist, dass die Einbettung der Pflegevermittler aus national unterschiedlichen Legitimationserfahrungen heraus erklärt werden kann, gleichzeitig jedoch die Einbindung von Pflegevermittlern in ein national-institutionelles Umfeld Brüche aufweist. Indem den Agenturen ebenfalls von Akteuren aus anderen Nationalstaaten und auf europäischer Ebene Legitimität zu- bzw. abgesprochen wird, muss die institutionelle Einbettung der Organisationen ebenfalls aus einem transnationalen Umfeld heraus erklärt werden.

1 Einführung

Die Aufgabe der Pflegeversorgung im Alter wird in der Bundesrepublik seit der Systemtransformation mittel- und osteuropäischer Länder in den 1990er Jahren nicht mehr nur durch einheimische Kräfte, sprich: die eigene Familie oder hiesige ambulante und stationäre Pflegeanbieter, und durch wohlfahrtsstaatliche Leistungen übernommen. Bedingt durch den steigenden Bedarf an haushaltsnahen Dienstleistungen für Ältere und durch ein nominales Lohngefälle in Europa, hat sich zwischen ArbeitsmigrantInnen aus Polen und Pflegehaushalten in Deutschland ein nationale Grenzen überschreitender Pflegedienstleistungsmarkt entwickelt. Es sind fast ausschließlich weibliche Migranten, die zwischen Heimat- und Einsatzland in mehrmonatigen Abständen hin- und herpendeln, um die Versorgung und Betreuung von älteren Pflegebedürftigen in Privathaushalten zu übernehmen. Zunächst entwickelte sich zwischen ost- und westeuropäischen Ländern ein informeller Pflegemarkt, der über persönliche Empfehlungen und private Netzwerke zustande kam (vgl. Irek 1998; Morokvasic 2003; Münst 2007). Seit einigen Jahren stellen darüber hinaus Agenturen auf organisationaler Ebene den Kontakt zwischen Betreuungskräften und Pflegehaushalten her.

Auffällig ist, dass diese Pflegevermittler verstärkt seit der Osterweiterung der Europäischen Union ihre grenzüberschreitenden Dienstleistungen anbieten. Zur Legitimierung ihrer Tätigkeit berufen sich die Organisationen auf europarechtliche Regelungen der Dienstleistungs- und Niederlassungsfreiheit, die es Unternehmen aus anderen europäischen Mitgliedsstaaten ermöglichen sollen, ohne nationale Beschränkungen Dienstleistungen grenzüberschreitend anzubieten und sich in anderen Ländern als Unternehmen niederzulassen. Dass die Pflegevermittler sich auf diese rechtlichen Regelungen beziehen, lässt vermuten, dass die Akzeptanz dieser Organisationen nicht nur in einem einzelnen nationalen Raum, z.B. von Seiten staatlicher Politik, produziert wird, sondern auch von anderen Nationalstaaten und Akteuren außerhalb eines nationalen Staates gerechtfertigt wird. Hierdurch wären die Pflegeagenturen in eine grenzüberschreitende Umwelt eingebettet.

Ein Anwachsen dieser Organisationen ist sowohl in den osteuropäischen Herkunftsländern als auch in den westeuropäischen Einsatzländern der Betreuungskräfte zu beobachten. Eine ausschließlich länderbezogene Einteilung der Agenturen übersieht jedoch ein bedeutendes Charakteristikum der Organisationen. Viele Pflegevermittler weisen Merkmale der Transnationalität auf und können nach Pries (2007: 16f.) als ‚transnationale Organisationen' bezeichnet werden, da sie grenzüberschreitend pluri-lokal organisiert sind und ihre Verflechtungsbeziehungen über nationale Grenzen hinausreichen. Manche Pflegevermittler betreiben nicht nur eine Filiale in ihrem Heimatland (z.B. Polen), sondern haben weitere Dependancen in Einsatzländern wie der Bundesrepublik und Spanien gegründet; darüber hinaus sind sie oft auch in anderen weiteren Ländern tätig, aus denen sie Betreuungskräfte rekrutieren, wie z.B. Rumänien. Bei anderen Vermittlungsorganisationen kooperieren in den Herkunftsländern ansässige Agenturen wiederum mit Agenturen in den Einsatzländern der Betreuungskräfte. Während die Agenturen in Polen für die Anwerbung der Betreuungskräfte zuständig sind, organisieren die Agenturen in der Bundesrepublik die Rekrutierung und Betreuung der Pflegehaushalte. Wenngleich die Büros dieser Organisationen geografisch in einem nationalstaatlichen Referenzrahmen verortet sind, so sind sozialräumlich betrachtet ihre firmeninternen Kommunikationsprozesse dennoch permanent auf nationale Grenzüberschreitungen angelegt: E-Mails mit Bewerberprofilen von Betreuungskräften und Pflegehaushalten werden zwischen der Bundesrepublik und Polen hin und her geschickt, per Telefon wird der rotierende

Einsatz verschiedener Betreuungskräfte in den einzelnen Pflegehaushalten abgestimmt und bei Problemen innerhalb des Betreuungsarrangements wird die in Polen ansässige Agentur eingeschaltet. Schließlich kommt die Transnationalität der Agenturen ebenfalls in den Beschäftigungsverhältnissen zwischen der Agentur und den Betreuungskräften zum Ausdruck. Manche der Betreuungskräfte sind bei den Agenturen in Polen beschäftigt und damit in ihrem Herkunftsland sozialversichert. Die tatsächliche Verrichtung der Arbeit erfolgt in einem anderen Nationalstaat, in Deutschland. Damit sind das formell-rechtliche Beschäftigungsverhältnis der Betreuungskraft und die Ausführung der Arbeitstätigkeit geografisch-territorial voneinander entkoppelt (vgl. auch Müller u.a. 2004). An diesem transnationalen Charakter der Agenturen zeigt sich bereits, dass sich die Pflegevermittler nicht nur in einem nationalen Umfeld bewegen, sondern mindestens in zwei und manchmal auch in mehr Länder eingebettet sind.

Ein theoretischer Ansatz, der die Erscheinungsformen und Organisationsstrukturen dieser Pflegevermittler aus der gesellschaftlichen Einbettung in ein Umfeld erklärt, ist der Neoinstitutionalismus. Ein wesentliches Analysekonzept in neoinstitutionellen Studien stellt der Begriff des ‚Organisationalen Feldes' dar. Dieser wird im Folgenden um eine transnationale Dimension ergänzt, um die grenzüberschreitende Verbreitung von Pflegevermittlern zu erklären. Zur Umsetzung der Überlegungen werden im zweiten Abschnitt zunächst wesentliche Grundthesen des Neoinstitutionalismus erläutert und das Konzept des Organisationalen Feldes um eine transnationale Perspektive erweitert. Im dritten Abschnitt wird das empirische Beispiel der Pflegevermittlungsagenturen anhand von Verknüpfungen des Neoinstitutionalismus und des Transnationalitätsansatzes untersucht. Dafür wird nachgezeichnet, mit welchen Legitimationsmustern sich wesentliche Akteure des Organisationalen Feldes an den Auseinandersetzungen um die Legitimität von Vermittlungsagenturen beteiligen. Anschließend gehe ich darauf ein, in welchem Zusammenhang die Herausbildung spezifischer Organisationsidentitäten und -strukturen aufseiten der Vermittlungsorganisationen mit ihrer Einbindung in ein Umfeld steht. Dabei wird deutlich, dass die Vermittler überwiegend durch eine nationale Umwelt geprägt werden, welche jedoch Brüche aufweist. Der Artikel schließt im vierten Teil mit einer Zusammenfassung der Ergebnisse und Schlussfolgerungen daraus.

2 Der organisationssoziologische Neoinstitutionalismus

Ausgangspunkt des Neoinstitutionalismus[1] (NI) war eine sich in der amerikanischen Organisationsforschung seit den 1950er Jahren verbreitende Kritik an damals vorherrschenden Ansätzen, Organisationen als in sich abgeschlossene Einheiten und damit als ‚rationale' und ‚natürliche Systeme' zu betrachten (vgl. Scott 2003; Senge 2005). Diese Ansätze sahen Organisationen als weitgehend selbstbestimmte Akteure an, die gesellschaftsfrei nutzenorientiert handelten und durch effektive und effiziente Gewinnerzielung ihr Überleben sicherten. Die Hauptströmung des soziologischen Neoinstitutionalismus geht stattdessen in ihren theoretischen Kernideen davon aus, dass Organisationen als ‚offene' Gebilde, als sogenannte ‚open systems' (vgl. Scott 2003) zu begreifen sind, weil sie in einem regelmäßigen Austausch mit ihrer Umwelt stehen. Deshalb sind für die Überlebensfähigkeit von Organisationen nicht nur ihre strategisch ökonomischen, am Marktgeschehen orientierten Handlungen von Bedeutung, sondern auch abseits der Ökonomie liegende soziale Bedingungen, wie politische Entscheidungen und gesellschaftliche Werte. Mit diesen sozialen Faktoren ist die An- und Einbindung von Organisationen in eine sozial-kulturelle Umwelt gemeint. Der NI interpretiert die gesellschaftliche Umwelt „als eine Einflussgröße, welche die Grenzen der Organisation durchdringt, sich in ihr niederlässt und sogar formenden Einfluss auf ihre Gestalt und ihre Handlungsmöglichkeiten nimmt" (Koch/Schemmann 2009: 22; vgl. auch Meyer/Scott 1992). Für ihr Überleben benötigen Organisationen deshalb nicht nur materielle Ressourcen, sondern sie sind auch auf Akzeptanz und Glaubwürdigkeit in ihrem Umfeld angewiesen.

Die Dimension gesellschaftlicher Einbettung von Organisationen wird durch das Konzept der Legitimität[2] gekennzeichnet. Legitimität ist nach Suchman (1995: 574) die generelle Auffassung oder Annahme, dass die Handlungen von Akteuren als erstrebenswert, angemessen und passend innerhalb eines sozial konstruierten Systems von Normen, Werten, Überzeugungen und Definitionen sind. Die Beurteilung der Legitimität einer Organisation und ihrer Aktivitäten lässt sich als ein kommunikativer Prozess verstehen, in dem verschiedene Akteure ihre Erwartungshaltungen gegenüber einer Organisation zum Ausdruck bringen. Hierdurch wird bereits deutlich, dass eine Organisation Legitimität nicht ‚besitzen' kann, sondern dass sie ihr von anderen Akteuren zugesprochen wird (ebd.: 594). Dabei kann es zu miteinander in Konkurrenz stehenden Ansichten über den anzulegenden Legitimitätsmaßstab zwischen den beteiligten Akteuren

---

[1] Einen aktuellen Überblick über Stand und Perspektiven des neoinstitutionellen Ansatzes bieten Hasse/Krücken 2005; Senge/Hellmann 2006.
[2] Zur Kritik des Konzepts im Neoinstitutionalismus vgl. Stryker 2000.

kommen (vgl. Lawrence u.a. 1997: 310). Richard W. Scott (2001: 51) differenziert drei Arten von Legitimität. Als eine erste Form benennt er die regulative Legitimität, die auf einer Konformität mit bestehenden Regeln beruht, wie etwa mit Gesetzen und Verordnungen. Sie begrenzt das Handeln von Organisationen durch Zwang und mögliche Sanktionierungen. Als zweite Form benennt er die moralische Legitimität, die gegeben ist, wenn sich Organisationen konform gegenüber vorherrschenden Moralvorstellungen und Wertverpflichtungen in einer Umwelt verhalten. Die dritte Form bildet die kulturell-kognitive Legitimität, die sich auf unhinterfragt geteilte Selbstverständlichkeiten und Situationsdefinitionen bezieht. In dem hier vorliegenden Beitrag interessiert insbesondere die regulative Legitimität. Diese ist für die Anerkennung von Pflegevermittlern im Organisationalen Feld von hoher Bedeutung, da sie – wie noch zu zeigen sein wird – umstritten ist.

2.1 Transnationale Organisationsfelder

Die Legitimitätszuschreibung als ein kommunikativer Prozess verschiedener Akteure wird im NI im Konstrukt des ‚Organisationalen Feldes' oder auch des ‚Gesellschaftlichen Sektors' konkretisiert, worunter die institutionelle Umwelt von Organisationen gefasst werden kann. Zum besseren Verständnis kann man sich mit Jutta und Florian Becker-Ritterspach (2006: 118) zunächst unter dem Begriff des Feldes eine geografische Fläche, einen Raum oder ein Gebiet vorstellen. Angelehnt an Werner Fuchs u.a. (1988: 228) führen die beiden Autoren weiter aus, dass mit Feld ein Raum gemeint ist, der durch sich gegenseitig beeinflussende Kräfte bestimmt ist, bei der jede Veränderung im Feld zu einer Umgestaltung des Feldes als Ganzes führen kann (vgl. Becker-Ritterspach/Becker-Ritterspach 2006: 118f.). Ähnlich wie Bourdieus Feldbegriff (vgl. Bourdieu 1993), der die Tätigkeit von individuellen Akteuren durch ein Netzwerk von politischen, ökonomischen oder kulturellen Beziehungen geprägt sieht, konzeptualisieren Neoinstitutionalisten Organisationale Felder als ein Netzwerk von Beziehungen, in der die Tätigkeit von Organisationen eingebettet ist.[3] Zu den Akteuren eines Feldes gehören im NI all diejenigen, die für eine Organisation von besonderer Relevanz sind. Dabei lassen sich zwei Konzepte finden, um die relevanten Akteure zu identifizieren (vgl. Owen-Smith/Powell 2008: 599). Insbesondere in früheren Arbeiten fasste man Organisationale Felder als eine ‚Community' von Organisationen, die im Kern funktional ähnlich sind, also

---

[3] Zu Gemeinsamkeiten und Unterschieden in der Ausrichtung beider Konzepte siehe Dederichs/ Florian 2004.

ähnliche Dienstleistungen oder Produkte anbieten, sich in gleichen Aktivitäten engagieren und dadurch einem ähnlichen Legitimationsdruck ausgesetzt sind (vgl. DiMaggio/Powell 1983; Scott u.a. 2000). Diese Definition entspricht in etwa dem Begriff des ‚Gesellschaftlichen Sektors' von John W. Meyer und Richard W. Scott (1991). Im anderen, eher politikwissenschaftlichen Verständnis von Organisationalen Feldern wird die Umwelt einer Organisation als eine Arena verstanden, in der verschiedene Akteure um die Legitimität ihrer institutionellen Vorstellungen wetteifern und damit auf die im Mittelpunkt stehenden Organisationen einwirken. Diesem Konzept zufolge gehören auch ungleiche Organisationen einem Feld an (vgl. Meyer/Scott 1991: 111). Im Gegensatz zu früheren Fassungen des Feldbegriffs geht dieser Ansatz nicht zwangsläufig von isomorphen Prozessen[4] der Organisationsangleichung in einer Umwelt aus, sondern bezieht mögliche divergierende Legitimitätsvorstellungen verschiedener Akteure und damit auch Konkurrenz und Konflikte zwischen diesen Akteuren ein (vgl. Hinings/Reay 2005). Deshalb möchte ich mich im Folgenden an diesen politikorientierten Feldbegriff anlehnen.

Um die grenzüberschreitende Verbreitung von Pflegevermittlungsorganisationen zu erklären, schlage ich vor, den Begriff des Organisationalen Feldes um eine transnationale Dimension zu erweitern. In der Organisationsforschung wurde lange Zeit insbesondere in empirischen Studien der Begriff des Organisationalen Feldes national gefasst, indem er auf bestimmte Branchen oder Industrien beschränkt blieb, die sich auf lokale Örtlichkeiten bezogen (vgl. Clemens/Cook 1999). Bereits Richard W. Scott (1994: 206) verwies jedoch darauf, dass das Konzept des Organisationalen Feldes nicht zwangsläufig an einen nationalen Raum gebunden sein muss. Mit seiner Beschreibung von Organisationsumwelten als „the possible importance of distant, non-local connections among organizations" deutet er bereits darauf hin, dass Mitglieder eines Organisationalen Feldes in unterschiedlichen Nationalstaaten lokalisiert sein können (vgl. auch Tempel/Walgenbach 2006: 192).

Ähnliche Überlegungen lassen sich in der international vergleichenden Organisations- und Managementforschung finden. Dort rücken solche Organisationen in den Blickpunkt, die ihre Produkte nicht nur in einem Staat produzieren und anbieten und sich deshalb über ein nationales Territorium hinaus in verschiedenen Ländern bewegen (vgl. Geppert u.a. 2006). Im Fokus der Untersuchungen und Theoriebildungen dieser Studien liegen Fragen, die dem Einfluss unterschiedlicher kultureller und institutioneller Umwelten auf das Management und die Organisation von sogenannten ‚multinationalen Unternehmen' nachge-

---

[4] Unter Isomorphie wird im NI die Adaption von formellen Organisationsstrukturen verstanden, die sich für Organisationen aus gemeinsamen Umweltbedingungen ergibt, um sich Legitimität zu verschaffen.

hen. Grundthese dieser Arbeiten ist, dass Nationalgesellschaften bleibenden Einfluss auf Entscheidungsprozesse in Organisationen haben. Nationale Differenzen von Organisationsstrukturen und -identitäten werden im Rahmen dieser Ansätze durch nationalspezifische Normen- und Wertsysteme erklärt (vgl. Hofstede 1997; 2001 oder den *business system*-Ansatz von Whitley 2000). Bezogen auf den Begriff des Organisationalen Feldes nehmen diese Arbeiten unterschiedliche Umwelten von Organisationen in den Blick, die sich jedoch aus Nationalgesellschaften mit einem abgrenzbaren Territorium konstituieren. Organisationale Felder werden in diesem Kontext als nationale Erwartungsumwelten verstanden, die nach Ursula Mense-Petermann (2006: 395) als Ausdruck von tief in einer Nation verankerten Normen, Werten und Gewohnheiten interpretiert werden. So ist auch nicht verwunderlich, dass diese Studien häufig eine *inter*national vergleichende Perspektive einnehmen.

In Abgrenzung zu diesen Ansätzen begann die Organisationsforschung durch die zunehmende Beschäftigung mit Globalisierungs- und Weltgesellschaftsdebatten (vgl. Herckenrath 2003; Köhler 2004; Meyer 2005) die Horizonte und Reichweiten der Handlungen von Organisationen und deren Sinnzusammenhänge zunehmend transnational und global zu betrachten. Statt die Verschiedenartigkeit von Organisationen auf den Einfluss unterschiedlicher nationaler Umwelten zurückzuführen, werden die Tätigkeiten von Organisationen – im speziellen von transnationalen Unternehmen – vorrangig aus sich selbst heraus und nicht aus politischen und staatlich regulativen Bindungen erklärt. Dabei treten Prozesse in den Vordergrund, die über Ländergrenzen hinweg zu einer isomorphen Angleichung von Organisationsstrukturen und Managementpraktiken führen, beispielsweise durch den Transfer von *best practice*-Produktionsmodellen durch Consultingfirmen oder Wissenschaftler (vgl. Engwall/Sahlin-Andersson 2002). Diese Ansätze gehen also davon aus, dass der Raum und damit das Organisationale Feld nicht mehr ausschließlich nationalstaatlich definiert ist. Stattdessen propagieren sie ein weltumspannendes Organisationales Feld, in dem global agierende Akteure globale Diskurse generieren, die wiederum Einfluss auf die Organisationsstrukturen in verschiedenen Ländern haben.

Ursula Mense-Petermann weist jedoch zu Recht darauf hin, dass die globalen Ansätze „ein zu optimistisches Bild der Entgrenzungen der Wirtschaft" zeichnen, da sie von einer weltweiten Verbreitung ausgehen und die international vergleichende Organisationsforschung „die Beharrungskräfte nationalstaatlich verfasster Grenzen überschätzt" (Mense-Petermann 2008: 2). Ihrer Kritik folgend möchte ich stattdessen die organisationale Umwelt von Organisationen als einen ‚transnationalen sozialen Raum' (vgl. Pries 2008) bzw. angelehnt an Thomas Faist als „transstaatliche Räume" fassen, der hierunter „plurilokale, grenzübergreifende Sets von dichten, häufigen und stabilen Bindungen von Personen,

Netzwerken, Gemeinschaften und Organisationen" versteht (Faist 2000: 190), die einzelne Nationalstaaten überschreiten, jedoch keinen globalen, weltumspannenden Charakter haben. Diese Überlegungen gehen auf eine grundlegende Kritik der Transnationalitätsforschung am konventionellen Verständnis innerhalb der Sozialwissenschaften zurück, wonach soziale Räume als national und damit territorial definierte Räume die Analyseeinheit bilden. Dieses konventionelle Verständnis würde ein Containerbild von Gesellschaft schaffen, welches jedoch nationalstaatliche Grenzen überschreitende Transaktionen und Kommunikationsbeziehungen ausblendet (vgl. Glick-Schiller/Wimmer 2002). Das Transnationalitätsparadigma führt hingegen an, dass Räume und hier insbesondere soziale Räume nicht immer innerhalb nationalstaatlicher Grenzen verlaufen, sondern sich quer zu diesen spannen können, wodurch neue, *trans*nationale soziale Felder entstehen (vgl. Glick-Schiller/Levitt 2004). Transferiert man diese Thesen auf das Verständnis des Organisationalen Feldes, würde man hierunter nicht wie oben von Werner Fuchs u.a. (1988: 228) beschrieben eine klar abgrenzbare geografische Räumlichkeit fassen, sondern vielmehr den sozialen Charakter von Feldbeziehungen betonen, die nicht an nationale Territorien gebunden sind. Übertragen auf die Einbettung von Pflegevermittlungsagenturen stellt sich dann die Frage, inwieweit und in welcher Form Pflegevermittler, die von nationalen Umwelten geformt werden, sich in transnationalen Umwelten durch einen europäischen Raum bewegen und durch diesen geprägt werden. Dieser Frage soll im Folgenden nachgegangen werden.

Grundlage der vorliegenden Überlegungen sind erste Ergebnisse einer Untersuchung, die ich im Rahmen meines Dissertationsprojekts im DGF-Graduiertenkolleg ‚Transnationale Soziale Unterstützung' an den Universitäten Hildesheim und Mainz durchführe. Zur Realisierung des Projekts gehörte neben der Datenerhebung in der Bundesrepublik ein zweimonatiger Forschungsaufenthalt in Polen im Zeitraum von Oktober bis November 2009. Die Analyse bezieht sich auf unterschiedliches Datenmaterial: Zum einen wurden Leitfadeninterviews mit Leitern von acht Vermittlungsagenturen und relevanten Akteuren des Organisationalen Feldes von Agenturen durchgeführt, wie z.B. mit Vertretern von Kontrollbehörden, politischen Institutionen und Verbänden. Hinzu kam die Teilnahme an einem Beraterseminar eines Verbandes von privaten Arbeitsvermittlern in Polen. Des Weiteren wurden Stellungnahmen und Dokumente politischer Akteure in die Auswertung einbezogen.

3 Das transnationale Organisationsfeld von Pflegevermittlungsagenturen

Schlüsselakteure innerhalb eines Organisationalen Feldes lassen sich dadurch identifizieren, dass sie häufig miteinander interagieren und aufeinander Bezug nehmen (vgl. Scott 1994). Das Organisationale Feld von Pflegevermittlern setzt sich aus ganz unterschiedlichen Akteuren zusammen, nämlich aus den Anbietern ähnlicher Dienstleistungen (Vermittlungsagenturen, ambulante Pflegedienste und Pflegeheime), den Benutzern der Agenturen (Pflegebedürftige, Angehörige und Betreuungskräfte, die eine Vermittlung in Anspruch nehmen) sowie Institutionen, die auf regulativer Ebene die Tätigkeit von Pflegevermittlern beeinflussen (politische Institutionen und Interessenorganisationen). In diesem Artikel fokussiere ich lediglich auf einen Teil der Akteure im Feld wie nationale Regierungen, europäische Politikinstitutionen und Interessenvertretungsorganisationen, da sie für die regulative Legitimität von Pflegevermittlungsorganisationen eine bedeutende Rolle spielen.

Eine wesentliche Basis der Legitimität von Pflegevermittlungsagenturen stellen rechtliche Regelungen auf europäischer Ebene dar. Pflegevermittler berufen sich darauf, dass sie ihre Tätigkeiten aufgrund der seit dem Beitritt osteuropäischer Mitgliedsländer zur Europäischen Union in den Jahren 2004 und 2007 auch für sie garantierten Dienstleistungsfreiheit und Niederlassungsfreiheit legal anbieten können. Diese beiden Binnenmarktprinzipien sind Teil der vier Grundfreiheiten des EG-Vertrages: der Warenverkehrsfreiheit, der Kapitalverkehrsfreiheit, der Dienstleistungsfreiheit und der Personenfreizügigkeit, zu der die Arbeitnehmerfreizügigkeit und die Niederlassungsfreiheit gehören. Allein der Bezug der Pflegevermittler auf diese rechtlichen Regulierungen weist darauf hin, dass die Vermittlungsorganisationen sich nicht innerhalb eines nationalstaatlichen, sondern vielmehr eines gesamteuropäischen Rahmens orientieren. Geleitet von der Idee, den Markt als Steuerungsinstrument zur Liberalisierung von Dienstleistungs- und Arbeitsmärkten einzusetzen, war es das Ziel der Europäischen Union, Europa bis zum Jahr 2010 „zum wettbewerbsfähigsten und wissensbasierten Wirtschaftsraum in der Welt" (Europäischer Rat 2000: 2) zu machen. Dafür sollten vorhandene nationale Barrieren fallen, die es bislang ausländischen Unternehmen erschwerten bzw. unmöglich machten, ihre Dienstleistungen grenzüberschreitend anzubieten (vgl. Europäische Kommission 2004; Becker/Hishow 2005). Mit dem Entwurf für eine Dienstleistungsrichtlinie beispielsweise zur Umsetzung der Dienstleistungsfreiheit (vgl. Europäische Kommission 2004) konkretisierte die Europäische Kommission wesentliche Schritte, um die rechtliche Legitimierung von grenzüberschreitend tätigen Dienstleistern voranzutreiben und einen einmaligen transnationalen Raum innerhalb Europas zu schaffen, in dem Gesundheitsdienstleistungen über nationalstaatliche Grenzen hinweg zirkulieren sollten. Die Dienstleistungsrichtlinie sah in ihrer ursprünglichen Fassung vor, dass alle Dienstleister (Architekten, Ärzte, Handwerker, Pflegepersonal) ihre Leistungen zu den in ihren Heimatländern vorhandenen Konditionen in der EU anbieten können.

Richtet man den Blick darauf, welche wesentlichen Akteure hinter der letztendlichen Ausgestaltung der Dienstleistungsrichtlinie im Jahre 2006 stehen, wird deutlich, dass es sich um einen Kompromiss zwischen einer Vielzahl von Akteuren und Akteursgruppen handelt, die nicht nur in einem nationalen Raum, sondern ebenfalls in einem europäischen Raum zu suchen sind. Einige Nationalstaaten, unter anderem Polen, und europäische wie nationale Arbeitgeberverbände[5] unterstützten und befürworteten den Entwurf der Europäischen Kommission. Kritik daran äußerten insbesondere Länder wie z.B. Deutschland und Frankreich, Arbeitnehmervertretungsorganisationen auf nationaler und europäischer Ebene, Nichtregierungsorganisationen und nicht zuletzt das Europäische Parlament (vgl. Arnold 2008). Aus Sicht der Kritiker wurde die Dienstleistungsrichtlinie gleichsam zum Synonym für das ihrer Ansicht nach allzu neoliberal ausgerichtete Wirtschaftsparadigma der Europäischen Union. Dies führte zu einer Vielzahl an Änderungsvorschlägen für die Richtlinie. Konsequenz der zahlreichen Proteste und Änderungsvorschläge war ein überarbeiteter Entwurf, in dem unter anderem das kontroverse Herkunftslandprinzip wie auch Gesundheitsdienstleistungen, zu denen Pflegedienstleistungen gehören, nur in deutlich abgespeckter Form enthalten waren.[6]

Nach der ursprünglichen Fassung des Herkunftslandprinzips (Art. 16 des Dienstleistungsrichtlinien-Entwurfs, vgl. Europäische Kommission 2004: 60) sollte ein Dienstleistungsanbieter vorrangig den Gesetzen und Auflagen seines Herkunftslandes unterworfen bleiben, auch wenn er in einem anderen Mitgliedsstaat tätig wird. In diesem Rechtsgrundsatz selbst drückt sich bereits ein transnationales Prinzip aus, welches grenzüberschreitend tätigen Dienstleistungsanbietern die Möglichkeit geben soll, ihr nationalstaatliches Recht über nationale Grenzen hinaus in ein anderes Land zu transferieren. Dieses Prinzip wurde jedoch nach heftigen Kontroversen in Bezug auf Gesundheitsdienstleistungen und damit auch Pflegedienstleistungen durch die Regelung ersetzt, dass ausländische Dienstleister grenzüberschreitend für einen begrenzten Zeitraum vorübergehend ihre Leistungen anbieten dürfen, sie dabei jedoch den Rechtsvorschriften des Aufnahmestaates unterliegen (vgl. *Husmann* in diesem Band).

---

[5] Diese Befürwortung trifft nicht auf alle Unternehmerverbände zu. Auf europäischer Ebene positionierte sich bspw. der europäische Dachverband des Handwerks gegen das Herkunftslandprinzip. Auch der Zentralverband des deutschen Handwerks (ZDH) kritisierte das Herkunftslandprinzip.
[6] Vgl. Richtlinie 2006/123/EG des Europäischen Parlaments und des Rates vom 12.12.2006 über Dienstleistungen im Binnenmarkt (ABl. L 376 vom 27.12.2006, S. 36).

Mit der Dienstleistungsrichtlinie wurde eine regulative Grundlage für die Aktivitäten von grenzüberschreitend tätigen Unternehmen geschaffen – wenn auch mit starken Einschränkungen für die Anerkennung und Handlungsfähigkeit der Pflegevermittler. Die Ausgestaltung der Dienstleistungsrichtlinie stellt einen Aushandlungsprozess dar, der sich nicht auf einer nationalstaatlichen Ebene, sondern in einem transnationalen Feld[7] vollzog, indem supranationale Akteure wie die Europäische Kommission, das Europäische Parlament und europäische Interessenorganisationen mit nationalen Akteuren wie staatlichen Regierungen, aber auch nationalen Interessenorganisationen um die Legitimität von grenzüberschreitend tätigen Unternehmen wetteiferten. Durch die Dienstleistungsrichtlinie legitimierte die Europäische Kommission auf regulativer Ebene die Tätigkeit von grenzüberschreitenden Dienstleistungsunternehmen, indem sie in einem *top-down*-Prozess (vgl. Djelic/Quack 2003: 16) die europäischen Mitgliedsstaaten dazu nötigte, vorhandene, nationale Rechtsregularien neu zu definieren. Da die Vermittlungsorganisationen weniger direkt mit den Akteuren agieren, die diesen Regularien zuzuordnen sind, sondern sich lediglich auf die oben genannten Rechtsprinzipien beziehen, kann man im Organisationalen Feld der Agenturen eher von losen Kopplungsbeziehungen (vgl. Orton/Weick 1990) zu relevanten Akteuren auf europäischer Ebene ausgehen.

3.1 Die Institutionalisierung von Pflegevermittlungsagenturen

Auch wenn die Dienstleistungsfreiheit auf europäischer regulativer Ebene nur in begrenztem Umfang umgesetzt wurde und Gesundheitsdienstleistungen lediglich eingeschränkt in die Dienstleistungsrichtlinie aufgenommen wurden, hat dies das Aufkommen von grenzüberschreitend tätigen Pflegevermittlern im Bereich der Vermittlung von 24-Stunden-Betreuungskräften nicht entscheidend behindert. Seit der EU-Erweiterung im Jahre 2004 lassen sich zahlreiche Existenzgründungen von Agenturen in Polen und der Bundesrepublik beobachten. Aber auch manche Agenturen, die schon zuvor irregulär existierten, nutzten die europäischen Regelungen der Dienstleistungs- und Niederlassungsfreiheit dazu, ihre bisherige Vermittlungstätigkeit zu legalisieren. Als Begründung für ihre legitime Tätigkeit führen die Pflegevermittler an, dass sie nicht qualifizierte Pflegedienstleistungen anbieten, sondern lediglich betreuerische und hauswirtschaftliche Tätigkeiten, für die es keine Zulassungspflicht oder rechtliche Begrenzung der Anerkennung gibt.

---

[7] Mit Ludger Pries könnte man hier auch von einem *supra*nationalen Raum sprechen, da es sich um ein „Gebilde souveräner Container-Staaten und -Gesellschaften über die Flächenraumebene der Nation hinaus auf die supranationale Ebene" handelt (Pries 2008: 132, 139f.).

In den von mir durchgeführten Interviews berichten die Interviewpartner von einer Ausweitung des Pflegedienstleistungsmarktes in den letzten Jahren. Agenturen haben neue Mitarbeiter eingestellt, zum Teil neue Filialen gegründet und dadurch ihre Unternehmenstätigkeit ausgebaut. Über die Anzahl der Agenturen und der vermittelten Betreuungskräfte liegen keine genauen Daten vor. Andrea Neuhaus u.a. (2009: 78) kommen in ihrer Untersuchung auf ca. 73 Organisationen in der Bundesrepublik, Helma Lutz (2009: 43) schätzt die Anzahl der Agenturen auf 65. Für Polen gibt es keine vergleichbaren Schätzungen zur Anzahl der Organisationen. Dort sind zwar alle Agenturen, also auch solche, die Personal in andere Branchen vermitteln, bei dem Register für Beschäftigungsagenturen des Ministeriums für Arbeit und Sozialpolitik gemeldet (dem ‚Rejestr podmiotów prawadzących agencje zatrudnienia'),[8] jedoch wird innerhalb dieses Registers nicht nach Branchen differenziert. Um die Verbreitung des Phänomens transnationaler Pflegearbeit über Pflegevermittler einzuschätzen, muss darüber hinaus bedacht werden, dass sie abhängig von der Anzahl an vermittelten Pflegearrangements ist. In der Pflegeversorgung einer älteren Person wechseln sich häufig zwei bis drei Betreuungskräfte ab, so dass die Anzahl der vermittelten Betreuungskräfte pro Agentur häufig zwei bis dreimal über der Anzahl der Familien liegt, in denen die Betreuungskräfte eingesetzt werden. In meiner Untersuchungsstichprobe variiert die Anzahl der von den Agenturen betreuten Pflegehaushalte enorm: Sie reicht von lediglich 5 bis hin zu ca. 500 Pflegehaushalten pro Agentur.

3.2 Nationale Organisationsfelder von Pflegevermittlungsagenturen –
Bundesrepublik und Polen

Nach Verabschiedung der Dienstleistungsrichtlinie im Europäischen Parlament im Dezember 2006 sollten die europäischen Mitgliedsstaaten innerhalb von drei Jahren die europarechtlichen Vorgaben in nationales Recht umsetzen, und zwar mit dem Ziel der gegenseitigen Anerkennung nationaler Regelungen. In der hiermit von europäischer Seite angestrebten Vereinheitlichung rechtlicher Regelungen zeigt sich ein Bedeutungszugewinn von Entscheidungen auf supranationaler Ebene gegenüber der nationalstaatlichen Ebene. Gleichzeitig wurde den einzelnen europäischen Nationalstaaten in bestimmten Bereichen Raum für eine unterschiedliche Implementation der europäischen Vorgaben gegeben. Wie im Folgenden nachgezeichnet wird, wurden diese europäischen Vorgaben von der Bundesrepublik und Polen unterschiedlich umgesetzt.

---

[8] Vgl. http://www.kraz.praca.gov.pl (Zugriff am 17.03.2010).

Die kritische Haltung, die die deutsche politische Seite bereits gegenüber dem Richtlinienentwurf eingenommen hatte, setzte sich nach Verabschiedung der Richtlinie fort. Deutschland schöpfte Möglichkeiten aus, um die Umsetzung der Dienstleistungsrichtlinie in nationales Recht zu begrenzen. So hat die deutsche Regierung die von der EU angebotenen Übergangsregelungen zur Beschränkung der Arbeitnehmerfreizügigkeit (von 2 + 3 + 2 Jahren) für die osteuropäischen neuen Mitgliedsstaaten immer wieder bis zum Jahre 2011 verlängert (vgl. *Husmann* in diesem Band). Begründet wurde diese Entscheidung mit Risiken, insbesondere mit bedenklichen Migrationsentwicklungen, die durch eine „ungezügelte Erweiterung drohten" (Nissen 2009: 186). Man fürchtete, dass ein Lohn- und Sozialdumping zu einer Verdrängung der einheimischen durch ausländische Arbeitnehmer führen würde (vgl. Timm 2007: 102–110; Schmidt 2009). In der öffentlichen Diskussion und auch in den politischen Entscheidungen standen weniger Sozial- und Gesundheitsdienstleistungen im Vordergrund, sondern vielmehr die Baubranche und das Handwerk, wenngleich die zeitliche Aufschiebung der Arbeitnehmerfreizügigkeit sich auf alle Branchen bezieht.

Anders gestaltete sich die Umsetzung der Dienstleistungsrichtlinie in nationales Recht im Arbeitnehmer-Entsendegesetz (AEntG)[9]. Während man für das Baugewerbe, die Gebäudereinigung und die Branche der Innendekoration die Einhaltung zwingend geltender Arbeitsnormen sowie Bedingungen eines Mindestlohns für die grenzüberschreitende Dienstleistungserbringung festlegte, bezogen sich diese Anforderungen nicht auf den Bereich der Pflege und hauswirtschaftliche Dienstleistungen (vgl. Schmidt 2009). Lisa Maria Arnold (2008: 11) nimmt an, dass man von politischer Seite für diese Branche keine ‚Schwemme von Polen' wie im Handwerksbereich befürchtete. Gleichzeitig muss berücksichtigt werden, dass Deutschland bereits im Jahre 2002 zunächst auf temporärer Basis und ab dem Jahre 2005 auf einer permanenten Basis eine bilaterale rechtliche Regelung zur Beschäftigung von Haushaltshilfen in Pflegehaushalten aus Polen und anderen mittel- und osteuropäischen Mitgliedsstaaten eingeführt hatte (vgl. Shinozaki 2009; *Karakayalı* in diesem Band). Zwar legitimierte die deutsche Regierung mit dieser Regelung eine Transnationalisierung der Pflegeversorgung, die Ausgestaltung dieser Regulierung auf Basis eines bilateralen Vertrages zeigt jedoch, dass es sich um den Versuch handelt, die Regulierung dieses Bereichs unter nationaler Kontrolle zu behalten. Das zwischenstaatliche Abkommen ermöglicht es nämlich der deutschen Regierung je nach Bedarf, diese

---

[9] Gesetz über zwingende Arbeitsbedingungen für grenzüberschreitend entsandte und für regelmäßig im Inland beschäftigte Arbeitnehmer und Arbeitnehmerinnen (Arbeitnehmer-Entsendegesetz – AEntG). In seiner damaligen Fassung vom 24.07.2007 (BGBl. I S. 576); Aktuelle Fassung vom 20.04.2009 (BGBl. I S. 799).

Öffnung eines transnationalen Versorgungsmarktes für ältere Pflegebedürftige jederzeit wieder zurückzunehmen.

In den weiteren Reaktionen wesentlicher Akteure im Organisationalen Feld von Pflegevermittlern in der Bundesrepublik deutet sich bereits an, welche Position man den Vermittlungsorganisationen zubilligen wollte. Interessenverbände der Pflegebranche brachten sich als Gegner der Legitimierung von Vermittlungsagenturen in Stellung. Hier waren es insbesondere die privaten Pflegeanbieter, die „in immer weiter steigernden Dramatisierungen" (von Kondratowitz 2005: 419) versuchten, gegen „illegale Kräfte aus Osteuropa", so der Bundesverband privater Anbieter sozialer Dienste e.V. (BPA 2005), vorzugehen. Es handele sich um „Schleuserbanden" (ebd.), die durch „meist unzureichend qualifizierte Billiglohnkräfte aus Mittel- und Osteuropa [...] hiesige Pflegeeinrichtungen vom Markt verdrängen" (BPA 2006). Dieser Widerstand aufseiten der Pflegeanbieter hatte insofern Erfolg, als sich Gesundheits- und Sozialminister aus verschiedenen Bundesländern gegen die vermeintliche Schwarzarbeit in der Pflege aussprachen (vgl. von Kondratowitz 2005: 420).

Auf bundespolitischer Ebene reagierte man auf die Pflegevermittlungsorganisationen weniger mit Befürchtungen vor einer De-Professionalisierung als vielmehr damit, den grenzüberschreitend tätigen Unternehmen kriminelles Verhalten zu unterstellen. Verstärkt durch das seit dem 1. August 2004 in Kraft getretene Schwarzarbeitsbekämpfungsgesetz,[10] mit der durch die Bündelung der Kontrollzuständigkeiten beim Zoll mehr Personal zur Verfügung gestellt wurde, erhöhte sich die Anzahl der Personenüberprüfungen (vgl. Brenner 2008) und auch Pflegevermittlungsagenturen gerieten in das Visier von Fahndern der ‚Finanzkontrolle Schwarzarbeit'. Der Vorwurf, dem sich die Agenturen seitdem ausgesetzt sehen, war auch bei anderen Akteuren der im Organisationalen Feld geführten Diskurse bereits angeklungen: Bei den Pflegevermittlern handele es sich um illegal tätige Organisationen. Die Zollbehörden gehen davon aus, die Agenturen seien faktisch Anwerbebüros bzw. Briefkastenfirmen, die Scheinentsendung[11] betrieben oder mit Scheinselbständigen[12] arbeiteten. In der Praxis hat

---

[10] Gesetz zur Bekämpfung der Schwarzarbeit und illegalen Beschäftigung (Schwarzarbeitsbekämpfungsgesetz – SchwarzArbG) vom 23.07.2004 (BGBl. I S. 1842), zuletzt geändert durch Art. 2 des Gesetzes vom 22.04.2009 (BGBl. I S. 818).
[11] Der Vorwurf der Scheinentsendung wird damit begründet, dass die Pflegevermittler die Mindestbedingungen einer Geschäftstätigkeit in ihrem Stammsitzland nicht erfüllen würden.
[12] In diesem Zusammenhang wird argumentiert, dass die über die Agenturen vermittelten Betreuungskräfte rechtlich nicht als Selbstständige, sondern als Arbeitnehmerinnen einzustufen seien, die in einem Beschäftigungsverhältnis mit dem Pflegebedürftigen bzw. seinen Angehörigen (Arbeitgeber) stünden. Für ein solches Beschäftigungsverhältnis sei eine Arbeitserlaubnis erforderlich. Da die Betreuungskräfte meist keine Arbeitserlaubnis vorweisen können, handelt es sich aus Sicht des Zolls bei ihrer Vermittlung um illegale Ausländerbeschäftigung.

das für die Pflegevermittlungsorganisationen zur Folge, dass sie Kontrollen des Zolls ausgesetzt sind und die Strafverfolgungsbehörden gegen sie ermitteln.[13] Zudem stoßen sie immer wieder auf Schwierigkeiten bei der Gewerbeanmeldung sowie bei der Anerkennung von Sozialversicherungsbescheinigungen bei Krankenkassen und Sozialversicherungsträgern.

Im Vergleich zu Deutschland gestaltete sich die Beziehung von Pflegevermittlern und relevanten Akteuren in Polen völlig anders. Anders als die Bundesrepublik begrüßte die polnische Regierung den Entwurf der Dienstleistungsrichtlinie und die damit verbundenen Möglichkeiten für Unternehmer, grenzüberschreitend Dienstleistungen in anderen Mitgliedsstaaten anzubieten und sich in anderen Mitgliedsstaaten niederlassen zu können. Ähnlich wie die Europäische Kommission versprach sich die polnische Regierung durch die Beseitigung von Dienstleistungsbeschränkungen eine größere Effizienz wirtschaftlicher Aktivitäten (vgl. Trzaskowski 2007: 46). Die Regierung übte sogar Kritik an der ablehnenden Haltung der Bundesrepublik zum Entwurf der Dienstleistungsrichtlinie. Eine zu restriktive Gesetzgebung trüge nicht zur Stärkung des europäischen Binnenmarktes bei, sondern hemme die Konkurrenzfähigkeit der Wirtschaft (vgl. ebd.: 53). Zudem war Polen weitaus entgegenkommender als die Bundesrepublik, was die Umsetzung der von der Europäischen Kommission ausgehenden Impulse angeht, grenzüberschreitende Dienstleistungen zu ermöglichen: Das polnische Parlament verabschiedete im Rahmen von Arbeitsmarktreformen im Juli 2003 ein Gesetz zur Regelung von Privater Arbeitsvermittlung und Zeitarbeit („Ustawa z dnia 9 lipca 2003 o zatrudnianiu pracowników tymczasowych"),[14] das zum 1. Januar 2004 in Kraft trat. So schuf der Gesetzgeber eine rechtliche Grundlage für die private Vermittlung von Arbeitsuchenden im Inland und ins Ausland. Neben Agenturen, die Personal in anderen Branchen vermitteln, gelten auch Pflegevermittlungsagenturen seitdem in Polen als ‚Private Arbeitsvermittler' („Agencja Zatrudnienia") und sind entsprechend beim oben bereits erwähnten Register für Beschäftigungsagenturen des Ministeriums für Arbeit und Sozialpolitik gemeldet und eingetragen (vgl. auch Sobczyk 2005: 11f.; Mitrus 2008: 524). Sie müssen beim Ministerium einen jährlichen Tätigkeitsbericht einreichen und erhalten im Gegenzug hierfür ein Zertifikat.

Diese politisch im Vergleich zur Bundesrepublik geradezu gegensätzliche regulative Legitimation von Pflegevermittlern muss vor dem Hintergrund der

---

[13] Ein Beispiel für ein Gerichtsverfahren lässt sich dem Urteil des Amtsgerichts München vom 10.11.2008 entnehmen, Az. 1115 OWi 298 Js 43552/07, im Internet abrufbar unter http://www.justiz. bayern.de/gericht/ag/m/presse/archiv/2009/01755/index.php (Zugriff am 18.03.2010); vgl. hierzu auch Kastner (2008).
[14] Dziennik Ustaw z 22 września 2003, Nr 166: Ustawa z dnia 9 lipca 2003r. o zatrudnianiu pracowników tymczasowych [Polnisches Gesetzblatt Nr. 166 v. 22.09.2003: Gesetz v. 09.07.2003 über die Beschäftigung von Zeitarbeitnehmern].

politischen Begründungen gesehen werden, mit denen die rechtliche Umsetzung einer Privatisierung der Arbeitsvermittlung gerechtfertigt wurde. Die polnische Regierung sah sich seit Ende der 1990er Jahre mit sehr hohen Arbeitslosenzahlen konfrontiert. Die Vermittlung von Arbeitslosen über private Arbeitsvermittler stellte für sie ein Instrument einer „aktiven Arbeitsmarktpolitik" (Nadolska 2008) dar, mit dessen Hilfe bürokratische Allokationsmechanismen durch stärker marktförmige Mechanismen der Arbeitsvermittlung ersetzt werden sollten. Von der damit verbundenen Flexibilisierung von Beschäftigungsverhältnissen versprach sich die Regierung eine effektivere Vermittlung von Arbeitskräften insbesondere im Niedriglohnsektor, die zu einer zügigen Senkung der im Vergleich zu anderen EU-Beitrittsländern hohen Erwerbslosenquote führen sollte. Daher kamen der polnischen Regierung die Vorgaben der EU zur Liberalisierung grenzüberschreitender Dienstleistungen sehr entgegen.

Neben der polnischen Regierung zeigten sich auch die Arbeitgeberverbände in Polen gegenüber den privaten Arbeitsvermittlern aufgeschlossen. Diese begrüßten die europäische Dienstleistungsrichtlinie und deren Umsetzung in Polen und kritisierten ebenfalls, dass Deutschland grenzüberschreitend tätige Dienstleistungsanbieter aus ihrem Land „schikaniere" (VdPD 2006). Auch das oben genannte von der Regierung initiierte Gesetz zur Regelung von Privater Arbeitsvermittlung und Zeitarbeit stieß bei ihnen auf Zustimmung.

Unterschiede zwischen beiden Ländern zeigen sich auch beim jeweiligen Organisationsgrad der Agenturen. In Deutschland hat sich zwar in den letzten Jahren eine Interessenorganisation der Agenturen gegründet. Diese verfügt jedoch nur über eine geringe Anzahl an Mitgliedern und ist kaum politisch wirksam. Auch in Polen sind nur wenige Pflegeagenturen in zwei Verbänden organisiert. Mitglieder· sind hier aber vor allem ‚große' Agenturen, die nicht nur Betreuungskräfte, sondern auch Personal aus anderen Branchen ins Ausland vermitteln. Beide Verbände sind Mitglied der großen polnischen Arbeitgeberorganisationen ‚Polska Konfederacja Pracodawców Prywatnych' (PKPP Lewiatan) und ‚Konfederacja Pracodawców Polskich' (KPP). Zudem bieten in Polen die Verbände Beratungsmöglichkeiten an, z.B. in Kooperation mit der ‚Polnischen Sozialen Versicherungsanstalt' (‚Zakład Ubezpieczeń Społecznych' [ZUS]). Eine Zusammenarbeit zwischen äquivalenten Institutionen in Deutschland wäre undenkbar. Wie bereits oben erwähnt, stoßen die Pflegevermittlungsorganisationen in Deutschland immer wieder auf Probleme bei der Anerkennung von Sozialversicherungsbescheinigungen bei Sozialversicherungsträgern. Des Weiteren kam es in Polen im Laufe der letzten Jahre vermehrt zu Kooperationsbeziehungen zwischen Vermittlungsagenturen und staatlich-öffentlichen Institutionen. So bieten manche Agenturen in Zusammenarbeit mit Arbeitsämtern Qualifizierungskurse für Betreuungskräfte an, die diese auf die Tätigkeit in einem Privat-

haushalt vorbereiten sollen. Zum Teil werden diese Kurse durch EU-Fördergelder finanziert.
Von solchen differenten nationalen Legitimationserfahrungen berichten die Agenturvertreter auch in den von mir durchgeführten Interviews. Auf die Frage, welche Akzeptanzerfahrungen die Agenturen in beiden Ländern machen, antwortete der Geschäftsführer einer Vermittlungsagentur, die sowohl in Polen als auch in Deutschland ansässig ist, folgendermaßen:

> „In Polen gibt es nichts dagegen, dass die Leute ins Ausland fahren. Demgegenüber haben leider die Deutschen ihre eigenen Vorstellungen und deshalb ist es für uns sehr wichtig, auf dieser Seite [gemeint ist Deutschland; J.K.] uns dafür einzusetzen und dann erleichtert das alles unsere Arbeit."

Im späteren Verlauf des Interviews spricht er darüber, warum er es für sinnvoll hält, nicht in Polen, wohl aber in Deutschland Verbands- und Lobbyarbeit für Pflegevermittlungsorganisationen zu betreiben:

> „[....] Ja, das Problem müssen wir in Deutschland lösen, nicht in Polen. Polen sagt, die Betreuungskräfte können ohne die geringsten Probleme fahren, deshalb ist es unsere Aufgabe, es dort effektiv zu bekämpfen, wo man es vor Ort verändern muss, in Deutschland."

Vergleicht man die Beziehungen von Pflegevermittlern zu relevanten Akteuren in beiden Ländern, zeigen sich auch hier Unterschiede, insbesondere in Bezug auf politisch einflussreiche Akteure. In der Bundesrepublik sind die Agenturen weit davon entfernt, als selbstverständliche Akteure im Organisationsfeld zu gelten. Ihnen wird vielmehr eine Position als ‚Illegitime' zugeschrieben. Sie stoßen auf ein national institutionalisiertes Feld, welches bereits von nationalen Akteuren besetzt ist und in dem sie nicht erwünscht sind, sondern als ‚Eindringlinge' von außen und als Konkurrenten aus Polen angesehen werden. In Polen hingegen haben sich die Vermittlungsagenturen, geschützt bzw. gefördert durch die politische Legitimation, als eine akzeptierte Arbeitsvermittlungsform etabliert, die als flexibles Arbeitsmarktinstrument gilt.

3.3 Differente Organisationsidentitäten

Die unterschiedliche Einbindung der Pflegevermittler in beiden Ländern bleibt nicht ohne Konsequenzen für die Herausbildung der Vermittlungsorganisationen und deren Selbstverständnis. Wenn man das Auftreten der Vermittlungsagenturen in Polen und der Bundesrepublik miteinander vergleicht, weisen sie voneinanderander abweichende Organisationsidentitäten und -strukturen auf. Die Agenturen in Polen bezeichnen sich als ‚Private Arbeitsvermittler' („Agencja Praca Zatrudnienia') oder ‚Zeitarbeitsfirmen' („Agencja Praca Tymczasowa'). Die Namen der Organisationen enthalten häufig Begriffe wie ‚Personalberatung', ‚Arbeit', ‚Schnelligkeit' und ‚Europa'. In der Bundesrepublik präsentieren sich die Agenturen als ‚komplementäre' Dienstleister zu den ambulanten privaten Pflegedienstleistern und Wohlfahrtsorganisationen. Ihre Organisationsnamen enthalten oft Stichworte wie ‚Dienstleistung', ‚häusliche Versorgung' oder ‚familienähnlich'. Diese unterschiedlichen Identifikationen spiegeln sich auch in den Selbstdarstellungen der Agenturen in den von mir durchgeführten Interviews wider. Während die in Polen ansässigen Agenturen immer wieder betonten, sie eröffneten arbeitslosen Frauen eine Perspektive zur Eingliederung in den Arbeitsmarkt, hoben die Agenturen in der Bundesrepublik hervor, dass sie bezahlbare und menschenwürdige, haushaltsnahe und betreuerische Dienstleistungen anbieten würden.

Diese länderspezifisch unterschiedliche Entwicklung von Organisationsidentitäten und -strukturen kann aus neoinstitutioneller Sicht durch die Erwartungshaltung relevanter Umweltakteure gegenüber den Agenturen in beiden Ländern erklärt werden. Die Selbstdefinition der Agenturen in Polen als Arbeitsvermittler kann als eine Anpassung an die politischen Erwartungshaltungen betrachtet werden, mit der sich die Pflegevermittler innerhalb ihres Feldes positionieren. Äquivalent kann die Bezeichnung der Agenturen in der Bundesrepublik als Vermittler von ‚komplementären' haushaltsnahen Dienstleistungen für pflegebedürftige Ältere ebenfalls als eine Anpassung an die in Deutschland anzutreffenden Umwelterwartungen gedeutet werden. Die Agenturen versuchen, gegen die vorherrschende institutionelle Logik im Feld anzugehen, wonach osteuropäische Pflegevermittler die hiesigen Pflegeanbieter verdrängen. Mit der Betonung auf ‚komplementär' signalisieren sie, dass sie keine Konkurrenz für die ortsansässigen Pflegeunternehmen sind, sondern sie als Partner auf dem Pflegemarkt ergänzen. Ganz im Gegensatz zum Auftreten der Agenturen in Polen vermeiden die Agenturen in der Bundesrepublik Legitimationslogiken, die auf ‚Arbeitsvermittlung' Bezug nehmen. Dadurch entstünde der Eindruck, es ginge ihnen darum, polnischen Betreuungskräften Arbeit zu verschaffen; ein solches Legitimationsmuster würde in der Bundesrepublik jedoch nur auf Kritik stoßen. Insgesamt zeigen diese unterschiedlichen Legitimations- bzw. Illegitimationserfahrungen von Pflegevermittlungsagenturen in Polen und der Bundesrepublik, dass nationale Akteure weiterhin über starken Einfluss auf die Organisationsstrukturen und -identitäten von grenzüberschreitend tätigen Organisationen verfügen.

3.4 Ringen um (trans-)nationale Legitimität

Insbesondere in den weiteren Reaktionen von Seiten der deutschen Politik auf die Tätigkeit der Pflegevermittlungsagenturen wird deutlich, dass die institutionelle Einbettung von Pflegevermittlungsagenturen nicht unabhängig von den verschiedenen Legitimitätszuschreibungen in unterschiedlichen Nationalstaaten betrachtet werden darf. Die Akzeptanz, die die Vermittlungsagenturen von europäischer und polnischer Seite erfahren, hat nicht zu einer Angleichung der Legitimität und damit einer Anerkennung von Pflegevermittlern auf deutscher Seite geführt. Dort wird der von der Regierung eingeschlagene Kurs der rechtlichen Sanktionierung von ‚Briefkastenfirmen' weiter verfolgt – in der Hoffnung, den nationalen Arbeitsmarkt so vor einem Missbrauch durch ‚bloße' Anwerbebüros zu schützen. Die durch eine staatliche Registrierung erfolgte Legitimierung der Vermittlungsagenturen in Polen veranlasste die deutsche Seite, in einen Aushandlungsprozess mit Polen einzutreten, um dem Missbrauch der Dienstleistungsrichtlinie durch grenzüberschreitend tätige Organisationen einen Riegel vorzuschieben (vgl. Schmidt 2009: 857ff.; BMF 2006). So gründete die damalige Bundesregierung im Jahre 2005 eine Arbeitsgruppe ‚Task Force zur Bekämpfung des Missbrauchs der Dienstleistungs- und Niederlassungsfreiheit' unter Federführung des Bundesministeriums der Finanzen (vgl. BMF 2006; BMF/BMAS 2006; Schmidt 2009: 857ff.). Bereits in der Namensgebung dieser Arbeitsgruppe drücken sich die Illegitimationsmuster aus, mit denen man zuvor bereits die Pflegevermittler argumentativ eingeordnet und rechtlich verfolgt hat. Als Ziele und Aufgaben benennt die Arbeitsgruppe die Intensivierung der Überprüfungen von Entsendeunternehmen durch die ‚Finanzkontrolle Schwarzarbeit', die kritische Prüfung und Änderung nationaler Rechtsvorschriften und den Eintritt in einen „partnerschaftlichen Dialog" mit den neuen Mitgliedsstaaten, um „gegen schwarze Schafe vorzugehen" (BMF 2006: 57). Von diesen Unterstellungen illegaler Aktivitäten waren nicht nur die im öffentlichen Diskurs in der Bundesrepublik häufig erwähnten grenzüberschreitenden Branchen des Handwerks und Fleischereibetriebe betroffen, sondern ebenfalls Pflegevermittlungsagenturen, auch wenn sie nicht im Fokus der Tätigkeit der ‚Finanzkontrolle Schwarzarbeit' stehen.

Durch die Tätigkeit der ‚Task Force' versucht die deutsche Regierung, Druck auf grenzüberschreitend tätige Unternehmen, aber auch auf die polnische Regierung sowie auf Institutionen auszuüben, die für die Tätigkeit von Entsendeunternehmen – unter anderem Pflegevermittler – zuständig sind. Sie fordert von grenzüberschreitend tätigen Unternehmen Bescheinigungen einer Postadresse des Entsendeunternehmens, eine Übersetzung des Arbeitsvertrags, Angaben zu den Arbeitszeiten und der Lohnhöhe mit entsprechenden Belegen sowie Nachweise dafür, dass die Vorschriften zur Verhinderung der Scheinselbstständigkeit eingehalten werden (vgl. Schmidt 2009: 858). Des Weiteren versuchte die Bundesrepublik seit April 2006 durchzusetzen, dass die polnischen Behörden Kopien von Sozialversicherungsbescheinigungen an die Deutsche Rentenversicherung in Würzburg übermitteln. Diese Bescheinigungen dienen dem Nachweis, dass ein grenzüberschreitend tätiges Unternehmen, welches Mitarbeiter für die Dauer von bis zu zwölf Monaten in einen anderen Mitgliedsstaat entsendet, tatsächlich Sozialversicherungsbeiträge in dem Land zahlt, in dem es ansässig ist.[15] Darüber hinaus verlangte die ‚Task Force' von polnischer Seite, dass die grenzüberschreitend arbeitenden Agenturen ein in der Dienstleistungsrichtlinie festgeschriebenes Mindestmaß an ökonomischer Aktivität im Herkunftsland aufweisen.[16]

Der restriktive Umgang Deutschlands mit den Vorgaben der Europäischen Kommission blieb nicht ohne weitere Folgen für den Aushandlungsprozess zur Legitimität von Pflegevermittlungsagenturen. Vielmehr führte das Verhalten auf deutscher Seite wiederum zu Reaktionen aufseiten europäischer Akteure. In ihren Bemühungen, die grenzüberschreitende Entsendung von Mitarbeitern zu erleichtern, leitete die Europäische Kommission bereits Ende 2004 ein Vertragsverletzungsverfahren gegen Deutschland ein mit der Begründung, dass Deutschland die Dienstleistungsfreiheit zu stark einschränke (vgl. Schmidt 2009: 858). Des Weiteren legte der Europäische Gerichtshof im Frühjahr 2006 fest, dass Mitgliedsstaaten grundsätzlich Sozialversicherungsbescheinigungen akzeptieren müssten, die aus anderen Staaten für von dort entsandte Mitarbeiter vorgelegt würden.[17] Begründet wurde diese Entscheidung damit, dass nationale Behörden in den Ländern, in denen grenzüberschreitend entsandte Beschäftigte aus anderen Mitgliedsstaaten eingesetzt werden, nicht darüber zu befinden hätten, ob in den Herkunftsländern ausgestellte Sozialversicherungsbescheinigungen gefälscht seien oder nicht. In zweifelhaften Fällen müssten Mitgliedsstaaten die betreffenden Institutionen des Landes, welches die Beschäftigten entsendet, kontaktierten oder ein Vertragsverletzungsverfahren gegen diese Länder einleiten (vgl. Schmidt 2009: 858; vgl. auch Zimmermann 2007). Darüber hinaus kritisierte die Europäische Kommission im Juni 2007 in einem Leitfaden zur Dienstleistungsrichtlinie jene Mitgliedsstaaten, die die Umsetzung der Richtlinie in Frage stellten und die darin enthaltenen europarechtlichen Regelungen nicht einhielten (vgl.

---

[15] In Polen erhalten Pflegevermittlungsagenturen diese Bescheinigung von der Polnischen Sozialversicherungsanstalt (ZUS).
[16] Vgl. BT-Drs. 16/5098 vom 25.04.2007: Anwendung der EU-mitgliedsstaatlichen Systeme sozialer Sicherheit bei vorübergehender Auslandsbeschäftigung, im Internet verfügbar unter http://dipbt.bundestag.de/dip21/btd/16/050/1605098.pdf; BT-Drs. 15/5407 vom 19.04.2005: Dienstleistungsfreiheit nach der EU-Osterweiterung, im Internet verfügbar unter unter http.//dip.bundestag.de/btd/15/055/1505546.pdf (Zugriff jeweils am 13.11.2009).
[17] Vgl. EuGH, Slg. 2006, I-1079, Rs. C-2/05 – Herbosch Kiere; vgl. auch Schmidt 2009: 858.

Europäische Kommission 2007). Lediglich der Europäische Gerichtshof bestätigte in seinem Urteil im Jahre 2007 die deutsche Forderung, die Beschäftigungsverhältnisse von grenzüberschreitend tätigen Unternehmen stärker zu kontrollieren und die Übersetzung von Dokumenten einzufordern – jedoch auch nur unter der Prämisse, dass diese Kontrolle die Dienstleistungsfreiheit nicht behindern würde.[18]

4 Schlussfolgerungen

In diesem Beitrag wurde die Einbindung von Pflegevermittlungsagenturen, die sowohl in Polen als auch in der Bundesrepublik tätig sind, in ihr institutionelles Umfeld nachgezeichnet. Ausgangspunkt meiner Überlegungen war die Frage, inwieweit Pflegevermittler nicht nur von einem nationalen Umfeld geprägt werden, sondern darüber hinaus Legitimität durch Akteure aus anderen Nationalstaaten und außerhalb von Nationalstaaten erhalten und sich daran orientieren. Dafür habe ich zunächst gängige Definitionen des Organisationalen Feldes um den Begriff des transnationalen Feldes erweitert. Im anschließenden empirischen Teil des Artikels wurde aufgezeigt, dass die Bedeutung von Nationalstaaten und national verankerter Akteure für die Pflegevermittlungsagenturen nicht verschwindet bzw. sich auflöst. Nationale Akteure haben auch weiterhin einen wesentlichen Einfluss auf die Legitimität und damit auf die Organisationsstrukturen von Pflegevermittlern. Im Falle der Vermittlungsorganisationen hat diese nationale Einbettung zur Herausbildung unterschiedlicher Organisationsidentitäten geführt. In der Bundesrepublik sehen sich die Agenturen als ‚Vermittler von haushaltsnahen und betreuerischen Dienstleistungen für Ältere', in Polen betrachten sie sich als ‚Private Arbeitsvermittler'. Gleichzeitig deuten die Ergebnisse meiner Erhebungen darauf hin, dass der Einfluss des nationalen Organisationalen Feldes auf die Pflegevermittler zunehmend schwindet. Bereits die Ausgestaltung und Umsetzung der europäischen Dienstleistungsrichtlinie nicht nur in einem nationalen Organisationsfeld, sondern in einem europäischen Sozialraum deuten darauf hin, dass wir es mit einer Abnahme bisheriger nationalstaatlicher Koordinations- und Integrationsmuster auf regulativer Ebene zu tun haben. Darüber hinaus führte die Einbettung der Pflegevermittlungsagenturen in zwei unterschiedliche nationalstaatliche Felder mit ihren konkurrierenden Auffassungen – Transnationalisierung von Arbeitsmärkten für Betreuungskräfte auf polnischer Seite versus Schutz des nationalen Arbeitsmarktes auf deutscher Seite – sogar zu einer Intensivierung der grenzüberschreitenden zwischenstaatlichen Verflechtungszusammen-

---

[18] Vgl. EuGH, Urteil vom 18.07.2007, Rs. C-490/04.

hänge zwischen staatlichen und europäischen Akteuren im Organisationsfeld der Agenturen. Überträgt man diese Überlegungen auf die Ausgangsfrage, in welche institutionelle Umwelt Pflegevermittler eingebettet sind, so zeigt sich, dass die Vermittlungsorganisationen mit einer ‚institutionellen Dualität' (Polen und Bundesrepublik) (vgl. Kostova/Roth 2002: 216) konfrontiert sind und gleichzeitig in losen Kopplungsbeziehungen zu anderen Akteuren in einem transnationalen Feld auf europäischer Ebene stehen. Damit sind innerhalb des NI nicht nur Fragen nach der Erforschung von Organisationen und ihrem Verhältnis zu relevanten Umweltakteuren von Bedeutung, sondern ebenfalls Fragen nach dem Verhältnis von unterschiedlichen Organisationalen Feldern und ihren Beziehungen zueinander. Der hier vorliegende empirische Beitrag deutet an, dass sich Organisationen – wie bereits von Powell (1991) beschrieben – in sich überschneidenden und wechselseitig durchdringenden Feldern bewegen, in denen einzelne Akteure des einen Feldes die Logiken des anderen Feldes zu beeinflussen versuchen.

Literatur

Arnold, Lisa Maria, 2008: *Die Entstehung der europäischen Dienstleistungsrichtlinie im Spannungsfeld organisierter Interessen: Eine Fallstudie zum Einfluss von Gewerkschaften und Unternehmerverbänden im Europäischen Parlament*. Berlin.

Becker, Peter/Hishow, Ognian N., 2005: *The Lisbon Process – a Compromise between Ambitions and Reality*, Berlin, im Internet verfügbar unter http://www.swp-berlin. org/de/common/get_document.php?asset_id=1983 (Zugriff am 17.02.2010).

Becker-Ritterspach, Jutta C.E./Becker-Ritterspach, Florian A.A., 2006: „Organisationales Feld und Gesellschaftlicher Sektor im Neo-Institutionalismus", in: Hellmann, Kai-Uwe/Senge, Konstanze (Hg.): *Einführung in den Neo-Institutionalismus*. Wiesbaden, S. 118–136.

BMF [Bundesministerium der Finanzen], 2006: „Task Force zur Bekämpfung der Dienstleistungs- und Niederlassungsfreiheit", *Monatsbericht des Bundesministeriums für Finanzen* September 2006, S. 55–62, im Internet verfügbar unter http://www.bundes finanzministerium.de/nn_17844/DE/BMF__Startseite/Aktuelles/Monatsbericht__ des__BMF/2006/09/060920agmb006,templateId=raw,property=publicationFile.pdf (Zugriff am 17.03.2010).

BMF [Bundesministerium der Finanzen]/BMAS [Bundesministerium für Arbeit und Soziales], 2006: *Bericht zu den Aktivitäten der Task Force zur Bekämpfung des Missbrauchs der Dienstleistungs- und Niederlassungsfreiheit*. Oktober 2006, im Internet verfügbar unter http://www.bmas.de/portal/1932/property=pdf/bericht__zu __den__aktivitaeten__der__task__force.pdf (Zugriff am 17.03.2010).

Bourdieu, Pierre, 1993: *The Field of Cultural Production: Essays on Art and Literature*, New York.

BPA [Bundesverband privater Anbieter sozialer Dienste e.V.], 2005: *Positionen und Perspektiven in der häuslichen Versorgung von Pflegebedürftigen. Legale Beschäftigungsverhältnisse fördern – schärfere Sanktionen gegen Schwarzarbeit und Schleuserbanden*, im Internet verfügbar unter http://www.bpa.de/upload/public/doc/bpa-position_legale_beschaeftigung_foerdern.pdf (Zugriff am 17.03.2010).

BPA [Bundesverband privater Anbieter sozialer Dienste e.V.], 2006: *Bundesregierung: Schwarzarbeit in der Pflege wird strafrechtlich verfolgt*. Pressemitteilung Nr. 47 vom 20.07.2006, im Internet verfügbar unter http://www.bpa.de/upload/public/doc/47_06_Kleine_Anfrage_FDP.pdf (Zugriff am 17.03.2010).

Brenner, Sven, 2008: *Die strafrechtliche Bekämpfung der Schwarzarbeit unter besonderer Berücksichtigung wirtschaftlicher Aspekte*, Berlin.

Clemens, Elizabeth/Cook, James, 1999: „Politics and Institutionalism: Explaining Durability and Change". *Annual Review of Sociology* 25/1999, S. 441–466.

Dederichs, Andrea Maria/Florian, Michael, 2004: „Felder, Organisationen und Akteure – eine organisationssoziologische Skizze", in: Ebrecht, Jörg/Hillebrandt, Frank (Hg.): *Bourdieus Theorie der Praxis. Erklärungskraft, Anwendung, Perspektiven*. 2. Aufl., Wiesbaden, S. 69–96.

DiMaggio, Paul J./Powell, Walter W., 1983: „The Iron Cage Revisited: Institutional Isomorphism and Collective Rationality in Organizational Fields", *American Sociological Review* 48/1983, S. 147–160.

Djelic, Marie-Laure/Quack, Sigrid, 2003: „Theoretical Building Blocks for a Research Agenda Linking Globalization and Institutions", in: Djelic, Marie-Laure/Quack, Sigrid (Hg.): *Globalizations and Institutions. Redefining the Rules of the Economic Game*, Cheltenham, S. 15–34.

Djelic, Marie-Laure/Quack, Sigrid, 2008: „Institutions and Transnationalisation", in: Royston Greenwood, Christine Oliver/Suddaby, Roy/Sahlin-Andersson, Kerstin (Hg.): *Handbook of Organisational Institutionalism*, Los Angeles, S. 299–323.

Engwall, Lars/Sahlin-Andersson, Kerstin, 2002: *The Expansion of Management Knowledge. Carriers, Flows and Sources*. Stanford.

Europäische Kommission, 2004: *Vorschlag für eine Richtlinie des Europäischen Parlaments und des Rates über Dienstleistungen im Binnenmarkt* [SEK(2004) 21], vom 25.02.2004, KOM(2004) 2 endgültig/2, im Internet verfügbar unter http://eur-lex.europa.eu/LexUriServ/LexUriServ.do?uri=COM:2004:0002:FIN:DE:PDF (Zugriff am 29.03.2010).

Europäische Kommission, 2007: *Mitteilung der Kommission an das Europäische Parlament, den Rat, den Europäischen Wirtschafts- und Sozialausschuss und den Ausschuss der Regionen. Entsendung von Arbeitnehmern im Rahmen der Erbringung von Dienstleistungen – Vorteile und Potenziale bestmöglich nutzen und dabei den Schutz der Arbeitnehmer gewährleisten* [SEK(2007) 747], vom 13.06.2007, KOM(2007) 304 endgültig, im Internet verfügbar unter http://eur-lex.europa.eu/LexUriServ/LexUriServ.do?uri=COM:2007:0304:FIN:DE:PDF (Zugriff am 29.03.2010).

Europäischer Rat, 2000: *Schlussfolgerungen des Vorsitzes. Europäischer Rat (Lissabon) am 23. und 24.3.2000*, im Internet verfügbar unter http://www.consilium.europa.eu/ueDocs/cms_Data/docs/pressData/de/ec/00100-r1.d0.htm (Zugriff am 05.04.2010).

Faist, Thomas, 2000: *Transstaatliche Räume. Politik, Wirtschaft und Kultur in und zwischen Deutschland und der Türkei*, Bielefeld.

Fuchs, Werner/Klima, Rolf/Lautmann, Rüdiger/Rammstedt, Otthein/Wienhold, Hans (Hg.), 1988: *Lexikon zur Soziologie*, Opladen.

Geppert, Mike/Matten, Dirk/Schmidt, Peggy, 2006: „Hintergründe und Probleme der Transnationalisierung multinationaler Unternehmungen: Globale Isomorphismen, national business systems und ‚transnationale soziale Räume'", in: Mense-Petermann, Ursula/Wagner, Gabriele (Hg.): *Transnationale Konzerne. Ein neuer Organisationstyp*, Wiesbaden, S. 85–120.

Glick Schiller, Nina/ Levitt, Peggy, 2004: „Conceptualizing Simultaneity: a Transnational Social Field Perspective on Society", *International Migration Review* 38(3) 2004, S. 1003–1039.

Glick Schiller, Nina/Wimmer, Andreas, 2002: „Methodological Nationalism and the Study of Migration", *European Journal of Sociology* 18(2) 2002, S. 217–240.

Hasse, Raimund/Krücken, Georg, 2005: *Neo-Institutionalismus*, 2. Aufl., Bielefeld.

Hellmann, Uwe/Senge, Konstanze, 2006: *Einführung in den Neo-Institutionalismus*, Wiesbaden.

Herckenrath, Mark, 2003: *Transnationale Konzerne im Weltsystem*, Wiesbaden.

Hinings, Bob C. R./Reay, Trish, 2005: „The Recomposition of an Organizational Field. Health Care in Alberta", *Organization Studies* 26(3) 2005, S. 351–384.

Hofstede, Geert, 1997: *Cultures and Organizations: Software of the Mind*. New York.

Hofstede, Geert, 2001: *Cultures Consequences: Comparing Values, Behaviours, Institutions and Organizations across Nations*, Thousand Oaks, CA.

Irek, Małgorzata, 1998: *Der Schmugglerzug. Warschau–Berlin–Warschau*. Berlin.

Kastner, Bernd, 2008: „Urteil des Amtsgerichts. Tausende Pflegehilfen arbeiten illegal." *Süddeutsche Zeitung* vom 11.11.2008, im Internet verfügbar unter http://www.sueddeutsche.de/muenchen/533/318406/text/ (Zugriff am 17.03.2010).

Koch, Sascha/Schemmann, Michael, 2009: „Entstehungskontexte und Grundlegungen neo-institutionalistischer Organisationasanalyse", in: Koch, Sascha/Schemmann, Michael (Hg.): *Neo-Institutionalismus in der Erziehungswissenschaft. Grundlegende Texte und empirische Studien*, Wiesbaden, S. 20–27.

Köhler, Benedikt, 2004: *Strukturen und Strategien transnationaler Konzerne. Empirische Soziologie der „Inneren Globalisierung"*, Wiesbaden.

Kondratowitz, Hans Joachim von, 2005: „Die Beschäftigung von Migranten/innen in der Pflege", *Zeitschrift für Gerontologie und Geriatrie* 38/2005, S. 417–423.

Kostova, Tatiana/Roth, Kendall, 2002: „Adoption of an Organizational Practice by Subsidiaries of Multinational Corporations: Institutional and Relational Effects". *The Academy of Management Journal* 45(1) 2002, S. 215–233.

Lawrence, Thomas B./Phillips, Nelson/Wickins, Deborah, 1997: „Managing Legitimacy in Ecotourism, *Tourism Management* 18(5) 1997, S. 307–316.

Helma, 2009: „Who cares? Migrantinnen in der Pflege in deutschen Privathaushalten", in: Larsen, Christa/Joost, Angela/Heid, Sabine (Hg.): *Illegale Beschäftigung in Europa. Die Situation in Privathaushalten älterer Personen*, München, S. 41–50.

Mense-Petermann, Ursula, 2006: „Transnationalisierung, Organisation und Kultur", *Berliner Journal für Soziologie* 3/2006, S. 393–411.

Mense-Petermann, Ursula, 2008: *Die Wirtschaft und ihre Grenzen – Transnationalisierung als theoretisches Problem der Wirtschaftssoziologie*. Beitrag zur Tagung „Theoretische Ansätze der Wirtschaftssoziologie am 17.–19.02.2008, im Internet verfügbar unter http://www.mpi-fg-koeln.mpg.de/wirtschaftssoziologie-0802/papers/Mense Petermann.pdf (Zugriff am 17.03.2010).

Meyer, John W., 2005: *Weltkultur. Wie die westlichen Prinzipien die Welt durchdringen*, Frankfurt am Main.

Meyer, John W./Scott, Richard W. (Hg.), 1992: *Organizational Environments, Ritual and Rationality*, 2. Aufl., Newbury Park.

Meyer, John W./Scott, Richard W., 1991: „The Organization of Societal Sectors: Propositions and Early Evidence", in: Powell, Walter/DiMaggio, Paul (Hg.): *The New Institutionalism in Organizational Analysis*, Chicago, S. 108–141.

Mitrus, Leszek, 2008: „Flexicurity und das polnische Arbeitsrecht", *Recht der internationalen Wirtschaft* 54(8), S. 518–527.

Morokvasic, Mirjana, 2003: „Transnational Mobility and Gender: a View from Post-Wall Europe", in: Morokvasic-Müller, Mirjana/Erel, Umet/Shinozaki, Kyoko (Hg.): *Crossing Borders and Shifting Boundaries. Bd.1: Gender on the Move*, Opladen, S. 101–131.

Müller, Thorsten/Platzer, Hans-Wolfgang/Rüb, Stefan (Hg.), 2004: *Globale Arbeitsbeziehungen in globalen Konzernen? Zur Transnationalisierung betrieblicher und gewerblicher Politik*, Wiesbaden.

Münst, Senganata, 2007: „Persönliche und ethnische Netzwerke im Migrationsprozess polnischer Haushaltsarbeiterinnen", in: Nowicka, Magdalena (Hg.): *Von Polen nach Deutschland und zurück. Die Arbeitsmigration und ihre Herausforderungen für Europa*, Bielefeld, S. 161–177.

Nadolska, Jadwiga, 2008: *Neue Schwerpunkte in der polnischen Arbeitsmarktpolitik. Ein Überblick über die Entwicklung der polnischen Arbeitsmarktpolitik seit 1989*. Discussion Paper. Berlin: Wissenschaftszentrum Berlin, im Internet verfügbar unter http://bibliothek.wzb.eu/pdf/2008/i08-106.pdf (Zugriff am 17.03.2010).

Neuhaus, Andrea/Isfort, Michael/Weidner, Frank, 2009: *Situation und Bedarfe von Familien mit mittel- und osteuropäischen Haushaltshilfen (moH)*; Deutsches Institut für angewandte Pflegeforschung e.V., Köln 2009, im Internet abrufbar unter http://www.dip.de/fileadmin/data/pdf/material/bericht_haushaltshilfen.pdf (Zugriff am 17.03.2010).

Nissen, Sylke, 2009: „Arbeitnehmerfreizügigkeit. Gebremste Europäisierung des Arbeitsmarktes", in: Nissen, Sylke/Vobruba, Georg (Hg.): *Die Ökonomie der Gesellschaft*, Wiesbaden, S. 173–204.

Orton, Douglas J./Weick, Karl E., 1990: „Loosely Coupled Systems: A Reconceptualization", *Academy of Management Review* 15(2) 1990, S. 203–223.

Owen-Smith, Jason/Powell, Walter W., 2008: „Networks and Institutions", in: Greenwood, Royston/Oliver, Christine/Sahlin-Andersson, Kerstin/Suddaby, Roy (Hg.): *Handbook of Organizational Institutionalism*, New York, S. 594–621.

Powell, Walter W., 1991: „Expanding the Scope of Institutional Analysis", in: DiMaggio, Paul J./Powell, Walter W. (Hg.): *The New Institutionalism in Organizational Analysis*, Chicago/London, S. 183–203.

Pries, Ludger, 2007: *Transnationalism: Trendy Catch-all or Specific Research Program? A proposal for Transnational Organisation Studies as a Micro-macro-link.* Paper presented at the conference on „Transnationalisation and Development(s): Towards a North-South Perspective", Center for Interdisciplinary Research. Bielefeld. May 31–June 01 2007, im Internet verfügbar unter http://www.uni-bielefeld.de/tdrc/ag_comcad/downloads/workingpaper_34_Pries.pdf (Zugriff am 17.03.2010).

Pries, Ludger, 2008: *Die Transnationalisierung der sozialen Welt. Sozialräume jenseits von Nationalgesellschaften,* Frankfurt am Main.

Schmidt, Susanne K., 2009: „When Efficiency Results in Redistribution: The Conflict over the Single Service Market", *West European Politics* 32(4) 2009, S. 847–865.

Scott, Richard W., 1994: „Conceptualizing Organizational Fields: Linking Organizations and Societal Systems", in: Derlien, Hans-Ulrich/Gerhardt, Uta/Scharpf, Fritz (Hg.): *Systemrationalität und Partialinteresse,* Baden-Baden, S. 203–221.

Scott, Richard W., 2001: *Institutions and Organizations,* Thousand Oaks, CA.

Scott, Richard W., 2003: *Organizations. Rational, Natural, and Open Systems,* 5. Aufl., Upper Saddle River, NJ.

Scott, Richard W./Ruef, Martin/Mendel, Peter J./Caronna, Carol A., 2000: *Institutional Change and Healthcare Organizations. From Professional Dominance to Managed Care,* Chicago.

Senge, Konstanze, 2005: *Der Neo-Institutionalismus als Kritik der ökonomistischen Perspektive.* Technische Universität Darmstadt, Dissertation, im Internet verfübar unter http://tuprints.ulb.tu-darmstadt.de/620/1/BIB9.pdf (Zugriff am 17.03.2010).

Shinozaki, Kyoko, 2009: „Die ‚Green Card' als Heilmittel für Arbeitskräfteknappheit? Ein Vergleich der Migration von ‚Hoch- und Niedrigqualifizierten'", in: Lutz, Helma (Hg.): *Gender Mobil? Geschlecht und Migration in transnationalen Räumen,* Münster, S. 69–84.

Sobczyk, Arkadiusz, 2005: *Ustawa o zatrudnianiu pracowników tymczasowych. Komentarz.* Kraków.

Stryker, Robin, 2000: „Legitimacy Processes as Institutional Politics: Implications for Theory and Research in the Sociology of Organizations", in: Bacharach, Samuel B./Lawler, Edward J. (Hg.): *Organizational Politics,* Greenwich, CT [Research in the Sociology of Organizations; 17], S. 179–223.

Suchman, Mark C., 1995: „Managing Legitimacy: Strategic and Institutional Approaches", *Academy of Management Review* 20(3) 1995, S. 571–610.

Tempel, Anne/Walgenbach, Peter, 2006: „Das Verhältnis zwischen ‚New Institutionalism' und ‚European Institutionalism'", in: Senge, Konstanze/Hellmann, Kai-Uwe (Hg.): *Einführung in den Neoinstitutionalismus,* Wiesbaden, S. 185–197.

Timm, Sylwia, 2007: *Zur Freizügigkeit von polnischen Arbeitnehmern in Deutschland. Regelungen vor und nach dem Beitritt Polens in die Europäische Union,* Freie Universität Berlin, Fachbereich Rechtswissenschaft: Dissertation.

Trzaskowski, Rafał, 2007: „Traktat ustanawiający konstytucję dla Europy. Analiza poszczególnych reform instytucjonalnych", *Nowa Europa* Przegląd Natoliński. Numer Specjalny 2007, S. 46–65.

VdPD [Verband der Polnischen Dienstleistungsunternehmen e.V.], 2006: *Opinii w/s barier dla polskich firm usługowych działających w RFN*, im Internet verfügbar unter http://www.kongresbudownictwa.pl/html/aktualnosci.html (Zugriff am 02.12.2009).

Whitley, Richard, 2000: „How and Why are International Firms Different? The Consequences of Cross-border Managerial Coordination for Firm Characteristics and Behaviour", in: Morgan, Glenn/Kristensen, Peter Hull/Whitley, Richard (Hg.): *The Multinational Firm*, Oxford, S. 27–68.

Zimmermann, Frank, 2007: „Offene strafrechtliche Fragen im Zusammenhang mit der europäischen E-101- Bescheinigung für Wanderarbeiter – zugleich eine Besprechung von BGHSt 51, 124", *Zeitschrift für Internationale Strafrechtsdogmatik*, 2. Ausgabe 10/2007, S. 407–418.

Foreign Home Care Workers in Israel –
The Role of Human Rights Organisations

Liat Ayalon

This chapter outlines the legal and social status of foreign home care workers in Israel, a country that identifies itself as a Jewish state, yet increasingly relies on foreigners to provide the most intimate personal care to older adults and frail individuals. Currently, there are 52,000 documented foreign home care workers and at least 40,000 undocumented workers in Israel. Most of these workers are from the Philippines, but workers from other Asian and East European countries are also represented. Several human rights organisations have been working towards improving the status of foreign workers in the country. Their efforts as well as potential achievements and drawbacks are discussed in detail in the chapter.

1 Foreign Workers in Israel

Foreign workers[1] constitute a relatively new phenomenon in Israel, a country that identifies itself as a Jewish state, a shelter for all Jews wherever they are. Following the Six-Day War and the occupation of the Palestinian territories, Palestinians started taking jobs primarily in building and farming and slowly replaced Israeli workers in these sectors. In the early 1990s, following the Palestinian uprising known as the first intifada, Israel initiated an active process of separation from the Palestinians, which included replacing the Palestinian workforce with workers from Asia, South America, and Eastern Europe.

Currently, there are 90,000 documented foreign workers and at least 280,000 undocumented workers in Israel (Nathan 2009). Although migration of individuals from the developing world to the developed world reflects a global phenomenon, the ratio of foreign workers to Israeli workers is one of the largest in the West, and the rate at which foreign workers have been arriving to Israel is probably the fastest. For instance, whereas the number of work permits given to

---

[1] Although in many countries such workers are called migrant workers, this is hardly the case in Israel as they are not officially considered migrants. Instead, 'foreign worker' is the most common term used in Israel to refer to these workers and will therefore be used throughout this chapter.

foreign workers was 4,300 in 1990, it increased to 27,500 by 1993 (Ministry of Social Affairs and Social Services 2001) and by 2002, there were about 260,000 to 300,000 foreign workers in the country (Israel National Bank 2008). Nevertheless, this group of workers remains largely invisible and is still referred to as a temporary phenomenon, despite the continuous arrival of workers in increasing numbers.

Similar to the rest of Western society, foreign workers are considered amongst the weakest groups in Israeli society (Ehrenreich/Hochschild 2000; Raijman et al. 2003). In addition to not knowing the language or the customs, these workers are not Jewish and hence have almost no chance of becoming Israeli citizens. The few exceptions include marrying an Israeli resident or having a child born in Israel who is between the ages of ten and 18 and is a student in the Israeli educational system (Sheffer 2005). Yet it is important to note that these cases are rare exceptions and are still subject to constant debate.

1.1 The Status, Recruitment, and Employment of Foreign Workers

Even though the Israeli workforce has relied on foreign workers for several decades, the State of Israel views this phenomenon as temporary, and rules and regulations concerning the status, recruitment, and employment of foreign workers are still evolving. Moreover, these rules and regulations are subject to constant debate and change and do not represent a broad consensus on dealing with this phenomenon (Nathan 2007). Moreover, many of the rules that grant the rights of foreign workers were established before foreign workers first migrated to Israel, and it is unclear whether some of the newer rules and regulations to be discussed below are currently being implemented.

Only employers who hold valid employment permits from the Department for Foreign Workers in the Ministry of Industry, Trade and Labour may employ foreign workers, and only foreign workers with valid working visas (B/1) may be hired by these employers (Foreign Workers' Rights Handbook 2009). The government sets the number of work permits per sector, following active negotiation with representatives of the various sectors as well as with foreign workers' countries of origin. The State of Israel does not provide work permits directly to individuals; instead, permits are provided only through employment agencies that are responsible for obtaining the appropriate legal documents from the government and for recruiting the workers in their country of origin and bringing them to Israel (Nathan 2007). These employment agencies usually charge workers substantial amounts of money for a visa to work in Israel (for instance, several thousand dollars in the case of Filipino home care workers; Ayalon 2009). Placing the recruitment of foreign home care workers in the hands of employment agencies partially privatises the recruitment of foreign workers and in many ways places the responsibility for the workers on the employer or the employment agency, although the entire phenomenon is supposedly controlled and initiated by the government, which subsidises some of the costs associated with round-the-clock home care by foreign workers.

All employment laws including those covering minimum wage and holiday leave are supposed to be similar for Israeli citizens and foreign workers (Foreign Workers' Rights Handbook 2009), although this is rarely the case (Nathan 2007; Ayalon 2009). In addition, the National Insurance Institute (in Hebrew, *Bituach Leumi*) provides foreign workers with insurance covering work injuries and maternity, as well as compensation for unpaid wages and severance pay in cases of liquidation or bankruptcy of the employer. Other laws specifically concern foreign workers. For instance, any agreement with the foreign worker has to be in writing in a language understood by the worker (there is no such law in the case of Israeli workers). In addition, because national health insurance does not apply to foreign workers, the employer has to provide the foreign worker with medical insurance. Employers also have to supply workers with appropriate accommodation (with the term 'appropriate' being operationally defined by law). In both cases, employers are entitled to deduct certain amounts of money from workers' wages. In addition, employers are obligated to request medical proof that workers are healthy and to report the workers' wages to government officials (Foreign Workers' Rights Handbook 2009).

In order to prevent workers from settling indefinitely in Israel, they are not allowed to bring their partner or children with them and are not allowed to marry other foreign workers or give birth while in the country (Heller 2003; Kemp/Raijman 2003). In addition, foreign workers are expected to leave the country after several years (in the case of home care workers after 63 months or when the care recipient dies). A worker is not allowed to change employers in this case (Foreign Workers' Rights Handbook 2009).

Additional rules state that workers are not allowed to work in positions outside their sector. In the past, workers were obligated to stay with a specific employer and employment agency, but this is no longer the case. Currently, workers are free to transfer to other employers or employment agencies within the same sector of employment for which their work visa was issued as long as they notify the Interior Ministry. In the past, employers also used to withhold workers' passports, but this is no longer legal (Foreign Workers' Rights Handbook 2009). As will be discussed in the next sections, it is unclear to what degree these new rules and regulations are being implemented.

1.2 Foreign Home Care Workers in Israel

The migration of workers from Asia and Eastern Europe accompanied by changes in long-term care policy in Israel created a new category of round-the-clock home care workers serving those in the community most in need of care. This type of service did not exist prior to the arrival of foreign workers because Israeli workers (primarily Arab Israelis or new Jewish immigrants from the former Soviet Union) took only hourly positions as home care workers and hardly ever provided round-the-clock services. And even before the intifada, Palestinians were hardly ever employed in home care (Kemp/Raijman 2003; Heller 2003).

Unlike the other industries for which the number of visas has been capped based on active negotiation between the government and representatives of the particular sector, there has never been a definite cap on the number of foreign home care workers allowed to enter the country. This is because permits for these workers are supplied solely based on demand. Thus, whereas the Israeli government has been actively attempting to limit the number of foreign workers in the country, the one sector that has steadily been increasing is home care: In 1996, 8,187 work permits for home care were issued to foreigners; by 2008, this number had increased to 57,326 (Nathan 2009).

It is currently estimated that there are 54,000 documented foreign home care workers and an additional 40,000 undocumented workers (Nathan 2008; 2009). These numbers are expected to continue to increase along with the numbers of older adults and frail individuals. The majority of foreign home care workers are women from the Philippines, but workers also come from Nepal, Sri Lanka, India, and Eastern Europe. Most foreign home care workers live in the care recipient's home and provide round-the-clock services, such as feeding, grooming, or cooking for frail individuals and older adults. Workers are also expected to provide minimal assistance with housekeeping (Heller 2003).

1.3 Challenges Associated with the Employment of Foreign Home Care Workers

A major challenge associated with the employment of foreign workers is the fact that Israel defines itself as a Jewish state and has no immigration policy in place for non-Jews. As such, foreign workers have almost no chance of becoming Israeli citizens. Even though foreign workers have been coming to the country since the early 1990s, they are still considered a temporary phenomenon. There is little acknowledgement that many of these workers have become de facto permanent residents even though they lack legal residency or citizenship status. Hence, despite major changes in the status and employment of foreign workers that will be described in detail in the next sections, most foreign workers do not enjoy the same health benefits or legal rights as Israelis, and their children do not enjoy the same health or welfare benefits as Israelis (Kemp/Raijman 2003).

A central challenge in the case of foreign home care workers is the fact that they are brought into the country based on demand (Nathan 2009). Because workers usually have to pay a large fee to an employment agency before arriving in Israel, agencies strive to bring as many foreign home care workers into the country and have little incentive to find jobs for those workers already in Israel who for some reason have lost their jobs (Nathan 2009; Kemp/Raijman 2003). This results in large numbers of foreign home care workers who are either unemployed or illegally employed. Given the large sums of money these workers have to pay before entering the country, it is unlikely that workers who failed to find an employer will leave the country within the first year of their arrival as they are obligated to pay off their debt (Ayalon 2009). In contrast to employment agencies that wish to increase their earnings by bringing as many workers as possible into the country, the government's interest should be in employment for every worker already in the country, rather than bringing in new workers (Nathan 2009). Unfortunately, this is rarely the case, and as a result, the number of undocumented workers continues to increase, as does the number of new arrivals.

Another major challenge is the fact that until 2006, a worker's visa status was directly dependent on his or her employer. The employer's name was stamped in the worker's passport and the worker was unable to leave the employer for better employment without risking his or her legal status. This arrangement is also responsible for another feature unique to Israel: the fact that undocumented foreign workers enjoy better wages and better living conditions than documented ones. This is because undocumented workers are able to choose their own employers, can work for more than one employer, are not obligated to provide round-the-clock care, can negotiate their own wages, and do not have to live in their employer's household. Although legal rights organisations have been fighting this arrangement adamantly and have made impressive progress that will be discussed in the next sections, it is unclear whether these changes have actually been implemented (Kemp/Raijman 2003).

Additional challenges are posed by the fact that the government provides financial assistance to hire workers for up to 18 hours of care per week (available only to the most severely disabled), whereas care recipients are defined as needing full-time care. This forces care recipients, who often have limited incomes, to pay out-of-pocket for a home care worker. Nevertheless, workers are still paid well below the minimum wage because their workday is considered to comprise eight hours of care six days a week rather than the 24 hours of care they actually end up providing as live-in workers. It is estimated that the wages of foreign workers are at least 40 percent less than the average wages of Israeli workers. This arrangement allows the State of Israel to maintain the delivery of long-term care services at affordable prices through privatisation and the continued supervision of these services by employment agencies rather than by government officials (Kemp/Raijman 2003).

Finally, as already noted, foreign home care workers most often reside at the home of the care recipient. This tends to blur the boundaries between private and public. Because of space limitations, many of the workers sleep in living rooms or other public spaces and enjoy little privacy. Further, many workers serve individuals who have not only physical but also cognitive disabilities. This obviously results in further blurring of boundaries. In my research, funded by the German-Israeli Foundation for Scientific Research and Development, I focused on several aspects of home care provided by foreign workers to older adults in Israel. In one study, geared towards evaluating the working conditions of foreign home care workers, I found that of 245 foreign home care workers, almost half reported work-related injuries. Overall, 43 percent reported being asked to do more than their job requirements, 41 percent reported being verbally abused, and 40 percent reported not receiving adequate food. Although a relatively small percentage of the workers reported being sexually (9.8 percent) or physically (16.7 percent) abused, many family members of care recipients and social workers in charge of this caregiving arrangement described physical and sexual abuse as common. Given the fact that workers have to pay a large amount of money prior to entering the country and that the Israeli legal system generally does not take the side of foreign workers, many of these workers prefer not to complain about the violation of their rights. Even when they do complain, they do not receive adequate relief (Ayalon 2009).

2 Human Rights Organisations

Several human rights organisations aim to protect and promote the rights of foreign workers in Israel. Most of these organisations were established long before foreign workers came to the country, and most organisations strive to protect the rights of other minorities and underprivileged individuals in addition to those of foreign workers. These organisations largely work within the legal system in Israel to protect and improve the rights of foreign workers. The various organisations collaborate in order to achieve their common goals, but at the same time each has a somewhat different agenda and role.

In general, the various organisations strive to make sure that the State of Israel enforces compliance with its own laws, such as assuring workers' rights including appropriate wages, holidays, and working conditions. In addition, organisations strive to make sure that the State of Israel complies with international laws related to foreign workers, such as the UN's International Convention on the Protection of the Rights of All Migrant Workers and Members of Their Families[2] and the UN Convention Against Transnational Organized Crime[3]. The various organisations also work towards abolishing the payment workers are obligated to pay in order to obtain work contracts and the custom of binding workers to their employers. Organisations also strive for better regulation of the distribution of work permits and for refraining from issuing new permits until all undocumented workers are absorbed into the Israeli job market. Descriptions of the key players follow.

2.1 Kav Laoved (www.kavlaoved.org.il/)

Kav Laoved (literally, 'worker's line') is a non-profit organisation established in 1991 to protect the rights of underprivileged workers. Kav Laoved protects the rights of foreign workers, Palestinian workers from the occupied territories, refugees, and low-income Israeli workers. At the private level, the organisation provides information and legal representation concerning workers' rights, national insurance, tax laws, work-related accidents, legal status in Israel and work permits. At the legal advocacy level, the organisation works to change the law on the rights of underprivileged workers. It files legal petitions in courts, draws up draft bills, and works with the Israeli parliament, the Knesset, with government offices, and the media. The organisation also concentrates on education and advocacy by providing pamphlets of workers' basic rights in a variety of languages to cater to the needs of the international community (for a summary of basic rights, see section 1.2). Workshops and lectures for workers and the general public are also provided in an effort to raise awareness of workers' rights. Finally, at the civic level, the organisation works to protect workers' rights by promoting civic engagement, for example giving workers the opportunity to

---

[2] International Convention on the Protection of the Rights of All Migrant Workers and Members of Their Families, adopted by General Assembly resolution 45/158 of 18 December 1990, http://www.un-documents.net/a45r158.htm (25.03.2010).
[3] The United Nations Convention against Transnational Organized Crime, adopted by General Assembly resolution 55/25 of 15 November 2000, http://www.un-documents.net/uncatoc.htm (25.03.2010).

complain anonymously about violations of their rights and naming and shaming individuals and agencies that violate workers' rights.

2.2 Physicians for Human Rights (www.phr.org.il/phr/)

This organisation was established in 1988 to promote human rights with a special emphasis on the right to good health. It was established by Israeli and Palestinian physicians during the first intifada and has since expanded its focus. The organisation is currently focused on five main projects: the Occupied Territories Project, the Prisoners and Detainees Project, the Migrant Workers and Refugees Project, the Project for the Unrecognized Villages of the Negev, and the Residents of Israel Project. In addition, the organisation runs a mobile clinic in the occupied territories and an open clinic in Tel Aviv that provides services to undocumented and uninsured individuals. The organisation also advocates policy changes in the health-care system through petitions to the high court and collaboration with other human rights organisations.

2.3 Mesila (www.tel-aviv.gov.il/Hebrew/Human/Foreign/Index.asp)

Unlike the two organisations described above, Mesila was established in 1999 by the city of Tel Aviv specifically to meet the needs of foreign workers. The word Mesila means 'aid centre for foreign workers'. Although the State of Israel has largely refused to acknowledge the presence of foreign workers in the country, the city of Tel Aviv, home to the largest number of foreign workers in the country, has come to terms with their presence and decided to work towards improving their social status as citizens of Tel Aviv, without fighting for their status as citizens of the State of Israel.

Mesila works under the following assumptions: a) every person has the right to basic services and to have their basic needs met; b) the phenomenon of foreign workers in Tel Aviv has become stable and is not likely to change; c) foreign workers living in Tel Aviv and the other residents of the city mutually influence each other; and d) it is essential to work towards preventing violence and crime in the second generation of foreign workers.

Mesila offers mediation and consultation for individuals. Its goals include identifying social problems and developing community networks. Mesila also helps children of foreign workers get adequate education and health care, organises parenting classes and empowerment groups and provides housing assistance, etc. In addition, the organisation collects data on the community of foreign workers and works with government agencies to change public policy concerning foreign workers.

2.4 Hotline for Migrant Workers *(www.hotline.org.il/)*

The hotline was established in 1998 to promote the rights of undocumented foreign workers and refugees and to eliminate trafficking. Initially, the organisation focused on assisting foreigners under arrest and those sentenced to deportation. However, it soon broadened its focus to other groups in need including victims of trafficking, unaccompanied foreign minors, and refugees. In addition to direct services in the form of crisis intervention, the organisation provides legal advocacy, public policy activities, public education, and training for government officials. The organisation files petitions to the high courts of justice and works to ensure that existing laws protecting basic human rights are implemented. In addition, the organisation strives to educate and inform the Israeli public, academia, media, and policy-makers.

3   Major Achievements and Activities of the Human Rights Organisations

The various organisations have brought about substantial improvements related to the health of foreign workers. For instance, as of 2001, the Israeli-born children of foreign workers are entitled to similar health benefits as Israeli children, whereas those born abroad are entitled to these services after 6 months. Nevertheless, this new legislation has hardly been implemented, partly because of the relatively high fees for such health services and partly due to the suspicion and fear so prevalent in the community of foreign workers. Another achievement is the fact that foreign workers are now entitled to similar health coverage as Israelis. However, this is often not implemented either because workers have more than one employer (so that no employer takes full responsibility for assuring workers' benefits), because employers are unaware of this requirement, or because the cost of health insurance is so high that most employers and employees simply ignore it.

Another achievement of the various organisations is the change in the legal requirement that ties the worker to a specific employer (Nathan 2008). This change was made through active lobbying at the Knesset, promoting public awareness and civic engagement, and legal appeals to the court. As already noted, requiring workers to stay with one employer prevents competition between employers, does not allow wage increases, increases workers' dependency on their employer, encourages abuse of the worker, encourages undocumented workers, and further allows the state to privatise the sector of foreign workers by making private organisations responsible for workers. It also encourages employment agencies to bring more and more workers into the country as their initial entry fees are a major source of revenue for these agencies.

Thus, as of 2006, it was established by law that a worker's legal status should not depend on employment with a specific employer (see http://elyon2.court.gov.il/files/02/420/045/O28/02045420.O28.htm for details). The worker must stay with the same employment agency for only the first year and may switch later on. This allows workers to leave their employers without the employer's permission. However, the worker still has to be employed within the same sector for which he or she was eligible in the first place. As part of the reform, a reserve pool of unemployed foreign home care workers already in the country was established. Employers are encouraged to select workers from this pool instead of bringing in new foreign workers into the country. To be eligible for this pool, the worker has to have been in Israel for less than 63 months. Unfortunately, it is still unclear whether this new legislation is actually being implemented.

As already noted, the achievements of these human rights organisations at the policy level have been accompanied by major steps at the community level. These include creating child-care and health-care programmes to meet the unique needs of foreign workers as well as a variety of community initiatives to encourage a sense of belonging and empowerment among workers.

One such community initiative run by Mesila is an empowerment programme that specifically targets foreign home care workers. The programme is aimed at developing community activists (Mesila 2008) and places a specific emphasis on Nepalese workers because they are considered among the most vulnerable foreign workers in Israel (they have migrated relatively recently and are relatively uneducated). To date, over 60 Nepalese home care workers have taken part in these programmes and become community leaders. They organise social gatherings and media events as well as help other Nepalese workers protect their legal rights. The evaluation of this programme has shown that participants report higher perceived status, yet worse mental health, possibly because working as a community activist is somewhat discordant with their cultural background. Hence, even though this programme has been effective at the community level by developing strong leadership, it has had a negative impact at the private level (Mesila 2008). This brings up questions concerning the mutual influences between the host community and foreign workers that are beyond the scope of this chapter but should be acknowledged.

4 Current State of Affairs

Despite these increasing efforts to improve the quality of life and legal rights of foreign workers in Israel and the increasing realisation that foreign workers are here to stay, Israel can be described as not doing enough to protect the human rights of foreign workers. These shortcomings can be attributed to several factors including: a) the limited government budget devoted to protecting the rights of foreign workers and addressing their complaints; b) lack of awareness among foreign workers of their rights; and c) lack of coordination between government officials and foreign workers (Nathan 2009).

The topic of foreign workers and more specifically foreign home care workers brings with it many moral and social dilemmas that have not yet been adequately addressed. These include the legal and civic status of individuals who were born in Israel or have lived there for many years and now see Israel as their home, but are still regarded as temporary residents. Although Israel identifies itself as a Jewish state, it increasingly relies on foreigners for services. In addition, although Israel views itself as a society that places a great emphasis on family values, it increasingly places the care of older adults and frail individuals in the hands of 'invisible' strangers of the lowest social status. Finally, human rights organisations that strive to help and empower foreign workers may at the same time unintentionally promote a cultural clash between Western and Eastern values.

References

Ayalon, Liat, 2009: "Evaluating the working conditions and exposure to abuse of Filipino home care workers in Israel: characteristics and clinical correlates", *International Psychogeriatrics* 21/2009, pp. 40–49.
Ehrenreich, Barbara/Hochschild, Arlie Russell, 2000: *Global Woman: Nannies, Maids, and Sex Workers in the New Economy*. New York.
Foreign Workers' Rights Handbook, 2009, http://www.moit.gov.il/NR/exeres/702AE5C9-4AD2-4F96-9BBB-DCCE264A94EE.htm (24.03.2010).
Heller, Ellen, 2003: *The Care of Older Adults in Israel. The Topic of Foreign Home Care Workers in Israel and Israeli Nursing Care Workers – Needs and Available Solutions*. Jerusalem, Israel, Haknesset: Research and Information Center (Hebrew).
Israel National Bank, 2008: Recommendations for Financial Policy 2003–2008 (Hebrew).
Kemp, Adriana/Raijman, Rebecca, 2003: *Foreign Workers in Israel. Information about Equality* (Hebrew). Tel Aviv, Adva Center.
Mesila, 2008: *The Report of Mesila: A Description of Workers' Characteristics and Mesila's Activities* (Hebrew). Tel Aviv Yafo, Mesila: helping Hand.

Ministry of Social Affairs and Social Services, 2001: *Report of the Committee on Foreign Workers* (Hebrew).
Nathan, Gilad, 2007: *The Status, Recruitment, and Employment of Foreign Workers: A Comparative Analysis* (Hebrew). Jerusalem: Haknesset: Research and Information.
Nathan, Gilad, 2008: *Examining the Reform of Foreign Home Care Workers* (Hebrew). Jerusalem: Haknesset, Research and Information Center.
Nathan, Gilad, 2009: *Foreign Home Care Workers in Israel: Selected Issues and Current Situation* (Hebrew). Jerusalem, Haknesset, Center for Research and Information.
Raijman, Rebecca/Schammah-Gesser, Silvina/Kemp, Adriana, 2003: "International migration, domestic work, and care work. Undocumented Latina migrants in Israel", *Gender & Society* 17/2003, pp. 727–749.
Sheffer, Doron, 2005: Foreign Home Care Workers on Road to Citizenship, *Ynet News* 26.05.2006, http://www.ynetnews.com/articles/0,7340,L-3104176,00.html (24.03.2010).

The State and the Globalisation of Care: The Philippines and the Export of Nurses

Jean Encinas-Franco

Nurse migration, particularly from the Philippines, has attracted significant attention in the literature, which largely discusses the issues of brain-drain, rights violations, human agency, structural determinants and impact of the exodus. This essay argues that the Philippine state, in coping with neo-liberal restructuring, has been vigorously promoting this exodus through the policies and legal framework it engenders, thereby leading to the globalisation of care work. The empirical accounts that this essay presents bring into sharp focus the need to understand processes and dynamics at the state level in addressing the consequences of nurse migration.

"I see nursing as an opportunity to help my family. I owe everything to my family and friends who supported me along the way." So said Jovia Ann Decoyna, who received the highest score on the Philippine nursing board examination in 2008, when interviewed by the newspaper Philippine Daily Inquirer (Morales 2009). Decoyna joined the ranks of thousands of nurses the Philippines annually produces primarily aiming at the global market, making it the world's largest exporter of members of this highly feminised profession.

Catherine Ceniza Choy (2003) notes that already in the early twentieth century, when the Philippines was under American rule, Filipino nurses migrated primarily to the United States. Subsequent trends of nurse migration came in waves (Ball 2004), such as when the US opened its market to foreign health professionals through the 1965 Immigration Control Act, and at the height of the oil price shock of the 1980s when the Philippines began systematically brokering temporary contract work for nurses in the Middle East and other countries. Contemporary trends however depict a more permanent pattern since changing demographics, shifts in educational preferences and ageing populations in wealthy countries require a steady pool of nurses willing to perform a job no longer preferred by their own citizens.

Accounts of nurse migration have generated attention in the literature (Choy 2003; Ball 2004; Inamarga 2004; Kingma 2006; Encinas-Franco 2007; Lorenzo et al. 2007). However, most are assessments of its brain-drain impact, conditions of nurse migrants and the global-structural determinants of the exodus. While there is general mention of the state's role in managing out-migration in most of these, there is little focus on the Philippines as an active player in facilitating and implementing the outflow of nurses. This essay argues that the state plays a prominent role in expanding and sustaining nurse migration from the Philippines.

The essay is divided into four major parts. First, it presents a general overview of contemporary trends and patterns in nurse migration from the Philippines. Second, it gives a brief snapshot of some representative work in the literature explaining the exodus of nurses and its impact. Third, it brings to the fore the state's active role in international labour migration and presents empirical accounts of how this is very much the case in the Philippines with regard to nurse migration. Finally, the essay concludes that the state, in facilitating and enabling the legal and policy framework for nurse migration, also greatly contributes to globalising care work. Understanding discourses, processes and the dynamics at the state level is therefore necessary to address the exodus of nurses from developing countries such as the Philippines.

1   The Present State of Filipino Nurse Migration

The Philippines is said to be the world's biggest exporter of nurses, most of them women (Table 1) according to data from the Philippine Overseas Employment Agency (POEA). Within the 17-year-period from 1992 to 2008, a total of 137,755 Filipino nurses were hired abroad, with an average of more than 8,103 annually (POEA 2009). Nearly nine in ten of these were women, reflecting a patent sex-segregation in nursing as a career choice. Nurse migration and the huge outflow of female domestic workers are largely responsible for the feminised pattern of labour out-migration in the Philippines.

Table 1: Deployment of Filipino Nurses by Sex and Year, 1992-2008

Year	Male number	%	Female number	%	Total
1992	680	12	5,067	88	5,747
1993	729	11	6,015	89	6,744
1994	1,013	15	5,686	85	6,699
1995	1,160	15	6,424	85	7,584
1996	665	14	4,069	86	4,734
1997	671	16	3,571	84	4,242
1998	666	15	3,925	85	4,591
1999	839	15	4,574	85	5,413
2000	1,273	17	6,410	83	7,683
2001	2,269	17	11,267	83	13,536
2002	1,615	14	10,295	86	11,911
2003	981	11	7,986	89	8,968
2004	970	11	7,636	89	8,611
2005	899	13	6,193	87	7,094
2006	1,261	9	12,263	91	13,525
2007	1,137	12	8,041	88	9,178
2008	1,556	14	9,939	86	11,495
Total	18,384	13	119,361	87	137,755

Note: Some years may not add up to total due to lack of information on sex.
Source: POEA (2009)

Fely Marilyn Lorenzo et al. (2007) note the tendency for underreporting[1] on nurse migration, as is true of labour out-migration in general, given that these data only represent those passing through the POEA process and do not capture

---

[1] At the same time, Lorenzo et al. (2007) believe that due to the multiple entry points (student visas, tourist visas which many nurses utilise) to the US, it is difficult to have an accurate assessment of nurse outflow to the US. For instance, the US Embassy in Manila reported in 2004 that it granted temporary H1B and permanent EB3 visas to Filipino nurses. However, the POEA reported a mere 373 nurses newly hired overseas.

those who are privately and directly hired by employers or those who leave the country as tourists but eventually work abroad.

Ageing societies and shifts in educational preferences that discount nursing as a path to upward mobility have created demand for English-speaking nurses in North America, the Middle East and Europe. Meanwhile, consistent cutbacks in public health spending in the Philippines brought by structural adjustment policies of privatisation and debt service have resulted in a dismal health sector and poor working conditions for health professionals. Wage differentials are usually cited as a primary reason for nurse emigration (Encinas-Franco 2007). In fact, a study by Tan (2005) estimates that the average monthly salary of nurses abroad can be up to 30 times more than they would earn at home.

From 1992 to 2003, the Philippine Overseas Employment Agency recorded that Saudi Arabia hired nearly 60 percent of nurse migrants (Lorenzo et al. 2007), contrary to the general perception in the Philippines that the US is the main destination of Filipino nurses. The same authors state that recently the United Kingdom, Ireland and the Netherlands are emerging markets, while wealthy Asian countries such as Japan and Singapore are also increasingly importing Filipino nurses (ibid.). The US used to be the main destination for Filipino nurses, but demand in the 1980s from oil-rich Middle Eastern countries heralded a shift from permanent contract migration of nurses to shorter temporary arrangements (Ball 2004). In recent years, stringent qualification standards for the US, such as higher test scores, examination fees and more experience compared to Saudi Arabia have further discouraged more nurses from entering the US (Tan 2005). Rochelle Ball (2004) posits that the Commission for Graduate Foreign Nurses (CGFNS) examination introduced in the 1980s significantly reduced the number of nurses placed in the US. Today, a Filipino nurse bound for the US needs to pass not only the CGFNS but also the Test of Spoken English (TSE) and the National Council Licensure Examination (NCLEX). Recently, the Philippine Nurses Association (PNA) (2008) announced that the number of nurses migrating to the US had decreased owing to the fact that quotas for visas had already been filled. Nonetheless, Lorenzo et al. (2007) claim that the US, Canada and Australia are main destination countries for permanent nurse migrants and for Filipino health workers in general.

The phenomenon of nurse migration in the Philippines has had a number of consequences. For one, the high demand of nurses abroad coupled with the active state promotion of overseas employment in general has resulted in shifts in educational preferences for Filipinos and an observable commercialisation of education. Enrolment in nursing schools has exponentially increased; nursing has become a popular course of education as parents select courses that can enable their children to work abroad, or some enrol in a nursing course as a second degree (Asian Development Bank et al. 2008). The data indicate that nursing is still a predominantly female occupation. The demand for nurses abroad and the response of families has contributed to age-old gender segregation of enrolment and occupational choices in the Philippines; occupations that are thought to require supposedly feminine attributes of nurturing and caring such as teaching and nursing are deemed to be for women while engineering and the like are for men.

Another consequence is that doctors, many of whom are specialists, retrain as nurses to take advantage of the increasing demand for nurses abroad. When Elmer Jacinto received the highest score on the 2004 Philippine medical board examination but decided to work as a nurse in New York to look for the proverbial greener pasture, Philippine society took a moment to reflect. Some called him a 'sell-out', especially because he comes from Mindanao, a poverty-stricken part of Southern Philippines where access to medical services is very low. Others pointed out that Jacinto's decision was symptomatic of the 'culture of migration' that has forever changed Philippine society, the result of limited local opportunities and the vigorous state promotion of overseas employment. Jacinto, whose pre-medicine course was nursing,[2] is part of the growing number of Filipino 'nurse medics', a thousand of which were estimated by the National Institute of Health to have been hired abroad each year from 2000 to 2003. This de-skilling is expected to triple in the coming years. Jaime Galvez Tan (2005) estimates that in 2005, 4,000 doctors enrolled in nursing schools while Lorenzo et al. (2007) cite the Philippine Hospital Administration (PHA) figures that 80 percent of government doctors were training or had already trained as nurses in 2004. They also report that the US, UK and Saudi Arabia are common destinations of nurse medics.

2 Explaining the Exodus of Nurses: The State as the Missing Link

Various explanations have been offered for nurse migration in the literature. Mireille Kingma (2006) argues that nurse migration is firmly embedded in globalised and transnational processes in sending and receiving countries, the global imbalance of health systems and the international gendered division of labour, with far-reaching consequences and implications. Brain drain and its consequences for the health sector of origin countries are widely cited in the literature on the international migration of nurses. The World Health Organisation (WHO), which estimates the exodus of Filipino nurses at 15,000 yearly, warns of a health

---

[2] In the Philippines, there is a four year course that is preparatory to a medicine degree. Elmer Jacinto's four year course or pre-medicine course was nursing.

systems crisis if this remains unabated (Encinas-Franco 2007), stating that the massive outflow of nurses can worsen the already dismal health system in the Philippines, resulting in delayed procedures, injuries, accidents and high infection rates. The Philippine Hospital Association reported in 2005 that 200 hospitals closed within a two-year period while some 800 hospitals closed one or two wards (Lorenzo et al. 2007). The same report also noted that nurse migration had also caused deterioration in nurse to patient ratios from a high of one nurse to 15 to 20 patients in the 1990s to a low of one nurse per 40 to 60 patients.

Because of the highly feminised nature of nurse migration, scholars have looked at the phenomenon from a gendered perspective mitigated by factors of race, culture, ethnicity and nationality. This is broadly subsumed in the literature on the 'globalisation of care work' which includes domestic helpers, nannies and caregivers among others. In tracing the history of the nursing profession in the Philippines to the period of US colonisation, Choy (2003) asserts that the imperialist agenda made nursing into a highly gendered, classed and racialised profession. She argues that this persists to this day as migrant Filipino nurses in the US seek to become integrated in the territory of the former coloniser. Choy (ibid.) argues that the US role and the consequent Americanisation of nursing education in the Philippines is the primary reason why Filipino nurses were in demand in the first place.

In her study of two nurse importing countries, the US and Saudi Arabia, Ball (2004) finds that differences in the nature of demand for foreign nurses and the culture of the working environment set the framework for human rights issues faced by Filipino nurses. In both countries, nurse shortages occurred as a consequence of a host of economic, social and cultural factors. Filipino nurses in both of these contexts experience rights violations brought by 'gendered and racialised hierarchy': In the US, Filipino nurses occupy jobs that are no longer attractive to American women, while in Saudi Arabia, they are ranked second in preference to American and European nurses and are placed in second level hospital positions compared to their counterparts from the North. According to Ball (ibid.), nurses in the US have more possibilities for redress than in Saudi Arabia. They also have a chance to become US citizens and as such to gain rights. As a result, Filipino nurses endure abuse and exploitation in Saudi Arabia, which they view as a mere transit point to the 'promised land' that is the US. Rudolf Inamarga (2004) argues that this remains true to this day as students flock to nursing schools in the hope that their degrees will eventually land them jobs and a good life.

One of the most compelling explanations of nurse migration and of feminised migration in general is Ehrenreich and Hochschild's (2003) notion of a global care deficit or care drain. The authors describe how a care gap or deficits in affluent countries brought about by demographic changes and the increasing number of women in the labour force are filled by women of developing countries providing care work. This results in a care drain at the household level in developing countries, as families there lose women who are themselves supposedly needed to provide care. Beyond brain drain, the exodus of nurses can also result in care drain at the state level when nurse migration exacerbates existing imbalances in the ratio of nurses to the general population (Encinas-Franco 2007).

Both Anna Romina Guevarra (2006) and Rudolf Inamarga (2004) argue that nurse migrants exercise agency in their decisions to emigrate and that they are not mere pawns of international migration. Inamarga describes how Filipino nurse applicants to the US navigate their way through the tedious and costly process of emigration. The author argues that this process enables the nurses to "engage in a constant affirmation and evaluation of their abilities and worthiness to work in a meritocratic society like the United States in which social mobility, economic independence and cultural sophistication are perceived to be assured" (Inamarga 2004: 91). Guevarra states that despite 'discursive constructions' of the 'ideal workforce' and 'tender loving care' embodying their distinct Filipino femininity, which often results in exploitation and abuse, Filipino nurses cope by using these constructions as a form of 'cultural capital' resulting in a 'new identity' (Guevarra 2006: 2) that is aimed at maximising their material potentials in the US.

While these views are in themselves valid accounts of nurse migration and have established a range of explanations for such a multi-dimensional phenomenon as nurse migration, this essay argues that there has been little focus on the state and the active role it plays in laying the groundwork for the exodus of nurses.

Traditional accounts of international labour migration have emphasised either structural or agency accounts. In explaining migration determinants, Stephen Castles and Mark Miller (2003) argue that neo-classical economists point to 'push and pull' factors that enable rational actors to calculate the costs and benefits of emigration and therefore fail to account for the state's role in international labour migration. Structural accounts inspired by Marxist political economy argue that migration occurs as a result of "socio-spatial inequalities systematically reproduced within global and national economies" (Goss/Lindquist 1995: 317-318). Castles and Miller (2003) argue that this view still discounts the role of the state as it emphasises the role of capital and the development imbalances it supposedly engenders. The 'transnationalist turn' in international migration literature, with its emphasis on networks and kinship ties, sought to fill this gap. Nonetheless such literature still pays little attention to the state.

Indeed, while these conceptual lenses provide compelling arguments for explaining labour out-migration, its reasons and its impact, their focus is evidently either on the structural or global levels or on human agency. Missing from these views is a much closer focus on the role of the state as a determinant of migration. James Hollifield believes that "[t]hese economic and sociological factors were the *necessary* conditions for continued migration; but the *sufficient* conditions were political and legal" (2008: 14, original emphasis). In arguing that such conditions rest on the state, Hollifield posits "if the speeding train of international migration is fuelled by economic and sociological forces, it is the state which acts as a switching mechanism, which can change the course and the speed of the train, or derail it altogether" (ibid.: 15). This essay zeroes in on the Philippines as a sending state playing an important role in nurse migration and in the consequent intensification of transnational care work.

Clearly, migration with all its complexities is influenced by other actors such as private institutions, recruitment agencies and obviously the receiving state's policies. Nonetheless, especially in the Philippine context, the sending state occupies a central role in labour out-migration. Recruitment agencies can only operate inasmuch as it is still the state that provides the legal and regulatory framework for their work. Similarly, bilateral agreements proposed by receiving states are signed and ratified only by the state. Ultimately, it is the state that decides, promotes and creates policies to direct its migrant workers to respond to specific labour markets.

Indeed, Manolo Abella (1992), Linda Green Basch et al. (1994), Rochelle Ball (1997), Joaquin Gonzalez (1998), Robyn Rodriguez (2003), Jorge Tigno (2003), Neal Ruiz (2006), Jonathan Bach and M. Scott Solomon (2008) and James Tyner (2008) have all argued that the Philippines has vigorously pursued labour out-migration policies, discounting claims that globalisation is diluting the powers of the state (McGrew 2008). The prominence of the Philippine state in encouraging the outflow of migrants fills the gap on the comparatively little account of sending states in the literature compared to receiving states according to Ball (1997), Ruiz (2006), and Hollifield (2008). At the same time, the active role played by the Philippines in labour out-migration veers away from traditional accounts of the movement of people which highlights either the economic logic of push or pull, the rational agency of individual actors or sociological perspectives that privilege transnational networks and kinship. It is within this context and conceptual lens that the exodus of nurses from the Philippines is best understood.

3 Sanctioning the Export of Nurses: The Philippine State

In writing about the role of the sending and receiving states (Poland and Germany, Morocco and France), particularly about their neo-liberal restructuring and migration policies in the feminisation of migrant care work, Joya Misra et al. find that, "through a range of contradictory policies and bilateral agreements, [states] explicitly create and reinforce the redistribution and internationalisation of care work" (2006: 317). This is also true of the role of the Philippine state. In studying the gendered Filipino labour migration to the US, Tyner (1999) stresses that the Philippines, in its bid for economic growth, responded to global economic restructuring by operating within the "gendered parameters of labour demand (i.e., in its contract procurement and labour recruitment policies and practices)" thereby reinforcing "existing patterns and processes of sex segregation within the global labour market" (ibid.: 686).

While international migration is inextricably linked to the country's historical and colonial legacy, it was only in 1974 at the height of the oil crisis that the Philippines actively pursued labour out-migration as a means to address the balance of payments crisis and increasing unemployment and to add revenues to the cash-strapped government of President Ferdinand Marcos. The enactment of the country's Labour Code or Presidential Decree 442 heralded the state's vigorous campaign to promote the export of labour. An elaborate state machinery to implement and facilitate this programme was created, beginning with the establishment of the Overseas Employment Development Board (OEDB) which was eventually reorganised in 1982 as the Philippine Overseas Employment Administration (POEA). This state apparatus has expanded to a total of 20 government agencies involved in almost all stages of the migration process: from training, finding labour markets abroad to pre-departure orientation seminars, repatriation and re-integration as well as entrepreneurial skills development. According to Rochelle Ball (1997) and Dovelyn Rannveig Agunias (2008), this is even promoted as a 'model' for other sending countries. Despite initial plans for labour export to serve as a temporary stop-gap, labour export continues to this day and accounts for ten percent of the country's gross domestic product (GDP). Since 1975, annual levels of employment abroad have continued to rise in parallel with remittance flows, which amounted to US$16.4 billion in 2008 alone (Figure 1). Remittances from nurses account for 30 percent of these (Lorenzo et al. 2007). It is also believed that there are Filipino workers in 239 countries in the world with workers processed for work abroad averaging 3,000 on a daily basis (Morelos 2009). Today, there are more than 8 million Filipinos abroad working either as temporary, permanent or irregular migrants, comprising an estimated 25 percent of the Philippines' labour force (Ruiz 2008).

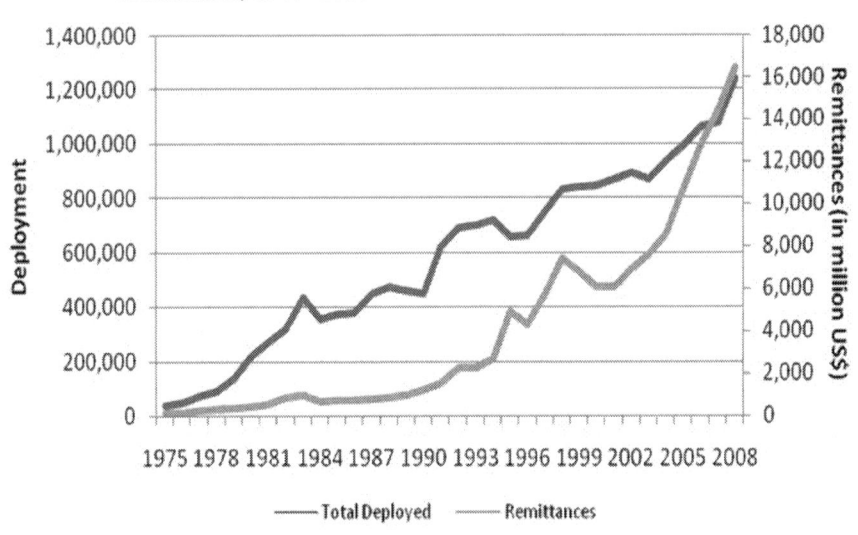

Figure 1: Annual Deployment of Filipino Workers and Overseas Filipino Remittances, 1975–2008

Source: Remittances – Bangko Sentral ng Pilipinas (2009); Deployment data – POEA (2008)

Clearly, beyond explanations of 'push and pull' factors, the state is implicated in what Lorenzo et al. (2007) describe as the largest outflow of Filipino professional workers abroad. Indeed, as Choy (2003) demonstrates, contemporary transnational accounts of nurse migration are nothing new because Filipino nurses were already migrating to the US as early as the 1900s. Nonetheless, while nurse migration continued in different waves in post-World War II Philippines, such as in the 1950s when the US launched its Exchange Visitors Program and after the US passed the 1965 Immigration Act, a large-scale exodus of nurses was not observed until 1982 owing to the state-sponsored migration bureaucracy already in place (Ball 2004). Furthermore, Ball writes that this heralded the expansion of temporary contract migration of Filipino nurses by "volume, by level of organisation, and by destination" (ibid.: 123), in contrast to the permanent emigration to the US in the earlier periods. Along with the sophisticated state apparatus that supports the stipulation of contracts for migrants, private recruiters, whose role Ball describes as "circumscribed by, and gains definition through, the regulatory power of the sending state" (ibid.:124), increasingly grew in size. Thus, the role of the state in further globalising care work has begun in earnest in the 1980s. The following sections specifically explain the role of the state, the policies it engenders and the legal framework it establishes that make it an active player in the outflow of nurses.

3.1 Gender-friendly Laws in the Midst of Neo-liberal Restructuring

The Asian Development Bank et al. (2008) report that the Philippines has made significant strides in advancing the welfare of women. With much impetus from vibrant women's civil society groups, the country has enacted several policies since its re-democratisation in 1986 that are deemed to be gender-friendly, such as laws against sexual harassment, trafficking, domestic violence and rape. Most recently, it approved a Magna Charta for Women. It is also signatory to the 1990 UN Convention on the Protection of the Rights of All Migrant Workers and Members of their Families (Migrant Workers Convention) and the 1979 Convention on the Elimination of Discrimination against Women (CEDAW). Thus, the Philippines is widely regarded specifically in Southeast Asia as having a fairly advanced set of laws to promote gender equality and women's empowerment. Nonetheless, legislating and implementing these types of measures has not affected the economic arena or even policies on nurses, given that nine in ten of migrating nurses are women. For instance, the 2002 Philippine Nursing Law, the latest amended version of a measure enacted in the 1950s, is gender-blind and lacks provisions addressing the gender dimension of nursing as an occupation.

Moreover, at the same time these supposedly gender-friendly measures were being passed, the country was undergoing neo-liberal restructuring as a result of its commitment to opening its markets through the World Trade Organisation (WTO) at the global level and the Association of Southeast Asian Nations (ASEAN) Free Trade Agreement at the regional level. As a result, the government has pursued major economic restructuring by liberalising key industries such as telecommunications, financial services and banking, and privatising water utilities and the oil industry (Encinas-Franco 2007). In addition, labour, monetary and fiscal policies as well as debt servicing are managed in a bid to lure foreign direct investment and maintain market competitiveness. This has significant consequences for the health sector and health professionals such as nurses. Misra et al. write that "neo-liberal strategies have contributed to care crises across the globe, while encouraging women workers in poorer countries to emigrate in order to support their families" (2006: 320).

In the Philippines, economic restructuring has also reduced the budget for social services and the health sector. Specifically due to debt servicing, the state is obliged to pay to improve its international credit ratings for foreign investors. Since the 1990s, the health budget has been one to two percent of the national budget, well below the World Health Organisation's standard of five percent. This has dire consequences for women both as constituents of health programmes and as members of the health labour market (Encinas-Franco 2007). Cutbacks in health sector expenditure further increase women's unpaid work in social reproduction. At the same time, salaries of public health workers such as nurses have shrunk. In particular, the 1992 Magna Charta of Public Health Workers is problematic given that since the health sector was devolved, poor local government units, which are required to pay the subsistence allowances and hazard pay, are either having financial difficulties or do not prioritise health in their agenda. Moreover, the Philippine Nurses Association (PNA) has complained that the Nursing Law approved in 2002 has not been totally implemented and public health nurses have never received the salary supposedly mandated for them (PNA 2008). The new round of salary increases for public sector employees has also failed to rectify this omission, which is particularly relevant since the government is the biggest employer of Filipino nurses. In all, these factors that are largely the result of state action constitute a push factor for nurse migration and ensure the transnationalisation of care work.

The Philippines' entry into the global economy through membership of the WTO supposedly offers a framework for nurse migration under its General Agreements in Trade in Services (GATS), Mode 4, which allows entry of natural persons from a WTO member country to provide services in another WTO member country. However, confusion and ambiguities regarding its scope and terminology limit its relevance to nurse migration (Kingma 2006). To counter this, the Philippines has entered into bilateral trade agreements and mutual recognition agreements (MRAs). But these agreements do not cover Saudi Arabia, where a majority of Filipino nurses are employed. As of 2006, the Philippines has only two bilateral agreements on nurses, with Norway and the UK.

3.2 Japan and the Philippines: Trade for Labour Market

Consistent with neo-liberal restructuring, the Philippines concluded a free-trade agreement with Japan called the Japan-Philippines Economic Partnership Agreement (JPEPA) in 2008. The inclusion of labour migration in bilateral free trade agreements in ASEAN is "dictated by its member countries' increasing reliance on labour mobility to drive their respective economies" (Natividad 2009: 3).

JPEPA is the Philippines' first trade agreement in 50 years. Japan is one of its biggest sources of foreign direct investments and its second-largest trading partner. Among others, JPEPA allows both parties to give each other most-favoured-nation status and remove tariffs in key areas such as agricultural and industrial goods. Under the agreement, nurses are allowed to practice in Japan if they have passed the Philippine licensure examination and have at least three years' work experience; if they undergo six months of skills and language training in Japan; and if they pass the Japanese nursing examination after no more than three attempts. Filipino nurses are allowed a maximum of two years' stay in Japan to comply with the requirements. The agreement does not however specify who pays for the training. Nana Oishi observes that the impact of the agreement on the care sector is expected to be minimal because of the strict conditions for entry and argues that, if anything, JPEPA "provide[s] little economic opportunity for most Filipino women who are in desperate economic situations" (2005: 42). She argues that the "opening of the care sector was partly used as a political compromise to proceed with the bilateral economic partnership that would serve Japan's overall interests in trade and investment" (ibid.). Even the PNA (2009) rejects JPEPA on many grounds. First, it asserts that the Japanese government has not even improved the conditions of Japanese nurses themselves who have argued that reforms should first be instituted on them before Filipino nurses are even allowed to enter Japan. Hence, the agreement virtually puts Filipino nurses in an unfavourable working environment to begin with. Second, Filipino nurses have trainee status until they have passed the Japanese licensure examination. Under the trainee system that is well-entrenched in Japan, Filipino nurses with trainee status are paid 'allowances' rather than salaries because, under the Japanese Immigration Control Act, trainees are not considered workers. Third, the PNA argues that, although language skills are important for care work, the Japanese language requirements are too strict and Filipino nurses will not be able to satisfy them; as a result, Filipino nurses will never be able to advance past trainee status. Finally, the PNA is concerned that Japan's failure to ratify the International Labour Organisation (ILO) Convention no. 111, otherwise known as the Discrimination (Employment and Occupation) Convention, is "an indication that the Japanese government is not keen on addressing the persistent problem of discrimination on the basis of race, gender, language and social status in Japan" (Samaco-Paquiz n.d.: 2). This makes Filipino nurses vulnerable to abuse and exploitation. Moreover, the conditions set out under the agreement create a great risk for irregular migration. Since nurse training is expensive by Philippine standards, additional training fees and strict requirements to be legally employed in Japan certainly create incentives to overstay after trainee status has expired, so as to recoup investments, if there are no prospects for legal employment.

3.3 Nurse Education and the Case of the 'Missing Nurses'

Along with neo-liberal restructuring, the state re-engineered its educational sector to meet the demands of the international market. Flexible, market-oriented and user-driven tertiary education and training programmes were established (Tan 2005). At the same time, a law was passed to decentralise the public elementary and secondary educational system and establish the Commission on Higher Education (CHED). The Technical Education and Skills Development Authority (TESDA) was created to certify skills for vocational and technical education that would prepare learners for local and overseas employment. In 2004, the government issued an order mandating that TESDA vocational programmes should count towards eventual higher education degrees, which allows university students to acquire vocational technical skills, such as practical nursing, during their first two years and be employable even without finishing a degree.

These developments, coupled with the relentless pronouncements of the state that nurses are supposedly in great demand overseas, has greatly transformed education for nurses, making it more commercial and transnational. This has also affected the current supply of Filipino nurses and the quality of their work.

Nurse enrolment increased exponentially over the past decade. According to the CHED, there were 460 nursing colleges as of 2006, producing an average of 20,000 nurse graduates annually (Lorenzo et al. 2007). Because most of these schools had low standards, only half of their graduates eventually passed the nursing board. This prompted the CHED to move for a moratorium on new nursing schools. According to the PNA, only 12 nursing programmes are considered excellent, and an additional 18 are classified as high-performing based on board examination performance of graduates. Only 20 percent of 1,600 hospitals have facilities for training. Stiff competition among nursing board examination review schools also resulted in reports of cheating in the 2006 nursing board examinations, compelling the government to nullify the results. These developments have resulted in the dismal 50 percent passing rate in recent years.

Nurse education in the Philippines has also been transformed in the midst of massive state promotion of nursing as supposedly being in demand abroad. A case in point is the practical nursing programme which is a step by step ('ladderised') programme created by the CHED to bridge the gap between technical-vocational courses and college degrees, in the process supposedly creating job opportunities for graduates. A student of the practical nursing programme, for example, does not have to complete the whole nursing course but will learn the basics of being a nurse. In essence, the practical nursing programme is another way in which the state encourages the emigration of care work and makes it even less expensive with the 'promise' that students can find jobs after only two years. The PNA argues that there is little local or international demand for practical nurses nor are they sanctioned by the Philippine health care delivery system. Nor does the Philippine Nursing Law of 2002 provide for a licensure examination for practical nurses; as a result it is illegal for them to work. It is however common among nursing schools to advertise the practical nursing programme as a passport to the US.

Because Filipino migrants are known for their English language skills and ability to learn other languages, state pronouncements of world-class Filipino workers almost always mention this. Thus, language becomes a necessary 'ingredient' in producing nurses. Some nursing schools ubiquitously display posters that they are 'English-speaking schools', obviously playing on the overseas career prospects of students. On the other hand, even before JPEPA was finalised, the Asian Development Bank et al. (2008) reported that other schools were already embarking on Japanese lessons.

The result of all these developments is the case of the 'missing nurses'. According to Lorenzo et al. (2007), only 58 percent of the more than 300,000 registered nurses were employed abroad or locally. This translates into a net surplus of registered nurses, with the best quality and those with specialised training in paediatrics, psychiatry, etc. already abroad. Explanations that may account for this (Encinas-Franco 2007): Strict requirements and low quality of nursing schools prevent nurses from working abroad especially in the prime markets such as the US and Europe. Another explanation is that some may be waiting for international or local job placements. Finally, the term 'oversupply' or net surplus may not apply at all, as a more appropriate term 'missing' nurses should be used. This may indicate that these registered nurses are either unemployed or have shifted to occupations locally or abroad that may not necessarily be hospital or clinic-based. This may also be happening to nurse graduates unable to pass the board examinations. Because there is no systematic database or monitoring of health professionals locally and abroad, it is difficult to determine the extent of this trend.

3.4 Expanding the Market in the Midst of the Global Financial Crisis

Nurses also figure prominently in the state's response to the ongoing financial crisis. At the onset of the crisis, initial projections of international organisations such as the World Bank (2009), the International Labour Organisation (2009) and the International Organisation for Migration (2009) warned that remittance flows to the Philippines would slow due to decreased demand for workers in East

Asia and the Middle East. Still, Manolo Abella and Geoffrey Duscanes (2009) argue that demand for health professionals will continue despite the crisis. Along with the directive for the POEA to "execute a paradigm shift by refocusing its functions from regulation to full-blast markets development efforts, the exploration of frontier, fertile job markets for Filipino expatriate workers",[3] President Gloria Macapagal-Arroyo launched the Nurses Assigned in Rural Service (NARS) programme ostensibly as a response to the global financial crisis. The aim was to "create a pool of 10,000 nurses who are adequately trained with enhanced clinical and public health competencies and readily available for local and overseas employment" (DOLE 2009: 2). The programme deploys an average of five nurses to each of the 1,000 poorest municipalities for a six-month tour of duty. Another batch will be deployed for the second half of the year. These nurses will undergo training to learn skills covering both clinical and public health functions. Applicants who are dependent on workers affected by the financial crisis will be given priority. The nurses should be under 35 years old and must be residents of the municipality.

Obviously, this programme responds to the PNA's recent condemnation of the exorbitant fees charged by some hospitals and clinics for nurses to use their training facilities so they can meet the requirements for jobs abroad. Because training facilities are limited, some hospitals started charging 'training fees'. Because the programme is facilitated by the state using state funds and nurses are paid a stipend/allowance between US$160 to US$ 200 per month, the state in effect subsidises the training needed by nurses to qualify for work abroad. The state has evidently responded to arguments that health professionals will continue to be in great demand despite the crisis by making it easier for nurses to apply for work abroad.

4 Conclusion

Evidently, the exodus of Filipino nurses along with general labour out-migration will continue to transform Philippine society in varied ways. This essay has provided evidence that the state has been a more than willing and active participant in this transformation. Indeed, working abroad has provided avenues for Filipino nurses to gain upward mobility and provide for their families, as expressed by the nurse mentioned at the beginning of this essay. However, explicit state action to cope with neo-liberal economic restructuring has expanded the exodus of

---

[3] Administrative Order 247 of 4 December 2008, available at http://www.pinoy-abroad.net/img_upload/9bed2e6b0cc5701e4cef28a6ce64be3d/AO247.pdf (accessed 7 April 2010), page 2.

nurses and marginalised a larger number of Filipino nurses, pushing them into unemployment, underemployment and vulnerability to abuse and exploitation. Efforts to mitigate and address the ill effects of nurse migration must therefore seriously consider the dynamics, processes and discourse at the state level to find lasting and workable solutions to this problem.

References

Abella, Manolo, 1992: "Contemporary Labour Migration from Asia: Policies and Perspectives of Sending Countries", in: Kritz, Mary M./Lim, Lin Lean/Zlotnik, Hania (eds.): *International Migration Systems: A Global Approach*, Oxford, p. 263–278.

Abella, Manolo/Duscanes, Geoffrey, 2009: *The Effects of the Global Financial Crisis on Asian Migrant Workers and Governments' Responses*, Paper Presented at the International Labour Organization Conference "Responding to the Economic Crisis – Coherent Policies for Growth, Employment and Decent Work in Asia and Pacific". Manila, Philippines, 18–20 February 2009, available at http://www.age-of-migration.com/uk/financialcrisis/updates/1d.pdf (accessed 07.04.2010).

Agunias, Dovelyn Rannveig, 2008: "Managing Temporary Migration: Lessons from the Philippine Model", *Migration Policy Institute Insight*, October 2008, available at http://www.migrationpolicy.org/pubs/Insight_POEA_Oct07.pdf (accessed 07.04.2010).

Asian Development Bank/Canadian International Development Agency/European Commission/National Commission on the Role of Filipino Women/United Nations Children's Fund/United Nations Development Fund for Women/United Nations Population Fund, 2008: "Chapter 4: Labour Migration", in: Asian Development Bank et al. (eds.): *Paradox and Promise in the Philippines: A Joint Country Gender Assessment*, Mandaluyong City, Metro Manila, Philippines, p. 41–47, available at http://www.adb.org/Documents/Reports/Country-Gender-Assessments/cga-phi-2008.pdf (accessed 07.04.2010).

Bach, Jonathan/Solomon, M. Scott, 2008: "Labours of Globalization: Emergent State Responses", *New Global Studies* 2(2) 2008, p. 1–19, available at http://www.bepress.com/ngs/vol2/iss2/art1 (accessed 28.07.2009).

Ball, Rochelle, 1997: "The Role of the State in the Globalisation of Labour Markets: The Case of the Philippines", *Environment and Planning A. International Journal of Urban and Regional Research* 29(9) 1997, p. 1603–1628.

Ball, Rochelle, 2004: "Divergent Development, Racialised Rights: Globalised Labour Markets and the Trade of Nurses – The Case of the Philippines", *Women's Studies International Forum* 27(2) 2004, p. 119–133.

Bangko Sentral ng Pilipinas, 2009: Overseas Filipinos' Remittances, available at http://www.bsp.gov.ph (accessed 07.04.2010).

Basch, Linda Green/Schiller, Nina Glick/Szanton Blanc, Cristina, 1994: *Nations Unbound: Transnational Projects, Postcolonial Predicaments, and Deterritorialized Nation-States*, London/New York.

Castles, Stephen/Miller, Mark, 2003: *The Age of Migration*, New York.

Choy, Catherine Ceniza, 2003: *Empire of Care*, Quezon City, Philippines.
DOLE [Department of Labor and Employment], 2009: Nurses Assigned in Rural Service (NARS). Brochure, available at http://www.nars.dole.gov.ph/download/NARS_Brochure.pdf (accessed 07.04.2010).
Ehrenreich, Barbara/Hochschild, Arlie Russell (eds.), 2003: *Global Woman Nannies, Maids and Sex Workers in the New Economy*, New York.
Encinas-Franco, Jean, 2007: "The Gender Dimension of Health Professional Migration from the Philippines", in: ASEAN Secretariat (ed.): *Third Report on the Advancement of Women in ASEAN. Gender Dimensions of Globalisation and Regional Integration*, Jakarta, p. 73–102.
Galvez Tan, Jaime, 2005: *Philippines: The Challenge of Managing Migration, Retention and Return of Health Professionals*, Paper presented at the AcademyHealth Conference "Health in Foreign Policy Forum: Migration and the Global Shortage of Health Care Professionals", February 8, 2006, Washington, DC.
Gonzalez, Joaquin, 1998: *Philippine Labour Migration: Critical Dimensions of Public Policy*, Singapore: Institute of Southeast Asian Studies.
Goss, Jon/Lindquist, Bruce, 1995: "Conceptualizing International Migration: A Structuration Perspective", *International Migration Review* 29(2) 1995, p. 317–351.
Guevarra, Anna Romina, 2006: *The 'New Aristocrats': Filipino Nurses, Cultural Capital, and the Nurse Shortage*, Paper presented at the American Sociological Association, Montreal Convention Center, Montreal, Quebec, Canada, August 10, 2006, available at http://www.allacademic.com/meta/p104975_index.html (accessed 07.04.2010).
Hollifield, James, 2008: *The Politics of Immigration Control: A Comparative and Historical Perspective*, Paper Presented at the 49th Annual Meeting of the International Studies Association, San Francisco, California, March 26, 2008, available at http://www.allacademic.com/meta/p253665_index.html (accessed 07.04.2010).
Inamarga, Rudolf N., 2004: "Aspirations, Identities and Strategies: Migration and Career Trajectories of Filipino Nurses", *MINDAyawan Journal of Culture and Society* 1(1) 2004, p. 74–96.
International Labour Organization, 2009: *The Fallout in Asia: Assessing Labour Market Impacts and National Policy Responses to the Global Financial Crisis*, Bangkok: ILO Regional Office for Asia and the Pacific, available at http://www.ilo.org/wcmsp5/groups/public/---asia/---ro-bangkok/documents/meetingdocument/wcms_101730.pdf (accessed 07.04.2010)
International Organization for Migration, 2009: "The Impact of the Global Economic Crisis on Migrants and Migration", *IOM Policy Brief* March 2009, available at http://iom.ch/jahia/webdav/site/myjahiasite/shared/shared/mainsite/policy_and_research/policy_documents/policy_brief_gfc.pdf (accessed 07.04.2010).
Kingma, Mireille, 2006: *Nurses on the Move: Migration and the Global Health Care Economy*, New York.
Lorenzo, Fely Marilyn E./Galvez Tan, Jaime/Icamina, Kriselle/Javier, Lara, 2007: "Nurse Migration from a Source Country Perspective: Philippine Country Case Study", *Health Service Research* 42(3p2) 2007, p. 1406–1418.

McGrew, Andrew, 2008: "Globalization and Global Politics", in: Baylis, John et al. (eds.): *Globalization of World Politics: An Introduction to International Relations*, 4th Edition, New York, p. 14–35.
Misra, Joya/Woodring, Jonathan/Merz, Sabine N., 2006: "The Globalization of Care Work: Neoliberal Economic Restructuring and Migration Policy", *Globalizations* 3(3) 2006, p. 317–332.
Morales, Izah, 2009: "'Take initiative' – Nursing topnotcher", *Inquirer Global Nation*, 20 February 2009, available at http://globalnation.inquirer.net/news/breakingnews/view/20090220-190094/Take-initiativeNursing-topnotcher (accessed on 07.04.2010).
Morelos, Miko, 2009: "Filipinos Found in Every Country in the World", *Philippine Daily Inquirer*, 12 April 2009.
Natividad, Joselito N., 2009: *Globalization, Labour Migration and FTAs*, Paper Presented at the Asia-Pacific Roundtable on the ASEAN Labour Migration and Free-Trade Agreements: A Regional Workshop co-sponsored by Asia-Pacific Mission for Migrants (APMM) and Asia-Pacific Research Network (APRN) in the Philippines from September 19–20, 2009, http://eiler.ph/wp-content/downloads/ASEAN%20FTAs%20and%20Migration.pdf (accessed 22.04.2009).
Oishi, Nana, 2005: *Women in Motion: Globalization, State Policies, and Labour Migration in Asia*, Stanford, California.
PNA [Philippine Nurses Association], 2008: *Many Filipino Nurses Now Underemployed and Unemployed*, Press Release of July 8, 2008, available at http://www.pna-ph.org > Press Releases (accessed 07.04.2010).
PNA [Philippine Nurses Association] 2008. *Nurses Cry Over Long Overdue Salary Increase*, Press Release of July 24, 2008, available at http://www.pna-ph.org/press_download.asp?file=20080724.pdf (accessed 18.04.2010).
PNA [Philippine Nurses Association], 2009 *Position Statement on the JPEPA*, 10/29/2009, available at http://www.pna-ph.org > Position Papers (accessed 07.04.2010).
POEA [Philippine Overseas Employment Administration], 2009: Overseas Employment Statistics, available at http://www.poea.gov.ph/html/statistics.html (accessed 08.12.2009).
Rodriguez, Robyn, 2003: *Globalization and State "Experimentalism": International Migration and the "Labour Brokering" Philippine State*, Paper Presented at the Annual meeting of the American Sociological Association, Atlanta, Georgia, August 16, 2003, available at http://www.allacademic.com/meta/p107193_index.html (accessed 07.04.2010).
Ruiz, Neal, 2006: *Extending the Arms of the State: Overseas Filipinos and Homeland Development*, Paper Presented at the Annual Meeting of the International Studies Association, San Diego, California, USA, March 22, 2006, available at http://www.allacademic.com/meta/p100636_index.html (accessed 07.04.2010).
Ruiz, Neal, 2008: "Managing Migration: Lessons from the Philippines",*Migration and Development Brief* 6 (2008), available at http://siteresources.worldbank.org/INTPROSPECTS/Resources/334934-1110315015165/MD_Brief6.pdf (accessed 07.04. 2010).
Samaco-Paquiz, Leah Primitiva (n.d.): *Position Statement on the Japan-Philippines Economic Partnership Agreement (JPEPA): Why Our Nurses are Against JPEPA*, available at http://japan.pinoy-abroad.net/pna_statement.pdf (accessed 10.03.2010).

Tan, Edita, 2005: "Policies and Institutions for Training and Skills Development of Migrant Labour", in: International Organization for Migration (ed.): *Labour Migration in Asia: Protection of Migrant Workers, Support Services and Enhancing Development Benefits*, Geneva, p. 219–268.

Tigno, Jorge, 2003: *Governance and Public Policy in the Philippines: Republic Act 8042 and the Deregulation of the Overseas Employment Sector*. Unpublished PhD Dissertation. College of Social Science and Philosophy. University of the Philippines, Diliman.

Tyner, James, 1999: "The Global Context of Gendered Labor Migration from the Philippines to the United States", *American Behavioral Scientist* 42(4) 1999, p. 671–689.

Tyner, James, 2008: *The Philippines: Mobilities, Identities, Globalization*, New York.

World Bank, 2009: Battling the Forces of Global Recession", *East Asia and Pacific Update* April 2009, Washington DC, available at http://siteresources.worldbank.org/INTEAPHALFYEARLYUPDATE/Resources/550192-1238574864269/5976918-1239010682147/update_april09_fullreport.pdf (accessed 07.04.2010).

The Globalization of Care in Taiwan: From Undutiful Daughter-in-law to Cold-blooded Migrant Killer

Frank Wang

Scholars of welfare state regimes have characterised welfare states in East Asian countries as predominantly productivist developmental states with a Confucian culture (Holliday 2000; Wood/Gough 2006; Kwon 2005; Lee/Ku 2007; Jones 1993). That is, caring for frail family members is considered to be a family responsibility under the influence of Confucianism, rather than a social issue to be dealt with by the state. In terms of public intervention, social policies are subordinate to economic policies, which are aimed at economic development (productivist). Social expenditures are heavily weighted towards education or investment in human capital (developmental). Although welfare states in Taiwan, South Korea and Japan share these characteristics, what distinguishes Taiwan from South Korea and Japan in its response to population ageing is its recruitment of semi-skilled migrant domestic care workers during the last seventeen years, which is the focus of this analysis.

Using care as a concept for policy analysis, Williams (2003) has proposed conceptualising care as the processes of social reproduction involved in meeting the needs of children, the frail elderly, and persons with disabilities. She points out three dimensions that shape the social organisation of care: the changing forms of the welfare state, the level of globalisation, and the impact of social movements. Therefore, the high level of globalisation in the organisation of care work in Taiwan should be seen in the context of a changing welfare state and collective resistance by women, disabled persons, the elderly and even migrant workers. As Fraser (1989) has pointed out that welfare policy is a contested domain for the interpretation of needs, the need for care can be conceptualised as a contested domain among various competing discourses. In order to reveal the ideological effects of the dominant discourse on elder care in Taiwan, this report will focus on the historical shift in images of the female caregiver who fails to conform to this discourse. Two prevailing images of women, the undutiful[1] daughter-in-law and the cold-blooded migrant killer, are examined to reveal the formation of a global chain of care in Taiwan within the last two decades.

This report consists of five parts. First, the function of Confucian teachings on family ethics to minimise the role of the state and to relegate women to the role of family caregivers in Taiwan will be discussed to explain the rise of the care market. Next, the formation of the care market will be traced and the reasons why migrant domestic care workers have become the choice of Taiwanese families will be explained. Third, migrant labour policy will be examined to show how migrant domestic care workers have insufficient legal protection against the risk of abuse. Fourth, the discursive construction of migrant domestic care workers as cold-blooded killers is presented to demonstrate the media's negative and individualised account of incidents in which migrant workers have attacked their employers. Finally, the policies that make such incidents possible will be analysed to deconstruct these images and point out possible options for change.

1 The Undutiful Daughter-in-law in the Three-generational-family Discourse

Chinese family tradition has long defined caring for elderly people as a family responsibility, and therefore women's responsibility (Hu 1995). For years, care for elderly people has been assumed to be the responsibility of their families. However, this dominant ideology has been challenged since the democratisation process began in the late 1980s. These changes in ideology about the family caring for the elderly in Taiwan have implications for policy formation and enforcement. The traditional system allows the government to play a minimal role in the provision of long-term care by defining elder care as a private responsibility instead of a public one. The government provides institutional care to a strictly defined population, namely those elderly persons who are poor and without family. Any attempt to expand the role of government in long-term care is seen as intended to erode the traditional family value system. It is not surprising, then, that when facing the opposition party's request for a public care system for the elderly in 1991, then-premier Ho replied that the 'three-generational family' was the government's policy on caring for the elderly, a policy which left caring tasks to families (United Daily News 1991). This policy on family care was clearly expressed in a policy announcement made by Premier Ho:

---

[1] According to Webster, 'undutiful' has been used in English since 1587. I use the word dutiful to emphasise the Confucian teaching of filial piety which defines the duties associated with each role within the family, including those of the daughter-in-law.

"The three-generation family is the ideal type of family in Taiwan and the promotion of this ideal type of family should be the future of Chinese elder care. There will be no need for Taiwan to develop a comprehensive long-term care system like the West, especially the Scandinavian, if all Taiwanese families are three-generation families. Taiwanese people need to preserve our traditional filial responsibility toward our elderly parents. That is the root of Chinese culture. Given the declining fiscal situation of Western governments, we should not follow in their footsteps to establish an expensive public elder care system but continue to work hard to preserve the economic achievement which we have earned in the past forty years." (United Daily News 1991)

The choice of the three-generational family as the framework for interpreting elder care policy is not coincidental, but has historical and cultural roots. The use of family discourse in Chinese politics, the promotion of family values, and the appeal to filial piety in the public domain can be traced back to traditional Chinese political thought. Many political scientists have noted that imperial China established its political infrastructure through the extension of the royal family, and they consider integrating the family structure and political structure the basis for the long success of imperial China (Wong 1981).

The ideal Chinese family system has long been recognised as a perfect example of patrilineal patriarchy (Hamilton 1990; Gates 1987). Only males could inherit; female children were seen as only temporary members of the family and thus were trained in household skills so they could be married into a friendly, rich and powerful household (Copper 1990). A man and his sons and grandsons, forming a property-owning corporation, ideally lived together in a continuously expanding household that might encompass the proverbial 'five generations under one roof.' For elderly Chinese, the multi-generational family has symbolised a secure old age because the number of young men and their potential wives represents the amount of caring labour available during their old age. In the patrilineal version of kinship relations, women take a distinctly and overtly inferior place. Because a daughter is considered less valuable than a son, almost not a member of the family, her only legitimate destiny is to marry and become a mother in some other family.[2] A married woman is expected to act as a humble, subservient daughter to her parents-in-law and to obey her mother-in-law in everything. Warm and affectionate relations between wife and husband are to be

---

[2] This patrilineal determination of women's role is reflected in the division of caring tasks for elderly family members between daughters and daughters-in-law. When an elderly family member is in need of care, unmarried daughters can choose not to share the work while daughters-in-law have no option but to take the role of caregivers. The logic is that daughters are supposed to care for elderly members of their husbands' families. In other words, daughters are viewed by Chinese parents as daughters-in-law of other families.

concealed, if they develop, for fear of the mother-in-law's jealous disapproval, as the security of her old age depends on her son.

With the birth of a son, the daughter-in-law will earn a place in her husband's family, and the status of a daughter-in-law depends upon the number of sons she bears, which makes mothers more attached to their sons. As time passes, with the arrival of a daughter-in-law, she achieves a position of authority as a mother-in-law and her life improves with the onset of old age (Gallin 1994; Gates 1987). This transformation of daughter-in-law to mother-in-law had been normalised as a pattern of living for most Chinese women, a relationship in which the older female generation consistently abuses the younger. Within this mother-/daughter-in-law relationship, a vicious cycle in which women are by turns the oppressor and the oppressed extracts women's caring labour for the family (Hu 1995). The patriarchal family structure positions women to provide the family with the necessary caring labour. In this context, we can fully understand why it is important for a woman to come to her husband's home as a submissive and exploitable bride, because the daughter-in-law is the one designated to carry out the caring tasks for elders in a family.

Married Taiwanese women are constantly monitored with regard to their care work in the family. Those who fail to obey the norm of submissive daughter-in-law and to care for family members are regarded as undutiful. The familiar images of obedient daughter-in-law and harsh mother-in-law are deeply rooted in the fables and slang of Taiwanese society and have become the norm for examining women's practices of care within the family. When an elderly person is in need of care, the question is always 'where is the family?' and, in fact, it is the daughter-in-law who is scrutinized and examined. Although it is becoming increasingly difficult for Taiwanese women to stay at home to carry out all care tasks within the family by themselves as in the traditional agricultural economy, it remains women's responsibility to manage care work within the family. 'Pass the dirty work to others' becomes the strategy for daughters-in-law who are unable or unwilling to care for the family by themselves. The need for substitutes has created a growing market, as Taiwanese women have been integrated into the labour market since the 1960s, when Taiwan's economy started to become more industrialised.

2 Care Goes to Market

With the increasing rate of female employment and an ageing population, providing care has become difficult in most societies (Taylor-Goody 2004). Since the early 1990s, the lack of public intervention has turned the rising needs for elder care into a profitable market. At the top of the care market (see Figure 1), private nursing attendants[3] represent the most expensive service that only affluent families can afford for a long period of time. The need for nursing attendants originates from the hospital's requirement that a family member be available at the bedside when someone is hospitalised. Due to the shortage of nursing staff in hospitals and a form of family ethics in general, the daily care of a patient is considered the duty of family. Those families who do not have a spare member have no choice but to hire private nursing attendants. Nursing attendants are very expensive, costing US$60 per day or US$1,800 per month. Thus, most families hire an attendant only as a last resort.

Figure 1: Structure of the care market in Taiwan

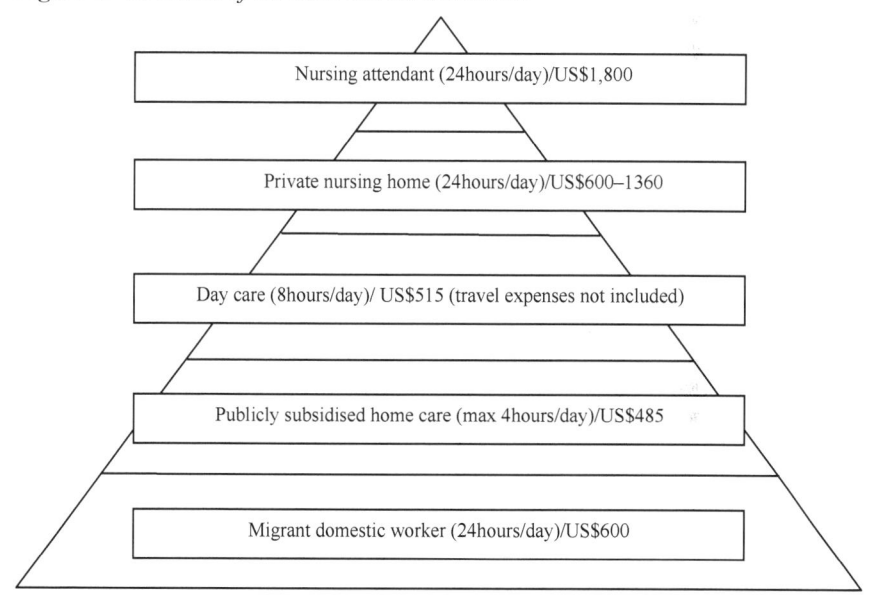

- Nursing attendant (24hours/day)/US$1,800
- Private nursing home (24hours/day)/US$600–1360
- Day care (8hours/day)/ US$515 (travel expenses not included)
- Publicly subsidised home care (max 4hours/day)/US$485
- Migrant domestic worker (24hours/day)/US$600

As the need for care increased, some nursing attendants started to care for extra elderly patients at their own homes in order to double or even triple their income. These small units of elder care were called 'unregistered nursing homes' as they were not regulated by any legislation. According to the Elderly Welfare Act,

---

[3] Nursing attendants are those non-professional local care workers who are hired by families to care for patients on a one-on-one basis in the hospital. They are called nursing attendants because they work as an aide to nurses. They work 12-hour shifts, either in a hospital or private home. Sometimes nursing students will take nursing attendant positions as a part-time job.

services for the elderly must be provided by non-profit organisations. Nursing homes are regulated by the Nursing Act, and sponsors of nursing homes are required to be licensed nurses. The care units run by semi-skilled nursing attendants are for-profit, thus they are neither charitable in nature, nor is the nursing done by professionals. Not only nursing attendants, but also nurses and physicians were involved in this growing, unregulated and profit-driven business. As a result, the number of unregistered nursing homes surged in the mid-1990s in response to the rising need for elder care. The government turned a blind eye to this phenomenon. Only after a fire at the unregistered nursing home Tzu-Ming (慈民安養中心) in 1998, in which 11 persons died, did the government amend the Elderly Welfare Act to regulate unregistered nursing homes. The cost for nursing homes varies from US$600 to $1,800 per month, depending on location and the quality of services due to market competition. Nursing homes have now become major employers of migrant care workers in order to reduce their personnel expenses.

Although the government has provided public subsidies for home care of elderly people since the 1980s, these subsidies are mainly targeted to the low-income elderly. The residual nature of home care service continues to reflect the government's position on familial ideology toward elderly care and its developmental state orientation. Publicly subsidised home care has been available to all since 2004, but the 40 percent co-payment scheme has made home care less attractive than employing migrant domestic care workers. The publicly subsidised home care and nursing homes meet only a very small proportion of the need for elder care. Since Taiwan began recruiting migrant domestic care workers in 1992, these workers have offered the least expensive form of elder care and have become the primary providers of care at home. The 2000 Population and Housing Census (Directorate-General of Budget, Accounting and Statistics 2000) shows that there were 182,351 elderly persons in need of care, and only 8 percent of them were institutionalised (see Table 1). Among those living in the community, 78 percent of them lived with their families, reflecting the preference among Taiwanese families to care for their elderly members at home. At the same time, 74,793 migrant care workers were reported to be living in Taiwan in 1999 (see Table 3). These care workers were estimated to provide care for approximately 40 percent of the elderly in need of long-term care in Taiwan (Lo et al. 2007). By 2009, the number of migrant care workers[4] caring for frail adults at home had doubled to 163,818. With such rapid growth in the number of migrant

---

[4] The term 'migrant care worker' is used in the general sense to refer to those migrant workers who provide care to patients, elderly or disabled persons, or children either at home or in institutions. In the context of Taiwan, a migrant care worker is officially called a 'migrant welfare worker' by the Council of Labour Affairs. See Figure 1 for detailed description.

Table 1: Housing arrangements among the elderly in need of long-term care (LTC)

	No. of persons 65+ in need of LTC	%	% of those in the community*
Total	182,351	100%	
In institutional care	13,969	8%	--
Living alone	25,083	14%	15%
Living with spouse	20,140	11%	12%
Living with adult children	107,815	59%	64%
Living with relatives or friends	15,344	8%	9%

* 'In the community' refers to those elderly persons who do not live in an institutional care facility and therefore need some type of assistance with daily living. The living arrangement indicates the level of family care.
Source: Population and Housing Census (Directorate-General of Budget, Accounting and Statistics 2000)

care workers, the proportion of care provided by migrant workers now likely exceeds the 40 percent estimated in 1999.

If we examine the composition of the care supply in 2005, we can see the increasing importance of migrant workers in the care market. Chen et al. (2005) reported that the capacity of institutional care was 56,038 persons and that of publicly subsidised home care was 28,138, for a total capacity of 84,176 persons. However, the total number of migrant domestic care workers was 135,659, or two-thirds of the capacity provided by the system of long-term care in Taiwan (see Table 2). This figure shows that migrant domestic care workers provide 62 percent of long-term care services, and the use of migrant care workers continues to grow.

Migrant labour policy has unintentionally become the most decisive force in shaping the organisation of long-term care in Taiwan. The residual nature of long-term care policy forces families into the market, where migrant workers

Table 2: Supply of long-term care in Taiwan in 2005

Institutional care[a]	56,038	25%
Publicly subsidised home care[a]	28,138	12%
Migrant domestic care workers[b]	141,752	63%
Total	219,835	100%

Data sources: a: Chen et al. (2005: 50–51); b: Council of Labour Affairs (2010a)

offer the cheapest and most easily available type of care. In 2005, the Council of Labour Affairs (CLA) tried to integrate long-term care into the needs assessment process as a way to regulate the rapid increase in migrant workers. However, the developmental nature of the welfare state and reluctance to invest in the elderly and the disabled has left the public care system underdeveloped and lacking the necessary managerial capacity in needs assessment to regulate migrant workers. The sheer number of applications far exceeds the current capacity of the long-term care system, and the Ministry of Health, which is in charge of case management services for long-term care, has resisted this task. The need for elder care has therefore taken a different path to privatisation, not through the family based on Confucian teaching, but through the market via a transnational exchange of caring labour, which Hochschild (2000) has called 'global care chains'.

3 Migrant Worker Policy

In the late 1980s, after a decade of mainland China's open-door policy, Taiwan's manufacturing industry began to transfer its operations to China, where labour costs are much cheaper. This wave of industrial relocation created a sense of crisis for policymakers in Taiwan. Taiwanese employers claimed that relocation was necessary because they could not find sufficient labour, and therefore pushed the government to recruit migrant workers. Liu (2000) argued that this 'labour shortage' was fabricated by employers to create competition between local workers and migrants and to strengthen their bargaining power. In 1992 the Taiwanese government decided to start recruiting migrant workers (*weilao*, 外勞) in order to ensure sufficient labour for economic development. In doing so, it adopted the 'guest worker' principle: Migrants are not granted permanent resident status in order to keep them from settling permanently in Taiwan. The government has put in place a system of quotas and contract employment to regulate the number of foreign workers. Recruitment is limited to certain industries and occupations. Only those industries that meet the '3D criteria' (dirty, dangerous, and demeaning) are eligible, for these jobs are considered those no Taiwanese worker would want. This policy applies only to blue-collar workers; work permits for foreign white-collar workers,[5] such as professionals, technicians, and managers, are approved on a case-by-case basis, without quota restrictions, and these workers are entitled to permanent residence after working legally in Taiwan for five years.

---

[5] The distinction between white-collar and blue-collar occupations is based on migrant workers' salaries.

Soon after it began recruiting manufacturing workers, the government added the second type of migrant worker, the 'migrant care worker', later called 'migrant welfare worker' (福利外勞). Recruiting migrant care workers is presented as a cost-saving response to the growing demands for paid child care and elder care among the expanding nuclear households and the ageing population, so it is considered a type of welfare. Ironically, this welfare is not provided by the state, but by the market; all the government does is give families the right to access the market.

In order to apply for a migrant worker to provide care at home, elderly or disabled persons must go to a public hospital to be assessed by the medical team according to the Barthel Index. Those who score under 30 are considered to be in need of intensive care and can apply for a migrant domestic care worker. Then the family has to register with the Long-Term Care Management Centre to see if home care services can meet the family's care needs. The purpose of this is to ensure employment opportunities for local workers. However, the match rate was less than 0.3 percent in the first six months of 2006 (Central News Agency 2006).

Workers may stay in Taiwan no longer than nine years: Each work permit is valid for three years and may be renewed twice, if the employer is willing to apply for renewal. Migrant workers are not allowed to change employers freely, nor are they allowed to join unions. They are paid the minimum wage, which is NT$15,840 per month.[6] Employers must pay the 'Stable Employment Fee' of NT$2,000 per month to the government in order to compensate for the possible loss of employment opportunities for local Taiwanese workers. The total cost is thus about NT$18,000 (US$600) per month. Although employers' eligibility is subject to strict regulations, the number of Taiwanese families employing migrant domestic care workers has rapidly increased over the past seventeen years (see Table 3). Currently almost 180,000 migrant workers from Indonesia, the Philippines, and Vietnam are legally employed as domestic workers in Taiwan (Council of Labour Affairs 2010b).

There are three types of migrant care workers (see Figure 2). The government first granted work permits to domestic care workers employed to take care of the severely ill or disabled, which has become the largest category of migrant care worker. Later, the government issued a limited number of permits for the employment of home helpers in households with children under the age of 12 or elderly members over the age of 70. The government has stopped issuing almost all permits for home helpers, but sets no quotas on the number of migrant nursing attendants/workers. However, such distinctions are usually blurred in practice.

---

[6] According to the Labour Standard Law, all workers are guaranteed the minimum wage in Taiwan: NT$15,840 (US$480) in 2006, raised to NT$17,280 (US$524) in 2007. However, this raise did not apply to migrant workers' wages, which remain at NT$15,840.

Table 3: Number of migrant workers in Taiwan (1992 to 2009)

	Total migrant workers	Welfare workers[a]	Nursing attendants (at nursing home)[b]	Nursing attendants (at home)[c]	Home helpers[d]
1991	2,999	–	–	–	–
1992	15,924	669	–	306	363
1993	97,565	7,525	–	1,320	6,205
1994	151,989	13,458	–	4,257	9,201
1995	189,051	17,407	–	8,902	8,505
1996	236,555	30,255	–	16,308	13,947
1997	248,396	39,112	–	26,233	12,879
1998	270,620	53,368	–	41,844	11,524
1999	294,967	74,793	–	67,063	7,730
2000	326,515	106,331	–	98,508	7,823
2001	304,605	112,934	2,653	101,127	9,154
2002	303,684	120,711	3,377	110,378	6,956
2003	300,150	120,598	4,126	111,598	4,874
2004	314,034	131,067	5,066	123,157	2,844
2005	327,396	144,015	6,093	135,659	2,263
2006	338,755	153,785	7,153	144,238	2,394
2007	357,937	162,228	7,635	152,067	2,526
2008	365,060	168,427	8,482	157,416	2,529
2009	345,294	174,943	8,829	163,818	2,296

Note: a = b + c + d
Source: Council of Labour Affairs (2010b); Council of Labour Affairs (2010c)

Many households thus provide false information when applying for caregivers and in fact assign them household chores or child-care duties. The third type of migrant care worker is nursing attendants in the institutional care setting, such as a nursing home. Unlike those who work in private homes, migrant workers in institutions are covered by the Labour Standard Law, and therefore have better-working conditions. In Taiwan, workers in private homes are not covered by the Labour Standard Law.

The rise of the care market indicates a different form of privatisation of care work. Like caring for family members, managing migrant workers is also con-

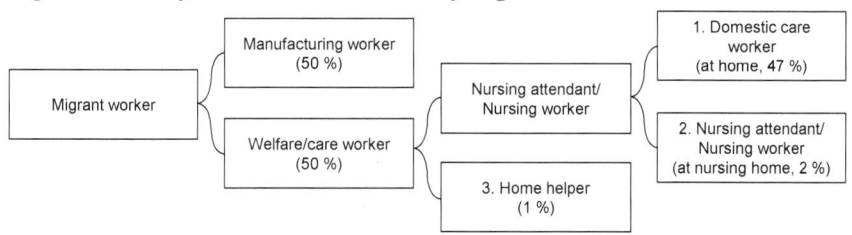

Figure 2: Classification and distribution of migrant workers in Taiwan

```
                          ┌─────────────────────┐                              ┌──────────────────┐
                          │ Manufacturing worker│                              │ 1. Domestic care │
                          │       (50 %)        │                              │      worker      │
┌────────────────┐        └─────────────────────┘      ┌──────────────────┐    │  (at home, 47 %) │
│ Migrant worker │                                     │ Nursing attendant/│   └──────────────────┘
└────────────────┘                                     │  Nursing worker   │   ┌──────────────────────┐
                          ┌─────────────────────┐      └──────────────────┘    │ 2. Nursing attendant/│
                          │  Welfare/care worker│                              │    Nursing worker    │
                          │       (50 %)        │                              │ (at nursing home, 2%)│
                          └─────────────────────┘      ┌──────────────────┐    └──────────────────────┘
                                                       │  3. Home helper   │
                                                       │       (1 %)       │
                                                       └──────────────────┘
```

sidered a family responsibility. Although the migrant worker is responsible for providing care, the family must supervise the worker. To minimise administrative costs for the state and to keep migrant workers from settling permanently, the government requires employers to oversee migrant workers. If the migrant worker runs away, the employer must find the worker and is penalised by losing eligibility to apply for another migrant care worker until the worker is found.[7] The nightmare of the Taiwanese housewife, namely the daughter-in-law, is having to play the roles of both caregiver for their elderly parents and police to catch the migrant worker. The fear that a migrant care worker may run away allows brokers of migrant labour to manipulate employers' perceptions and treatment of migrant workers.

The government policy has thus created fear about migrants running away and has divided Taiwanese women and migrant care workers into supervisors and the subordinates (Lin 2009). This tension between employers and migrant workers is mediated by the broker. Lan (2006) reported that Taiwanese brokers tend to construct national stereotypes of migrant domestic workers to manipulate employers' attitudes. For instance, Philippine workers are portrayed as troublesome but able to speak English, which is good for teaching children; workers from Vietnam are described as obedient and having a similar culture, allowing them to adapt to the local lifestyle more easily; Indonesian workers are characterised as docile but lacking in good hygiene due to their rural peasant background. What is left unsaid is that these stereotypes are, in fact, tightly linked to the calculation of profitability for migrant workers, which is shaped by the political economy of the international migrant worker brokerage trade.

---

[7] This penalty was abolished in 2008, but the regulation has had a major impact on the relationship between employers and migrant workers, and provides important context for the cases discussed below.

4 The Media Portrayal of Migrant Domestic Care Workers as Cold-blooded Killers

With the massive presence of migrant domestic care workers in Taiwanese families, a new public image of these of these immigrant women has emerged in recent years: cold-blooded killer. Since 2003, there has been a surge in the number of news reports on incidents in which migrant domestic care workers attacked their employers. On 7 February 2003, Liu Hsiao, a well-known disabled writer, leading figure of the disability movement and National Advisor to the President, was seriously injured and later died after being attacked by her Indonesian care worker. One of Taiwan's leading newspapers, the China Times, ran the story with the headline: "Possessed by an evil spirit? Indonesian care worker goes crazy and hurts Liu Hsiao at midnight" (China Times 2003). When described as such, the migrant worker was considered insane, and the cause of the incident went unexplored. A week later, the Taipei Times reported on the incident as follows:

> "Though mourning her sudden death, Liu's family members said they had *no intention of pressing a lawsuit against the maid*, identified as Vinarsih, who doctors said *suffers from mental problems*. […] 'Except love, I have nothing,' she (Liu Hsiao) often told colleagues at Eden, a charity group dedicated to promoting welfare for physically challenged people. The 33-year-old maid reportedly *burst into* Liu Hsiao's bedroom in the small hours of Friday *in a frenetic bid* to drag her employer from the bed onto the floor. The maid told police that *nightmares* of earthquakes were the cause for her behaviour." (Hsu 2003; my emphasis)

In this article, the employer, Liu Hsiao, is portrayed as a loving and generous person ("Except love, I have nothing") and her family as willing to forgive the migrant worker ("no intention of pressing a lawsuit against the maid"). The migrant worker is described as suffering from mental problems; even this short excerpt refers to her apparently unreasonable and violent acts, using words such as "burst into" and "a frenetic bid to drag her employer from the bed", caused by "nightmares of earthquakes". The media portrayed the migrant worker as insane, reinforcing the stereotype that migrant workers are different and dangerous aliens. The contrast between the loving employer, forgiving family and the insane migrant worker reinforces the division between 'us' (the Taiwanese) and 'them' (foreigners from less-developed countries).

The chair of CLA at that time, Chen Ju, apologised to Liu's family at her funeral, stating that "CLA will increase our demands about the professional quality of migrant care workers. In addition, although mental health has been one of the items required during health examinations, we will demand a more sophisticated test to ensure this" (Liberty Times 2003). Her response assumed that the tragedy was attributable to the mental problems of the migrant care worker. Vinarsih was charged, but found not guilty by reason of temporary insanity, and was deported on 1 April 2003. Such individualised accounts prevented other interpretations and hid other facts about the incident.

The migrant worker, Vinarsih, had never been interviewed to reveal her perspective until the migrant worker activist group, Taiwan International Workers' Association, visited her at the detainment centre and publicised the interview at a press conference on 16 February 2003. Vinarsih said, "Liu Hsiao weighed 65 kilos. It was difficult for me to take care of her. She was kind to me, and I loved her too. I volunteered not to take any days off. For seven months, I was off only on the last day of the Indonesian New Year in December to call home via public phone. Because the phone booth was so far away, I kept running to make the call and running back, because I knew Liu Hsiao was so dependent on me and might have died without my care" (Ku 2009: 345–346). The fact that Vinarsih had not taken any days off for seven months was not mentioned in the media, nor was it a subject of investigation. Overwork among migrant domestic workers is a common phenomenon, and therefore a structural problem, but the dominant individualistic accounts of migrant workers has obscured this fact, instead usually blaming the migrant workers.

Similar incidents have occurred from time to time and have received similar media treatment. The image of the migrant domestic care worker has become more and more negative, to the point that migrant domestic care workers are described not only as mental patients but also as heartless and cold-blooded killers. On 24 September 2006, a Filipina domestic care worker, Visitacion, reportedly attacked four members of her employer's family with a knife. Three suffered minor injuries. The story on the Taipei News attributed the attack to personal emotional problems, similar to the case of Vinarsih, and stated that "she had been in bad mood recently because she had been unable to contact her husband in the Philippines" (Chang 2006). The picture on Apple Daily News, one of the popular local newspapers, showed Visitacion screaming while being arrested by the police, reinforcing the public image of the insane migrant worker (Figure 3). The news report emphasised that the employer was kind enough to invite Visitacion to dine with the family at the same table, which is similar to the portrayal of Liu Hsiao as loving and Liu's family as forgiving in Vinarsih's case. In contrast to the employer's kindness, the migrant worker's act of violence is seen as heartless and cold-blooded. Since Visitacion used a knife to commit her crime, she was seen as a cold-blooded killer. Apple Daily News recreated the attack in an animated image (Figure 4).

Figure 3: Image of the insane migrant worker, Visitacion

Source: Apple Daily News 2006

Figure 4: Animated image of the attack by migrant worker, Visitacion

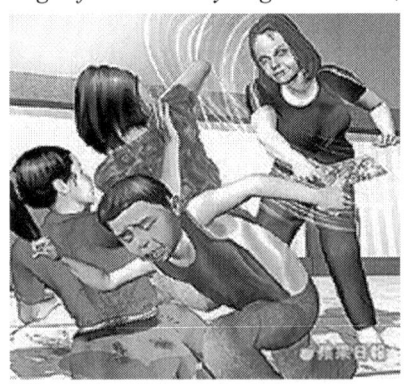

Source: Apple Daily News 2006

What is different in the case of Visitacion is that the media mentioned the migrant worker system as one possible cause for the attack: "She might also have learned from her labour brokerage company that the family had decided not to extend her contract" (Chang 2006). According to the regulations, renewing a work permit depends on the employer's consent. Based on this finding, it was speculated that the attack was an act of revenge. Portraying the migrant worker as a time bomb in the family, Apple Daily News interviewed experts to provide a checklist of 'symptoms' that the family migrant worker might be on the edge of a mental breakdown. The Apple Daily News (25 September 2006) even adopted medical terminology, naming the incident the result of 'contract renewal syndrome'. The media have thus consistently deprived domestic workers of a voice, instead using statements from experts or police investigators that reinforce public stereotypes.

5 Deconstructing the Crime Scene

Closer examination of these cases reveals that these migrant workers did not hate their employers. To the contrary, both workers actually cared about their employers so much that they were willing to work without leave until they could no longer cope. What has been missing in the news reports is that these tragedies are the result of social policies. In other words, the one who turns these elderly and disabled persons in need of care into victims of violence is not the migrant workers themselves, but the policymakers who leave migrant workers as the only source of care, compelling migrant workers to care for their charges without rest. Specifically, policy on migrant workers and long-term care is incorporated into the provision of care to produce a situation where migrant workers are willing to care for patients without rest until they break down. Both migrant workers and patients in need are locked into a vicious cycle by policies that portray migrant workers as 'the other' and legitimise depriving them of their basic rights.

First among these policies is that families hiring migrant care workers are not eligible for public home care services. The underlying assumption is that migrant workers are capable of being the sole source of care so that these families are excluded from public provision of home care. Without affordable public home care as a back-up, families tend to ask migrant domestic workers to work overtime. In order to pay back the loan they took to travel to Taiwan as soon as possible, and to impress their employers by their diligence, many migrant workers are willing to work overtime and are therefore deprived of regular leave from their duties.

What makes migrant workers unable to resist these abusive work conditions? As guest workers, migrant workers face multiple constraints which leave them in a very inferior position to bargain with their employers. Migrant workers are not free labourers in the market, as they cannot quit their jobs. As migrant workers cannot change employers and renewal of their contract depends on their employer's consent, migrant workers find it difficult to say no to their employers. In addition, migrant workers cannot join unions, nor can they use collective bargaining power with employers, nor do they have a right to strike. Migrant workers are also time-limited because they cannot stay longer than nine years.

Worst of all, their working conditions are not covered by the Labour Standard Law, which guarantees workers' basic rights. Therefore, the working hours and job description are left for migrant domestic workers to negotiate with their employers individually. In such an unequal power relationship, it is very difficult for migrant workers to refuse employers' requests, both reasonable and unreasonable.

Yu-Ling Ku, an activist on behalf of migrant workers, has argued (2009) that the heavy debt that all migrant workers have to take on to get to Taiwan makes them unable to say no to their employers. Although Taiwan offers higher wages for migrant workers than most Asian countries (NT$15,840 per month in 2007), migrant workers in Taiwan must often go deeply into debt even before they start to make any money. The complicated application procedure leaves room for the broker system, which typically oversees migrant workers in their countries of origin as well as in Taiwan.

Wang (2009) analysed the transnational labour migration system (the broker) between Vietnam and Taiwan and the distribution of broker fees within this system. The broker system is a state-run enterprise. According to the Vietnamese government, the maximum fee for migrant workers to travel to Taiwan is US$1,235 (see Table 4). However, migrant workers also have to pay brokers at the local level, as well as brokers in Taiwan and the Taiwanese government. Wang found that, in reality, Vietnamese migrant workers have to pay up to US$6,300 in order to get to Taiwan, which is the equivalent of fifteen months' gross income. According to this study, the average time that Vietnamese workers stay in Taiwan is 18.4 months, leading Wang (2009: 218) to conclude that most of the earnings of Vietnamese workers in Taiwan are taken by the broker system and the Vietnamese and Taiwanese governments.

In Wang's study, the estimate of migrant workers' income is optimistic because Wang's estimate of costs is based on the official fee schedule. However, there are many tricks that occur behind closed doors that further decrease migrant workers' income. Table 5 shows a Vietnamese worker's annual wages and deductions, which sheds light on the actual practices. Most items are listed in the Taiwanese government regulations, except items a and b. Before they could board a plane to Taiwan, many Vietnamese workers were asked to sign a contract requiring them to save money on a monthly basis (item a), and to borrow money from the broker at usurious rates so that the broker can deduct money from their pay check in advance (such as the item b, principle and interest of loan in Table 5). These two items make up 46 percent of the worker's yearly wages. With far less take-home pay than they expected, migrant workers are often willing to work overtime in order to earn more.

The Globalization of Care in Taiwan   325

Table 4: Official Vietnamese fee schedule for migrant workers

Item	Fee	in US$	in NT$
Health examination	VND$500,000–600,000	31.84~38.22	1051~1261
Training fee	VND$1,050,000 (max. 3 months)	66.88~200.64	2207~6621
Record verification	VND$100,000	6.37	210
Passport	VND$200,000	12.74	420
Taiwanese visa	US$66 (regular) US$99 (express)	66 99	2178 3267
Air travel	VND$4,700,000–5,000,000	300.00~318.47	9900~10510
Departure tax	US$14.00	14	462
Income tax after arrival	NT$1,320/month NT$15,840/year	40 480	1320 15840
Total		1076.83~1235.44	15840~40770

Note: US$1: VND$15,700: NT$33 (2005/08)
Source: Bureau of Overseas Employment, Vietnam (2005)

Of course, most migrant workers are not cold-blooded killers, nor are most employers mean and keen on exploitation. However, both parties are locked into a vicious cycle by policies that portray migrant workers as 'the other' and legitimise depriving them of their basic rights. The ideological effect of portraying migrant workers as cold-blooded killers is to make the social organisation of the global care chain, including state policies and the broker system, invisible, unexamined and not subject to criticism by the general public. This is similar to the construction of the image of the undutiful daughter-in-law, according to which women are supposed to provide care work, therefore reinforcing gender inequality. Both stereotyped images transform structural oppression into interpersonal conflicts. The image of the undutiful daughter-in-law divides women by age and role as mother-in-law or daughter-in-law, with the former competing against the latter for the son's affection. The image of the migrant worker as a cold-blooded killer divides women according to nationality and class by their role as employer and domestic worker, with the former supervising the latter in constant fear that the worker will run away. Images of 'bad women' have been constructed to regulate women's care work and patterns of struggle among different groups of women. Such patterns have gone on too long without recognition. It is time to interrupt the cycle of gender bias and to re-interpret how we understand care work.

Table 5: Annual salary and deductions of a Vietnamese migrant care worker in Taiwan (in NT$)

Items	Month 1st	2nd	3rd	4th	5th	6th	7th	8th	9th	10th	11th	12th	Total	
Gross income	15840	15840	15840	15840	15840	15840	15840	15840	15840	15840	15840	15840	190080	
Deductible item														
Income tax – Taiwan	900	900	900	900	900	900	900	900	900	900	900	900	10800	6%
Income tax – Vietnam	1584	1584	1584	1584	1584	1584	1584	1584	1584	1584	1584	1584	19008	10%
Savings[a]	2000	2000	2000	2000	2000	2000	2000	2000	2000	2000	2000	2000	24000	13%
Health examination	1500					1500							3000	2%
Resident certification	2000												2000	1%
Broker service fee	1800	1800	1800	1800	1800	1800	1800	1800	1800	1800	1800	1800	21600	11%
Principle and interest of loan[b]		5650	5650	5650	5650	5650	5650	5650	5650	5650	5650	5650	62150	33%
Health insurance	422	422	422	422	422	422	422	422	216	308	390	390	4680	2%
Net income	5634	3484	3484	3484	3484	1984	3484	3484	3690	3598	3516	3516	42842	$1,298
Net income/ gross income	36%	22%	22%	22%	22%	13%	22%	22%	23%	23%	22%	22%	23%	

Note: All numbers are in NT dollars.
Source: provided by Jin-Ju Wu, worker from Taiwanese Immigrant Workers Association (TIWA), Taiwan

References

Apple Daily News, 2006: "Filipina maid slaughter her employer", September 25, 2006, p. 3 (in Chinese).
Bureau of Overseas Employment, Vietnam, 2005. "Gioi thieu van ban" (Introduction of Related Regulation for Overseas Employment), in: *Viec Lam Ngoai Nuoc (Overseas Employment)*, p. 18–19 (translated by Hong-Zen Wang), http://blog.yam.com/hongzen63/article/5345804 (accessed 17.09.2006).
Central News Agency, 2006: Update news. June 7, 2006, http://www.cna.com.tw/ (accessed 07.06.2006) (in Chinese).
Chang, Rich, 2006: "Filipina detained over knife attack", *Taipei Times*, September 26, 2006, p. 1.
Chen, Hui-Chi, Chuang, Hsiu-Mei, Shiu, Ming-Neng, Deng, Shi-Hsiu, Tsai, Wen-Feng, Cheng, Joseph, 2005: *Manpower Assessment Study of Long Term Care in Taiwan. Report for the Long Term Care Planning Committee*, Council of Economic Development, Executive Yuan, Taiwan (in Chinese).
China Times, 2003: "Possessed by an evil spirit? Indonesian care worker goes crazy and hurts Liu Hsiao at midnight", February 8, 2003, p. 3, http://news.chinatimes.com/ (acccessed 08.02.2003) (in Chinese).
Copper, John F., 1990: *Taiwan: Nation-state or Province?* Boulder, San Francisco/London.
Council of Labour Affairs, 2010a: *Monthbook of Labor Statistics*, http://statdb.cla.gov.tw/html/mon/c12010.htm (accessed 16.03.2010).
Council of Labour Affairs, 2010b: http://statdb.cla.gov.tw/statis/webproxy.aspx?sys=100&funid=alienjsp (accessed 06.01.2010).
Council of Labour Affairs, 2010c: http://www.evta.gov.tw/files/57/724043.csv (accessed 26.01.2010).
Directorate-General of Budget, Accounting and Statistics, 2000: *2000 Population and Housing Census*. Directorate-General of Budget, Accounting and Statistics, Executive Yuan, R.O.C. , http://eng.stat.gov.tw/public/Data/511114261371.rtf (accessed 26.01.2010) (in Chinese).
Fraser, Nancy, 1989: *Unruly Practices: Power, Discourse and Dender in Contemporary Social Theory*, Minneapolis.
Gallin, Rita S., 1994: "The Intersection of Class and Age: Mother-in-law/daughter-in-law Relations in Rural Taiwan", *Journal of Cross-Cultural Gerontology* (9)1994, p. 127–140.
Gates, H., 1987: *Chinese Working-class Lives: Getting by in Taiwan*. Ithaca/London.
Hamilton, Gary G., 1990: "Patriarchy, Patrimonialism, and Filial Piety: a Comparison of China and Western Europe", *British Journal of Sociology* 41(1)1990, p. 77–104.
Hochschild, Arlie Russell, 2000: "Global Care Chains and Emotional Surplus Value", in: Hutton, Will/Giddens, Anthony (eds.): *On The Edge: Living with Global Capitalism*. London, p. 130–146.
Holliday, Ian, 2000: "Productivist Welfare Capitalism: Social Policy in East Asia", *Political Studies* 48(4)200, p. 706.

Hsu, Crystal, 2003: "Liu's Life a Victory over Misfortune", *Taipei Times*, February 9, 2003, p. 2 (in Chinese).
Hu, Yu-Huei, 1995: *Three-generation-family: Myths and Traps*, Taipei (in Chinese).
Jones, Catherine, 1993: "The Pacific Challenge: Confucian Welfare States", in : Jones, C. (ed.): *New Perspectives on The Welfare State in Europe*, London, p. 198–217.
Ku, Yu-Ling, 2009: "The Construction of Migrant Workers' Movement Subjects: An Example in Advocating the Household Service Act", *Taiwan: A Radical Quarterly in Social Studies* 74/2009, p. 343–365 (in Chinese).
Kwon, Huck-Ju, 2005: "Transforming the Developmental Welfare State in East Asia", *Development & Change* 36(3) 2005, p. 477–497.
Lan, Pei-Chia, 2006: *Global Cinderellas: Migrant Domestics and Newly Rich Employers in Taiwan*, Durham, NC.
Lee, Yih-Jiunn/Ku, Yeun-wen, 2007: "East Asian Welfare Regimes: Testing the Hypothesis of the Developmental Welfare State", *Social Policy & Administration* 41(2) 2007, p. 197–212.
Liberty Times, 2003: February 10, 2003, p. 5 (in Chinese).
Lin, Chin-Ju, 2009: "The State Policy that Divided Women: Rethinking Feminist Critiques to ‚the Foreign Maid Policy' in Taiwan", in: Hsiao-Chuan Hsia (ed.): Taishe Reader in Im/migration, Taipei, p. 425–472 (in Chinese).
Liu, Mei-Chun, 2000: "A Critique from Marxist Political Economy on the 'Cheap Foreign Labor' Discourse", *Taiwan: A Radical Quarterly in Social Studies* 38/2000, p. 59–90 (in Chinese).
Lo, Joan C./Yu, Suchuan/Wu, Su-Feng, 2007: "An Exploratory Investigation on the Care Takers Cared by Foreign Workers", in: Lo, Joan C. (ed.): *The Study of Foreign Workers in Taiwan*, Taipei: Institute of Economics, p. 129–154 (in Chinese).
Taylor-Goody, Peter, 2004: "New Risks and Social Change", in: Taylor-Goody, Peter (ed.): *New Risks, New Welfare*, New York, p. 1–28.
United Daily News, 1991: Premier Ho Claims Three-generational-family as the Best Model of Elder Care for Taiwan, September 14, 1991, p. 3 (in Chinese).
Wang, Hong-Zen, 2009: "In Whose Interests? Transnational Labor Migration System between Vietnam and Taiwan", in: Hsia, Hsiao-Chuan (ed.): Taishe Reader in Im/migration, Taipei, p. 201–227 (in Chinese).
Williams, Fiona, 2003: *Rethinking Care in Social Policy*. Paper presented to the Annual Conference of the Finnish Social Policy Association, Oct. 24th, University of Joensuu, Finland.
Wong, Wen-Tao, 1981: *The Impacts of Chinese Family Concepts to Political Democratization*. Master thesis. Taipei: Graduate School of Sun Yat-Senism, National Taiwan University (in Chinese).

Autorinnen und Autoren

Liat Ayalon, Klinische Gerontopsychologin, Professorin am Institut für Soziale Arbeit der Fakultät für Sozialwissenschaften an der Bar-Ilan University, Israel. Promotion in Klinischer Psychologie am Institut für Psychologie des Illinois Institute of Technology; 2003–2005 Forschungsstipendium für Geriatrie, University of California, San Francisco. Forschungsschwerpunkte: Psychische Gesundheit älterer Menschen und der sie betreuenden Personen; ausländische Pflegepersonen in der häuslichen 24-Stunden-Betreuung von älteren Menschen in Israel.

Jean Enchinas-Franco, Fachbereich Politische Wissenschaften der Universität der Philippinen, zuvor Senior Lecturer am International Studies Department, Miriam College und Faculty Associate, Institut für Frauen- und Geschlechterforschung; fünfzehn Jahre Direktorin des Senate Economic Planning Office (SEPO) beim Senat der Philippinen; Forschungsprojekte zu Gender und Entwicklung sowie Arbeitsmigration für Asian Development Bank, UNAIDS, ASEAN Secretariat, UN Fund for Women und das UN Nations Development Programme; PhD-Projekt zur philipinischen Arbeitsmigrationspolitik in der Post-Marcos-Ära und zum ‚modern-day hero'-Diskurs.

Dorothee Frings, 1997 Promotion zur Dr. jur. an der Universität Hamburg, seit 1997 Professorin für Verfassungs- und Allgemeines Verwaltungsrecht sowie Sozialrecht am Fachbereich Sozialwesen der Hochschule Niederrhein in Mönchengladbach. Konzeptentwicklung und rechtliche Beratung für Praxis- und Forschungsprojekten der EU und des Bundes. Arbeitsschwerpunkte: Nationales und Europäisches Sozialrecht, Migrationsrecht und Diskriminierungsschutz.

Heike Hoffer, Ass. iur., 2004 Master of Laws (LL.M.) an der Vanderbilt University, Nashville, USA. 2001–2005 Rechtsanwältin für Regulierungsrecht in der internationalen Anwaltskanzlei Linklaters Oppenhoff & Rädler, Köln. Seit 2005 Wissenschaftliche Referentin beim Deutschen Verein für öffentliche und private Fürsorge e.V., Berlin, und Rechtsanwältin für Sozialrecht in der Anwaltspraxis RichterRechtsanwälte, Berlin. Arbeitsschwerpunkte: Kranken-, Pflegeversicherungs- und Sozialhilferecht, Gesundheits- und Pflegepolitik.

Manfred Husmann, Februar 1972 bis Juni 1980 Richter am Sozialgericht Bremen und anschließend bis Mai 1993 am Landessozialgericht Bremen (Oktober 1990 bis März 1993 Abordnung an das Kreisgericht bzw. an das spätere Sozialgericht

Rostock). Richter am Bundessozialgericht 1993 bis 2008; Arbeit in verschiedenen Senaten dieses Gerichts; Schwerpunkte richterlicher Tätigkeit: Arbeitsförderungsrecht und Rentenversicherungsrecht. Wissenschaftliche Arbeitsschwerpunkte: Themen des materiellen und prozessualen Sozialrechts, seit 1998 europäisches Sozialrecht.

Juliane Karakayalı, Professorin für Soziologie an der Evangelischen Fachhochschule Berlin. Dissertation: Interviews mit transnationalen Migrantinnen, die in Haushalten Pflegebedürftiger arbeiten. Forschungsschwerpunkte: Migration, Geschlecht und Arbeit.

Hans-Joachim von Kondratowitz, Studium der Politischen Wissenschaften, Soziologie und Geschichte, Dr. phil. 1977; seit 1981 wissenschaftlicher Mitarbeiter am Deutschen Zentrum für Altersfragen Berlin; 1997–1999 Vertretungsprofessor für Soziale Gerontologie in Kassel. Privatdozent an der FU Berlin, Fachbereich Politik- und Sozialwissenschaften. Interessengebiete: Medizinsoziologie und -geschichte; Sozialpolitik, Wohlfahrtsstaatsvergleich; Migrationsforschung und kulturorientierte Gerontologie.

Johanna Krawietz, Dipl. Soziologin, Studium an der Freien Universität Berlin, seit Juni 2008 Promovendin im DFG-Graduiertenkolleg ‚Transnationale Soziale Unterstützung' an der Universität Hildesheim. Arbeitsschwerpunkte: Transnationalisierung von Pflegearbeit, Soziale Gerontologie, Europäische Integration und Soziale Dienste.

Andrea Kretschmann, Jahrgang 1978, Mag.a MA (Soziologie und Kriminologie), derzeit Promotion an der Bielefeld Graduate School in History and Sociology der Universität Bielefeld; wissenschaftliche Mitarbeiterin am Institut für Rechts- und Kriminalsoziologie, Wien. Arbeitsschwerpunkte: Rechtssoziologie und Soziologie abweichenden Verhaltens und sozialer Kontrolle, Politische Soziologie, Critical Security Studies, Migrationsforschung.

Rose Langer, Volljuristin; Wissenschaftliche Mitarbeiterin und Promotion zum Dr. jur., Universität Trier; Vertretung eines Jean-Monnet-Lehrstuhls für deutsches und europäisches Sozialrecht, Universität Bielefeld; Europäische Kommission, Generaldirektorat für Beschäftigung; Referatsleiterin im Bundesministerium für Arbeit und Soziales; seit 2007 Leiterin des Referats Arbeitsmarkt und Arbeitsrecht im Bundeskanzleramt, Berlin.

Autorinnen und Autoren

Kirsten Scheiwe, 1991 Promotion zum Dr. jur. am Europäischen Hochschulinstitut Florenz, 1998 Habilitation in Frankfurt am Main; seit 1999 Professorin für Recht am Fachbereich Erziehungs- und Sozialwissenschaften der Stiftung Universität Hildesheim. Mitglied im Wissenschaftlichen Beirat für Familienfragen des Bundesministeriums für Familie, Senioren, Frauen und Jugend. Arbeitsschwerpunkte: Familien- und Sozialrecht, interdisziplinäre und vergleichende Untersuchungen von Recht im sozialen Kontext sowie Recht und Geschlechterverhältnisse.

Tom Schmid, Prof. (FH) Dr., Politikwissenschaftler und Organisationsberater, seit 1988 in der Ausbildung von SozialarbeiterInnen tätig. Professor für Sozialpolitik an der Fachhochschule St. Pölten, Studiengang Soziale Arbeit, Lehraufträge an der Fachhochschule IMC Krems (Gesundheitsmanagement), Donauuniversität Krems, Alpe-Adria Universität Klagenfurt/Celovec. Leiter der Sozialökonomischen Forschungsstelle Wien. Wissenschaftliche Schwerpunkte: Sozialpolitik, Sozialberichterstattung, Gesundheitspolitik, NPO-Management, Methoden der empirischen Sozialforschung.

Frank Wang, außerordentlicher Professor an der Fakultät für Sozialarbeit der Tzu-Chi Buddhist Medical University Taipeh. 1988 Promotion an der Fakultät für Sozialarbeit, University of Toronto, Canada; 1990 M.S.W. Columbia University, Schule für Sozialarbeit; 1986 B.S. National Taiwan University, Abteilung für Maschinenbau; Forschungsschwerpunkte: Qualitative Forschungsmethoden, Pflege ältere Menschen, Langzeitpflege, Aboriginal Social Work, Alterspolitik, Gemeindepsychiatrie, Institutionelle Ethnographie, Aktionsforschung, Radical Social Work.

VS Forschung | VS Research
Neu im Programm Soziale Arbeit

Otger Autrata / Bringfriede Scheu (Hrsg.)
Jugendgewalt
Interdisziplinäre Sichtweisen
2010. 263 S. (Forschung, Innovation und Soziale Arbeit) Br. EUR 34,90
ISBN 978-3-531-17040-4

Günter Burkart
Weg ins Heim
Lebensläufe und Alltag von BewohnerInnen in der stationären Altenhilfe
2009. 322 S. Br. EUR 39,90
ISBN 978-3-531-17022-0

Telse Iwers-Stelljes (Hrsg.)
Prävention – Intervention – Konfliktlösung
Pädagogisch-psychologische Förderung und Evaluation
2009. 247 S. Br. EUR 34,90
ISBN 978-3-531-16835-7

Anna Riegler / Sylvia Hojnik / Klaus Posch (Hrsg.)
Soziale Arbeit zwischen Profession und Wissenschaft
Vermittlungsmöglichkeiten in der Fachhochschulausbildung
2009. 481 S. (Forschung und Entwicklung in der Sozial(arbeits)wissenschaft) Br. EUR 49,90
ISBN 978-3-531-16847-0

Frederic Fredersdorf / Wolfgang Heckmann (Hrsg.)
Der T-Faktor
Mäßigungskonzepte in der Sozialen Arbeit
2010. 248 S. (Forschung und Entwicklung in der Sozial(arbeits)wissenschaft) Br. EUR 34,95
ISBN 978-3-531-17097-8

Jutta Hartmann
Perspektiven professioneller Opferhilfe
Erkenntnisse im Kontext des Bundesverbands „Arbeitskreis der Opferhilfen in Deutschland"
2010. ca. 240 S. Br. ca. EUR 34,95
ISBN 978-3-531-17290-3

Manuela Brandstetter
Gewalt im sozialen Nahraum
Die Logik von Prävention in ländlichen Sozialräumen
2010. 243 S. Br. EUR 34,90
ISBN 978-3-531-16794-7

Cornelia Schäfter
Die Beratungsbeziehung in der Sozialen Arbeit
Eine theoretische und empirische Annäherung
2010. 316 S. Br. EUR 39,90
ISBN 978-3-531-17048-0

Erhältlich im Buchhandel oder beim Verlag.
Änderungen vorbehalten. Stand: Januar 2010.

www.vs-verlag.de

VS VERLAG FÜR SOZIALWISSENSCHAFTEN

Abraham-Lincoln-Straße 46
65189 Wiesbaden
Tel. 0611.7878-722
Fax 0611.7878-400